3.

THE COLLECTED WORKS OF
**TIAN XUEYUAN**

# 田雪原

## 文集

社会科学文献出版社
SOCIAL SCIENCES ACADEMIC PRESS (CHINA)

# 目 录
## CONTENTS

导　论 ………………………………………………………………… 1

## 人口与可持续发展

走现代文明发展之路 …………………………………………… 11
中国人口与可持续发展 ………………………………………… 14
全面建设小康社会，推进可持续发展战略的"三个飞跃" ……… 98
现代化的可持续发展立场 ……………………………………… 107
人口健康：可持续发展关注的新领域 ………………………… 114

## 人口老龄化与养老保障

人口老龄化与老年价值观 ……………………………………… 125
自主自立与老年健康 …………………………………………… 140
"二元经济"结构下的农村养老保障改革思路 ………………… 149
加强全面建设小康社会老龄问题研究 ………………………… 156
立足可持续发展：中日"少子高龄化"比较 ………………… 160
21 世纪中国发展：关注来自人口老龄化的影响 …………… 169
和谐：审视 21 世纪老龄问题的基本立场 …………………… 179

# 人口性别与人口文化

应高度重视潜在的"性别危机" ……………………………… 187

出生性别比升高的后果与影响 …………………………… 189

人口文化研究 …………………………………………… 193

生育与生育文化 ………………………………………… 212

生育文化：人口科学研究的新领域 ……………………… 225

# 人口流动与城市化

西部开发重在人力资本积聚 ……………………………… 239

警惕人口城市化"拉美陷阱" …………………………… 249

统筹城乡发展的人口城市化

    ——区域人口与经济发展新思路 ………………………… 261

推进人口城市化要有新思路 ……………………………… 269

# 人口发展战略与人口政策

21 世纪中国人口发展战略 ………………………………… 285

三步走：中国人口发展战略的理性选择 ………………… 309

当代中国人口政策研究 ………………………………… 317

新中国人口政策回顾与展望 ……………………………… 347

# 人口研究与学科建设

解放思想，应对转变，谋求人口科学新发展 …………… 353

当前人口学学科前沿和研究热点 ………………………… 359

马寅初人口论的历史地位 ………………………………… 362

中国人口科学发展的昨天、今天与明天 ………………… 367

人口学"十五"发展调研报告 …………………………… 380

# 附　录

田雪原提出人口可持续发展战略新理论
　　——"控制"、"提高"、"调整"相结合 …………………… 403
西部应当加速人力资本积聚 …………………… 405
应对人口老龄化的挑战 …………………… 407
适应我国户籍改革的潮流，人口学家田雪原建议
　　——加速推进人口管理信息化逐渐以智能卡取代
　　身份证和户口本 …………………… 410
人口学专家田雪原提出
　　——全方位适度人口论 …………………… 413
牢记"两个务必"　推进计生社保
　　——访中国人口学会常务副会长田雪原研究员 …………… 415
人口发展战略新思路 …………………… 417
我们还能分享多少"人口红利" …………………… 421
养活 16 亿人 …………………… 424
利用"人口盈利"期加快发展
　　——中国社会科学院 A 类重大课题"人口老龄化对经济、社会发展
　　影响与对策研究"完成 …………………… 427
中国人口发展战略的目标：人口零增长
　　——访中国社会科学院学部委员、中国人口学会
　　常务副会长田雪原 …………………… 430
"软着陆"：中国人口发展战略的理性选择 …………………… 433

# 导　　论

　　《田雪原文集》（三），选择笔者2001～2009年发表的30篇中文论文和研究报告，以及作为"附录"刊载于后的相关报道13篇。30篇论文和研究报告分为6个专题：人口与可持续发展5篇，人口老龄化与养老保障7篇，人口性别与人口文化5篇，人口流动与城市化4篇，人口发展战略与人口政策4篇，人口研究与学科建设5篇。篇章结构和阐述的主要内容，概述如下。

　　第一专题，人口与可持续发展。在过去研究基础上，"走现代文明发展之路"一文，将人口与可持续发展提升到走生产发展、生活富裕、生态良好文明发展道路上来，关键在"三个转变"：发展观的转变，树立以人为本的科学发展观，扬弃片面追求GDP增长的发展观；经济增长方式的转变，由外延式扩大再生产向内涵式扩大再生产的转变，向人力资本和社会资本要速度、要效益、要结构；人与自然关系的转变，改变人类对自然界的无限制索取，将人类活动纳入生态平衡系统。"中国人口与可持续发展"一文，从我国人口数量继续增大、劳动年龄人口增长突出、人口转变速度加快、人口质量还不够高、人口城市化提速、人口地区分布不尽合理的实际出发，论证实施控制人口数量、提高人口质量、调整人口结构相结合，融"控制"、"提高"、"调整"于一体的人口发展战略对可持续发展的意义。针对美国学者L. 布朗提出的世界"食物供给无保障"论和"21世纪谁来养活中国"论，在肯定布朗文章有合理成分的同时，着重指出该文在引用人口预测、耕地和粮食预测、中国粮食的肉蛋转换测算等方面存在的问题，结合新技术革命和信息化、经济全球化趋势、中国全面建设小康社会发展目标等形势，阐明21世纪世界粮食前景，中国完全可以自己养活自己的依据。与此同时，在中国人口与粮食可持续发展问题上提出坚持粮食自给基调、积极借助国际市场和深化外贸体制改革的建议。"全面建设小康社会，推进可持续发展战略的'三个飞跃'"一文认为，2000 年实现的小康社会，是基本的小康；2020 年要实现的是全面发展的"后小康"社会，这个"后小康"的"底色"是可持续发展，即要建设成为人口、资源、环境、经济和社会可持续发展的全面小康社会。为达此目标，就要完成发展的"三个飞跃"：经济发展突出集约性，在优化结构和提高效益的基础上实现人均 GDP 翻两番；社会发展突出全面性，将缩小贫富差别、走共同富裕道路，发扬民主、推进政治文明建设，提高人口素质、加强精神文明建设摆到重要位置；发展中突出人与自然的和谐性，社会经济发展要落脚到人口、资源、环境可持续发展上来。"现代化的可持续发展立场"一文，在阐述现代化与可持续发展之间的关系时，提出将现代化置于可持续发展战略之中，推动可持续发展的现代化。文章对英克尔斯的现代化 10 项指标体系作出评价，依据国内外现代化实践，提出和论证了涵盖经济现代化、科技现代化、人口现代化、环境现代化、社会现代化，共包括 20 项指标的衡量现代化的指标体系。结合中国实际，经济现代化，强调人均经济指标的意义；科技现代化，提出"智力工具时代"新理念；人口现代化，提出集人口数量控制、素质提高、结构调整于一体的"全方位适度人口"论；环境现代化，着重点放在如何越过环境质量由坏变好"临界点"的转变；社会现代化，要大力推进法治化建设、社会公平和社会效率。"人口健康：可持续发展关注的新领域"一文，按照世界卫生组织关于健康包括人的生理健康、心理健康和社会状态完好的定义，提出应将人口健康列入可持续发展战略。因为增进人口健康既是实施可持续发展战略的根本目的之一，可持续发展要不断降低婴儿死亡率，延长人的预期寿命，提高人的健康水平；又是推进可持续发展战略实施的保证，提高人的生理、心理健康素质和保持社会状态的完好，是实施可持续发展战略一个方面的基础和条件。

第二专题，人口老龄化与养老保障。列入本专题的 7 篇文章，将老龄化纳入全面建设小康社会和可持续发展视野，强调与时俱进的研究。在"人口老龄化与老年价值观"、"自主自立与老年健康"等文章中，关于 21 世纪中国人口老龄化具有速度比较快、达到的水平比较高、时间上具有阶段和累进的性质等，与以前的阐述没有多大出入；然而由于人口迁移和流动的持续增强，老龄化在空间分布上出现新的不平衡特点。一是县、镇、市之间的老龄化差距呈扩大趋势，农村老龄化程度上升更快一些，一些农村"三八、六一、九九部队"（妇女、儿童、老人）更严重一些；超大城市老龄化更进一筹，上海等超大城市已步入严重的老龄化阶段。二是西部、中部、东部老龄化由低至高"三大板块"变动，西部和中部已趋于接近，形成东部与中西部"两大板块"格局。随着人口老龄化的不断加深，对老年人口中蕴藏的人力资源应予重视，前提是要有一个正确的老年价值观。文章对老年作为人口再生产的阶段价值、作为有一定劳动能力的经济价值、作为经验积累的历史价值、作为文化传承的社会价值等作出具体分析，力求为科学利用老年人力资源提供依据。

"'二元经济'结构下的农村养老保障改革思路"、"21 世纪中国发展：关注来自人口老龄化的影响"、"和谐：审视 21 世纪老龄问题的基本立场"、"加强全面建设小康社会老龄问题研究"等文章，主要阐发：其一，21 世纪中国人口发展战略必须在控制人口数量增长的同时，兼顾人口年龄结构老龄化变动，将老龄化控制在合理范围之内。其二，重视老龄化对经济发展的影响，包括劳动年龄人口供给、"人口盈利"和"人口亏损"的变动；老龄化与投资率、储蓄率变动，老龄化加深到一定程度储蓄率由升而降的转折；老龄化与经济增长，生育率持续走低对消费的影响；老龄化与收入分配，关注老年退休金达到国民收入 10% 或工资 29% 的"警戒线"。其三，老龄化对社会发展的影响，包括老龄化与科学文化发展，老龄化与社区建设，老龄化与老年婚姻、家庭等。针对老龄化对人口、经济、社会发展的这些影响，提出中国 65 岁以上老年人口比例以 26% 为"警戒线"，开发利用老年人力资源等建议，特别是适应城乡"二元结构"推进养老保障体制改革的建议。在坚持积极发展社会供养、继续提倡家庭子女供养、适当组织老年劳动自养，建立和发展"三养"相互补充、相互结合养老保障体系，寻求改革新思路。

"立足可持续发展：中日'少子高龄化'比较"一文，着眼于他山之石，挖掘当今世界人口老龄化最严重国家日本存在的老龄问题、应对的做法和经验。发现中日两国人口老龄化趋势和特点很相似，存在的问题也很相似，只是社会经济发展水平中国要落后一截，因而日本的经验有不少值得借鉴之处。日本政府对待人口变动有一个转变过程，20 世纪七八十年代对低生育水平表示"赞同"，到 90 年代已经感到"过低"，其后则采取某些鼓励生育措施，如加强妇女生育保健，帮助家庭进行子女教育等。但是，收效不大。究其原因，主要是青年男女晚婚和未婚"单身贵族"大量增加，而政府对此几乎束手无策。

第三专题，人口性别与人口文化。"应高度重视潜在的'性别危机'"

和"出生性别比升高的后果与影响"两篇文章，前一篇刊登在 2001 年 4 月 13 日中国社会科学院《要报·信息专报》（第 29 期），中央和国务院主管领导批示："这个问题越来越突出，应引起重视，并采取措施，否则多年后会造成重大社会问题"。后一篇，是笔者在国务院主管领导召开的治理出生性别比升高会议上的发言稿。两篇文章阐述了自 20 世纪 80 年代以来出生性别比不断攀升的情况，出生性别比升高后面临的婚姻性别挤压等问题，提请重视并采取有效措施解决。

"人口文化研究"一文，从人口、文化的起源和发展上，对人口文化概念作出界定。强调"人口文化"概念中的"人口"，非指抽象的人或人类，而是指居住在特定时空的人的总体，需要从总体上把握；"文化"取一般意义，即意识形态意义上的文化。如此，人口文化在人口与文化相互作用、相互影响中形成，是二者交互运动中形成的一种意识形态。这种意识形态具有相对独立性质，借助社会舆论和行政的力量，在不同历史发展阶段，对人口再生产起到预规、胁迫的作用，影响着人口的变动和发展。"生育与生育文化"和"生育文化：人口科学研究的新领域"两文中提出，生育文化是在人类长期生育过程中形成的，是对生育行为具有足够影响力的一种意识形态。生育文化表现出规范性和历史性特点：规范性，规范着人们的生育行为；历史性，原始社会、农业社会、工业社会、现代社会有着不同的生育文化。研究人口文化和生育文化，有着一定的理论意义和现实意义。理论意义：传统的孩子成本—效益理论，从经济学角度阐释了人口转变的动因，但却不能说明为什么经济发展相近国家或地区，生育率差别很大，甚至处于不同人口转变阶段。人口文化和生育文化给出文化上的解析，开辟了人口科学研究的新领域。现实意义：中国是一个有着悠久文化传统的国家，贯彻落实计划生育基本国策，实施"三步走"人口发展战略，不但要以社会经济发展作基础，科学的人口政策作保证，而且需要革新人们的人口观念，呼唤适应时代发展的新型的人口文化和生育文化。

第四专题，人口流动与城市化。"西部开发重在人力资本积聚"一文，回答了实施西部大开发战略，是向西部大量移民还是主要提高人口素质、增强人力资本积聚这个带有根本性质的问题。具体分析了西部自然资本、产出（生产）资本、人力资本、社会资本结构现状，明确西部自然资本比较充裕，最缺少的是人力资本。西部开发要走出单纯争投资、争项目误区，下大力量突破人力资本"瓶颈"。指出西部地区仍需大力控制人口数量，同时努力提高人口质量，增加教育和科技投入，还要适当加快人口城市化进程，促进人口城乡结构的合理调整。

"警惕人口城市化'拉美陷阱'"、"统筹城乡发展的人口城市化"、"推进人口城市化要有新思路"3篇文章，重点阐发5个问题：其一，对中国人口城市化阶段的总体判断。在第一阶段农村人口向中小城镇集中，第二阶段乡村和中小城镇人口向大城市转移和集中，第三阶段大城市中心区向郊区或其他乡村转移三个阶段中，当前总体上已步入第二阶段，大城市和超大城市主导着人口城市化的进程。其二，城市化速度驶入"快车道"。新中国成立60年来的人口城市化走过艰难曲折的道路，改革开放以来驶入"快车道"，目前已达到S曲线中部，未来一二十年还将以比较快的速度推进。其三，谨防"拉美陷阱"。在人口城市化步入以大城市和超大城市为主导的阶段，人口城市化速度驶入"快车道"以后，保持健康、较快发展需要谨防"拉美陷阱"。自20世纪中期法国和意大利地理学家和经济学家，特别是戈德曼的"大都市圈"理论和佩鲁的"增长极"理论提出以来，并未在我国引起大的反响，这同我国奉行"重小轻大"的城市化方针有关。近年来却陡然升温，"珠三角"、"长三角"、"海三角"（京津冀）的快速发展和翘首世界大城市圈，已不必多言，一些国际组织也看好这三个未来的大城市组带；不少省级地方也提出一个个"都市圈"、"增长极"方案，伴随农民工的大量拥入，大城市畸形发展的"拉美陷阱"隐现，值得引以重视。其四，统筹城乡发展的城市化。堕入"拉美陷阱"国家的城市化，基本的一点是城市特别是大城市的片面发展，走的是城乡分割或城乡对立的城市化道路。我国过去奉行"重小轻大"的城市化，当前跨入以大城市和超大城市为主导的城市化，注意到了城市化过程中的城乡关系问题；但是，主要围绕城市发展做文章较少顾及农村发展的倾向，还是不同程度地发生了。统筹城乡发展的城市化，要准确定位城市化内涵。明确城市化是三次产业结构、人口城乡结构、社会生活方式的结合和统一，人口城市化要同社会经济发展相协调。城市化拉动经济发展，并非城市人口比例越高越好；城市化驶入"快车道"，并非越快越好；城市化步入以大城市和超大城市为主导的轨道，并非城市越大越好。其五，提出并阐发了适当加快城市化和变农民为市民的改革思路。主要是，给进城农民工同城市居民一样的地位和权利、更多就业和居住的机会、来去自由的方便条件，促使农民工在生产、生活和参与社会活动等方面融入城市社会，纳入城市总体规划。

第五专题，人口发展战略与人口政策。选入本专题的 4 篇文章，前两篇"21 世纪中国人口发展战略"和"三步走：中国人口发展战略的理性选择"，主要阐述人口发展战略要以科学发展观为指导——发展的目的是为了满足人的全面发展的需要，发展不能损害到后代人发展的能力，发展要以人力资本为主要驱动力，发展要谋求人与自然、人与人的和谐。人口发展战略要从我国人口问题属过剩性质实际出发，提出并阐发了中国人口发展战略"三步走"思路。第一步，将高生育率降低到更替水平以下，这一步已在 20 世纪 90 年代中期实现；第二步，稳定低生育水平至人口零增长，同时大力推进人口素质的提高和结构的调整，寻求人口数量、素质、结构的协调发展，预计 2030 年前后可实现；第三步，人口零增长以后受惯性作用将呈一定程度的减少趋势，届时将依据人口与经济、社会、资源、环境的实际状况，作出全方位适度人口抉择。"全方位适度人口"，包括人口数量、素质以及人口年龄、性别、城乡、地区分布结构等诸多方面的适度，是 2030 年以后的事情。现在能够做到的是走好第二步，并为第三步创造必要的条件。针对当前人口数量、素质、结构状况，分析生育率继续下降的"硬着陆"、在稳定中作出适当调整的"软着陆"和生育率呈上升趋势的"缓着陆"三种方案，权衡利弊——主要是人口数量变动与人口结构变动，特别是年龄结构变动后人口老龄化趋势，劳动年龄人口变动趋势等，提出并重点论证了"软着陆"方案的合理性、现实性和可行性，认为这是比较理想的选择。

后两篇"当代中国人口政策研究"和"新中国人口政策回顾与展望"，主要阐述人口政策的来龙去脉，当前的决策选择。文章概述了中国人口政策的历史由来与发展，多子多福生育观如何对上策动着历代封建王朝直接或间接干预的人口生育政策，对下如何左右着广大民众的生育行为。自 1949 年新中国成立以来的 60 年，前 30 年人口理论出现反复，人口政策几经波折，到 20 世纪 70 年代逐渐收紧，先后提出"晚、稀、少"，"一个不少、两个正好、三个多了"等生育政策。后 30 年改革开放以来的人口生育政策，关键在 1980 年中央召开 5 次人口座谈会，定下提倡一对夫妇生育一个孩子大计。这是理解新中国人口政策的枢纽。文章再现了笔者亲历的座谈会重要问题讨论场景，并用人口学、经济学、社会学的理论方法，阐释提倡一对夫妇生育一个孩子会不会造成人口智商下降、老龄化过于严重、劳动力供给不足、家庭"四二一"代际结构等问题。问题的核心，在提倡一对夫妇生育一个孩子多长时间为宜，着眼于控制一代人（25～30 年）生育率，既非权宜之计、也非永久之计的依据。因为控制住一代人的生育率，也就控制了下一代做父母人口的数量，因而可以有效地控制人口的数量增长；如果时间过长，上述问题将变得比较严重，解决起来也困难得多。

如今一代人已经过去，中国人口生育政策走到新的十字路口，面临后人口政策决策选择。后两篇文章"当代中国人口政策研究"和"新中国人口政策回顾与展望"，提出并论证了建立和完善"后人口政策"体系框架，包括狭义人口政策和广义人口政策、狭义和广义人口政策子政策、子政策之下的具体政策三个层次。按照"三步走"人口发展战略要求，提出后人口生育政策、后养老保障政策、后人口转变政策建议。其中后生育政策建议主要有：（1）双方均为独生子女者结婚，可以生育二个孩子；（2）农村一方为独生子女者结婚，可以生育两个孩子，城市可晚几年实施；（3）除人数较少的少数民族生育政策可酌情放宽外，其余农村在保证不生育三个以上孩子的情况下，可生育二个孩子。无论是"双独生二"、"单独生二"还是"限三生二"，只要真正做到，均不会使生育率大幅度反弹，第二步人口战略目标不会受到大的影响。

第六专题，人口研究与学科建设。本专题选录 5 篇论文和研究报告，阐述的重点，一是关于人口科学发展的历史的评价。总结自人口科学诞生以来沿着狭义人口学和广义人口学两条路径发展的历史，结合实际在"中国人口科学发展的昨天、今天与明天"一文中，提出并阐发了 20 世纪中国人口科学发展的"三次浪潮"。"马寅初新人口论的历史地位"一文，概述了自 1920 年发表"计算人口的数学"以来，特别是 20 世纪 50 年代以"新人口论"为代表的多篇人口论著的发表，围绕人口与经济发展主题开展研究的意义和价值。"解放思想，应对转变，谋求人口科学新发展"等 3 篇文章，主要对改革开放以来的人口科学发展作出评价，认为 1980 年以来的大发展创造了中国人口科学的辉煌，不过受到联合国人口基金资助等影响，也滋生了某些泡沫。到 20 世纪 90 年代中期停止援助以后出现一定程度的萎缩，泡沫破灭是正常的，调整是必要的，对学科建设是有益的。进入 21 世纪以后，人口科学的发展走出低谷，迎来健康发展新时期，出版了一批颇具影响力的论著。特别是人口学作为独立学科在全国社科规划办和国家社科基金单列出来以后，对推动学科建设和实证研究，起到相当巨大的推动作用，出现良好的发展态势。

二是提出并分析了当前人口学学科前沿和研究热点问题。无论狭义人口学还是广义人口学研究，都取得很大进展，推出一批具有一定创新意义的成果。特别是关于全面建设小康社会人口问题研究、中国人口发展战略研究、老龄化对社会经济发展影响研究、人口与可持续发展研究、人口城市化研究、人口和生育政策研究等，取得的成果令人注目，其中许多问题成为各界关注的焦点。

三是分析了未来中国人口科学研究和队伍建设的发展趋势。其一，研究重心由过去以人口数量控制为主，转变到人口数量控制与素质提高、结构调整、人口与可持续发展并重，并将进一步转变到以素质提高和结构调整为主。其二，从事人口科学研究和教学队伍，经过一段时间的震荡以后，已趋于稳定，人才结构趋于合理。其三，经过整合和实践考验，全国近百家各种类型、规模不等的人口研究机构，逐渐形成自己的特色，学科优势日渐明朗，研究重点逐渐明确。在此基础上，"人口学'十五'发展调研报告"中提出人口与建设和谐社会、人口与转变经济发展方式等19个重大选题，提出每个选题的研究设想，对人口学研究具有一定参考价值。

在此期间，笔者科研工作和发表的成果，产生一定社会影响并获得相应的奖励。获部委级以上主要奖项有：

"人口、资源、环境可持续发展宏观与决策选择"论文，获第三届中国人口科学优秀成果一等奖（2002）。

《人口、资源、环境可持续发展》专著（两主编之一），获第三届中国人口科学优秀成果一等奖（2002）。

"人口控制牵动全局发展"报告（两作者之一），获第七届中国人口新闻奖报刊类作品一等奖（2001）。

《全面建设小康社会人口与可持续发展报告》专著（主编），获第四届全国人口科学优秀成果一等奖（2007）。

"警惕人口城市化中的'拉美陷阱'"论文，获第四届全国人口科学优秀成果一等奖（2007）。

附录。对研究工作和取得的科研成果，学术界和相关媒体曾发表一些评论和报道。这些评论和报道不一定准确，不过还是表达出一种观点，提出一些值得思考的问题。因而选出有代表性的几篇，附录于后，供参考和指正。

# 人口与可持续发展

# 走现代文明发展之路<sup>*</sup>

走生产发展、生活富裕、生态良好的文明发展道路，需要从理论与实践的结合上推进三个转变。

发展观的转变。人类为什么要发展生产？一般说来，是为了满足人的需要。然而，在传统发展观指导下的生产发展，很难不偏离满足人的需要的轨道。长期以来，人们都把 GDP 作为经济发展的主要甚至是唯一的评价指标，片面追求 GDP 增长的发展风靡一时，以 GDP 增长评价各国发展状况被普遍认同。在这种背景下，相当多的人把 GDP 增长本身当做发展的目的和目标，陷入 GDP 增长等于发展、发展是硬道理等于 GDP 增长是硬道理、以经济建设为中心等于以 GDP 增长为中心的误区，连干部政绩的考核也主要看其分管地区或部门 GDP 增长的速度。这就不可避免地出现了在 GDP 快速增长掩盖下的某些缺陷，如三次产业结构和就业结构不合理，城乡、工农、东西部之间发展差距拉大，收入分配不公，有些领导干部弄虚作假、虚报 GDP 增长"政绩"，社会事业发展相对滞后等。为了追求 GDP 的快速增长，掠夺性开采资源、污染再大的项目也要大干快上，导致人口、资源、环境的矛盾日益尖锐。树立以人为本的科学发展观，走生产发展、生活富裕、生态良好的文明发展道路，明白无误地阐明了生产、生活、生态之间的关系和发展的根本目的。这一目的，就是满足人的全面发展的需要，包括满足人的生理、心理、文化、交往等的需要。我们不能为了满足物质方面的需要而损害其他方面的需要，不能为了 GDP 的增长而损害环境和健康，削弱社会全面发展和可持续发展的能力。在温饱问题基本解决后，满足人们日益增长的文化需求显得越来越重要。而且，人的文化需求不断得到满足，人口素质不断提高，将使我国的人力资源优势转化为人力资本优势，反过来又会促进经济持续快

* 本文发表于 2004 年 6 月 18 日《人民日报》。

速协调健康发展和社会全面进步。

经济增长方式的转变。片面追求 GDP 增长的发展，一般以外延式扩大再生产为主要增长方式，以固定资产投资的增加为主要驱动力。我国目前三次产业结构不合理、三次产业内部结构不合理以及企业效益和劳动生产率提高不快的状况，应该说与此有关。要优化结构、提高效益，从高投入、高消耗、低产出、低效率"两高两低"的传统增长方式转变到与之相反的"两低两高"的增长方式，就要在发展的动力和手段上做好文章。任何生产的发展、经济的增长都需要一定的资本积累，但在不同的历史时期，对由自然资本、产出（生产）资本、人力资本和社会资本构成的社会总资本的需求，却有不同的侧重。农业社会及其以前的社会主要依赖自然资本，传统工业社会主要依赖产出资本，现代（后工业化）社会主要依赖人力资本以及同人力资本相关联的社会资本。所谓人力资本，是指人的知识、技能、经验和健康所具有的价值的总和。当前，信息化、经济全球化明显加快，知识经济迅猛发展，使竞争主要表现为人才的竞争和人力资本的竞争。在这样的形势下，生产发展和经济增长方式的转变，关键在于人力资本的积聚，以及同人力资本紧密相关的信息、管理、制度和市场化程度等社会资本的增强。我们要向人力资本和社会资本要速度、要效益、要结构，不断提升内涵式扩大再生产的水平。

人与自然关系的转变。人类诞生以来的 400 多万年，从一个侧面观察，是一部伴随生产发展的人进物退的历史。无须做更长远的追溯，据估计，纪元初年世界约有 2 亿人口，目前已超过 62 亿，增长了 30 倍；同期我国人口也由 6000 万增加到近 13 亿，增长 20 多倍。与此相对应的，是生态环境的恶化、大量动植物物种的灭绝和矿产资源的急剧减少。这不仅因为人口数量的增加直接导致需求和消费的同步增长，而且由于人们追求高生活质量的欲望是无限的，为满足这一欲望就要加速对自然资源的索取。但是，非再生资源是一个恒定的量，索取多少便减少多少；再生资源则有一个再生的条件和再生的速度问题，很难跟上人口再生产规模的扩大和消费增长的步伐。社会资源也是稀缺的，制度的完善、管理水平的提高等都需要付出一定的成本，变革也需要一定的时间。进入 21 世纪，越来越多的人认识到：人类与自然之间不是谁战胜谁的问题，而是和谐相处，共同组成一个大家庭。我国是世界上人口最多、幅员辽阔的发展中国家，当前面临的生态环境问题不容乐观。虽然控制人口增长取得了举世瞩目的成绩，人口增长的势能减弱许多，但预测表明，2030 年总人口增长到近 15 亿时才有可能实现零增长；治理废水、废气、固体废物和噪声"三废一噪"的任务艰巨，今后加快建设与治理污染的问题将更为突出；而随着生产发展和生活富裕水平的提高，人口对消费需求的"加权"效应也将更加强烈地表现出来。面对未来发展的重重压力，把"生态良好"纳入文明发展道路之中，既体现了当代人的切身利益，又关乎子孙后代的长远利益，是贯彻科学发展观、实施可持续发展战略的具体体现。

# 中国人口与可持续发展[*]

科学家新近的发现和考察证明，人类的历史可追溯到 450 万年以前。人类同其他事物一样，经历了由发生到发展不断变化的过程，形成目前的人口现状，具有某些明显的特点。中国作为当今世界人口最多的国家，其现状和特点同世界总体人口大致相同，某些特点表现更为突出一些。

## 一 人口现状与特点

### （一）人口数量持续增大

迄今为止，关于人类的起源还有不同的观点，例如有的科学家提出人类起源于鱼类。这不仅在外形上人同鱼比较相像，人在游泳时颇似一条鱼；而且起源于类人猿学说，不能解释为什么猿、猴没有泪腺，而人的泪腺却比较发达等迥然不同的生理结构。不过多数科学家论证了人类起源于类人猿的完整理论，并且据此考察人类发生、进化、发展的历史。这是一部缓慢进化和发展的历史，人口生产长期处于高出生、高死亡、低增长状态，伴随着一定阶段的人口负增长，基本上处于简单再生产，微弱的增长表现为以时间换空间的过程。据估计，公元前 400 年世界人口约为 1.0 亿，公元元年约为 1.7 亿人，直到公元 1650 年世界人口始有 5 亿人，1830 年始达 10 亿人。此后人口增长速度加快，1930 年达到 20 亿人，1960 年达到 30 亿人，1975 年达到 40 亿人，1987 年达到 50 亿人，1999 年达到 60 亿人。每增加 10 亿人口的时间用去 450 万年、100 年、30 年、15 年、12 年、12 年，速度加快许多。世界人口增长速度明显加快主要发生在 18 世纪中叶产业革命发生以后，是工业化的结果；不过 20 世纪 80 年代以来有放慢的趋势，特别是以中国为代表

---

[*] 本稿发表于 2001 年，参见杨魁孚、田雪原主编《人口、资源、环境可持续发展》，浙江人民出版社，2001。

的发展中国家控制人口增长取得显著成绩,人口增长的势能开始削弱。

中国作为世界文明古国之一,也是人类发祥地之一,在漫长的历史长河中,人口再生产长期处于高出生、高死亡、低增长状态。有关历史文献表明:夏朝(约公元前 2100～前 1600 年),全国人口约 1355 万人;西周(约公元前 1100～前 771 年)增至 1372 万人;春秋时期(约公元前 770～前 476 年)减至 1185 万人;秦统一中国期间(公元前 221～前 207 年),人口在 2000 万人左右。其后,随着朝代的更替,人口呈现波浪起伏式增减变动,一般是一个封建王朝初期,往往实行休养生息政策,人口有明显增长;到了后期土地兼并严重,农民与地主阶级矛盾加剧,战乱和饥荒不断,人口又有所减少。到了明代,农业、手工业和商业得到较快发展,人口开始稳步攀增,不过增长最快的是清代。清乾隆六年(公元 1741 年),人口总数达到 14341 万人,揭开了中国人口史上新的一页。乾隆二十七年(公元 1762 年)增加到 20047 万人,乾隆五十五年(公元 1790 年)增加到 30148 万人,而到道光二十年(公元 1840 年),已增加到 41281 万人[①]。中国人口在 18 世纪 30 年代增加到 1 亿人,在其后的 100 多年里接连翻了两番,于 19 世纪 30 年代末 40 年代初超过 4 亿人,形成"乾隆盛世"前后空前巨大的人口增长,人口的年均增长速度达到 1.00% 左右。而在大致相同的时期,世界人口由 1750 年的 77000 万人增加到 1850 年的 124100 万人,年平均增长速度仅为 0.48%;1850～1950 年增长速度有所提高,达到 0.70%;只有 1900～1960 年的世界人口增长速度始提高到 1.03%[②],同上述中国人口增长速度相仿。就是说,中国在 18 世纪下半叶和 19 世纪上半叶,创造了世界 20 世纪前 60 年的人口增长速度,比世界人口"提前起飞"一个半世纪,从而奠定了中国人口众多的基础。

对于中国人口在清朝"提前起飞"现象,可从封建王朝有关政策的改变和社会经济基础的变动两个方面加以说明。在有关政策方面,历史上自征收人丁税役起,人们为了逃避赋税和徭役,每每少报人丁,致使长期无法获得真实的人口数字,文字记载的数据距实际要偏低许多。清朝统一中国后,康熙于 1712 年(康熙五十一年)下令免除了按人头征赋税制度[③],户口人数统计彻底摆脱赋税缠绕,使人口统计数字同实际大大接近了;同时"摊丁

---

① 参见赵文琳、谢淑君《中国人口史》,人民出版社,1988;刘洪康主编、吴忠观副主编《人口手册》,西南财经大学出版社,1988。

② U. N, *Demographic Yearbook*, 1994.

③ 参见吴希庸《人口思想史》第 1 册,北平大学出版社,1936。

入亩"税制的实施，增人不增税也刺激了人口的增长。在社会经济基础方面，经过明末清初的战乱，国家进入相对和平发展时期，居民安居乐业，有利于人口增加；水稻种植的大面积推广和产量的增加，满足了人口增长对食物扩大的需求；医学主要是中医获得很大发展，虽然尚不能有效防治严重传染性疾病的发生和蔓延，但是治疗水平有较大提高，降低了人口死亡率。显然，这一时期中国人口"提前起飞"的原因同欧美工业革命后的人口增长有着天壤之别，中国的人口增长不是伴随工业化和城市化而起，相反是在自然经济占统治地位情况下发生的，是有别于工业化国家人口增长的一种东方的特例。

1840 年鸦片战争以后，中国一步步沦为半殖民地、半封建社会，民族压迫、阶级压迫双重袭来，军阀混战不断，人口数量变动陷入徘徊状态，至 1949 年人口年均增长率仅为 0.25%。但由于人口基数已经相当庞大，致使全国人口在中华人民共和国成立时高达 54167 万人，较 1840 年净增 12886 万人。

新中国成立后，随着经济的恢复和发展、医疗卫生事业的加强和人民生活的改善，人口死亡率出现了大幅度的下降，人口出生率却一直维持在较高水平，导致人口增长率的上升，人口再生产迅速步入了高出生、低死亡、高增长类型，形成了 1953 ~ 1957 年的第一次生育高潮①。人口年均增长率上升到 2.4%，其间人口净增加 5857 万人。1958 ~ 1961 年为一次生育低潮，主要受国民经济三年困难时期死亡率升高的影响，人口年均增长率下降到 0.5%。1962 年国民经济开始好转，随即出现持续达 11 年之久，年均增长率高达 2.69% 的第二次生育高潮。1962 ~ 1973 年全国共出生 3 亿多人口，人口总数由 65859 万人增加到 89211 万人，净增加 23352 万人，成为人口年龄结构中异常庞大的部分，也是人口压力最为严重的部分，这一部分人随年龄增长移动到哪里，中国人口问题的难点就在哪里出现。

尽管人口变动如此反复，但在总体上处在高增长之中，1949 ~ 1973 年人口年平均增长率达到 2.10%，人口增长对经济、科技、社会发展的制约和负担的加重日益积累起来，终于使政府定下大力控制人口增长、切实加强计划生育的决策。1972 年 12 月 10 日中共中央转发《国务院关于粮食问题的报告》，该报告明确提出"在城乡人民中，要大力宣传和提倡计划生育"。1974 年在转发上海市和河北省两份计划生育报告批语中，指出："实行计划

① 参见吴希庸《人口思想史》第 1 册，北平大学出版社，1936。

生育，是一场破旧立新，移风易俗的深刻的革命"，"要充分发动群众……把计划生育落实到人"，要求各级党委"切实加强领导，经常抓，抓得紧"。由于加大了计划生育工作力度，1975 年以来又将其列入每年的国民经济计划；1978 年改革开放后，经济持续快速增长，为马寅初先生《新人口论》平反带动了人口理论的拨乱反正，同时经济持续快速的增长，使人口控制的经济社会基础和外部环境不断获得改善，创造了中国人口变动的"奇迹"。人口出生率由 1973 年的 27.93‰下降到 1999 年的 15.23‰，下降 12.7 个千分点；自然增长率由 2.10%下降到 0.88%，下降 1.22 个百分点。如果按照 1973 年的增长率增长，1999 年全国人口应为 153140 万人，比实际多出 27221 万人。如果自 20 世纪 70 年代初算起，则少出生人口数量还要多，中国实施计划生育有效地将世界 50 亿人口日的到来向后推迟 2 年，60 亿人口日向后推迟 3 年，取得了举世公认的成绩。但从总体上看，人口数量还是不断增加的，人口多是全部人口问题中的主要问题。世界人口同样如此。虽然发达国家人口增长率很低，一些国家已实现零增长或负增长；但是发展中国家人口增长方兴未艾，并且占到世界人口的将近 80%，构成世界人口主体，人口数量不断增长仍是最主要的人口特征，只是增长的速度比 20 世纪 80 年代以前有所减慢而已。

**（二）劳动年龄人口增长突出**

在总体人口不断增长过程中，15～59 岁或 15～64 岁劳动年龄人口增长更为突出。1950～2000 年世界人口由 25.19 亿人增加到 60.57 亿人，增长 140.5%；15～59 岁劳动年龄人口由 14.48 亿人增加到 36.40 亿人，增长 151.3%，比总人口高出 10.8 个百分点；15～64 岁劳动年龄人口由 15.24 亿人增加到 38.27 亿人，增长 151.1%，比总人口高出 10.6 个百分点。中国更是如此，同期全国人口由 5.54 亿人增加到 12.75 亿人，增长 130.1%；15～59 岁劳动年龄人口由 3.26 亿人增加到 8.29 亿人，增长 154.6%，比总人口高出 24.5 个百分点；15～64 岁劳动年龄人口由 3.43 亿人增加到 8.70 亿人，增长 153.2%，比总人口高出 23.1 个百分点[1]。

人口学将 15～59 岁或 15～64 岁人口称为劳动年龄人口或生产年龄人口，是纯按年龄划分的，尽管其中有较少比例人口特别是在学和残疾人口是没有从事劳动或生产的。这部分人口是社会劳动力的直接来源，它的更快增长，表明社会劳动力供给的增加。劳动年龄人口的经济意义，在于它不但是

---

[1]　United Nations, *World Population Prospects*, *The 1998 Revision*, New York, 1999.

消费者，而且是生产劳动者，是真正的生产与消费统一于一体的人口。劳动年龄人口增长突出，从人口视野观察，还是 15 ~ 49 岁育龄妇女和具有生殖能力男性人口为主体的增长，表明生育大军数量的增长。只是对这支大军也要作具体分析，其中处于 20 ~ 29 岁生育旺盛期人口所占比例又至关重要。以中国为例，由于自 20 世纪 70 年代以来出生率的大幅度下降，到 90 年代中前期处于生育旺盛期人口开始减少，大大减弱了人口增长的势能。

### （三）人口转变速度加快

1949 年新中国成立以来的人口变动，如前所述，经历了一个转变、两次高潮和两次低潮。这其中有同一般人口转变过程中的共同性。包括 1949 ~ 1952 年由高出生、高死亡、低增长向着高出生、低死亡、高增长的转变，1953 ~ 1957 年完成这种转变，以及 1962 ~ 1973 年带有补偿性的第二次生育高潮的出现；也有一些特殊情况，主要是 1958 ~ 1961 年第一次生育低潮和1974 年以来第二次生育低潮的出现。前一次生育低潮是国民经济发展遭到严重挫折，三年经济困难在人口生产上的反映；后一次生育低潮固然有经济发展和社会进步的背景，但是起主导作用的应是政府制定了严格控制人口增长政策、切实加强计划生育工作的结果。总（和）生育率（TFR）作为人口转变的指示器，半个世纪以来的变动，如图 1 所示①。

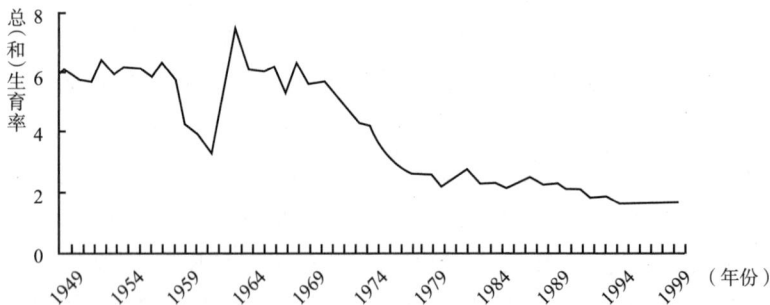

**图 1　1949 年以来全国历年总（和）生育率变动**

图 1 显示，自 20 世纪 70 年代大力控制人口增长和加强计划生育以来，妇女总（和）生育率出现大幅度急速的下降，经过 80 年代的微小波动，90 年代继续平稳下降，1992 年总（和）生育率下降到 2.1 更替水平之后，一

①　参见国家计生委《人口与计划生育常用数据手册》（2000）。

直维持在这一水平，实现了向低生育水平的转变。生育率下降的一个直接后果是减慢了总人口的增长速度，人口自然增长率伴随着出生率快速下降而不断降低，于1998年首次低于10‰，人口再生产类型实现了从高出生、低死亡、高增长向低出生、低死亡、低增长的迅速转变。参见表1。

表1　1970年以来中国人口再生产类型的转变

单位：‰

| 年　份 | 出生率 | 死亡率 | 自然增长率 |
|---|---|---|---|
| 1970 | 33.43 | 7.60 | 25.83 |
| 1980 | 18.21 | 6.34 | 11.87 |
| 1990 | 21.06 | 6.67 | 14.39 |
| 1995 | 17.12 | 6.57 | 10.55 |
| 2001 | 13.38 | 6.43 | 6.95 |

资料来源：《中国统计年鉴2002》，中国统计出版社，2002。

　　人口转变和生育率长期持续下降的一个直接后果，是人口年龄结构的老龄化。0~14岁人口比例从1970年的39.7%下降到1990年的27.7%；同期老少比从0.11上升到0.20，65岁以上老年人口比例从4.3%上升到5.6%，年龄中位数从19.7岁上升到25.3岁，人口年龄结构从年轻型过渡到了典型的成年型。在20世纪的最后10年，开始由成年型向老年型过渡，2000年底65岁以上老年人比例上升到7.0%，老少比、年龄中位数相应升高，标志着已跨进老年型年龄结构门槛。年龄结构的这种历史变动，在人口年龄结构金字塔上鲜明地表现出来，参见图2。

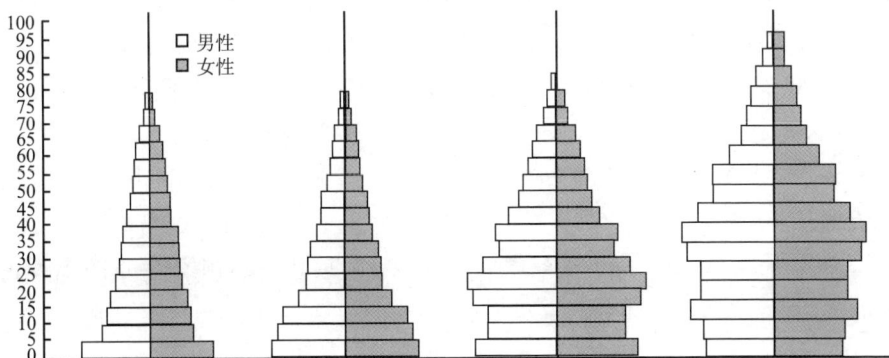

图2　1953、1964、1990、2000年人口年龄结构金字塔

### （四）人口质量显著提高

人口质量，学术界有身体素质、文化教育素质构成的"二要素论"与在此之外加上思想或道德素质构成的"三要素论"之争。这里我们只考证人口的身体素质和文化教育素质。这两方面素质在第二次世界大战结束以来提高显著。中国人口素质的提高，也格外引人注目。

1. 人口身体素质的提高

国际上通常以婴儿死亡率和出生时的预期寿命，作为衡量人口身体素质最主要的两项指标。依据联合国的估计，1950~1955年世界婴儿死亡率为155‰，到1995~2000年下降为57‰，在近半个世纪里下降一大半，这在婴儿死亡率变动史上是前所未有过的。与此同时，世界人口预期寿命也大大延长，男性由45.2岁延长到63.2岁，延长18岁；女性由47.9岁延长到67.6岁，延长19.9岁；男女合由46.5岁延长到65.4.岁，延长18.9岁[1]，同样为人类发展史上罕见。中国自1949年以来随着生活水平的提高，医疗卫生条件的改善，死亡率大幅度下降。尤其是大力开展计划生育、优生优育、围产期保健等工作以来，婴儿死亡率出现大幅度快速下降，从20世纪40年代的200‰左右快速下降到1990年人口普查时的32.9‰，近年来继续有所下降；相应的出生时的预期寿命也由20世纪40年代男女合不足40岁，上升到目前超过70岁。

国际上对中国婴儿死亡率和人口预期寿命的估计有些出入，联合国估计我国1990~1995年间和1995~2000年间婴儿死亡率分别为46‰和41‰，联合国人口基金主席N.萨迪克估计1999年为38‰[2]。即使按照联合国的估计，中国婴儿死亡率的下降速度也是很快的。1950至2000年发展中国家婴儿死亡率从178‰降至63‰，50年中下降115个千分点；中国从195‰降至41‰，下降154个千分点。从1950年高出发展中国家17个千分点，变动到2000年低22个千分点。1995~2000年发达国家婴儿死亡率下降到9‰，低于中国32个千分点，与之比较，中国的婴儿死亡率还比较高，还有较大的下降余地。比较人口预期寿命的情况，1950~2000年，发展中国家人口预期寿命从40.9岁提高到63.3岁，50年提高22.4岁，中国从40.8岁提高到69.8岁，提高29岁，提高的幅度要大许多。目前比发达国家74.9岁低5.1

① United Nations, *World Population Prospects*, *The 1998 Revision*, New York, 1998.

② United Nations, *World Population Prospects*, *The 1998 Revision*, New York, 1998. Nafis Sadik, *The State of World Population 1998*, New York, 1998.

岁，比发展中国家高 6.5 岁，在向发达国家靠近。

2. 人口文化教育素质的提高

我国人口文化教育素质的提高，可从文盲半文盲人口比例下降、享有中等教育人口比例达到较高程度和具有大专以上程度人口比例上升三个层面上得到反映①。

其一，文盲半文盲人口比例下降。1982 年人口普查时文盲半文盲占总人口 22.8%，1990 年下降到 15.7%，2000 年普查 15 岁以上人口中文盲半文盲 8507 万人，占总人口 6.72%，18 年来年平均下降 0.9 个百分点。从文盲半文盲人口的年龄分布状况看，目前 50% 左右的文盲半文盲人口集中于 60 岁以上的老年人口。只要控制住新文盲的产生，随着老年人口死亡的自动退出，扫除文盲半文盲的日子为期不远了。

其二，具有中等教育水平人口比例大幅度上升。2000 年我国具有小学文化程度的人口占总人口的 35.7%，与 1990 年时的 37.1% 略有下降；初中文化程度占 34.0%，比 1990 年的 23.3% 提高 10.7 个百分点；高中文化程度占 11.1%，比 1990 年的 8.0% 提高 3.1 个百分点。1999 年小学学龄儿童入学率达到 99.1%，升学率达到 94.5%，初中毕业生升学率达到 50.0%，分别比 1990 年提高 1.3、19.8 和 9.4 个百分点。说明小学、初中普及率较高，九年义务教育取得明显成效。

其三，具有大专及以上文化程度的人口占总人口比例上升较快。2000 年具有大专及以上文化程度人口占总人口的 3.6%，比 1990 年的 1.4% 提高 2.2 个百分点。10 年中平均每年升高 0.22 个百分点，20 世纪 90 年代为历史上高等教育发展最快的时期之一。

3. 人口素质的国际比较

虽然我国人口身体素质与文化教育素质均有大幅度的提高，在世界排位上升许多，但是与某些水平较高国家特别是与发达国家比较，还存在较大的差距。参见表 2。

**（五）人口城市化提速**

1. 世界人口城市化趋势

考察人类社会发展的历史，在由原始社会向奴隶制社会过渡过程中，曾经发生游牧部落、手工业、商业相继分离出来的三次社会大分工，最初意义

---

① 国家统计局：《2000 年第五次全国人口普查主要数据公报》（第 1 号），2000 年 3 月，见《中国统计年鉴 2000》。

上的城市便开始出现了。随着社会生产力的发展，科技和文化的不断进步，国家产生后政治力量在社会生活中作用和影响力的增强，城市变得越来越重要，成为经济、政治、军事、文化、宗教等的活动中心，数量不断增加，规模不断扩大。到了18世纪中叶产业革命发生后，机器大工业和工厂制度的确立使城市发展进入新的阶段，人口城市化风起云涌，迅速发展起来。产业革命何以能够推动人口城市化发展？可从以下几个方面理解（参见表2）。

表2　中国与部分国家人口素质比较

| 国　家 | 婴儿死亡率与平均预期寿命（1997年） | | 25岁以上人口文化教育程度构成（%） | | | | |
|---|---|---|---|---|---|---|---|
| | 婴儿死亡率（‰） | 平均预期寿命（岁） | 年份 | 大学 | 中学 | 小学 | 文盲半文盲 |
| 世　界 | 55.7 | 67 | | | | | |
| 中　国 | 33.0 | 71 | 1995 | 2.8 | 38.8 | 35.9 | 16.6 |
| 美　国 | 7.1 | 76 | 1994 | 46.5 | 44.6 | 8.2 | 0.6 |
| 日　本 | 3.7 | 80 | 1990 | 20.7 | 43.7 | 33.6 | 0.3 |
| 加拿大 | 6.1 | 79 | 1991 | 21.4 | 61.9 | 15.7 | 1.0 |
| 新加坡 | 3.8 | 76 | 1995 | 7.6 | 50.5 | 27.7 | 14.3 |
| 韩　国 | 9.0 | 72 | 1995 | 21.1 | 51.9 | 18.2 | 8.7 |

资料来源：《1995年全国1%人口抽样调查数据》，《中国统计年鉴1999》，中国统计出版社。

其一，城镇工商业的发展需要大量劳动力。18世纪中叶开始的工业革命，首先在纺织业开始，用纺纱机取代手摇纺车，以机器织布机取代人工织布机，将过去的工场手工业生产改变为机器大工业生产，在资本积累的同时必须有劳动力的集中与之相配合，以轻工业开始并逐渐伸向重工业的产业革命，集中在城市发展起来，必须吸纳相应的劳动力与之相结合才能成为现实的生产力。同时，轻、重工业发展起来之后，商业、饮食、学校、文化事业等也必然随着发展起来，建筑业、交通运输业、邮电通信业等更要先行一步，遂使城市需求劳动力总量迅速增加。而城市工业化发展的结果，可以为包括农业在内的整个国民经济的发展提供较先进的技术手段，促使农业劳动生产率不断提高，乡村源源不断地向城市提供需求的劳动力和原材料。这种支持和城市工业化的进一步发展，又提出新的对劳动力和农产品的需求，使城市化不断扩大。

其二，城市作为科学、文化、教育中心的作用。城市除作为工业和经济中心之外，由于人口、资本和原有基础的优势，发展成为科教文卫中心，不但吸收城市人口和学生入学，还吸收城市周围以及更远地区子女入学，以及吸引各方面人才从事科学、文化活动。这部分人口成为新的城市居民，并成为其亲属迁入城市的基地。

其三，城乡差别吸引人口迁入。由于从事城镇工商业的劳动力劳动生产率较高，收入一般也较乡村为高，在经济收入上存在很大吸引力。同时城市交通发达，信息畅通，文化和科学技术比较先进，对周围乡村具有较强的辐射作用，大城市对于地区经济发展具有中心辐射功能，成为地区中心，具有天然的吸引劳动力和人口迁入的力量。

其四，殖民地式城市的发展。18世纪中业产业革命发生后，资本帝国主义发展起来，不断向外侵略扩张并抢夺了一批殖民地和半殖民地。为了掠夺殖民地、半殖民地的原材料，开辟商品倾销市场，发达资本主义国家在18世纪后期至20世纪中期进行殖民地大战，在殖民地和半殖民地开矿山、建工厂、修铁路，发展了一大批殖民地式的城市，在亚洲、南美洲、非洲均有一批这样的城市，有的是超大城市，像印度的孟买、加尔各答，以及被称为资本帝国主义"冒险家乐园"的上海，大体属于这一类。

在当代，人口城市化不仅同城市传统工商业的发展联系在一起，而且同新技术革命紧紧联系起来。新技术革命及其相关产业，多集中于城市特别是中心城市，从而带动教育、科研和文化事业的发展。只是人口城市化同其他任何事物一样，也带来不少的问题。主要是城市基础设施落后问题，住房、交通、水、电、煤气供应紧张，成为许多城市长期不能解决的"顽症"；污染严重问题，废气、废水、固体废物排放量增大，噪声污染严重，城市环境质量下降；失业问题，城市失业率较高，一些人便"无事生非"，使得城市犯罪率较高。

基于城市的经济客观发展规律和现代化发展状况，同时也是上述城市问题在不同时间（历史阶段）和不同空间（大、中、小城市）的不同表现，可将世界人口城市化发展分成三个阶段：第一阶段，人口由乡村流进以小城镇为主的城市，小城市人口先获得迅速增长；第二阶段，小城镇人口逐渐流向大中城市，后期主要向大城市集中，体现城市的规模效应；第三阶段，发达国家超大城市，如纽约、伦敦、东京、大阪的城市中心区人口向城市郊区转移，或曰逆城市化趋势。不过从总体上考察，目前世界人口城市化方兴未艾，联合国的中位预测，如表3所示。

表3 1950年以来世界人口城市化趋势

| 年 份 | 世 界 | 发达国家 | 发展中国家 |
|---|---|---|---|
| 1950 | 29.2 | 53.8 | 17.0 |
| 1970 | 36.6 | 66.6 | 24.7 |
| 1990 | 45.2 | 72.6 | 37.1 |
| 1995 | 48.1 | 73.6 | 41.2 |
| 2000 | 51.1 | 74.9 | 45.1 |
| 2005 | 53.9 | 76.3 | 48.6 |
| 2010 | 56.5 | 77.9 | 51.8 |
| 2020 | 62.0 | 81.1 | 58.2 |
| 2025 | 64.6 | 82.5 | 61.2 |

资料来源：United Nations, *World Urbanization Prospects 1990*，New York，数据未注明来源均引自该资料。

纵观第二次世界大战后世界人口城市化趋势，有以下几个特点。

一是城市化速度加快。产业革命揭开了人口城市化加速发展的序幕，率先进行和完成产业革命的英国，19世纪中叶城市人口即占到总体人口的一半左右，末叶更占到75%左右，实现了城市化。美国等国家相继启动，在工业化过程中城市人口空前增长，发达国家迈出加快城市化的步伐。但就世界而言，总体人口中城市人口所占比例在第二次世界大战结束前仍较低，结束时的城市人口比例，估计也只占全部人口的1/4左右，1950年始达7.34亿人，比例上升至29.2%，其后人口城市化步伐明显加快。

第一个25年即1950~1975年，世界城市人口由7.34亿人增加到15.41亿人，增加8.07亿人，年平均增加3228万人，年平均增长3.01%，比同期总体人口年平均增长1.95%高出1.06个百分点；城市人口所占比例相应由29.2%上升到37.8%，升高8.6个百分点，年平均升高0.34个百分点。

第二个25年即1975~2000年，世界城市人口由15.41亿人增加到31.98亿人，增加16.57亿人，年平均增加6628万人，年平均增长2.96%，比同期总体人口年平均增长1.73%，高出2.23个百分点；城市人口所占比例相应由37.8%上升到51.1%，升高13.3个百分点，年平均升高0.53个百分点。

第三个 25 年即 2000～2025 年，世界城市人口由 31.98 亿人增加到 54.93 亿人，增加 22.95 亿人，年平均增加 9180 万人，年平均增长 2.19%，比同期总体人口年平均增长 1.23% 高出 0.96 个百分点；城市人口所占比例相应由 51.1% 上升到 64.6%，升高 13.1 个百分点，年平均升高 0.52 个百分点。

比较上述三个 25 年，在城市化步伐加快过程中，就城市人口增长速度而言，第一个 25 年快于第二个 25 年，第二个 25 年快于第三个 25 年；城市人口所占比例升高速度第二个 25 年略高于第三个 25 年，第一个 25 年最低，这是受到总体人口增长快慢的影响。以城市人口绝对数量而言，第三个 25 年高于第二个 25 年，第二个 25 年高于第一个 25 年，每一档次大约相差 3000 万人的样子，同样存在"低增长率，高增长量"的反差。

二是发展中国家城市化速度更快。仍按三个 25 年比较，1950～1975 年第一个 25 年发展中国家城市人口由 2.86 亿人增加到 7.87 亿人，增加 5.01 亿人，年平均增长 4.13%，比同期总体人口中城市人口年平均增长 3.01% 高出 1.12 个百分点；城市人口所占比例由 17.0% 上升到 26.4%，升高 9.4 个百分点，年平均升高 0.38 个百分点，比世界城市人口年平均升高 0.34 个百分点高出 0.04 个百分点。

1975～2000 年第二个 25 年，发展中国家城市人口由 7.87 亿人增加到 22.51 亿人，增加 14.64 亿人，年平均增长 4.29%，比同期世界城市人口年平均增长 2.96% 高出 1.33 个百分点；城市人口所占比例由 26.4% 上升到 45.1%，升高 18.7 个百分点，年平均升高 0.75 个百分点，比同期世界城市人口年平均升高 0.53 个百分点高出 0.22 个百分点。

2000～2025 年第三个 25 年，发展中国家城市人口由 22.51 亿人增加到 43.76 亿人，年平均增长 2.69%，比同期世界城市人口年平均增长 2.19% 高出 0.50 个百分点；城市人口所占比例由 45.1% 上升到 61.2%，升高 16.1 个百分点，年平均升高 0.64 个百分点，比同期世界城市人口年平均升高 0.52 个百分点高出 0.12 个百分点。

可见，发展中国家自 1950 年以来的人口城市化，无论是城市人口增长速度，还是城市人口所占比例，三个 25 年均比世界同期总体水平高许多。如与发达国家相比，则增长速度快得更多。不过就发展中国家自身城市人口增长速度比较，第一个、第二个 25 年极为接近，年平均增长 4% 多一些；第三个 25 年则减慢下来，只有 2% 多一些。城市人口比例第一个 25 年升高幅度小一些，第二个 25 年升高幅度增长 1 倍，第三个 25 年又略有下降。

三是超大城市增长突出。1950 年世界人口超过 200 万人的有 30 个大城市，即纽约（美国）、伦敦（英国）、东京（日本）、巴黎（法国）、莫斯科（俄罗斯）、上海（中国）、埃森（德国）、布宜诺斯艾利斯（阿根廷）、芝加哥（美国）、加尔各答（印度）、大阪（日本）、洛杉矶（美国）、北京（中国）、米兰（意大利）、柏林（德国）、墨西哥城（墨西哥）、费城（美国）、圣彼得堡（俄罗斯）、孟买（印度）、里约热内卢（巴西）、底特律（美国）、那不勒斯（意大利）、曼彻斯特（英国）、圣保罗（巴西）、开罗（埃及）、天津（中国）、伯明翰（英国）、法兰克福（德国）、波士顿（美国）、汉堡（德国），仅纽约市人口超过 1000 万人，伦敦超过 800 万人，东京超过 600 万人，其余均在 200 万~600 万人之间。

1990 年 30 个最大城市人口均达到 600 万人以上，其中东京超过 2000 万人，纽约超过 1600 万人，超过 1000 万人的还有墨西哥城、圣保罗、上海、孟买、洛杉矶、北京、加尔各答、布宜诺斯艾利斯、汉城（韩国）、大阪等 14 个城市。值得注意的是，1950 年世界 30 个最大城市中发达国家有 20 个，占 2/3；1990 年发达国家仅剩下 10 个，占 1/3，发展中国家占 2/3，40 年间二者互换了位置。

新跻身世界 30 个最大城市行列的有：汉城（韩国）、雅加达（印度尼西亚）、新德里（印度）、马尼拉（菲律宾）、卡拉奇（巴基斯坦）、拉各斯（尼日利亚）、伊斯坦布尔（土耳其）、利马（秘鲁）、德黑兰（伊朗）、曼谷（泰国）、达卡（孟加拉）11 个城市，米兰、柏林、费城、圣彼得堡、底特律、那不勒斯、曼彻斯特、伯明翰、法兰克福、波士顿、汉堡 11 个发达国家的大城市被挤出圈外。

预计到 2015 年，世界 30 个最大城市格局将进一步剧烈变动，人口规模最小者接近 1000 万人；最大的东京将超过 2800 万人，其次孟买将超过 2700 万人，第三位拉各斯将超过 2400 万人，第四位上海将超过 2300 万人，其余雅加达、圣保罗、卡拉奇都将超过 2000 万人，在超过 2000 万人超大城市中发达国家仅存 1 个；在 30 个最大城市中发达国家进一步减少到 6 个，即由 1990 年占 1/3 下降到占 1/5，莫斯科、伦敦、埃森、芝加哥将被挤出 30 个最大城市之外。发展中国家占到 4/5，拉合尔（巴基斯坦）、德拉巴（印度）、金沙萨（刚果民主共和国）、马德拉斯（印度）这些发展中国家 4 城市将跻身 30 个最大城市行列①。

四是城市化的立体推进。由于发达国家、发展中国家经济、科技、文化、社会发展相差很大，人口城市化处于不同阶段，过去几十年和未来世界人口城市化将呈立体方式推进。

一方面，发展中国家中的低收入国家处于城市化初级阶段，乡村人口向城市集中主要涌向小城市和乡镇，一般情况下城市化水平不高；发展中国家中的较高收入国家，大都超过这个初级阶段，进入由小城镇向大城市转移过程，表现为发展中国家大城市的空前增长，甚至将发达国家原有的大城市挤到后面，正如前面已经说明的那样。

另一方面，发达国家城市人口比例增长缓慢，1950～1975 年发达国家城市人口由 4.48 亿人增加到 7.54 亿人，增加 3.06 亿人，年平均增长 2.10%；城市人口比例由 53.8% 上升到 68.8%，升高 15 个百分点，年平均升高 0.60 个百分点。1975～2000 年城市人口由 7.54 亿人增加到 9.46 亿人，增加 1.92 亿人，年平均增长 0.91%；城市人口比例由 68.8% 上升到 74.9%，升高 6.1 个百分点，年平均升高 0.24 个百分点。2000～2025 年城市人口由 9.46 亿人增加到 11.17 亿人，增加 1.71 亿人，年平均增长 0.67%；城市人口比例由 74.9% 上升到 82.5%，升高 7.6 个百分点，年平均升高 0.30 个百分点。

比较发展中国家城市人口变动，无论城市人口增长速度，还是城市人口所占比例，发达国家都大为逊色；而且后面两个 25 年较 1950～1975 年第一个 25 年城市化速度更加缓慢，给人以强弩之末之感。发展缓慢的原因，既有达到的水平相当高，趋势自然减慢的影响，也有城市化发展到第三阶段，大城市中心区居民迁出城市到郊区甚至返回故里因素的作用，特别是在强调环境保护，人们更加注重健康和生活质量，追求可持续发展目标的情况下。但同时表明，发达国家人口城市化还没有走到尽头，未来 30 年内不会停止增长。

2. 中国人口城市化特点

中国作为文明古国，早在公元前 770～前 221 年的春秋战国时代便出现一批具有一定规模的城市。其后在 2000 多年的封建社会中，出现过不少东方文化名城，成为当时屈指可数的大城市；不过受封建自给自足自然经济限

---

① 参见 Nafis Sadik, *The State of World Population 1996*, UNFPA, New York, 1996。

制，谈不上人口的城市化，只是封建城市的畸形繁荣。到了近代，殖民主义侵入后形成的半殖民地、半封建经济，城市发展具有明显殖民地色彩，也没有形成一个人口城市化的格局。1949 年新中国成立后，当时城市人口约 5765 万人，占全国总人口的 10.6%，乡村人口占到将近 90%，属典型的农业国家，中国人口城市化从这里起步，走过了半个世纪，经历曲折的发展过程，具有自己的某些特点。

（1）城乡人口结构变动回顾

其一，人口城镇化起点低，起伏大。1950 年当世界城市人口比例达 29.7% 时，我国市镇人口仅占 11.2%，城镇化起点很低。其后随着三年国民经济恢复和第一个五年计划大规模经济建设的实施，以重工业为主的基础工业的迅速发展，20 世纪 50 年代出现人口城镇化的快速发展，到 1960 年市镇人口比例上升到 19.8%，大大缩短了同世界人口城市化水平之间的差距，接近发展中国家总体水平。其后经历的三年经济困难时期和 1966～1976 年的十年"文化大革命"，打乱了人口城镇化的正常进程，出现先降后升的起伏和徘徊，为世界人口城市化史上所少见。依据国家统计局公布的数据，1965～1978 年市镇人口所占比例一直维持在 17.0%～18.0% 的低水平，直至 1980 年始回升至 19.4%，接近 1960 年的水平，结束 20 年徘徊的局面。20 世纪 80 年代以后，随着改革开放的不断深入和扩大，经济长期持续的高速增长，人口城镇化驶入快车道，增长速度是世界同期城镇化平均速度的 2 倍。1999 年市镇人口比例上升至 30.90%，2000 年普查达到 36.09%，又一次缩短了同世界人口城市化水平之间的差距[①]。20 世纪 50 年代快速发展，60 和 70 年代震荡徘徊，80 年代以来的加速发展，形成半个世纪以来人口城镇化"高—低—高"发展的"马鞍形"艰难曲折历程。

其二，以发展中小城镇为主，大中城市适当发展。考察世界人口城市化历史，具有明显的阶段性特征。一般第一阶段表现为乡村人口向中小城镇集中，第二阶段是中小城镇人口向大城市和超大城市集中，第三阶段则是超大城市中心区人口向郊区转移。我国人口城镇化方针强调发展中小城镇和限制大城市规模，这是城镇化水平较低阶段向较高阶段推进的自然选择，四五十年来城镇化进程体现了这一特点。但是由于我国人口多，地区经济发展不平衡，还是部分地发生了人口由小城镇向大城市转移，呈立体推进的特点。参见图 3。

---

① 《中国统计年鉴 2000》，《2000 年第五次全国人口普查主要数据公报》。

□200万人以上　■100万～220万人　■50万～100万人
◩30万～50万人　■10万～30万人　□10万以下

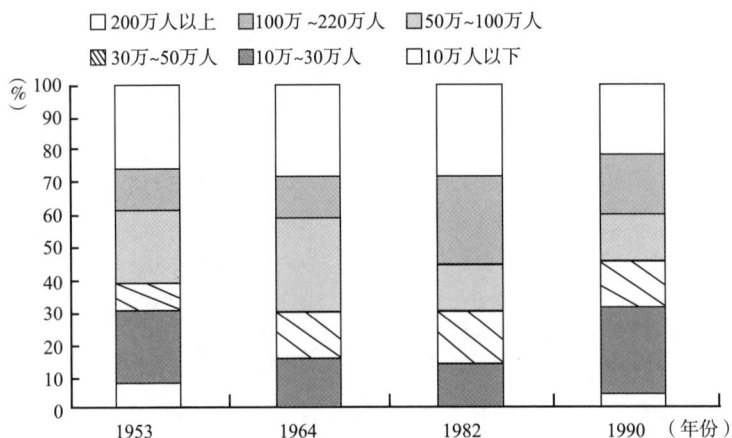

**图 3　大、中、小城市人口结构变动**

以 1953 年、1964 年、1982 年三次人口普查作比较，10 万人以下和 10 万～30 万人小城市人口所占比例是下降的，没有发生小城镇化倾向；100 万人以上大城市人口所占比例却上升较多，发生了大城市化的倾向。然而以 1964 年、1982 年与 1990 年普查比较，10 万人以下和 10 万～30 万人小城市人口所占比例却有了成倍的上升，而 100 万人以上大城市人口比例却有所下降。镇作为最小的城市看待，与市人口之比几乎无大变化，市略有升高，呈均衡状态。然而改革开放以来乡镇企业的迅速发展，特别受到 20 世纪 90 年代以后县改市风潮的影响，小城镇数量雨后春笋般地大量涌现，1995 年 20 万人以下市人口占全国市人口的比例猛升至 43.0%，20 万～50 万人城市人口比例升至 30.3%，而 50 万～100 万人、100 万～200 万人和 200 万人以上城市人口比例分别降至 8.6%、8.0% 和 10.1%。人口城镇化"厚小薄大"的特点突出出来，扭转了原来的大、中、小市镇人口结构格局。

其三，人口城镇化地区分布不平衡，差别大。总体上经济比较发达和人口密度较高的东部地区，城镇化程度比较高；经济发达程度和人口密度较低的西部地区，城镇化程度也比较低。全国人口城镇化水平由低到高、自西至东的阶梯式分布，形成层次比较分明的结构。这种阶梯结构还在大、中、小城市结构类型上表现出来，即东部地区大城市和较大城市所占比例高一些，较小城市所占比例低一些；西部地区大城市所占比例低一些，小城市所占比例高一些；中部则介于东部与西部地区之间，同全国总体水平比较接近。参见图 4。

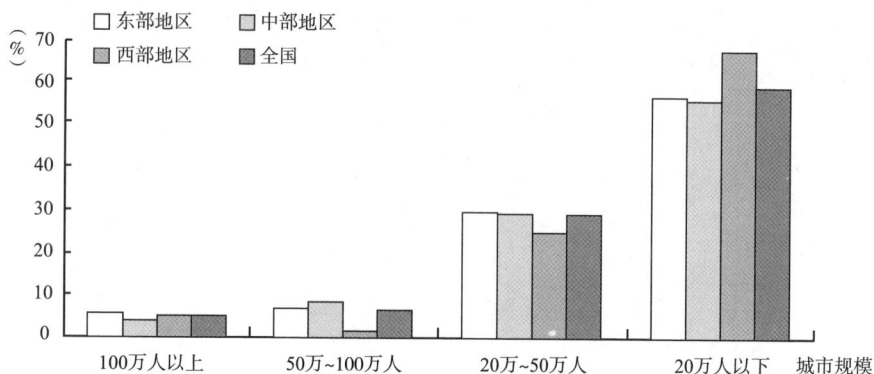

图4　1996年全国不同规模城市地区分布

其四，激增的流动人口。长期阻隔我国城镇、乡村人口流动的城乡壁垒随着改革开放的不断深入被逐步拆除，一时间涌动起农村人口向城镇流动的热潮。改革开放初期，农村家庭联产承包责任制的推行把刚刚从旧体制束缚下解脱出来的广大农民的劳动生产积极性调动起来，劳动热情聚集在农业生产上，从而弱化了向非农领域转移的冲动。而且当时的乡镇企业尚处于起步阶段，农民选择非农产业就业的机会很少，流动范围有限，主要是一些农村素有走南闯北的能工巧匠和敢冒务工经商风险的农村青年人。到了20世纪80年代中期，东南沿海地区乡镇企业雨后春笋般地生长起来，带动了东南部农村地区非农经济的快速发展，由此造成地区间的经济差异既成为农业劳动力迅速向农村非农产业转移的强大驱动力，也为农民向非农产业转移提供了广阔的就业空间。城市经济体制改革的启动带动了第三产业的兴起，同时国家允许农民进城务工经商政策的出台，为农民参与城市的社会经济活动提供了机会和条件，脱贫致富的热望促使农村人口以空前的规模和速度向城镇流动。流动的范围也不断扩大，跨省区的流动特别是中西部地区农村人口大量涌向东南沿海省市，形成了20世纪80年代末空前规模的"民工潮"，持续涌动数年之久。尽管在90年代初乡镇企业治理整顿，城市产业结构调整清退了一部分农民工，使农村人口流动一度出现停滞，但是随着城市经济体制改革的推进，经济开始进入高速增长的新阶段，各部门对劳动力需求的大量增加，又使农民进城务工经商升温；同时由于乡镇企业经过治理整顿，开始从劳动密集型向资本密集型过渡，吸纳劳动力的能力明显下降，从而进一步把更多的农村劳动力推向城市。目前对农业劳动力进城从事城镇工商业流动人口估计不等，一般估计在1亿人左右。《中国21世纪议程》估计2000

年农村过剩劳动力约为 2 亿人，未来尤其是"十五"期间流动人口持续增加，应在意料之中。

（2）城市化水平的国际比较

人口城市化是世界人口发展的一大趋势，我国目前的城镇化水平与国际比较，落后一大截。尽管第五次全国人口普查后确定 2000 年市镇人口占到总人口的 36.22%，比 1999 年提升 5.14 个百分点，对城市人口管理较计划经济时期有很大松动；但是与国外比较水平仍然偏低，比发达国家总体水平低 39.88 个百分点，比世界总体水平低 11.26 个百分点，比发展中国家总体水平低 4.28 个百分点。人口城市化水平低，对人口生产以及经济、社会发展都有着重要的影响。

**（六）人口地区分布失衡**

1. 人口地区分布基本格局

中国 960 万平方千米陆地面积上居住着 12.7 亿人口，在地区分布上是很不平衡的。如果将西南、西北 10 个省区市作为西部，沿海 12 个省区市作为东部，其余 9 个省区作为中部，那么 1999 年西部地区人口 28771 万人，占全国 125909 万人的 22.85%，人口密度 52.7 人/km²；中部地区人口 46031 万人，占全国 36.56%，人口密度 162.2 人/km²；东部地区人口 51107 万人，占全国 40.59%，人口密度 393.1 人/km²。从总体上观察，我国人口地域分布"三大平台"比较明显，并且近百年来没有多大改变，参见图 5 和图 6①。

2. 人口地区分布失衡探源

从人口密度角度观察，上述"三大平台"地区分布严重失衡。进一步的分析表明，这种失衡乃是一种必然，是人口生产与自然环境、经济发展和社会发展必然的产物，因而是合理的，不可能随意改变的。造成上述人口分布的具体原因如下。

第一，自然环境的制约。什么是环境？广义的环境可理解为人类之外的一切事物，包括自然环境和社会环境；狭义的环境指自然环境，即进行人口再生产的特定气候、地理环境，这里的环境主要指自然环境。无论社会进化到何种程度，自然环境始终是人类繁衍生息的场所，人口再生产得以进行的空间条件。不过人类发展的历史越往前追溯，依赖自然环境因素越大，甚至人类本身就是自然环境变动特定阶段的产物。历史越往后推移，自然环境因素对人

---

① 《中国统计年鉴 2000》。

口再生产的影响程度越会减弱，但是仍不失为影响人口生产特别是地区分布的重要因素，某种意义上的决定性因素。主要表现如下（参见图5、图6）。

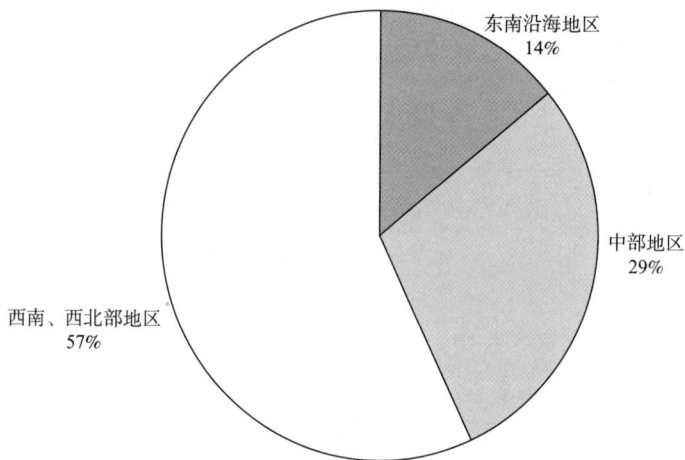

**图5　1999 年东、中、西部土地面积所占比例**

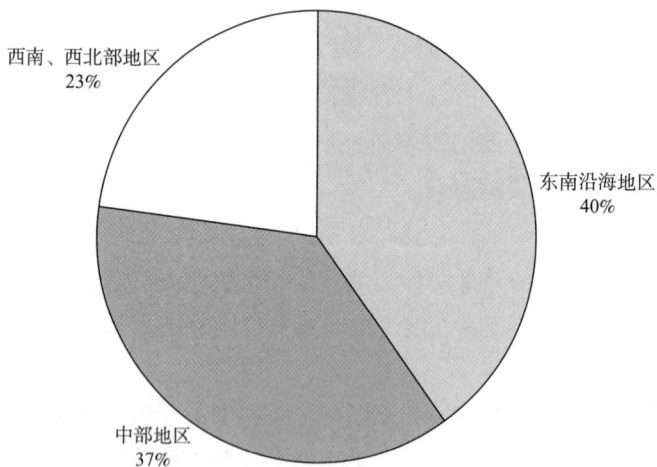

**图6　1999 年东、中、西部人口所占比例**

　　一是地质构造和地形因素的影响。由适宜耕作土地构成的平原，石英砂组成的荒漠，岩石结构的山地显然承载人口的数量大不相同。冰雪覆盖的高山不适合人类居住，山地雪线以下一般方可生存，但生存数量与等高线呈反比。1950 年世界的情况是：海拔 350 米以下地区的人口密度为每平方千米

28 人，350 ~ 750 米为 11.5 人，750 ~ 1250 米为 5.3 人。在我国 960 万平方千米土地中，山地占 33.3%，高原占 26.0%，两项相加占到 59.3%。而西北、西南大部分为高原和山地，最高的几座山脉喜马拉雅山、昆仑山、天山等都雄踞西部，并有横断山、祁连山、秦岭、大巴山等连续向东南延伸，形成以青藏高原为依托的"世界屋脊"。北部则有阿尔泰山、阴山、大小兴安岭等山脉，虽然高度远不能同青藏高原相比，但是架起了内蒙古高原，构成了北高南低的走向。按照人口"等高线分布"理论，是造成西北部人烟稀少的主要原因。

二是气候因素的影响。光照和年积温差别很大：华北平原年平均积温在 4000℃ ~ 5000℃ 之间，长江流域以南地区在 5800℃ ~ 8000℃，而青藏高原和黑龙江北部只有 2000℃ ~ 2500℃。年积温过低、光照不足、无霜期短，不利于农作物生长和人类生产活动，一般人口密度较低；降水量差别很大：西北内陆年平均降水量只有 100 ~ 200 毫米，按人口分布"等高线"划分，本来可以居住和生存更多人口的塔里木、柴达木盆地等，因年降水量在 25 毫米以下，主要靠积雪灌溉，严重限制了居住人口的数量。全国干旱和半干旱地区占全部国土面积的 53%，主要分布在西北地区，成为那里人口密度低的主要原因。

第二，自然资源因素的影响。土地特别是耕地，被称为人类生存的命脉。西部地区平原少，耕地大多为丘陵和山地，或处于高山高寒地带，或者水资源缺乏，土地的人口承载力很低。东部有东北、华北两大平原，以及淮河流域、长江流域、闽江流域、珠江流域等长期形成的冲积平原，雨水充沛，光照充足，利于农作物生长，人口十分集中，形成高人口密度区。介于西部和东部之间的中部地区，具有明显的过渡性质：平原和山川河谷地带人口相当集中，丘陵和山地人口则比较稀疏，土地的决定性作用更为突出。

此外，西部地区森林、草场资源不少，但是由于缺少雨水，草原畜载量不高。我国江、河、湖、海面积广阔，沿水域周围为人口集中区，特别是较大城市多位于河流要道和沿海口岸。西北部地区金属和非金属矿产资源比较丰富，但由于受到经济发展程度和开发利用的条件限制，除少数地区矿山、冶金比较发达外，并没有形成众多工矿区吸纳大量人口的现象，不足以改变人口地区分布的格局。

第三，经济、社会发展的作用。人口的地区分布是漫长历史发展中形成和积淀下来的结果；同时这种积淀又反过来影响经济、社会的发展，形成特定地域内人口—经济—社会的互动组合。由于中国长期处于封建社会，近代又沦为半殖民地半封建社会，农业一直是国民经济的主体，农业资源首先受到开发和利用，人口地区分布首先表现为农业经济发展的积淀。新中国成立后，1953 年第一个五年计划工业化开始启动，出于对各种矿产资源的需求，西北部一些地区开发石油、钢铁、煤炭、有色金属等矿产，有的发展成为新兴工业城市，吸纳了部分外来人口，不过总量有限。

进入 20 世纪 70 年代后期，随着对内搞活和对外开放的扩大，随着市场经济的发展，80 年代中期以来中西部农村过剩人口受经济利益的驱动，在"推—拉"理论作用下，大举"孔雀东南飞"。这点比较一下沿海和中西部农民家庭纯收入的差距便会一目了然。1978～1999 年东部沿海农民家庭纯收入增长 20.4 倍，同期全国增长 16.5 倍，中西部增长 13.4 倍。参见图 7①。

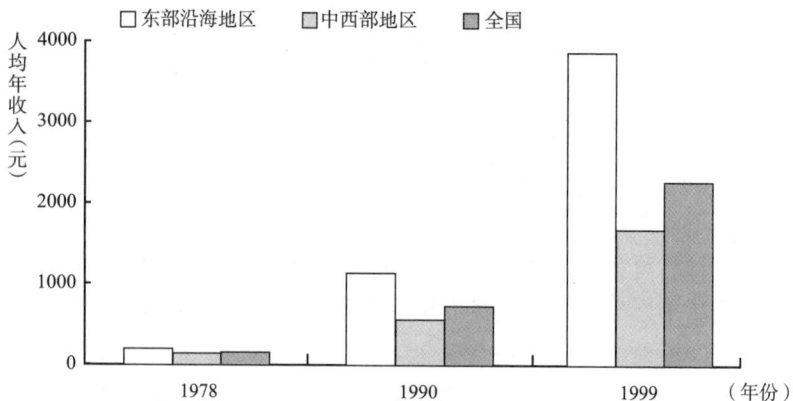

图 7　中国东部沿海和中西部部分地区农民家庭收入比较

除经济发展水平直接关系到人口的集中程度外，社会发展的影响，主要指政治、军事、国家行政中心及其辐射力的影响也不可低估。盛唐建都长安，开辟丝绸之路，这不仅是贸易之路，也是文化之路、交往之路，带来了西部地区的一度繁荣，人口增加很多。但随着后来朝代重心的东移，宋朝迁都开封、临安（杭州），元朝以后定都北京，占据华北平原，人口也随着转移，一步步形成现在的格局。从发展上看，科学和技术的发展及其在实践中的应用对人口分布的影响有上升的趋势，但在科技进步没有达到对自然环境改造产生革命性变革之前，比如使沙漠变良田，从根本上解决干旱，那么改

---

① 《中国统计年鉴 2000》。

变人口分布失衡的梦想就无法变成现实。因此，中国西部、中部、东部人口分布格局的形成是自然条件和社会经济条件综合作用的结果。自然条件是基础，它制约着人类的产生和生存环境；社会经济条件是调节器，在自然条件和人口生产之间起着协调的作用，通过改变自然环境，创造适合人口居住和生存的环境；人口密度则是这种协调能力的指示器，提示调节的方向，调整人口分布的格局。不过迄今为止，其调节的能力是相对有限的，百年依旧的分布格局难以改变。

## 二　人口对发展的制约与影响

20 世纪 70 年代末和 80 年代前期，中国人口学界讨论"两种生产"得出的基本结论是：物质资料生产具有决定性的作用，人口生产也有着一定的作用和影响，或者促进或者延缓着物质资料生产的发展。如今讨论可持续发展，仅仅考虑人口因素对物质资料生产的影响显然是不够了，还必须考虑到对科技、社会、文化等的影响。与此同时也要清楚，尽管人口对发展的制约和影响涉及许许多多领域和方面，但是对社会经济以及同社会经济相关联的社会进步的影响依然是基本的方面，具有基础的性质。并且本书主要立足中国可持续发展，考察和阐述结合中国实际深入和展开。

上述世界特别是我国的人口现状，对经济、科技和社会发展产生二重的作用和影响：一方面由于控制人口增长取得巨大成绩，人口素质提高和结构的调整也有显著进展，减少了许多来自人口方面的压力，创造了不断改善的人口条件；另一方面必须明确，仅仅是"减少压力"、"改善条件"而已，人口压力还没有从根本上解除，人口条件也远未完成由不利到有利的转变，还存在许多制约发展尤其是可持续发展的人口问题。结合"十五"计划和 2010 年规划，着眼于 21 世纪头 20 年全面建设小康社会和中叶基本实现现代化"三步走"第三个发展目标，对制约发展的人口问题分以下 6 个方面作出阐述。

### （一）对消费的制约与影响

人口作为指居住在一定历史时期一定地域的总体人群而言，其作用、影响和问题首先在于它的数量，在于总体人口的数量变动。经济是社会发展的基础，经济活动分为生产、交换、分配、消费诸环节，消费为经济活动的终点，消费品为最终产品，因而总体人口增长与消费水平的变动可以概括地反映出人口数量与社会经济发展之间在宏观上的基本关系。

1. 人口增长与消费水平

人口作为一种抽象，是生产者和消费者的统一。不过作为生产者是有条件的，作为消费者是无条件的，任何社会形态下都必须生产满足可供全体居民需要的消费资料，都必须使总体人口需要同物质生活资料保持一定的比例。这个比例，首先依赖于人口与国民经济增长速度之间的比例。衡量人口变动的指标是确定的，衡量国民经济增长指标则可借助国民生产总值、国内生产总值、国民收入等多种价值指标，它们均可同人口增长速度比较。不过在这种比较中，一般情况下总是经济增长速度高出人口增长速度许多，那么二者之间的比例关系是否就协调了呢？不一定，还取决于固定资产投资系数。如目前中国固定资产投资系数在 3.0 左右，这个投资系数即成为人口投资增长的倍率，即保持原有居民消费水平的增长率。1999 年中国人口自然增长率为 0.88%，要使居民生活水平不致下降，人口投资增长速度应在 2.64% 左右。实际国民收入等指标的增长速度远高于此，才有居民生活水平的继续提高。我们在作人口与经济增长速度的比较时，还应注意到原有的基础和形成的水平。在一个人口平均消费水平较高的国度，即使消费资料增长速度低一些，人口增长速度稍高一些，二者之间的比例很可能还是适当的；相反，在一些人口平均消费水平较低的国家，短期内消费资料增长速度高于人口增长速度并不能改变人口过剩的态势。一般说来，不经历一个与人口平均预期寿命提高相仿佛的时间是难以从根本上解决由人口过多所带来的一系列问题的。我国人口多，底子薄，生产力不发达，这是基本国情的主要特点。虽然改革开放以来经济持续快速发展，但仍不能改变人口过剩的基本现状，人口增长对消费水平的制约还将长期存在。

还要注意的是生活资料增长的实物形态，特别是关系到人口再生产正常进行的基本生活资料的生产。以粮食为例，1980 年中国生产粮食 32056 万吨，1999 年增加到 50839 万吨，增长 58.6%；然而由于同期人口增长 27.6%，致使人均占有粮食仅由 325 千克提高到 404 千克，仅增长 24.3%。美国世界观察研究所（World Watch Institute）1994 和 1995 年接连在其年刊《世界状况》（State of the World）发表该所所长布朗（Leste R. Brown）等人的文章，对 20 世纪 50 年代末直到 2030 年的世界人口、粮食、水产品、经济增长作出分析和预测，提醒 21 世纪将面临食物无保障危机。布朗还专门撰文提出"谁来养活中国"，说 2030 年中国将在粮食生产与消费之间出现 2.16 亿~3.78 亿吨的缺口，这一缺口是人口增长、食物构成改变引起需求增长过快而粮食生产又面临下降这一涨一落造成的必然结果。世界观察研究所这些文章的发表在各国引起强烈反响，也引起中国有关方面的重视。因此有必要对布氏文章加以分析，以正视听。

人口增长引起的粮食问题，早为世人所关注。众所周知，马尔萨斯在他的《人口原理》中，提出了在无障碍条件下食物按算术级数增长，人口按几何级数增长的"规律"。尽管当今世界早已使"两个级数"增长的神话破灭，但是阴影犹在，人口与粮食不断成为人们研究的"热点"。影响食物供给的因素颇多，直接取决于粮食、蔬菜、水果、鱼、肉、蛋、奶等的生产量，基础是粮食。第二次世界大战后，随着科学技术的进步和在农业生产上的应用，世界粮食产量增长很快，但是近10年来发生减慢现象，如表4所示[①]。

表4 世界粮食产量变动

单位：万吨

| 年 份 | 世 界 | 美 国 | 苏 联 | 印 度 | 法 国 | 巴 西 |
|---|---|---|---|---|---|---|
| 1950 | 77600 | 15235 | 9890 | 5865 | 1690 | 1115 |
| 1965 | 96095 | 21045 | 13925 | 9265 | 2850 | 2330 |
| 1975 | 127165 | 29520 | 15865 | 14070 | 3730 | 3920 |
| 1985 | 184308 | 34688 | 18061 | 16617 | 5533 | 3524 |
| 1995 | 188364 | 28220 | 6209 | 21894 | 5313 | 4996 |

表4显示，1950～1965年世界粮食产量年平均增加1233万吨，年平均增长率达到1.44%，1965～1975年年平均增加3107万吨，年平均增长率达到2.84%：1975～1985年年平均增加5714万吨，年平均增长率达到3.78%；1950～1985年年平均增加3049万吨，年平均增长率达到2.50%。同期世界人口增加232659万人，年平均增加6647万人；年平均增长率为1.89%，低于粮食增长速度0.61个百分点。由此，按人口平均的粮食产量由307千克提高到389千克，提高26.3%，取得了在人口较快增长情况下人均占有粮食产量的提高。1985年以后情况则有很大不同，1985～1995年世界粮食年平均增加仅为406万吨，年平均增长率只有0.22%；同期世界人口增加87010万人，年平均增加8701万人，年平均增长率为1.66%，高出粮

---

① 《国外经济统计资料》（1949～1976），中国财政经济出版社，1979；《中国统计年鉴1986》，中国统计出版社，1986；《中国统计年鉴1996》，其中苏联1995年数字为俄罗斯。

食增长率1.44个百分点，致使世界人均粮食占有量跌至1995年的330千克，较1985年下降15.2%，出现某种粮食紧张状况。

在欧洲，1996年1月5日法国《回声报》载文："欧洲小麦的决斗场"，称小麦价格上扬创15年来的纪录，源于世界小麦减产，库存量由1992年的1.36亿吨减至当今的9300万吨，仅够6个星期的消费。专业人士感到不安，甚至不排除6月至7月小麦供应中断的可能性。

在美国，1996年1月17日美联社播发美国农业部的报告，称1995年美国玉米产量要比1994年的101亿蒲式耳降低27%，大豆比25.2亿蒲式耳降低14%，而这两种谷物的库存量分别比上一年度降低24%和13%。小麦的库存量减少10%，谷物库存是采用报告制度9年以来最低的一次。

在俄罗斯，1995年第51期《经济与生活》周报载文："俄罗斯农村年终形势"，指出俄罗斯农村正处于艰难时期，农业生产下降10%～12%，无论对于国家还是对于农业都是极其危险的。全年谷物产量6500万吨，降到30年来最低点。各地储备粮几乎用光，而收购任务仅完成10%左右。

在非洲，联合国粮农组织估计，1995年非洲谷物产量减少1000万吨，厄立特里亚、苏丹、埃塞俄比亚等急需粮食援助。而1994～1995年度全世界可以得到的粮食援助为870万吨，为1974～1975年度以来最少的[①]。

在主要粮食生产国粮食产量减产的情况下，世界粮食供求出现令人忧虑的问题。一是谷物库存大幅度下降，1994～1995年度突破联合国粮农组织规定的17%～18%的最低库存安全线，为近一二十年来所仅有，接近1973～1974年度世界粮食危机16%左右库存水平，粮食储备安全线亮出红灯。二是世界粮食市场价格上涨，小麦、玉米、大豆、大米等全面涨价，使世界粮食交易由以往的买方市场转为卖方市场。那么为什么会发生带有世界性的粮食减产和粮食供给安全线受到威胁，或者发生了属于哪种类型的粮食危机？对此各界人士可谓智者见智、仁者见仁，存在着不同的认识和说法。一种认为20世纪90年代中期已经发生了带有世界性的粮食危机，表现为主要粮食生产国粮食产量减产，出口减少，粮价上涨，非洲大陆等一些地区发生严重粮荒；另一种认为局部地区发生粮食危机，但尚未演变成全球粮食危机的危险；第三种认为不存在粮食危机，一些地方粮食减产，供不应求，价格上涨属正常现象，只不过这一期间稍严重一些而已。我们基本赞同第二种观点，

---

① 参见1996年1月28日《参考消息》。

即存在局部性的粮食危机，但是并未并且不易发展成世界性粮食危机，不过对潜在的危险应有充分的估计。基于这种认识，近年来局部性的粮食危机主要包括如下情况。

由自然灾害引起的偶发性粮食危机。主要是水、旱、风、雹、虫等灾害，造成较大面积粮食减产或颗粒无收。由于人口增长，工业化推进，大量耕地被占和森林、草场被垦伐，使环境受到破坏，打破了地区性的生态平衡，使得水、旱等自然灾害有加重的趋势。尽管各国在总体上战胜自然灾害的能力大大增强，但强大自然灾害造成的巨大破坏力至今尚不能完全抗拒。尤其是经济不够发达的非洲、亚洲某些国家，每年自然灾害给农业生产造成的损失很大，直接影响着粮食供给。

由主要粮食输出国限制出口引起的政治性危机。粮食是消费品，由于这一消费品的不可完全替代性，使之成为具有战略意义的商品，往往被输出国用于政治目的。"超级大国"更利用这一点，不但本身将粮食作为战略物资，而且通过封锁禁运等手段达到制裁别国的目的，遂引起某种局部政治性粮食危机。

由气候循环和价格波动造成的周期性粮食危机。气候变化反复无常，然而依据辩证法，偶然性只是相互依存性的一端，相互依存性的另一端叫做必然性。这种"无常"变动中却包含着一定的规律性。丰收与歉收、大年与小年、干旱与水涝往往依照一定的规律重复出现。这样丰收之年粮价下跌，歉收之年粮价上涨，形成粮食供给过剩与不足——周期性粮食危机。

由人口增长引起需求超过供给的相对粮食危机。在人口变动历史中，绝大多数年份粮食增长率超过人口增长率，人均粮食占有量保持着缓慢增加的势头。这并不排除在历史进程中的某些阶段，由于不同的主客观原因，粮食增长速度落后于人口增长速度，甚至出现相反情况，发生粮食危机。把世界作为一个整体考察，这种人均粮食占有量大幅度下降的历史不很多，持续时间也不会很长；就具体国家和地区而言，则另当别论，粮食增长落后于人口增长的危机可能不时发生，有时会造成人口大量死亡和绝对数量减少。

布朗在世界观察研究所年刊《世界状况 1994》上发表长篇文章"面对食物无保障（Facing Food Insecurity）"，比较全面地阐发了他的人口、粮食增长观①。首先，布朗占有比较充分的材料，对 20 世纪 50 年代以来世界人口增长、粮食生产、水产品、经济增长等作出考察和分析，进而作出直到 2030 年的发展预测，揭示"食物无保障"概貌。就 20 世纪 50 年代以来世界粮食产量变动而言，布朗的分析同上面背景材料基本一致；但由于资料来源不同而有一定出入。同时还有人口、经济发展等的数据资料和预测，且这些为其立论基础，因此不妨将其引用的主要数据分列如表 5 至表 8②。

表 5　1950～1993 年世界粮食和化肥施用量增长比较

单位：百万吨

| 年　份 | 粮食生产 | 增　长 | 化肥施用 | 增　长 | 粮食/化肥增长比 |
|---|---|---|---|---|---|
| 1950 | 631 | 14 | — | — | — |
| 1984 | 1649 | 1018 | 126 | 112 | 9.1 |
| 1989 | 1685 | 36 | 146 | 20 | 1.8 |
| 1993 | 1719 | 34 | 130 | -16 | -2 |

表 6　1990 年一些国家人均粮食用量和家畜消费量

单位：千克

| 国　别 | 粮食用量 | 牛肉 | 猪肉 | 家禽 | 羊肉 | 奶 | 奶酪 | 蛋类 |
|---|---|---|---|---|---|---|---|---|
| 美　国 | 800 | 42 | 28 | 44 | 1 | 271 | 12 | 16 |
| 意大利 | 400 | 16 | 20 | 19 | 1 | 182 | 12 | 12 |
| 中　国 | 300 | 1 | 21 | 3 | 1 | 4 | — | 7 |
| 印　度 | 200 | — | 0.4 | 0.2 | 31 | | 13 | — |

表 7　1950～1993 年世界经济增长率

单位：%

| 年　份 | 增　长 | 人均增长 | 年　份 | 增　长 | 人均增长 |
|---|---|---|---|---|---|
| 1950～1960 | 4.9 | 3.1 | 1980～1990 | 2.9 | 1.1 |
| 1960～1970 | 5.2 | 3.2 | 1990～1993 | 0.9 | -0.8 |
| 1970～1980 | 3.4 | 1.6 | | | |

①　参见 *State of the World 1994*，by Worldwatch Institute，U.S.A.1994.
②　参见 *State of the World 1994*，by Worldwatch Institute，U.S.A.1994.

表 8  主要国家 1950 年以来人口变动和未来预测

单位：百万人

| 国　别 | 1950 | 1990 | 2030 |
|---|---|---|---|
| 美　国 | 152 | 250 | 345 |
| 俄罗斯 | 114 | 148 | 161 |
| 日　本 | 84 | 124 | 123 |
| 英　国 | 50 | 58 | 60 |
| 法　国 | 42 | 57 | 62 |
| 印度尼西亚 | 83 | 189 | 307 |
| 印　度 | 369 | 853 | 1443 |
| 中　国 | 563 | 1134 | 1624 |

其次，对这些资料作了认真分析，并从中得出某些结论。主要如下。

第一，1950～1990 年世界人口从 25 亿人增加到 53 亿人，40 年间净增 28 亿人，年平均增加 7000 万人，增长率高达 1.9%。增长趋势异常迅速、预计 1990～2030 年，世界人口将从 53 亿人增加到 89 亿人，40 年间净增 36 亿人，年平均增加 9000 万人，增长率为 1.3%。这种较低增长率与较高增长量的矛盾给予人均粮食产量的影响，将使人口与粮食失衡加剧，难以扭转人均粮食产量下降趋势。

第二，世界粮食产量 1950～1990 年由 6.31 亿吨增加到 17.8 亿吨，年平均增加 2900 万吨，年均增长率 2.6%，超过人口增长率 0.7 个百分点，故有人均粮食产量的增加。然而 1950～1984 年粮食产量年平均增长 2.9%，使世界人均粮食产量提高 40%；1984～1993 年粮食产量年平均仅增长 0.5%，落后人口增长率许多，致使世界人均粮食产量下降 11%。若今后 40 年仍按这一增长率增长，即年增加粮食 1200 万吨，则世界人均粮食产量将由 1984 年最高时的 346 千克，跌落到 2030 年的 248 千克，倒退到 40 年以前的水平。

第三，40 年来粮食增产的基本原因，是肥料尤其是化肥的施用，以及良种的推广和灌溉面积的扩大。表 5 提供的数据表明，增施化肥带来的粮食增长量有很大变动：以每增加 1 吨化肥带来的粮食增长量（吨）表示的粮食化肥增长比，1950～1984 年为 9.1，1984～1989 年下降到 1.8，从而导致 1989～1993 年世界化肥施用量净减少 1600 万吨。灌溉面积的大幅度增长到 1978 年达到波峰，其后增长幅度下降许多。而小麦、稻谷、玉米等主要农作物良种的革命也基本告一段落，如果不能开发出具有广泛推广价值的新品种，增施化肥和扩大灌溉面积都会受到影响。虽然寄希望于生物工程有一定道理，但是迄今为止，其功效还主要表现在增强作物对病虫害的抗御性上。许多著名农学家认为，在未来 1/4 世纪里，农作物和动物产品增加产量的主要手段，还不得不依赖传统技术。

第四，从农业环境角度考察，1984 年以前的化肥大量施用和灌溉的大量增加，加剧了水涝、土壤盐碱化、水土流失和污染，如果化肥、灌溉不能保持相应增长态势，副作用便会日益显露出来。土地肥力递减作用，使粮食化肥增长比急剧下降，而新开垦农田受到后备耕地资源有限的限制，世界耕地面积受到加速工业化占用的威胁。淡水不足已成为一个世界性的问题，尤其是主要粮食生产国更为严重。通过上述分析，布朗发出哀叹：要想扭转 21 世纪世界人口与粮食失衡恶化的局面太难了，其难度如何估计都不会过分。

布朗在他的"食物供给无保障"发表之后，便来"落实"他的论点，中国作为世界第一的人口大国便成了首选目标：《世界观察》（*World watch Institute*）1994 年 9 ~ 10 月号发表布朗"谁来养活中国——当 2030 年中国粮食问题成为世界问题的时候"长篇文章，《世界状况 1995》（*State of the World 1995*）首篇又发表布朗"未来的限制"论文，相当充分地表述了布朗的中国人口粮食观。这里将布朗的观点和论述加以归纳，其基本的结论和支持论点的结构为：2030 年中国的粮食消费与粮食生产之间，将出现 2.16 亿 ~ 3.78 亿吨的缺口，提出谁来养活中国论题。为什么会造成这一缺口？布朗从需求（消费）增长与供给（生产）下降两方面展开。

在需求增长方面，一是由于人口增长，2030 年中国人口增加到 16 亿人，比 1990 年增加 4.9 亿人，即将造成 2.16 亿吨粮食的缺口；二是在经济高速增长情况下消费水平的迅速提高，肉、蛋、啤酒消费量的增加带动人均粮食消费量上升，加上其他供给因素影响，2030 年的粮食缺口将达到 3.78 亿吨。

在供给下降方面，一是由于城市化、工业化发展占用耕地，耕地面积将以年 1% 的速度递减，与日、韩、中国台湾高速工业化时类似；二是中国是一个水资源严重匮乏的国家，城市和工业用水增长挤占农田灌溉用水，加上作物品种改良等农业科技难以有大的突破，粮食单产难以提高。据此，他预计 1990 ~ 2030 年期间中国粮食产量将以 0.5% 的速度减少，40 年减少 20%，由 1990 年的 3.29 亿吨减少到 2030 年的 2.63 亿吨。

需求与供给这一增一减造成的巨大差额或"缺口"，能否由进口弥补：布朗断言，即使21世纪中国经济高速增长具有进口能力，目前世界每年出口粮食2亿吨左右也满足不了中国的需求，何况主要粮食出口国美国面临今后40年人口将增加9500万人，其他非洲、亚洲国家缺粮国需求量也在急剧增长，结论在哪里？中国的粮食巨大缺口将威胁2030年世界粮食安全线，而对于中国说来有可能使经济奇迹中途夭折。

布朗的以上阐述，公正地说，从资料的搜集到理论论证，从数据到结论，是比较认真的。然而通观他的多篇论文，或者资料失于偏颇，自然以这种失于偏颇的资料预测未来难免失于把握；或者侧重逻辑推理，虽然推演过程无可挑剔，无奈脱离实际较远，结论就免不了打上问号。我们不妨将布朗的主要观点和论据，作一些实事求是的分析。

第一，关于人口增长预测。这是影响未来人口对粮食需求数量的主要依据，也是布朗"21世纪谁来养活中国"命题能否成立的首要前提。布朗提出2030年中国人口将增长到16亿人，有的地方还提到增长到16.3亿人，在《世界状况1995》第53款注释中标明引自美国人口普查局《国际金融统计》（International Financial Statistics）1994年10月号。这一预测可以说有一定参考意义，但是仅从预测结果看，差距较大是值得注意的。特别是计算人口的粮食消费量，如以每人年消费400千克计算，1000万人年消费40万吨，5000万人年消费200万吨，就是一个不容忽视的数字。我们的预测和联合国的预测比较，1995年相差500万人，2030年相差1400万人。这两种方案与中国政府公布的1995年121121万人口也相当接近。布朗引用的人口预测2030年要多出6300万人，这是一个不应忽略和对粮食消费量产生一定影响的人口数字。

第二，关于人均粮食消费量的上升。布朗这部分论述具有较强逻辑推理性：中国经济长期持续快速增长，使人均收入大幅度提高；人均收入的提高使得食物构成发生变化，由以淀粉类食物为主转向肉、蛋、奶类的增加：肉、蛋、奶类生产可视为粮食的转化形态，谷物与其转换比率鸡肉和水产品为2:1，猪肉为4:1，牛肉为7:1，这类转换用粮已由1978年占全部粮食的7%提高到1990年的20%。布朗还特别提及粮食转换中的啤酒生产，如果每个成年人多喝一瓶啤酒，就要多耗费谷物37万吨！他预计，延续近年来的消费增长态势至2010年，中国的粮食消费将要增长40%，足见人们追求高生活质量的影响。布朗的这些论证有一定根据，但并无充分根据。粮食的牛肉转换率为 7:1 由何而来？是国际一般的数字，还是中国的经验数字？布朗文章并未说明，而以食草为主的牛的生产需要如此之高的粮食转换率，在中国不具普遍性。粮食的猪肉转换率 4:1 也显得偏高，需知中国的猪肉生产除养猪场外，全国 2.3 亿农户中相当多数饲养生猪，是遍及乡村的更大饲养场。1995 年每 1 农户平均出售猪 1.11 头，132 千克；羊 0.24 头，5.47 千克；每 100 农户出售牛 3.48 头，牛肉 17.32 千克[①]，禽、蛋等也主要由农户提供。

因此，布朗关于粮食的肉、蛋等的转换率，对中国说来无疑提高了，这部分转换食品的粮食比例也没有达到全部粮食产量的 20%，按此比率增长的计算偏离较多。而且，尽管随着经济的发展和人民生活的改善，人们对肉、蛋、奶的需求量会增加，转换需求的粮食也会增加，但一是受传统饮食习惯的影响，动植物性食品构成比例不会持续扶摇直上，特别是动物性食品增加到一定比例以后；二是出于健康原因，进入小康生活水平以后许多人喜欢多吃一些蔬菜、水果，尤其是年岁比较大的中老年人。

21 世纪中国人口年龄结构步入老年型后，消费食品结构将受到这一老龄化趋势影响，这也是不可不考虑的因素。因此，对于中国经济发展过程中人们追求高生活质量，用于鱼、肉、蛋、奶转换粮食增加的数量和在全部粮食消费中的比例，不可估计过高，也不可按国外特别是西方发达国家的标准作机械的推论。动植物食品结构是中国食文化的一个组成部分，只有从这一高度来认识和推演，才能比较科学地估量用在动物性食品粮食消费量的增长。

第三，关于耕地面积缩小。这是减少粮食供给方面最主要的原因。布朗写道，建设工业化需要修建大量工厂、仓库、铁路、公路、停车站场，必然侵占大量耕地，使耕地面积迅速减少。减少的数量和减少的速度怎样，布朗表示持慎重态度，但他却振振有词地说，1990～1994 年中国耕地面积由 9080 万公顷，减少到 8740 万公顷，年平均减少 85 万公顷，或者年平均减少近 1%。这一减少速度刚好同日、韩、中国台湾工业化时期一样，几十年中日本减少耕地 52%，韩国减少 42%，中国台湾减少 35%。在他看来，中国进行的工业化重复日、韩、中国台湾耕地面积年平均减少 1% 在所难免，因而未来的粮食供给将出现足以惊动世界的严重不足，因为中国是在 12 亿多

---

① 参见《中国统计年鉴 1996》。

人口基础上推进其工业化的。

这里首先需要澄清的一个问题是，布朗引证的数据资料可信度如何。据中国国家统计局提供的资料——至少要比布朗信手拈来的资料可靠得多，1990 年全国有耕地面积 9567.29 万公顷，比布朗的 9080 万公顷多出 487.29 万公顷；1994 年 9490.67 万公顷，也比布朗的 8740 万公顷多出 750.67 万公顷，出入不可谓不大。而中国国家统计局的数字还特别加上说明："本表实有耕地面积数字偏小，有待于进一步核查"[①]，如此出入就更大了。

事实上，美国卫星遥测中国耕地面积在 12000 万～14667 万公顷之间，近年来中国的初步测查为 13333 万公顷。作为美国一个研究所的所长且潜心搜集中国资料数载，对于美国多次公布的中国耕地数据恐怕不会不知晓，为何只字不提却找来低于 1/3 左右的数字作为论证依据呢？看来在多种数字充满的空间，有目的地选择数字加以引证说明，也许是一种简明有效的方法了，只是这种"有效"若被具有说服力的数字否定了的时候，也就走到有效的终点——变成失效了。在这点上，我们不得不对布朗先生的公允性和科学性产生怀疑，想抹掉却难以抹掉的怀疑。

其次，中国耕地面积能否按照 20 世纪 90 年代初期的速度减少下去，或者如布朗所云，像日、韩、中国台湾那样以 1% 的速度递减，需要作出实事求是的估量。按照中国政府公布的统计数字，1990～1994 年的耕地面积减少数字年平均减少 0.2%，远非减少 1%，1% 实为布朗强加的数字。更为重要的是，中国能否制止耕地面积减少的局面？实践的回答是，1995 年全国耕地面积增加 6.4 万公顷，有效地遏制住下降的势头，在理论和政策上，中国早已将保护耕地作为可持续发展战略的重要组成部分，努力保护耕地资源，扩大耕地面积。

第三，《中国 21 世纪议程》提出：1991～2000 年新增耕地 330 万公顷，到 2000 年全国保有耕地 12200 万公顷，从而与布朗的估计大相径庭。事实上目前尚有宜农荒地 3535 万公顷，相当于现有耕地面积的 37.2%。其中 1/4～1/3 可用来开垦耕作，可增加耕地 883 万～1166 万公顷，扩大耕地面积有现实的保证。而这一条无论是日本，还是韩国或中国台湾都是无法比拟的，它们几乎没有后备耕地资源。

第四，关于水资源从灌溉转为非农业用途问题。这一点布朗没有夸大其

---

① 《中国统计年鉴 1996》。

词，中国人均水资源仅相当于世界平均水平的 1/3，是一个水资源相当贫乏的国家，尤其在北方，干旱威胁严重。不过布朗没有提及技术进步和灌溉方法的改进，水的净化处理和循环使用，这实际上等于增加了水资源。

全面地评价布朗先生对中国粮食供给和需求的估计，阐述的基本观点，结论是不能成立的，至少在相当大的程度上失于偏颇，夸大了食物供给安全线威胁。值得一提的是，布朗以西欧、北美、日本始于 20 世纪 50 年代的现代化带来的现代消费产生的影响类比，说明一个人口比它们之和多 1 倍以上的中国现代化带来巨大消费的影响，可能超出地球某些基本资源的供给能力，超出可持续发展的界限。这实际上提出了一种论调：中国经济的高速增长和伴随人口增长而来的居民消费水平的提高，构成对地球某些支持系统资源需求的威胁，这种论调已融入近年滋生起来的"中国威胁论"之中。如果我们将前述种种资源融于一体分析，布朗先生所谈由粮食、资源诱发的威胁并不存在，21 世纪中国人必须自己养活自己，也一定能够自己养活自己。理由如下。

人口：1995 年 121121 万人，2030 年 153700 万人，2050 年最高峰值 16 亿人左右，然后可能缓慢下降。1995 年与 2030、2050 年相比，分别增长 26.9% 和 32.1%。

粮食需求：以 1995 年人均 385 千克、2000 年以后 400 千克计算，1995 年需求量（实际产量）46662 万吨，2030 年 61480 万吨，2050 年为 64000 万吨，1995 年与 2030、2050 年比较，分别增长 31.8% 和 37.2%。

耕地面积：以 1995 年 13333 万公顷为基数，2030 年完成开垦可耕地 883 万公顷，2050 年达到 1166 万公顷，同时工业化占用耕地控制在 0.1% 水平，则 2030 年耕地面积为 13757 万公顷，2050 年为 13785 万公顷，分别比 1995 年增长 3.2% 和 3.4%。

粮食供给：1980~1995 年粮食年平均增长 2.5%，人均粮食由 325 千克增加到 385 千克。1995~2030 年粮食增长速度平均为其一半，即 1.25%，则 2030 年可达 72075 万吨，人均 469 千克，2030~2050 年增长速度再下降一半，即 0.625%，则 2050 年可达 81640 万吨，人均 510 千克，增长幅度亦比较可观。

粮食单位面积产量：以目前耕地面积 13333 万公顷计算，1995 年粮食单位面积产量每公顷 3450 千克，2030 年 5239 千克，2050 年 5922 千克。可见，依据卫星和实际勘测得来的大大提高后的耕地面积数据计算，目前的单位面积粮食产量并不很高，增产潜力还比较大。

以上分析和基本数据表明，21 世纪中国人不仅可以自己养活自己，而且可以养活得更好一些。2030 年人均粮食可比 1995 年提高 84 千克，2050 年再提高 41 千克。无须赘述，即使达到这样的水平也不算很高；而更为重要的是，这一水平的达到除需要大力控制人口增长、保护耕地等贯彻落实好基本国策外，还必须在生活水平提高的同时，推行包括粮食在内的适度消费政策，节约和合理利用水资源政策等，在这点上说，布朗提出的命题和论证中提出的告诫，从一个特定角度提醒了我们：粮食问题的解决要立足于可持续发展，粮食指标是能否实现可持续发展的指标之一。据悉，世界和中国的粮食状况是世界观察研究所继续重点观察的重要问题，但愿它们能够真正观察出一点名堂来，切勿对中国的观察失真过多。

中国人能够自己养活自己，接下来是怎样养活的问题。其实，粮食只是人口再生产所需生活资料中的一部分，不能概括提供生活资料"养活"的全部含义：但是由于这一生活资料对维系人的生存与发展的特殊性，是人口再生产必须得到满足的必要条件，"养活"二字也就恰如其分地勾画出粮食在人口再生产中的地位和作用。"怎样养活"呢？就具体国家或地区而言，不外乎三种方式：自给自足、自由贸易和自给与贸易相结合。一个国家或地区选择哪种方式，主要由该国家或地区的粮食生产条件、人口、经济、社会发展状况决定，不以人们意志为转移；然而人们在认识这种客观必然的基础上，有目的地加大某些方面的分量，充分发挥政策导向作用，对于确保粮食供给安全线和整个社会发展，无疑是重要的，是确立 21 世纪经济发展战略所必需的。

第一，坚持粮食自给基调。中国粮食供给必须建立在自己力量基点上，是多数人的一种共识，是确立"养活自己"的基调。早在 20 世纪 80 年代初，我们便论述由于中国人口多、人口年龄结构比较轻和具有较强增长势能，消费需求大，基本生活资料特别是粮食供给必须主要依靠自己的观点。明确提出，如果依靠粮食进口，一是要耗费巨额资金，损害现代化建设所需资金积累，二是即使买得起，也没有哪一个或几个国家可以供应如此巨大数量的粮食；三是就算买得起、买得来，海上运输、港口装卸和运到消费者手中，也是一个绝大的难题，粮食供应只有主要依靠国内生产解决[1]。

---

[1] 参见田雪原《四个现代化和从九亿人口出发》等论文，《田雪原文集》，中国经济出版社，1991。

如今三个"五年计划"过去，人口的数量增长印证了过去的估计，一些新的特点并没有改变原来预测的基本趋势，粮食供给存在的基本问题依旧。情况有所变化的，是中国经济经过17年多的高速增长，实力已经大增，即使进口较多粮食也已具备了一定的支付能力；海洋、陆路、内河运输能力增强，"运得来"的问题也可部分得到解决。如此说来，焦点似乎集中在能否得到和是否有人愿意卖粮上。在这点上，上面引证的布朗文章存在一个致命的缺陷：将目前世界粮食出口国的出口量视为未来极限量，并以此阐发他的21世纪食物供给安全线无保障粮食危机论。这一缺陷不仅忽视了包括农业技术在内的科技进步的作用，而且也背离了资源—市场—产量经济学基本原理在粮食供给与需求中的作用。

关于世界的土地资源状况，特别是耕地后备资源状况众说纷纭，但有一点是公认的，尚有相当数量的资源未被开发利用，尤以南美洲和北美洲为突出。为何未被开发和利用，是因为受到世界粮食市场制约。长期以来世界粮食市场一直是买方市场，世界粮食出口国粮食滞销，投资粮食生产的收益在社会平均利润率以下是根本原因，"谷贱伤农"在国际上倒是真实地存在着。一旦粮食市场由买方转变为卖方市场，价格和利润立即会引发粮食生产的发展和农业资源的开发利用，1995年国际市场粮价上扬以后，美国、阿根廷等作出的反应就是证明。就全球观察，人口增长与耕地资源短缺的矛盾在加剧，但是有无供养能力需要作出实事求是的分析，回答是肯定的。也就是说，随着国际市场粮价上扬和投资粮食生产利润的增长，拉动农业生产发展和粮食产量增加，在可以预见到的将来不至于产生世界性粮食危机。亦即21世纪中国经济进一步发展之后，如果各国都按照市场经济原则从事粮食生产，中国需要的粮食是可以买得到的。

那么是否可以放弃自给原则转而依靠国际市场呢？仍旧不可以，原因在于粮食这种商品的特殊性。由于粮食供给同人口生产、生命延续不可分割地联系在一起，在需要的时候就会成为一种制敌于死命的战略物资。中国古人云："兵马未动，粮草先行"，足见给养之重要。从《孙子兵法》到三国诸葛亮用兵，"断其粮草"成为克敌制胜的一项重要成功战术。

当代情况有所不同，但粮食作为战略物资意义犹存，且发展成为要挟对方的手段。如果我们的粮食供给安全线建立在依靠进口基础上，出口国一旦采取"断粮"手段相威胁，我们就会陷入任人摆布的困境。从这个意义上说，将粮食供给建立在自己力量基点上，确保粮食供给安全线是关系政治、军事、社会发展全局的大问题，不可交由他人掌握。特别是中国人口众多，是一个谋求独立自主发展和自立于世界民族之林的主权国家，在 21 世纪世界人口增长与耕地资源短缺矛盾加剧，粮食作为战略物资色彩增强的情况下，对此应有更清醒的认识。

第二，需要借助国际市场。确立粮食自给基调，不等于在粮食生产与消费、供给与需求关系上完全自给自足，同世界粮食市场隔绝。1949 年中华人民共和国成立后，以美国为首的帝国主义对我国进行封锁禁运，使我国与世界市场处于隔绝和半隔绝状态，粮食生产和消费停留在自己国家圈子内。后来有了一点进出口，一曰调剂余缺，属于品种调节贸易；二曰供求平衡，特别在歉收年份进口粮食较多，目的是"养活"人口。这两种情况都不存在价格比较问题，出发点是满足需要，即使是国际市场粮价较高，进口后只能平价销售，也要补贴进口。相反，在丰收之年组织粮食出口，在价格上有着很大优势，但由于只把粮食作为战略物资而不作为商品，出口数量极其有限。因此，30 多年的粮食进出口贸易——如果可称为贸易的话，居然同国内外粮食价格没有或很少挂钩，同赢利没有什么联系，国家在组织粮食进口中赔钱，组织出口也赚不到多少钱，所做的是脱离市场利润原则的粮食进出口贸易。这种贸易不过是粮食自给自足模式的一种点缀，只能依靠高度集中统一的计划经济来完成，待到加大市场经济体制改革力度启动后，也就走到了尽头。

众所周知，中国的改革开放是渐进式的，从"计划调节与市场调节相结合"、社会主义"有计划的商品经济"到"宏观调控下的市场经济"、"政府指导型的市场经济"，改革的方向逐步走向市场。1992 年召开的中共十四大终于明确宣布：中国经济体制改革目标是建立社会主义市场经济体制，将市场经济写进自己的行动纲领。改革这种一步步走向市场经济体制的过程，对粮食国内外两个市场的关系，粮食进出口作为市场行为的性质产生了深刻影响。

自 20 世纪 50 年代中期全国实行粮食统购统销，其后又发放全国和地方诸多品种粮票以来，粮食作为消费商品的特色暗淡下去，作为计划经济周到地体现并带有某种政治神秘色彩突出出来，直至改革开放后始有改变。先是部分粮食制作的食品免收粮票，后是部分地区直到全国取消粮票，还粮食为生活消费资料本来面目，同其他商品一样，货币是唯一交换价值等价物。粮食挣脱行政手段控制回归市场，粮食价格自然形成于市场，受供求影响波动。这时的粮食进出口贸易即使出于调节供求平衡考虑，但由于改变市场供给数量也必然影响粮食价格，粮食价格涨落又必然影响粮食生产扩大与萎缩。这是以前粮食进出口不曾有过的价格效应，因那时进出口同国内粮价无关；如今通过进出口改变供求影响价格和产量显现出来，价格自然成为粮食进出口需要考虑的基本因素之一。20 世纪 90 年代以来，国内和国际市场粮价日趋接近，近两三年来更超过国际市场价格，使粮食进出口对国内粮价影响的灵敏度提高。

在这种情况下，实行从前那种国内外粮食市场割断、作为自给自足补充的粮食进出口贸易不仅不再可能，也不利于粮食生产及其相关的经济发展。在国内粮价高于国际市场粮价的情况下，割断两个市场价格的粮食进口固然有利可图，国家可以从中获得一定的利润；但必须以维持较高的粮价为代价，这就不可避免地提高了以粮食作原料的商品价格，工资率也要随着"水涨船高"，拉动价格杠杆使物价指数上升。而化肥、农药、农机具、燃油、农用电等的价格上涨，使粮食生产成本升高，粮食生产者从粮食价格中获取的实惠难以维持，只有期待粮价再次攀升。如此，高通货膨胀难以消除，社会产品在循环通货膨胀中成本随着上升，对内不利于经济稳定和社会稳定，对外不利于扩大出口，不利于经济快速、健康、持续发展的总体要求。如果扩大粮食出口，就要国内高价购进、国际低价售出，国家进行大量补贴去做赔本买卖，这是于市场经济格格不入的。在推进市场经济体制改革和粮价国内高出国际市场的情况下，断然切断国内外市场两种价格的粮食进出口贸易是行不通的，于经济发展、深化改革和扩大开放也是不利的。

那么能否拆除两个市场之间的屏障，将国内粮食市场无保留地推向国际粮食市场，实行一体化的自由粮食市场呢？亦不可以。试想，如果现在实行完全自由化的粮食市场，国外粮食便会一拥而入，使粮价大幅度下降，好处是居民粮食消费支出费用减少，但由此带来的问题是十分严重的。由于粮价下跌，粮农将丧失从现实较高粮价中得到的利益。而农药、化肥等农业生产资料却不可能随着同步下降，使粮食生产成本仍旧较高，发生粮食生产成本—效益的不利倾斜，挫伤农民种粮积极性，造成粮食生产萎缩。受粮农购买力下降影响，农业生产资料销售将发生困难，从而影响工业生产和整个国民经济的发展。一旦国际风云变幻，粮食输出国打出停止出口"粮食王牌"，我们将陷入极大被动和危机状态。对于一个拥有 12 亿多人口其中 8 亿多为农民的发展中国家，是不可如此轻举妄动的。

现在的情况是，主张中国粮食自给意见占优势，主张融国外市场于一体建立自由化粮食市场意见居寡，两种意见都有一定的道理，也都存在需要进一步探讨的问题。就前一种"主流派"意见而论，需要解决的问题是不能无视国际粮食市场，完全封闭式的自给自足国内粮食供给体制已经不复存在，切断国内外两个粮食市场联系、双重价格的粮食进出口贸易也已走到了边缘。就后一种"自由市场"意见而言，需要解决的问题是正视中国人口多、耕地少基本国情和加速走向现代化对农业发展的要求，完全自由化的粮食市场可能给经济发展带来怎样的影响。有鉴于此，我们提出自给为主与积极发展进出口贸易相结合的解决 21 世纪中国粮食问题的总方针。这一方针的主要立足点和与以往做法的异同，分述如下。

一是自给为主。这有两层含义：一是强调粮食的自我供给，强调中国粮食问题的解决要建立在自己力量的基点上，其必要性和可能性如前所述。二是说明"为主"，不是全部，不是自给到完全自给自足，更不是封闭起来。结合中国实际，自给为主如何体现呢？我们以为可从两方面体现：一方面在粮食总供给量中，自己生产供给部分要占多数，成为全部供给的主要部分；另一方面在全部粮食消费中满足人口再生产主要消费的口粮部分，以自己生产供给为主，亦即最重要的粮食品种以自给为主。

粮食是由粮食作物或食用作物生产的，粮食或食用作物分为谷类作物、薯类作物、食用豆类作物三大类。其中以子实提供食粮和畜禽饲料粮的谷类作物是主类，占粮食生产中的绝大部分，包括稻谷、小麦、玉米、高粱、燕麦、大麦、黑麦、谷子、黍、稷、莜麦、裸大麦、荞麦等。薯类包括马铃薯、甘薯等，豆类包括大豆、小豆、绿豆、豌豆、蚕豆等。如此众多粮食作物及其丰富多彩的品种，就当前中国生产情况而论，年产量相差悬殊，如1995 年粮食总生产量中谷类占 89.29%，豆类占 3.8%，薯类占 7.09%；而谷类中稻谷占 44.5%、小麦占 24.5%，玉米占 26.99%，其余高粱、大麦等之和仅占 4.1%。

从用途上看，所有粮食均可用于居民食用和禽畜饲料，不过从营养价值、成本、消费习惯等衡量，稻谷、小麦一般视为居民口粮主粮，玉米主要作为饲料粮，豆类和薯类多有兼顾，其中大豆（黄豆）兼顾最多：既是居民食用不可缺少的口粮，又是油料加工原料之一，其渣子则是上好饲料，亦是上好有机肥料。从中国不同粮食品种产量的现实和不同粮食品种的主要用途出发，自给为主落实到粮食品种上，就是稻谷、小麦和大豆以国内生产和供给为主，满足居民口粮需求；其余则逐步实行国内外市场并轨，实现自由市场化贸易。

二是积极发展进出口贸易。前已述及，在改革开放历经近 20 年，以 20 世纪 90 年代以来国内粮价同国际市场趋同并超出国际市场为转折点，过去那种基本自给自足、仅有粮食进出口也同价格不发生关系的做法已经不能继续下去了，真正将粮食进出口作为商贸经营已提到议事日程。不仅如此，如果国内粮食市场同国际接轨，价格基本保持在同一水平，对于一个力图加快工业化步伐且人口和劳动力过剩的国度来说，抑制粮价随着工业化和人口城市化进程加快过速上涨，因而抑制社会物价和工资过速上涨，有利于营造良好的发展环境，也有利于发挥劳动力成本低廉优势，发展包括粮食生产在内的某些劳动密集型产业。

国内外两个市场、两种价格趋同，从发展经济、扩大开放的宏观总体战略角度观察，从粮食生产和供给长期发展的战略角度观察，积极和促进的方面是主要的。而在取得世界谷物第一生产国稳固地位后，绝不应拘泥自给自足以往固定模式，坐视世界粮食市场无动于衷，让别人炒来炒去。既然看准我们投身国际粮食市场有好处，又具备投身"炒一炒"的实力，为何要袖手旁观呢！理应凭借我们的实力，在国际粮食市场上显一显身手。

充分利用国际市场粮价波动买进或卖出，实现由过去"以稻米换小麦"品种贸易向以赚取利润为目的真正市场意义上的粮食贸易的转变，并用获取的利润进口更多的粮食，充实储备。这一积极发展粮食进出口贸易与自给为主共生一体，进出口贸易品种主要为稻谷、小麦、大豆以外品种，我们主张可以敞开，两个市场接轨，两种价格趋同；稻谷、小麦、大豆在确保国内生产供给基础上，也可进行进出口贸易，但是是国家垄断与国际市场价格不衔接的贸易，即稻谷、小麦、大豆是在自给为主基础上的进出口贸易，通过进出口增强这些品种粮食的自给能力，并且保护这些品种粮食的扩大再生产；其他品种粮食有步骤地放开，积极打开国际市场，扩大出口，并按照市场原则组织进口和销售，逐步走向自由贸易。

关于"自给为主与积极发展进出口贸易相结合"粮食供给总方针（简称"主发"方针），还有几个问题需要加以说明。首先这一总方针能否确保粮食供给"安全线"问题。将粮食视为战略物资，粮食供给存在一条最低的"安全线"，对于像中国一类人口众多国家尤为适用，这是必须认识和需要见诸行动的。

　　然而怎样理解粮食供给"安全线"，还需要研究。传统观点认为，自己掌握着足够的商品粮、储备粮可以自给自足便有了安全感，所谓"手中有粮，心里不慌"是也。也有一种观点认为，中国现今"吃饱肚子"解决之后，"进口粮食与进口其他任何消费品在对国家安全的影响上没有任何区别"（叶兴庆，1996），进口粮食与否与能否养活自己"安全线"不存在必然联系。到底怎样认识才算符合实际，我们以为，需要联系"主发"方针具体分析。粮食作为消费品，同其他消费资料一样，是用以满足人们物质和文化生活需要的产品，只是更具有基本产品的性质。

　　一般意义上的生活资料满足人们的消费需要，可以分做满足生命再生产的生存需要，提供更高生活标准的享乐需要，为提高人的素质创造条件的发展需要。就粮食而言，主要是作为维持人的生命再生产的生存需要资料，但也有部分经过转化和加工，成为满足享乐需要和发展需要的资料。如人们仅食用谷类、豆类、薯类粮食即可维持生命再生产，可是将粮食转化成肉、蛋、奶类食品具有更高营养价值，成为改善生活的享乐需要生活资料。又如一般粮食不能成为满足发展需要的资料，但某些品种经过加工、转化、一定比例的配制，亦可成为提高人口身体素质的生活资料，甚至可制成文化产品满足人们的精神需要。

　　如此说来，粮食也可以大致区分为满足生存、享乐和发展需要的不同资料，只是最基本的是满足生存需要的资料，满足享乐和发展需要的往往由生存资料转化而来。从这样的意义上认识作为生活资料的粮食，并结合稻谷、小麦、大豆在维持生存需要中的主体地位，可以说，只要这三种粮食的生产和供给有了足够的保障，全部粮食供给"安全线"也就有了最基本的保障。

　　因此，首先我们不主张将稻谷、小麦、大豆无保留地推向国际市场，而主张这部分进出口贸易国内外市场价格分开，由国家垄断经营。其他粮食产品也都不同程度地为满足生存需要的消费资料，不过一为数量上不能与稻谷、小麦等相比，二为在食用习惯经常性上也不能相提并论，玉米、高粱、黑豆等更多地作为饲料，表现为满足享乐和发展需要的资料。将这部分粮食市场国内外接轨，一般情况下不会发生供给危机，一时发生危机也不至于危及到维持生存需要的粮食供给"安全线"，而且受供求价格影响产量和供给很快可以恢复和反弹。因此，把握住稻谷、小麦、大豆生产和供给，也就把握了粮食供给"安全线"的关键，其余粮食品种可以大胆放开，进入国际市场。

其次，将大豆列入自给为主品种问题。稻谷、小麦作为主粮列入自给为主品种较好理解，为何将大豆也列入？一是大豆营养价值高，蛋白质含量为稻米的 4 倍以上，小麦粉的 3 倍以上；钙为稻米的 26 倍左右，小麦粉的 10 倍左右，对高胆固醇血症患者具有良好膳食治疗疗效。从发展角度观察，同人口生产、身体健康、人类生存和发展，以及同粮食、资源、环境等息息相关的生命科学，越来越被更多的科学家推崇为 21 世纪主导科学，将来在解决人口增长与粮食不足矛盾中可望发挥更大作用。生命科学转基因技术有可能带来新的农业革命，而转基因大豆产量更高、蛋白质含量更高、抗病毒能力强的研究取得新的突破，大有成为生物工程食品的可能。二是中国本为最主要大豆生产国，在世界具有举足轻重的分量，20 世纪 50 年代产量居世界第 2 位，仅次于美国。40 多年来产量有较大增长，但增长缓慢，20 世纪 80 年代即退居到第 3 位，且与位居第 4 位的阿根廷只有 130 万吨的差距，10 年前还相差 400 万吨[①]。三是大豆用途广泛，既属粮食类，又属油料类，同时又是农产品中重要的工业原料。而且种植大豆由于根瘤菌作用还可增加肥力，改良土壤。有鉴于此，大豆生产关系到粮食生产、农业技术进步以及相关工业的发展，应予特殊重视。尤其对于喜欢素食的中国居民说来，豆腐和一系列豆制品更是餐桌上不可缺少的品种。然而由于单位面积产量较低以及价格等原因，大豆生产发展缓慢，需要给予扶持，实行同小麦、稻谷一样的以自给为主，进出口贸易采取国内国际两种价格政策。

稻谷、小麦、大豆以自给为主，国家通过价格等手段促进这些品种粮食生产的发展，目的是使人口再生产所需的主粮有保障，确保粮食供应"安全线"。这一"安全线"还包括专项储备和战略储备，保证粮食长期供给安全。此外还要考虑必要的商业周转储备，根据国际市场粮价行情，决定是否需要进出口贸易。自给的品种具有相对的稳定性，在相当长时期内不至于发生很大变化；但是也不是绝对的，如玉米、高粱、小米等都曾在较大范围内，主要在北方充当主粮。当今最主要的还是要看国际行情，在这些品种粮价跌入低谷时，在不同国内较高价格发生冲突时，多进口一些增加储备也是必要的。

再次，关于积极发展进出口贸易问题。"主发"方针在强调主粮自给为主基础上，主张积极发展粮食进出口贸易。稻谷、小麦、大豆的进出口贸易

---

① 《中国统计年鉴 1996》。

要不损害自给能力，实行国内国际两种价格；而积极发展粮食进出口贸易，重心是除稻谷、小麦、大豆以外的其他品种粮食，主要是称之为杂粮的自由进出口贸易。前已论及，这部分杂粮自由贸易不至于危及主粮"粮食供给安全线"，没有后顾之忧；而积极发展这部分粮食进出口贸易，还可带来种种好处：可以使部分粮食市场国内外并轨，多余品种组织出口，缺少品种组织进口，更好地调剂余缺，改善粮食品种结构，满足居民生活和各方面需要；可以运用我们生产量大、需求也大的优势，在世界粮食市场价格大战中有所作为，通过大宗的进口或出口影响价格，带来贸易利润；可以部分起到调节国内粮食市场价格的作用，特别是对稻谷、小麦、大豆高于国际市场价格上涨过猛的作用。

因为杂粮等的价格与国际市场变动同步，如果稻谷、小麦、大豆价格过高，便会吸引粮农投资这类生产，杂粮生产量下降，受供求关系作用稻谷、小麦、大豆的价格上涨就会受到抑制。而这对稳定社会物价，防止工业成本特别是工资部分上升过快，更好地发挥劳动力廉价优势很有意义；可以进一步树立扩大开放形象，杂粮等的自由贸易是中国全面走向国际市场的又一重要步骤，也会在实践中积累经营国际粮食自由贸易的经验；可以推动市场经济体制改革的深入，更好地适应国际市场建立相应的进出口贸易机制。

目前，国内粮价高出国际市场幅度有限，时间不长，由这种价差获利的社会群团尚处在开始形成阶段，如果颁布相应的改革办法不会遇到群团利益的强烈反对，深化改革机会成本低，应当积极推进，适时建立相应的机制。

2. 人口变动与小康社会发展目标

进入 20 世纪 80 年代，我国制定了"三步走"发展战略目标，2002 年党的第十六次全国代表大会又确定了全面建设小康社会的目标。按照国家统计局小康课题组《全国人民小康生活水平的基本标准》衡量，1999 年已达到小康水平的 94.6%，2000 年则基本达标。参见表 9。

表 9 所列各项指标中，物质生活占的权数最高，而物质生活中收入、居住、营养、交通都是按人均水平计算的；经济水平、人口素质、生活环境各占 14%，并列次席，三者或者直接按人均国内生产总值衡量，或者同人口数量变动、人口素质提高相关；就是所占权数最低的精神生活，也同人口变动有着某种关系，特别是人口的数量控制减少了未成年人口的比例，促进了教育和文化事业的发展，提高了相应的支出比重。国内外一些研究表明，中

表9　小康生活标准及1980～1999年综合评价值

| 指标类型 | 指标名称 | 单位 | 指标数量值 | | | | | 小康值 | 权数 | 实现程度（%） | | | |
|---|---|---|---|---|---|---|---|---|---|---|---|---|---|
| | | | 1980年 | 1990年 | 1997年 | 1998年 | 1999年 | | | 1990年 | 1997年 | 1998年 | 1999年 |
| 一、经济水平 | 1. 人均国内生产总值 | 元 | 778 | 1634 | 3165 | 3380 | 3591 | 2500 | 14 | 49.7 | 100 | 100 | 100 |
| 二、物质生活 | | | | | | | | | | 48 | 50.0 | 90.1 | 93.0 | 94.6 |
| | 2. 人均收入水平 | | | | | | | | 16 | | | | |
| 收入 | a. 城镇人均可支配收入 | 元 | 974 | 1523 | 2378 | 2514 | 2749 | 2400 | 6 | 38.5 | 98.5 | 100 | 100 |
| | b. 农民人均纯收入 | 元 | 315 | 686 | 964 | 1007 | 1044 | 1200 | 10 | 41.9 | 73.3 | 78.2 | 82.4 |
| | 3. 人均居住水平 | | | | | | | | 12 | | | | |
| 居住 | a. 城镇人均使用面积 | 平方米 | 5.50 | 9.45 | 12.40 | 13.60 | 14.20 | 12 | 5 | 60.8 | 100 | 100 | 100 |
| | b. 农村人均钢砖木结构住房面积 | 平方米 | 4.50 | 11.06 | 16.97 | 17.88 | 18.70 | 15 | 7 | 62.5 | 100 | 100 | 100 |
| 营养 | 4. 人均蛋白质摄入量* | 克 | 50.0 | 62.0 | 68.4 | 70.0 | 71.5 | 75 | 6 | 48.0 | 73.6 | 80.0 | 86.0 |
| 交通 | 5. 城乡交通状况 | | | | | | | | 8 | 8 | | | |
| | a. 城市每万人拥有铺路面积 | 平方米 | 2.8 | 6.0 | 7.8 | 8.1 | 8.8 | 8 | 3 | 61.5 | 96.2 | 100 | 100 |
| | b. 农村通公路行政村比重 | % | 50.0 | 74.0 | 88.6 | ≥85 | ≥85 | 85 | 5 | 68.6 | 100 | 100 | 100 |
| 结构 | 6. 恩格尔系数 | % | 60.0 | 56.8 | 50.5 | 48.6 | 46.5 | 50 | 6 | 32.0 | 95.0 | 100 | 100 |

续表

| 指标类型 | 指标名称 | 单位 | 指标数量值 | | | | | 小康值 | 权数 | 实现程度（%） | | | |
|---|---|---|---|---|---|---|---|---|---|---|---|---|---|
| | | | 1980 年 | 1990 年 | 1997 年 | 1998 年 | 1999 年 | | | 1990 年 | 1997 年 | 1998 年 | 1999 年 |
| 三、人口素质 | | | | | | | | | 14 | 66.9 | 81.1 | 86.5 | 88.4 |
| 文化 | 7. 成人识字率 | % | 68.0 | 77.7 | 83.6 | 84.2 | 87.6 | 85 | 6 | 57.1 | 92.0 | 95.4 | 100 |
| 健康 | 8. 人均预期寿命 | 岁 | 68 | 70 | ≥70 | ≥70 | ≥70 | 70 | 4 | 100 | 100 | 100 | 100 |
| | 9. 婴儿死亡率* | ‰ | 34.7 | 32.9 | 33.0 | 32.5 | 32.5 | 31 | 4 | 48.6 | 45.9 | 59.5 | 59.5 |
| 四、精神生活 | | | | | | | | | 10 | 47.2 | 85.6 | 97.5 | 100 |
| | 10. 教育娱乐支出比重 | % | 3.00 | 6.27 | 9.98 | 10.84 | 11.59 | 11 | 5 | 40.9 | 77.2 | 98.0 | 100 |
| | 11. 电视机普及率 | % | | 59.10 | 94.70 | 97.33 | 100 | 100 | 5 | 53.6 | 94.0 | 97.0 | 100 |
| 五、生活环境 | | | | | | | | | 14 | 23.3 | 60.3 | 72.0 | 91.5 |
| | 12. 森林覆盖率 | % | 12.0 | 13.0 | 13.4 | 13.9 | 16.6 | 15 | 7 | 33.3 | 46.7 | 64.0 | 100 |
| | 13. 农村初级卫生保健基本合格以上县百分比* | % | | 13.3 | 74.0 | 80.0 | 83.0 | 100 | 7 | 13.3 | 74.0 | 80.0 | 83.0 |
| 总计 | 共 16 项分指标 | | | | | | | | 100 | 48.3 | 85.6 | 90.6 | 94.6 |

注：表中价值量指标均按 1990 年价格值计算。
*1999 年数。

国改革开放以来经济发展和前两个战略目标的实现，固然主要是实行对内搞活、对外开放政策和市场经济体制的结果，不过大力控制人口增长和推行计划生育的社会经济效应不可低估，对 20 多年 GDP 增长的贡献率当在 10% 以上，对人均 GDP 和消费水平提高的贡献率在 30% 以上，对劳动生产率提高的贡献率在 20% 左右[①]。对于"十五"计划和 21 世纪中叶达到"三步走"第三个战略目标而言，要使人民生活达到富裕水平，人口变动仍具有举足轻重的作用。就消费而言，当前的主要问题是消费率过低，消费率低又同人口状况紧密相联系。

以消费需求占 GDP 比率定义的消费率，20 世纪 90 年代以来世界总体水平已经提高到目前的近 80%，某些发达国家超过 83%；而 1999 年我国的消费率只有 60.3%。这种状况既有经济发展水平不高和产业结构不尽合理等方面的原因，也有人口方面的原因。一是人口基数大，人均收入水平低。在经济和收入增长从而消费资料增长一定的条件下，人口的数量增长与消费水平成反比，限制着收入和消费水平的提高。二是人口城乡结构落后，阻碍着消费率的上升。改革开放以来以农村居民消费水平为 1 计算的城乡消费比，1978 年为 2.9∶1.0，20 世纪 80 年代中期缩小到 2.3∶1.0，1999 年则拉大到 3.5∶1.0。受此影响，1999 年全国总体小康水平达到 94.6 分值时，乡村只有 88.5 分值，明显低下一截。三是地区发展不平衡，西部地区总体消费水平低。在城乡收入、消费水平拉大的同时，西部地区与东部地区之间的发展差距也拉大了。目前全国进入小康水平，东部一些省市已达到初步富裕，但西部尚有相当数量居民停留在温饱水平，少数还没有从贫困中走出来。以 1999 年农村居民平均每人生活消费现金支出为例，全国为 1144.6 元，东部地区有 6 个省市超过 1600 元，上海、北京、浙江、广东 4 省市更在 2100 元以上，西部则均在全国水平以下，甘肃、贵州、西藏 3 省区更在 600 元以下，是贫困人口分布比较集中的省区，影响总体消费率的提高。党的十六大提出全面建设小康社会奋斗目标，上述人口变动和发展的影响不仅存在，而且作用还在增强，是实现 21 世纪中叶第三个战略目标需要关注的基本因素。

**（二）对就业的制约和影响**

人口既通过其总量作用于经济的增长，还通过其结构对经济的增长施加影响，特别是劳动年龄人口变动对就业的影响。

---

① 参见李建民、王金营《中国生育率下降经济后果的计量分析》，《中国人口科学》2000 年第 1 期。

1. 未来劳动年龄人口的增长

今后 20 年，伴随人口总量的增长，劳动年龄人口数量从而劳动力供给仍将呈上升趋势。预测表明，我国 15～59 岁劳动年龄人口 2000 年为 8.30 亿人，2010 年可增至 9.26 亿人，2020 年增至 9.41 亿人，其后才会逐渐减少。这一预测结果与国外权威机构的一些预测结果比较接近。参见表 10。

表 10  15～59 岁劳动年龄人口预测

| 指标<br>年份 | 方案 I | | | 方案 II | | |
|---|---|---|---|---|---|---|
| | 万人 | 比重（%） | 从属比（%） | 万人 | 比重（%） | 从属比（%） |
| 1995 | 77675 | 63.96 | 56.35 | 78160 | 64.1 | 56.0 |
| 2000 | 82262 | 64.29 | 55.55 | 82884 | 65.0 | 53.8 |
| 2010 | 92575 | 67.14 | 48.94 | 92220 | 67.5 | 48.1 |
| 2020 | 94070 | 63.45 | 57.60 | 92839 | 64.2 | 55.8 |
| 2030 | 91385 | 59.45 | 68.21 | 88186 | 59.4 | 68.4 |

资料来源：方案 I 参见田雪原《大国之难——当代中国的人口问题》，今日中国出版社，1999；方案 II 参见 United Nations, *World Population Prospects*, *The 2000 Revision*。

上述预测表明，我国劳动年龄人口绝对数量要增长到 2020 年，所占比例也要上升到 2010 年，从而带来双重影响。一方面，随着劳动人口年龄比例的上升，被赡养的老年人口与少年人口之和所占比例，即从属比下降，社会负担较轻，出现一个有利于经济和社会发展的"黄金时期"。按照方案 I，从属比 1995 年为 56.35%，2000 年微降到 55.55%，2010 年进一步降到 48.94%；2010 年以后从属比才会出现上升，2020 年回升至 1995 年的水平，2030 年高出目前约 12 个百分点，2040 年将达到峰值。可见从 20 世纪 80 年代开始一直延续到 2010 年的从属比下降，是一个可以"拿到手"的有利条件。另一方面，对于像中国这样人口与劳动力过剩的国度来说，劳动年龄人口的继续增长，劳动力市场供大于求，使劳动就业形势更为严峻。

2. 持续增大的就业压力

如上所述，劳动年龄人口绝对数量还会继续增长 20 多年，40 年内将始终高于目前的数量，21 世纪中叶以后有所减少也极其有限，劳动力资源近乎无限供给。据世界银行统计，1997 年中国劳动力资源占世界总量的 26.2%，但资本资源占世界总量不足 4%。这一现实决定了我国就业岗位不足、劳动力供大于求的状况将长期存在，劳动生产率增长缓慢，显性的、隐性的失业会越发变得严重起来。对此英国经济学家情报社（EIU）和世界银行预测企业改革取向两种不同设想下的失业率，如表 11 所示。

**表 11　快速改革和谨慎改革失业率预测**

| | 1995 年 | 2000 年 | 2010 年 | 1995～2010 年均增长率（%） |
|---|---|---|---|---|
| 快速改革 | | | | |
| 　劳动力（百万人） | 687.4 | 723.9 | 833.1 | 1.3 |
| 　失业人数（百万人） | 7.9 | 40.0 | 40.0 | 11.4 |
| 　占劳动力（%） | 1.1 | 5.5 | 4.8 | |
| 谨慎改革 | | | | |
| 　劳动力（百万人） | 687.4 | 732.9 | 833.1 | 1.3 |
| 　失业人数（百万人） | 7.9 | 20.0 | 25.0 | 8.0 |
| 　占劳动力（%） | 1.1 | 2.7 | 3.0 | |

资料来源：EIU 和世界银行：《老年保障 1997》；国家统计局：《中国统计年鉴 1997》。

1995 年的失业人数为统计资料中劳动年龄人口与就业人口之间的差额。

表 11 表明，在任何一种设想下，失业人数都将增加。如果改革速度加快，失业人数将由 1997 年末的 130 万人上升到 2000 年的 4000 万人。此后，经济增长将使失业减缓，而劳动力对增长的贡献会下降。在第二种设想下，通过企业结构调整和减少官僚主义会使失业的数量小些，但失业率并没有降低，只是上升速度慢一些而已。需要指出的是，目前统计到的失业人口数量和失业率还仅限于城镇登记失业人口和就此推算出来的失业率。对失业人数和失业率的估计是偏低的，因为分子仅限于城镇失业人口，分母却是包含了数量庞大的农村劳动力在内的全社会劳动年龄人口。如果将农村剩余劳动力按 80% 的劳动力参与率计入失业人口，1995 年的失业率就不是 1.1%，而会高达 18% 左右。当然这里的失业人口绝大部分还是隐性的失业人口，但今后随着劳动力市场化的不断推进会逐步显性化。

3. 对养老保障的制约与影响

（1）老龄化与经济发展滞后"时间差"

人口老龄化是指老年人口比例升高过程，它是出生率下降和预期寿命延长的结果。国际上一般是将 60 岁及以上老年人口占总人口比例达到 10% 或 65 岁以上老年人口占总人口比例达到 7%，称为老年型年龄结构。按照这一标准，我国城市早在1996年就已经过渡到老年型，全国于2000年过渡为老年型。从发展上看，我国人口老龄化具有速度比较快、达到的水平比较高的特点，参见表12。

**表 12　世界和中国人口年龄结构老龄化变动预测（中位）**

| | 1995 年 | | 2000 年 | | 2020 年 | | 2040 年 | | 2050 年 | |
| --- | --- | --- | --- | --- | --- | --- | --- | --- | --- | --- |
| | 世界 | 中国 | 世界 | 中国 | 世界 | 中国 | 世界 | 中国 | 世界 | 中国 |
| 总人口（100万） | 5 | 1221 | 6055 | 1276 | 7502 | 1454 | 8577 | 1504 | 8909 | 1478 |
| 0～14 岁（%） | 31.2 | 26.5 | 29.7 | 24.9 | 24.5 | 19.1 | 20.6 | 16.4 | 19.7 | 16.3 |
| 60 岁及以上（%） | 9.6 | 9.3 | 10.0 | 10.1 | 13.6 | 16.6 | 19.5 | 27.2 | 22.1 | 29.7 |
| 65 岁及以上（%） | 6.6 | 6.1 | 6.9 | 6.8* | 9.3 | 11.5 | 14.4 | 21.3 | 16.4 | 22.6 |
| 年龄中位数（岁） | 25.6 | 27.6 | 26.6 | 30.0 | 31.4 | 37.3 | 36.0 | 43.0 | 37.8 | 43.7 |

资料来源：United Nations, *World Population Porspects*, *The 1998 Revision*. New York, 1998。

上述预测表明，2000年、2025年和2050年，中国60岁以上老年人口比重分别比世界平均水平高出0.1、4.4和7.6个百分点。尽管比发达国家还低一些，但在发展中国家居最高水平之列。发达国家是在经济发达以后迎来老龄化高潮，而我们却要在经济尚未发展起来就受到"银色浪潮"的冲击，基本上是发展中国家经济与接近发达国家类型的年龄结构。这样一种"时间差"，是中国人口老龄化问题的根本困难所在。

（2）人口老龄化的经济社会影响

人口老龄化在人口年龄结构方面反映为三个层面，即总体人口的老龄化、劳动年龄人口的相对高龄化和老年人口自身的相对高龄化。人口老龄化将会对我国经济、社会的可持续发展带来深远的影响。

老年负担系数上升。21世纪前半叶中国人口老龄化推进的速度呈累进递增之势，相应地中国社会总抚养比中老年赡养比也上升较快，影响总抚养比在2015年前后超过世界平均水平，2020年、2040年和2050年分别超过2.52、12.04、11.32个百分点，参见图8。

劳动力参与率下降。目前我国劳动力参与率高达80%左右，劳动年龄人口数量庞大，劳动力资源充沛，有利于国民经济的持续快速发展。但是10多年后，如果现行法定劳动年龄标准保持不变，随着老年人口比重的急速上升，劳动力参与率会有所下降。虽然我国总体上不会出现劳动力缺乏，但东部发达地区将会从其他落后地区大量吸引熟练劳动力移民，以弥补经济发展需要。

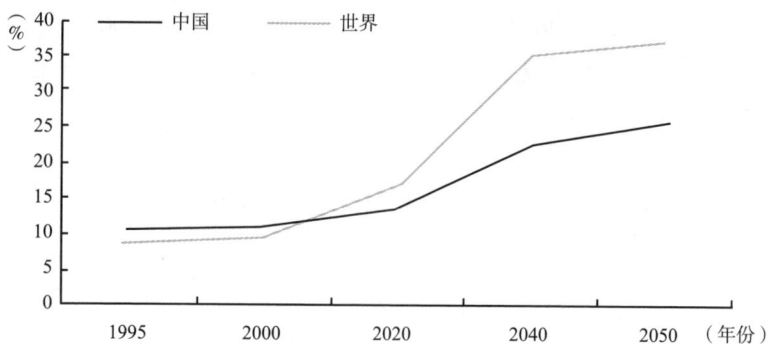

**图8 世界、中国老年赡养比变动预测**

劳动年龄人口老化会降低劳动力的创新能力。人口老龄化的加速推进，意味着劳动年龄人口较高年龄层所占的比重不断增大，青年劳动力所占的比重相对下降，劳动力年龄结构的这一变动趋势，会影响劳动力的创新能力和劳动的效率。虽然目前劳动年龄人口高龄化是否真的会影响劳动生产率的提高还有不同意见，或许只对某些行业的劳动生产率有影响；但劳动者高龄化至少会造成劳动力流动性下降和失业风险增加，这是毋庸置疑的。

人口老龄化的加速推进会使与老年保障相关的公共支出上升，储蓄和投资水平下降。有关研究表明，平均赡养一位老年人的费用要大大高于抚养一个人从婴儿到青年（0～18岁）的费用，政府支付给老年人的赡养费用是负担青少年的费用的3倍。从投入—产出的角度分析，花在孩子身上的大部分支出属于人力资本投资，当他们成长为劳动力后，这些投入将会得到回报；老年人口尽管在其经济活动年龄期间创造剩余价值，但是从预期的角度看，支出给老年人的费用属于纯消费性支出。这种消费性支出随着老龄人口的增加而增加，相应地减少了用于社会生产的资本积累，可能导致未来经济增长率的降低。

为满足老龄化需要的产业会得到较大发展。随着全社会养老保障体系的建立和完善，包括养老金的经营和管理、商业养老保险事业和以老年为对象的社会福利事业相关产业，会有相当大的发展。这些产业的迅速壮大，将使国民经济产业结构和技术结构受到影响，是调整产业技术结构需要考虑的因素之一。

4. 对城乡经济结构的制约和影响

如果说中国的人口类型转变是用30多年走完了发达国家逾百年历史的

话，中国人口就业结构的转换却严重滞后于产业结构的变动，并表现为人口城乡结构较之产业结构和发展水平相近的国家落后了十几年至几十年之久。城镇化滞后影响了中国由"二元结构"向"一元结构"的转变，使未来现代化进程中转移农村剩余劳动力的任务变得十分艰巨。

（1）产业结构、就业结构和人口城乡结构

目前我国产业结构和就业结构的变动，如图9～图11所示。

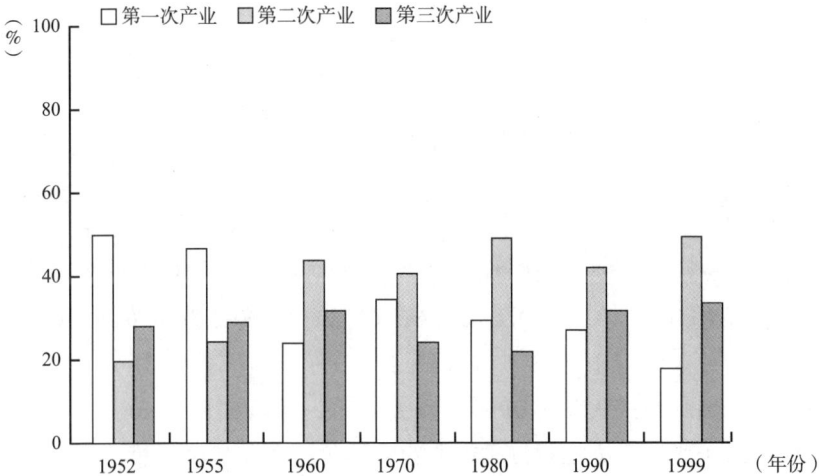

图9 中国三次产业结构变动

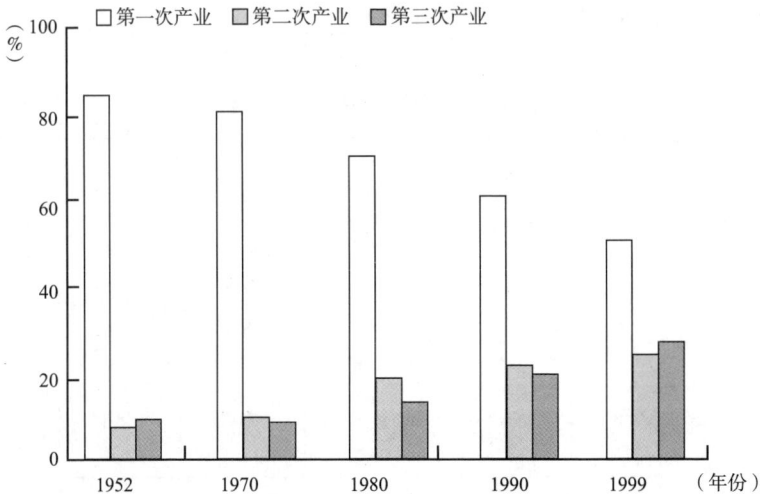

图10 中国三次产业就业结构变动

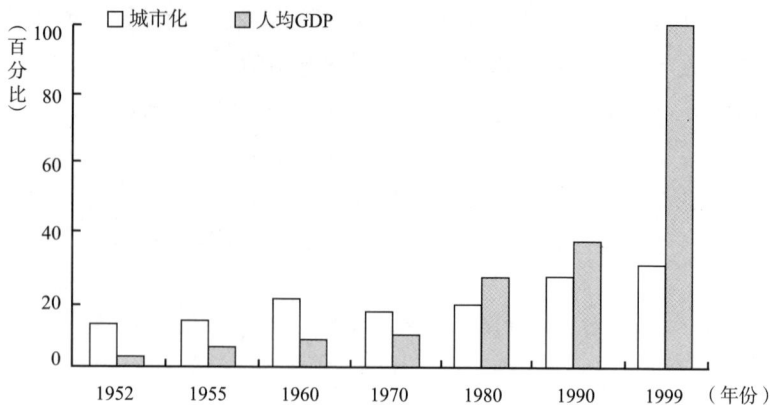

图 11　中国城市化水平和人均 GDP 变动

参照接近中国工业化历程的赛尔奎因—钱纳里（Syrquin, M. and
H. B. Chenery）结构变动国际标准模式（参见表 13），1952 年我国三次产
业的产值结构比为 50.5∶20.9∶29.6，国际标准模式为 48.0∶21.0∶31.0；
三次产业的就业结构比为 83.5∶7.4∶9.1，国际标准模式为 81.0∶7.0∶12.0，
大致相当于国际模式人均 GDP 300 美元水平，尽管实际上低于这一水平许
多。此后由于我国全力推行以重工业为主导的工业化战略，第二次产业的比
重急剧上升，第一次产业的比重逐年下降，唯有第三次产业的比重变化不
大，50 年增长了不到 5 个百分点。这一升一降以 1955～1960 年最为突出，
前后不过 5 年的时间，第二次产业陡增 20.1 个百分点，第一次产业下降

表 13　赛尔奎因—钱纳里结构变动模式 1980 年

| 人均 GDP（美元） | 产业结构（%） | | | 就业结构（%） | | |
|---|---|---|---|---|---|---|
| | I | II | III | I | II | III |
| 300 | 48.0 | 21.0 | 31.0 | 81.0 | 7.0 | 12.0 |
| 400 | 39.4 | 28.2 | 32.4 | 74.9 | 9.2 | 15.9 |
| 500 | 31.7 | 33.4 | 34.6 | 65.1 | 13.2 | 21.7 |
| 1000 | 22.8 | 39.2 | 37.8 | 51.7 | 19.2 | 29.1 |
| 2000 | 15.4 | 43.4 | 41.2 | 38.1 | 25.6 | 36.3 |
| 4000 | 9.7 | 45.6 | 44.7 | 24.2 | 32.6 | 43.2 |

资料来源：Syrquin, M. and H. B. Chenery（1989），The Decades of Industrialization, *The World Bank Economic Reviews*. Vol 3。

22.9 个百分点。但是就业结构却变动不大，直到 1965 年第一次产业的就业比重仍占 81.6%，第二次产业只有 8.4%，前者下降了不到两个百分点，后者只上升了一个百分点。按照国际标准模式，产业结构发生这么大的变动，就业结构中第一次产业会下降 20～30 个百分点，第二次产业会上升 15 个百分点左右。可见问题在这个时候就积累下来了。30 多年以后，1999 年我国三次产业的产值结构比已变化为 17.7∶49.3∶33.0，按国际标准模式这个时期的就业结构中第一次产业大致占 40% 左右，第二次产业、第三次产业大致各占 30% 左右，而我国相对应的就业结构却是 50.1∶23.0∶26.9。我国就业结构变动严重滞后于产业结构变动，其主要原因就在于启动工业化时没有同步启动人口城镇化，直到改革开放以前工业化推动城镇化的国际经验在中国并没有得到有力的印证。我们把中国的数据与钱纳里的国际标准模式作一比较：以第二次产业的比重近似地表示制造业增加值的比重，则 20 世纪 50 年代初期我国的工业化水平和城镇化水平同国际标准模式是很接近的，当第二次产业的比重为 20% 时我们的城镇化水平为 12% 以上；但是当我们的第二次产业上升到 40% 以上时，城镇化水平尚停留在不足 20%，而此时国际标准模式的城市化水平已超过 60%，差距就这样拉开了，参见表 14。如果以制造业增加值占 GDP 的比重来代表工业化水平，那么，1952 年工业化初期，城镇化落后于工业化 5.1 个百分点，其后随着工业化水平的提高，两者的差距不断扩大，至 1978 年城镇化落后于工业化 26.4 个百分点。而按国际标准模式城市化水平要高于工业化水平，具体表现为在工业化初期和中期，城市化随工业化而加速推进，且城市化的速度会超过工业化的速度。中国的情况刚好相反，工业化推进的速度太快而城镇化推进的速度太慢。直到最近

表 14 钱氏"发展形式"的城市化和工业化的关系

| 人均 GNP（美元） | 城市人口占总人口（%） | 制造业增加值占 GDP（%） |
|---|---|---|
| 小于 100 | 12.8 | 12.5 |
| 200 | 22.0 | 14.9 |
| 300 | 43.9 | 25.1 |
| 400 | 49.0 | 27.6 |
| 500 | 52.7 | 29.4 |
| 800 | 60.1 | 33.1 |
| 1000 | 63.4 | 34.7 |
| 大于 1000 | 65.8 | 37.9 |

资料来源：钱纳里《发展形式 1950～1970》，经济科学出版社，1988。

20年来才有所改变，城镇化水平与工业化水平趋于缩小，1998与1978年比较，减少14.6个百分点。然而至今尚有接近60%多的人口滞留在农村，无论如何也是同工业化不相称的。

（2）劳动力供过于求条件下的农业效率

经济发展的资源配置表明，广义的劳动与土地之间都有个合理的搭配度，土地数量超出这个度会导致粗放经营、土地生产率下降；而劳动力过量供给会影响技术进步，由此产生的低效和无效劳动影响劳动生产率的提高。我国农业所走过的历程为这一原理提供了充分的例证。由于城镇化进展缓慢，农村人地矛盾关系恶化[①]，我国农业劳动生产率的提高一直受到严重制约。50年来经历20世纪50年代前期和中期的较快提高，50年代后期到60年代初期的急剧下降，此后呈现徘徊和缓慢增长，直到改革开放前夜也没有比50年代初期的水平高出多少。改革开放后农业劳动生产率开始有了显著的增长，并从80年代中期开始增幅超过农业劳动力的增长。但是农业与其他产业在劳动生产率上的差距依然呈明显扩大的趋势，1985年农业与第三产业和第二产业的劳动生产率之比为1.0:3.9:4.8，到1998年扩大为1.0:3.3:5.6[②]。而80年代中期以来农业生产率显著增长的一个重要原因，在于1/3左右的农村劳动力逐步转移到了非农产业，从而农业中的人地矛盾有所缓解。但是从农业领域的就业需求来看，还有40%左右的农村劳动力属于剩余劳动力。考虑到今后农业生产投入的增加和生产技术进步引起的劳动生产率的提高，在维持现有耕地面积不变的情况下，种植业需要的劳动力数量会进一步减少，农业剩余劳动力规模会进一步扩大。这些剩余劳动力将作为劳动力的存量与新增农村劳动力一起参与劳动过程，压制农业劳动生产率的提高和农村居民收入水平的提高。

5. 对生产力布局的制约和影响

我国西部、中部、东部人口分布的"三大平台"呈相对稳定态势，对人口、经济、社会发展和资源、环境保护产生特定的作用和影响，形成特定区域人口问题。就东南部沿海地区而言，来自中西部大量廉价劳动力一方面充实了劳动力市场，满足了经济建设对劳动力的需要。来自中西部大量流动人口的文化素质相对是比较高的，以初中、高中文化程度人口居多，而且这部分人多数不甘落后，勇于跟上时代潮流，有创新冒险精神，因而也是质量

---

① 参见李文《中国土地制度的昨天、今天和明天》，延边大学出版社，1997，第9章。

② 参见蔡昉主编《2000年：中国人口问题报告》，社会科学文献出版社，2000，第43页。

相对较高的劳动力。这也引起了流入地从业人员职业结构的深刻改变，由外来打工人员从一般意义上的拾遗补阙，逐渐发展成为城市基建和生活服务业的主力军，发展成为体力劳动与专门技术结合起来的专业化生产队伍，成为城市发展不可缺少的力量。另一方面，对于中西部地区说来，在自然环境条件有限和相对滞后的社会经济发展水平下，大批农村剩余劳动力流向东南沿海地区，中西部地区的人口压力减轻了，有利于农业劳动生产率的提高和社会经济的发展。问题在于人才也随之流失，这对于自然资本蓄势较强、产出资本和人力资本较弱的中西部来说，加剧着人才短缺，成为发展的主要"瓶颈"。改革开放初期，西北地区人均 GDP 水平高于福建省，青海省还高于广东省；然而到 1998 年，福建省和广东省人均 GDP 却相当于西北省区人均 GDP 的 1.7 ~ 3.5 倍。研究造成东西部地区差距拉大的原因发现，有形资本投入增长率的差异性并不是唯一甚至不是最主要的，事实上按 1978 年不变价格计算的固定资产净值存量，西部新疆人均增长率还高于广东省，青海省和宁夏回族自治区，与福建省大体相当；而在知识、信息、教育、技术上的差距，体制、观念上的差距则大大拉开了，这些才是本质上的差距。事实上，中西部的人才短缺和人力资本积累低下由来已久，据统计，1998 年西部 10 省区市人力资本积聚为 161481 万人年，仅占全国人力资本积聚 785055 万人年的 20.6%，比人口占全国总人口 22.8% 低 2.2 个百分点，成为制约中西部地区经济发展的主要原因，而且不是短期可以改变的。从总体上看，西部开发并不需要大量增加人口，包括自增和流入人口；相反，鉴于西部人口出生率和增长率较高，贫困出生人口的规律还在发生作用，有效控制人口增长和逐步实现低生育水平，是大开发的需要。在当今社会评价财富和增长潜力的自然资本、产出资本、人力资本、社会资本中，西部的比较优势在自然资本，制约发展的关键在人力资本，主要是人口的知识、技能、经验和健康水平不高。因此，实施西部大开发战略，重在人力资本的积聚，而不在人口分布格局的改变。

6. 对技术进步的制约和影响

在人口与经济发展的关系上，传统的农业和工业经济时代关注的重点，是人口的数量和结构，知识经济时代关注的重点则转向人口的质量。一个国家的综合国力，将主要取决于这个国家的科技创新能力，取决于人口文化教育素质，归根结底取决于人力资本。

（1）人口文化教育素质与劳动生产率

改革开放以来，虽然我国经济增长率一直位居世界前列，但是人均国内生产总值与发达国家的差距未见明显缩小①。究其原因，除人口总量年复一年增长外，主要在于我们的劳动生产率并没有随国内生产总值的增长而提高，增长方式基本上是外延扩张型的。第二产业的劳动生产率徘徊不前，第一和第三产业的劳动生产率甚至呈下降的趋势。同国外特别是同发达国家相比较，我国劳动生产率之低是十分突出的。美国年生产 10 亿吨煤炭只有 15 万人，劳动生产率为 6666 吨/人/年；我国 700 万煤矿工人生产 13 亿吨煤炭，劳动生产率为 186 吨/人/年，仅相当于美国的 2.8%。1998 年按现行汇率计算的制造业劳动生产率，大致相当于美国的 3.7%，日本的 3.5%，德国的 4.2%，韩国的 6.2%，马来西亚的 21.0%；按购买力评价法计算，分别相当于 16.0%、22.55%、24.9%、24.0%、57.7%②。劳动生产率低一直是困扰中国经济成长的重要问题，是需要重点解决的问题。

决定劳动生产率的因素很多，经济体制、规模、结构、激励机制等，但基本的要素是劳动者素质。联合国教科文组织在一份研究报告中曾根据统计分析指出，劳动生产率的提高与劳动者的素质特别是文化教育程度有着明显的相关关系，不同文化程度的劳动力提高劳动生产率的能力分别为：小学 43%，中学 108%，大学 300%。我国劳动力总体文化教育素质不高，是妨碍劳动生产率提高的最主要原因。

（2）人口文化教育素质与科教兴国

前已述及，虽然我国人口文化教育素质有了很大提高，但是目前的总体水平还比较低。这种状况不仅严重地妨碍着劳动生产率的提高，也制约着科学技术的创新能力，影响科教兴国战略的贯彻实施。到 1997 年底，我国从事科技活动的人员有 288.57 万人，其中科学家与工程师 166.56 万人，占科技活动人员的比例为 57.7%。按照国际惯例，折合为全时工作当量，1997 年底我国 R&D 人员为 83.44 万人，其中 R&D 科学家与工程师总数达 59.06 万人，排在第 1 名的美国为 96.27 万人、第 2 名的俄罗斯为 90 万人之后，居世界第 3 位；但就每万名劳动者从事 R&D 活动的科学家与工程师人数看，

---

① 20 世纪 80 年代中期以来，以市场汇率计算差距反而有所扩大（参见英国《经济学家》1995 年 9 月 16 日）。如改用购买力平价计算，则差距有所缩小（参见世界银行《世界发展报告》，1997 年）。一般认为，中国实际人均收入介于两者之间。

② 参见郭克荷《制造业生产率的国际比较》，《中国工业经济》2000 年第 9 期。

我国 1997 年底为 8.4 人，日本 1993 年为 79.6 人，美国 1993 年为 74.3 人，德国 1991 年为 61.5 人，法国 1992 年为 54.8 人，英国 1992 年为 48 人，加拿大 1991 年为 47.1 人，意大利 1992 年为 31.2 人，国际经济合作与发展组织（OECD）国家平均水平为 47 人，我国的这一指标大致相当于国际经济合作与发展组织国家的 1/5、发达国家的 1/10。根据瑞士国际管理发展学院（IMD）《国际竞争力报告》对 47 个国家的评价结果，1997 年，我国从事 R&D 工作人数和企业从事 R&D 工作人数均排名世界第 4 位；然而按"获得合格工程师难易程度"分等论级，则排在最后；按"IT 技术人才可获得程度"排序，也落到了第 46 位。在科研成果方面差距更大，每 10 万人被收录的科技论文发达国家普遍在 100 篇以上，发展中国家在 10 篇以下，1997 年我国只有 2.9 篇；每 10 万人专利申请数发达国家普遍在 100 件以上，我国 1997 年只有 9.2 件；在科研效率方面，一般估计不及美国的 1/3，相当于日本的 1/4，在科技成果的转化方面，目前我国高技术商品化率为 25% 左右，产业化率为 7% 左右，发达国家的科技成果的转化率却达到 60% ~ 80%；在企业技术创新度方面，1991 ~ 1997 年我国无论是高技术制造业还是传统类型的产业，产出创新度（新产品销售收入占销售收入的比重）都呈下降趋势。这一现象表明，我国高新技术产业的发展主要是由国外的投资和产品来驱动，本国的技术创新有限[①]。

当前，"知识经济"——国际经济合作组织在《以知识为基础的经济》的报告中，将其定义为"建立在知识和信息的生产、分配和使用之上的经济"——发展方兴未艾。未来学家预计 21 世纪的核心产业将是知识产业，21 世纪的社会将是一个以知识为主导的知识型社会。我们实施科教兴国战略，科技是关键，基础在教育，只有教育得到发展，才能普遍提高劳动者的素质，培养出一大批高素质的人才，提高科技水平和国际竞争能力。因此，科教兴国的本质，在于人口文化教育素质的提高。

## 三　中国人口与可持续发展战略决策选择

面对当前世界和中国人口表现出的基本特点和未来基本走势，基于上述

---

① 参见《中国科技发展研究报告》研究组《中国科技发展研究报告（2000）》，社会科学文献出版社，2000；中国社会科学院工业经济研究所：《中国工业发展报告（2000）》，经济管理出版社，2000。

人口与发展的基本理论分析，谋求 21 世纪人口可持续发展战略的基本点是：控制人口的数量增长，提高人口的质量，调整人口的结构，实行"控制"、"提高"、"调整"相结合，当前以数量控制为重点的方针。

继续控制人口的数量增长，是实现 21 世纪人口可持续发展的首要立足点。前已述及，由于第二次世界大战后掀起的"婴儿高潮"，20 世纪 50 和 60 年代世界人口年平均增长率达到 1.93%，70 年代下降到 1.85%，80 年代下降到 1.55%，90 年代下降到 1.41%，世界人口增长的势能有所减弱。然而分开来看则有很大不同：90 年代发达国家人口的年平均增长率仅为 0.34%，许多国家已达到零增长或负增长；发展中国家 90 年代人口年平均增长率仍达到 1.68%，居于较高水平，相当多数的国家在 2.00% 以上。目前发达国家人口仅占世界的 19.62%，发展中国家占 80.38%，未来世界人口走势主要取决于发展中国家的人口状况，增长势能仍较强劲。据联合国预测，2025 年世界人口可达 78.24 亿人，比 2000 年增长 29.22%，年平均增长速度为 1.03%；2050 年可达 89.09 亿人，比 2025 年增长 13.87%，年平均增长速度为 0.52%。世界人口零增长要到 21 世纪末 100 亿人左右才能见分晓[①]。

与世界人口增长态势相比，中国自 20 世纪 70 年代以来生育率长期持续下降，目前人口年龄结构已进入老年型，完成人口发展史上具有决定性意义的转变，大大削弱了人口增长的势能。然而"削弱"不等于"消失"，在未来 40 多年内人口总量还要继续增长近 3 亿人，前面提到的总体人口与消费、劳动年龄人口与就业等人口问题还将长期存在，对资源、环境的压力有增无减，人口的数量增长必须继续进行卓有成效的控制。如果不继续控制，造成生育率、出生率"反弹"，虽然不能说前功尽弃，但是却可以说事倍功半，人口零增长何时到来将变得渺茫。从"控制"、"提高"、"调整"三者之间关系考察，数量控制居于首位，是带动质量提高、结构调整的关键。当前我国已进入低生育水平国家行列，然而由于人口基数已经增大到 12.7 亿人，年出生人口仍接近 2000 万人，相当于 20 世纪 50 年代平均水平。新生人口数量居高难下，每年满足新增人口消费需求便占去较大一部分国民收入，不能不影响积累的增加，影响卫生、教育、文化事业的发展，影响人口身体、文化教育素质的提高。对于个人和家庭说来，生育子女数量多少同人口素质

---

①   United Nations, *World Population Prospects*, *The 2000 Revision*.

密切相关。一方面少生子女有利于增加在子女身上的健康特别是教育智力投资，实现由投入孩子数量成本为主向以质量成本为主的转移；另一方面父母也因为少生子女而减少机会成本，主要是减少花在孩子身上的时间成本，获得增进知识和技能的条件。因此，无论从国家宏观还是从家庭微观，无论从子女还是从父母角度，控制人口数量增长都会双重有利于人口质量的提高。对于调整人口结构来说，控制人口的数量增长，从而控制出生人口的数量是变更人口年龄结构唯一的途径，人口年龄结构的改变，就是通过年复一年出生人数的变动实现的，正常情况下不能用调整死亡办法达到。城乡之间、地区之间出生率的差别，形成人口自然增长率的自行调节，因而同样是调整这两种结构的手段：只是这两种地域结构变动还受到人口迁移和流动的影响，而且后两种机械变动的影响力往往更大一些罢了。

控制人口数量增长可以带动人口质量的提高和结构的调整，但是不能代替后两者，而且后两者对人口的数量控制的作用也是不容忽视的。如前所述，生育率、出生率同人口质量，特别是同人口文化教育素质高低成反比的现象是普遍存在的，因而人口质量特别是文化教育素质的提高，就是生育率、出生率的实际降低。当前市、镇、县人口生育率和出生率高低相差明显，1999 年市镇出生率为 13.2‰，县为 16.1‰，相差 2.9 个千分点；因而人口城镇化的推进，也就是生育率、出生率的实际降低。全面地看待 21 世纪初中国人口可持续发展战略，既要看到数量控制是重点，又要看到质量提高和结构调整是不可缺少的组成部分，"控制"、"提高"、"调整"是互为条件、互相促进的。中国人口可持续发展的目标和决策选择，分析概述如下。

**（一）人口的数量控制**

1. 目标

目前国内外关于 21 世纪初至中叶中国人口增长趋势的预测大同小异，我们选择联合国经济社会事务部和人口司的中位预测为代表，参见表 15。

表 15 表明，全国人口以 2000 年底 12.75 亿人，总生育率（TFR）1.80 为基期预测，实现《中国 21 世纪人口与发展》白皮书提出的目标：2005 年全国人口数量控制在 13.21 亿人，2010 年控制在 13.66 亿人，年平均自然增长率控制在 0.9% 以内是可以做得到的。总生育率 2000 年为 1.80，2005 年稍上升到 1.87，2010 年微升至 1.90 的水平，并保持下去，也是比较现实的。年出生人数 2020 年以前保持在 1900 万人左右，同实际水平相一致；2020 年以后，受人口年龄结构变动影响，出生人数随着减少，符合人口变

动规律。到2040～2050年间下降到同死亡率和死亡人数相等，实现零增长和进入负增长，完成人口向零增长过渡目标。其后关于理想适度人口目标的选定，则需要依据人口、经济、社会发展，以及资源、环境变化情况，作出进一步的研究（参见表15）。

表15 2000～2050年中国人口变动预测（中位）

| 指标 \ 年份 | 2000 | 2005 | 2010 | 2020 | 2030 | 2040 | 2050 |
|---|---|---|---|---|---|---|---|
| 总人口（百万） | 1275 | 1321 | 1366 | 1446 | 1485 | 1490 | 1462 |
| 0～14岁（%） | 24.9 | 21.8 | 20.2 | 19.1 | 17.3 | 16.4 | 16.3 |
| 15～59岁（%） | 65.0 | 67.4 | 67.5 | 64.2 | 59.4 | 59.9 | 53.8 |
| 15～64岁（%） | 68.2 | 70.7 | 71.7 | 69.4 | 67.0 | 62.2 | 61.0 |
| 60岁以上（%） | 10.1 | 10.8 | 12.3 | 16.7 | 23.3 | 27.3 | 29.9 |
| 65岁以上（%） | 6.9 | 7.5 | 8.1 | 11.5 | 15.7 | 21.4 | 22.7 |
| 年龄中位数（岁） | 30.0 | 32.4 | 34.6 | 37.4 | 40.9 | 43.1 | 43.8 |
| 预期寿命（岁） | 71.2 | 72.4 | 73.5 | 75.5 | 77.2 | 78.5 | 79.0 |
| TFR | 1.80 | 1.87 | 1.90 | 1.90 | 1.90 | 1.90 | 1.90 |

资料来源：United Nations, *World Population Prospects*, *The 2000 Revision*。

### 2. 政策

实现上述人口目标特别是头20年全面建设小康社会的人口目标，能够做到现行人口和生育政策的相对稳定是关键。我国现行的生育政策是：国家鼓励晚婚晚育，提倡一对夫妻生育一个子女，依照法律合理安排生育第二个子女，少数民族也要实现计划生育。

上述生育政策中，鼓励晚婚晚育无须多作赘述，因为晚婚晚育具有延长世代间隔和减缓增长的作用，已为更多的人群自觉接受。提倡一对夫妻生育一个子女，目的在于控制一代人的生育率，因为控制住一代人的生育率也就控制了下一代作父母人群的数量。如今20多年过去了，一对夫妻生育一个孩子的政策要求在城市基本上做到了，在乡村则基本上未做到，目前全国的独生子女领证率约为22%，继续提倡仍有很大潜力；而且对于未做到者说来，继续提倡也比较公平。"合理安排生育第二个子女"首先是双方都是独生子女者结婚，可以生育第二个孩子，各省、自治区、直辖市的有关法律法规，差不多都作了这样的规定；其次为农村中的独女户，考虑到这类家庭的实际困难，多数地方可以再生育一个子女；再次为非遗传因素新生儿残疾、领养、再婚生育中的某些特殊规定等。这些政策既体现了严格控制人口增长宗旨，又较好地考虑到群众特别是广大农民对子女的需求。经过多年实践检验，为广大群众所接受，起码在21世纪初可继续坚持。

3. 行动计划

（1）稳定低生育水平

全面贯彻《中共中央、国务院关于加强人口和计划生育工作稳定低生育水平的决定》，按照《中华人民共和国人口与计划生育法》要求，进一步落实计划生育政策，提高计划生育率，降低农村特别是中西部农村地区和少数民族地区妇女的生育水平，实现向低生育水平的转变。依照人口与计划生育法加强法制化管理，用法律规范公民的婚姻和生育行为、计划生育行为、生殖健康服务及其产业，保护人民群众实行计划生育的合法权益。按照国家法律规定和生育政策要求，规范和完善各类计划生育合同管理制度，提高依法行政水平，确保现行生育政策的实施。

（2）积极寻求机制转变

中国控制人口增长主要是贯彻落实计划生育基本国策和各项方针政策的结果，21世纪初仍要继续执行以宣传教育、避孕节育、经常性工作为主的"三为主"方针等的成功做法和经验。这些经验来之不易，不可轻易丢掉。同时也要注意改革开放和市场经济发展带来的深刻影响，不能停留在原有的经验和水平上，必须改革，谋求人口控制和计划生育工作思路和方法的转变。为什么要寻求转变？必须深刻认识由计划经济向市场经济的体制改革，是震动整个社会政治、经济、文化生活的决定性事件，深刻认识市场经济同计划经济相比的区别和特征。最基本的特征，主要表现如下。

其一，市场主体法人化。即在市场上从事经济活动的组织和个人，主要是企业，也包括居民、政府和非营利机构，具有独立的法人资格，对其资源拥有使用权、受益权、转让权。

市场经济与传统计划经济的首要区别，是对资源的所有权、经营权、使用权予以明确的界定。经济资源是一个相当广泛的概念，它包括人、财、物各种资源，还包括信息、专利、商标、信誉、时间等资源。人力资源又包括人的体力、智力、创业精神、风险意识、道德品质等。物质资源包括非再生性自然资源，可再生性自然资源，生产过程中进行物质变换产生的资源等。在传统计划经济体制下，由于社会主义公有制居于绝对优势，所有权似乎解决了，但是由于全民所有的全民无法兑现，只有由代表全民的国家承担，使之成为国有资源；二是由于所有权与经营权、使用权之间关系难以处理，企业物资、财政、人事、工资等主要权力被主管部门控制，沦为行政部门的附属品，处于无权状态。市场经济则要从根本上树立起企业的法人地位，在所有权明确后，拥有人、财、物，产、供、销的全部经营权和使用权，行政部门不得强行干涉，因而才有活力，才能有效参与市场竞争。

由于所有、经营、使用"三权"明确，资源使用的受益权随之明确，这是市场经济与传统计划经济在市场主体上表现的又一明显区别。计划经济要统一分配、管理和使用资源，并通过统一定价以及价格监督来分配资源使用效益，致使赢利多的企业不一定多受益，赢利少的企业不一定少受益，亏损企业也不一定不受益。市场经济使企业有权决定自己商品的价格并通过市场去实现，有权决定自身的收益分配，调动起少投入、多产出的积极性。

有无对资源的转让权，是市场经济与传统计划经济一个很大的不同。计划经济体制下企业听从政府行政部门的命令，根本谈不上对拥有资源的出售、租赁、同其他方合伙生产和经营等问题。市场经济条件下具有法人资格的主体就有了这些权利，有权根据市场信息和企业的经营状况，决定要否出售拥有的资源，特别是不能带来应有效益的资产；要否进行租赁、承包或合资、合伙进行生产经营，或兼并、投资其他企业。企业有了这样的资源转让权，包括劳动力在内再也不至于"一棵树上吊死"，才有可能实现稀缺资源的合理配置。

其二，要素流动市场化。在传统计划经济条件下，不仅资金、劳动力、技术、信息、房地产等生产要素统一调拨，而且主要生活资料也实行计划供应，全社会的要素流动以中央政府的"有计划、按比例"分配为转移。大到钢铁、煤炭、石油、水泥、木材、汽车等生产资料，小到每个人每天生活吃、穿、用必需的消费资料，都充分体现计划经济完整无缺的控制。以人人生活不可缺少的粮食、布匹、油料而论，在相当长的一段时期内还包括糖、肉、菜、蛋、花生、瓜子以及自行车、缝纫机、手表等生活用品，尽管消费者也要在形式上到市场上购买，然而这种购买除支付价格规定的货币外，还必须持有粮票、布票、油票、糖票、肉票以及按特定渠道分配下来的各种准购票证，使市场变成实行计划经济的窗口。在这种情况下，中央政府高度集中统一的计划经济首先必须掌握消费者商品的需求和变动的准确信息，以便决定生产什么和生产多少。面对繁纷复杂的生产需求和消费需求，要掌握包括需求改变在内的准确信息，几乎是不可能的。因此本应是以销定产的计划经济,抽象意义上理想的均势市场,实际变成以产定销的行政命令经济,以商品短缺为特征的卖方市场。其次,中央政府要将统一编制的经济计划逐级分解下达,直到基层生产单位,由于缺少相应的利益机制和竞争机制,往往形成争人、争物、争投资局面,造成资源的严重浪费,效益低下。市场经济通行要素流动市场化,为校正计划经济的这两大缺陷提供了可能。市场经济通过价格变动及时提供商品供给与需求的矛盾,为资源的有效配置和合理流动提供信息。而市场经济建立起包括生产资料和生活资料在内的商品市场、资本市场、劳动力市场、信息市场、技术市场、房地产市场等完整市场体系,为要素流动市场化提供了切实保障。15年来改革开放的实践表明,要素流动市场化和市场体系建设每前进一步,都大大促进了资源的有效配置,创造了相应的经济效益和社会效益。如大量"民工潮"涌向城市,特别是西北、西南和中西部大量农民工涌向东南沿海率先改革开放城市,按照人口迁移"推拉理论"自然有它的道理,但是之所以能在改革开放到一定阶段出现,则是解除了计划经济条件下对劳动力的禁锢,逐步开放劳动力市场的结果。"民工潮"迭起存在不少问题,我们也不主张继续升级而推波助澜,而仅在说明作为重要生产要素之一的劳动力市场一旦启动,城乡之间、东西部之间劳动力价格差异——工资的差别作用就会立即显现出来,使几千万农业剩余劳动力配置到需要的岗位上去,为加快经济发展创造了何等巨大的效益!

其三,宏观调控间接化。我们确立社会主义市场经济体制改革目标,是因为与计划经济体制比较而言更能合理配置各种资源,推动技术进步,促进国民经济快速、健康发展,并不意味着市场经济是完美无瑕、一切任其自由发展。相反,市场经济条件下的商品生产和经营活动免不了带有一定的盲目性,也必然带来供给与需求之间的某些失衡,只是这种失衡经过市场流动获得信息,通过要素流动使失衡得以纠正。由于不同的市场主体追求效益最大化目标,企业、居民、政府之间存在一定的利益冲突,需要在保持平等竞争条件下的宏观协调。现代市场经济的一大特点,已经摆脱了一般商品生产意义上自发调节的初级形式,政府充当宏观调控的主要角色。无论是垄断占据主导地位但又是充分竞争的分散型美国市场经济,讲求效率与公平的德国社会市场型经济,还是集中决策与分散决策相结合的法国混合型市场经济,注重市场主体宏观协调的日本社会市场经济,都十分注意发挥政府在宏观调控中的作用。

政府进行宏观经济调控的目的，在于通过制定和实施促进市场经济健康发展的计划、政策与手段，调节社会总供给与总需求的平衡，形成均势市场，推动经济技术进步和整个国民经济的持续协调发展。宏观调控的手段可以分成经济、法规、行政三类，无论哪种手段都必须以市场为基础，遵循价格规律，通过市场机制来实现。亦即实现国家及地方政府的宏观调控间接化，重点放在经济手段，舍弃以往计划经济完全依靠行政手段的办法。经济手段包括运用价格杠杆，通过制定和实施必要的价格管理法规，将自己手中掌握的重要大宗物资和资金直接投放商品市场或收购商品，通过调节价格调节市场供求；包括运用税收杠杆，通过税种、税目、税率的设置和实施，调节市场主体的收益分配，促进公平竞争，影响他们的经济行为；包括运用信贷杠杆，通过控制货币流通量、调整利率和贷款等办法，调节投资、生产和流通，用资金导向影响市场；包括运用汇率杠杆，通过汇率的升降影响对外贸易和资金的流入流出，从而影响国内资源的配置。除这些经济杠杆手段外，政府宏观调控还包括直接经营企业，影响市场的供给与需求，这在我国由计划经济向市场经济转变、国营企业占优势情况下尤为突出；包括政府订货，一种颇具诱惑力特殊的大宗期货市场刺激生产，这在我国也是值得重视的一种卓有成效的宏观调控。

其四，经济运行法制化。表面看来，计划经济具有明显的受法律保护的强制性，中央政府下达的各项指令性经济指标必须如期完成。但是无论是生产领域还是流通领域的经济运行，由于受主管行政部门控制，该部门的意志就成为不是法律的法律，甚至领导人的一张白条子也得遵命照办。市场经济则要求将经济运行纳入法律规范，通过经济立法，运用法律手段，调节企业、居民、政府市场主体之间的经济关系，解决矛盾与纠纷，建立起受法律保护的市场经济秩序。由于各市场主体在法律面前处于平等地位，经济法规同其他法规一样具有强制性、相对稳定性的特点，产生硬性导向作用，使各项经济政策得以有效贯彻实施，市场运行按照平等、公开、有序、规范化进行。没有规矩不成方圆。在以受益最大化为目标的激烈竞争市场经济体制下，经济运行规范化、法律化是至关重要的。

怎样看待具有上述基本特征的市场经济与人口控制、实行计划生育基本国策之间的关系？目前大致有如下三种不同的认识。

一种认识，认为社会主义市场经济与人口控制是"两股道上跑的车"——互不相干，后者不受市场经济支配，不要硬把二者扯到一起，二者不存在必然的联系。

另一种认识，从物质生产决定人口生产固有概念出发，认为人口生产和人口控制应同市场经济接轨，主张将人口控制纳入市场经济体系或"推向市场"。计划生育也可以仿效市场经济体制改革，实行"指导性计划"或推行国际上通行的一般意义上的"家庭计划"。

第三种认识，认为人口控制和计划生育本身不属于市场经济范畴，不能简单、盲目地将其"推向市场"；对于经济体制改革中市场经济体制逐步建立给生育率带来的影响，要作出充分的估量，并努力寻求建立同市场经济体制相适应的人口控制调控机制。

我们既不能简单地将人口控制和计划生育"推向市场"，也要充分重视市场经济对人口变动产生的积极的和消极的影响，谋求人口控制改革的思路。为什么不能将人口控制和计划生育"推向市场"，采用市场经济办法调控人口生产？首先必须解决一个出发点问题。从实际出发还是从概念或概念的推演出发，这是一切实证研究的一个根本问题，也是实证研究的一个基本态度问题。现实研究中不乏看到这样的现象：有的研究从定义到分析，从理论模型到定量化结论，在理论方法上几乎是完美无缺的；然而拿到现实生活中一对照，却相去甚远，有悖常理。为什么会产生这样的现象？重要原因之一不是从实际出发，而是从定义、概念出发。我们考察市场经济对人口控制的制约和影响，二者之间的基本关系，不能离开我国市场经济改革和人口控制、计划生育工作的实际。从这一基本实际出发，市场经济所具有的市场主体法人化、要素流动市场化、宏观调控间接化、经济运行法制化"四化"基本特征，人口控制除运行法制化可以效法以外，现阶段其余"三化"均不能简单套用。

市场主体法人化，如前所述，是指从事市场活动的组织和个人享有自行作出经济决策的独立法人资格，不受外界任何力量支配。人口生产的基本单位是家庭，如若按照市场主体法人化原则办理，那么生育子女数量多少，何时生育，生男生女等一切生育行为完全由个人家庭决定，包括政府在内的任何外在力量都不得干预。这实际上无异于废除现行生育政策，取消计划生育，需要如实地估量到其可能产生的影响。众所周知，中国自20世纪70年代以来控制人口增长取得举世公认的成绩，生育率的下降固然有经济、文化、社会发展进步的作用，但主要是认真贯彻执行计划生育基本国策的结果，已成为国内外各界人士的共识。它既不同于某些西方国家生育率随着经济、社会的发展自然而然地下降，那样的下降完全是一种被动结果式的下降，这种下降一些国家经历了半个世纪乃至一个多世纪的历史进程；也有别于当今某些发展中国家实施的"家庭计划"，在这样的"家庭计划"中政府仅提供服务，包括宣传避孕节育知识、提供药具、技术咨询、组织社会团体和发挥社区功能等项服务，家庭拥有对生育行为的最终决定权。中国的计划生育是从中国的具体国情出发，从作为所有家庭共同利益代表出发，用诸如"三为主"、"三结合"等经济的、行政的、法律的各种措施，在国民经济比较落后情况下取得生育率长期持续下降的。这里存在一个经济发展水平与生育率下降之间的"时间差"问题，生育率下降的速度和达到的水平，同经济的发展不完全相协调。当前，如果我们能够将现在的计划生育基本做法坚持下去，当然也要随着社会的发展不断加以改进和完善，逐渐缩小以至最终消灭这个"时间差"；如果放弃计划生育，放弃现在一套行之有效的做法和经验，这个"时间差"可能会爆发出一股巨大的反弹力，生育率可能会骤然增高很多。虽然不能说会使过去20多年计划生育取得的成绩前功尽弃，但是一旦反弹起来，20世纪末全国人口数量恐怕就不是13亿，实现零增长也不是21世纪中叶的15亿，而是要大为升高并向后推迟。所以，不能简单地将市场主体拥有的独立决策权推演到人口生产中来，推演到不受任何约束的完全由个人和家庭决定，搞国外那种市场原则的"家庭计划"。

要素流动市场化，要求建立包括生产资料和消费资料的商品市场，资本、劳动力、技术、信息、房地产等的生产要素市场。从作为人口组成部分的劳动力来说，如果仍由政府管理而排斥在市场之外，一是破坏了劳动力自身作为市场主体的法人地位，给经营带来难以估量的影响；二是仍然由政府直接干预企业，通过劳动力的供求控制企业行为，使整个市场经济运行机制受到阻力。因此劳动力进入市场，主要由市场调节劳动力供求，是市场经济的宏观要求必不可缺的部分。那么，人口生产中除劳动力之外其他要素能否进入市场，生育行为能否也市场化？一曰不能，二曰在市场经济大潮推动下，某些要素进入市场其后果是不堪设想的。这里举出一个实在的例子。

《青年月报》1995年第12期发表的郭睿文的署名文章，报道一个靠离婚发家的女子。1981年一个叫玉萍的姑娘，为安葬父亲借了村长1200元的债，后由其娘作主嫁给该村长作儿媳。由于丈夫呆傻，村长行为不轨，该女子于1984年逃婚只身来到安徽省城合肥。在合肥她结识了北京大兴县某贸易公司经理，遂来到该公司工作，并与该经理关系暧昧。两个月后，这种暧昧关系为经理妻女发现，经理偷偷付给 2000 元"青春损失费"送出公司。自此玉萍萌生了凭俊俏模样赚钱的念头，走上骗婚道路。1985 年她与内蒙古一家毛纺厂厂长勾搭上，因不正当关系闹得满城风雨待不下去时，硬是要厂长付给她 50000 元后离去。之后她从某杂志登载的"征婚广告"获得信息，按广告所登地址南下广西龙州县，与一个体户筹办结婚，骗取 20000 元后溜之大吉。1988 年她来到深圳，与某电器公司老板结为夫妻，1989 年离婚时索要 150000 元。其后 5 年内她东离西散、南嫁北娶结婚离婚十多次，所得钱财 50 余万元。1995 年当她被以重婚罪、诈骗罪收审时，依法没收的钱物 1040000 元，是一个十分典型的市场婚姻"暴发户"。

如果说这是一个极端化的例子，类似情况可能并不多见，那么买卖生育指标，搞权钱交易；对胎儿进行性别鉴定，造成出生性别比偏高；不履行《收养法》规定，用金钱收买私下收养"黑孩子"等市场行为，等价交换已渗透到人口生产和人口控制领域。随着经济的发展和人民生活水平的提高，人们的商品和市场意识增强，但不能使人口生产像物质生产要素那样流动市场化，市场化的只能是在原有有效供应基础上，在妇幼卫生保健、避孕药具供应等，适当加大市场调节的分量。

宏观调控间接化，主要指政府对国民经济的宏观调控多不采取行政手段，而采取价格、税收等市场办法。人口生产可否效仿？目前现行人口控制和计划生育管理，有政府的直接干预，像人口规划方案的制定，计划生育实行各级领导亲自抓、负总责，强调目标管理将生育计划层层落实，由各级计划生育委员会组织实施等。也有非政府机构特别是城乡社区，组织各种形式的宣传教育，政策咨询，提供服务等的间接办法。显然，二者相比政府的直接调控起了关键的、主要的作用，生育率的下降是各级政府和广大人民群众共同努力的结果。那么实行市场经济后政府的宏观调控可否由第一线退出，像市场经济那样采取间接调控办法呢？不可以。因为市场经济体制下的宏观调控间接化，要依靠独立的市场主体，通过比较完善的市场机制，按照规范的市场秩序运作，才能达到目的。人口生产和计划生育，如前所述，现阶段尚不能由个人和家庭随意自行决策，那样会造成人口增长的强烈反弹；同时除了以行政管理为主的运行机制和运行秩序外，没有一套同市场经济相协调的机制和秩序，间接调控也缺少基本的条件。这样说并不是要说明人口调控的办法、机制、秩序永远不变，而是说明相当长时间内，以行政管理为主的一套办法不可丢掉，丢掉了就会犯历史的错误，将再度掀起人口生产的高潮。

不能将人口控制和计划生育"推向市场"，并不等于说人口控制和计划生育与市场经济、旨在建立社会主义市场经济体系的改革没有关系，相反，它们之间的关系还相当密切。这有一个比喻，我们不能将行人推到机动车道上去行走，但机动车道和机动车的发展却可以有效减少行人的数量，改变行人乘车和步行的结构。市场经济建立和发展起来以后，其对人口生产和人口控制的影响也会加大。我们应当重视这一影响，研究其有利的和不利的影响，以改革精神不断创造出同市场经济相协调的人口控制机制。

首先，从本质和长期发展战略上考察，建立社会主义市场经济体制对人口控制和其他人口问题的解决，将产生越来越大的、积极的、有利的作用和影响。主要表现如下。

其一，市场经济体制的建立和不断完善，必将大大解放生产力和发展生产力，为人口问题的解决创造新的物质基础。尽管直至1992年党的十四大明确确认经济体制改革目标是建立社会主义市场经济体制，但自党的十一届三中全会以来的改革，实际上却是一步步地向着市场经济走来。在所有制问题上，打破了过去公有制一统天下的格局，形成国家、集体、个人、合资、外资等多种所有制形式；在经营管理上，基本上解决了过去"大锅饭"一类办法，逐步建立起讲求效益、公平竞争的机制，经历了从承包制到建立现代企业制度的一系列改革，国民经济已开始脱离过去传统计划经济轨道，步入市场经济轨道。这一革命性变革大大改变着人们的传统观念，勤劳致富为全民所接受，"官本位"在人们的心目中逐渐淡化下去，时间、竞争意识增强，机关干部"下海"经商者为数可观，人们承受改革措施出台的压力的能力不断增强，由求稳怕变转变到积极改革，等等。与此相联系的是，人们对择职就业的认识也有很大转变，人们开始重视自身的价值，开始摆脱完全由劳动人事部门"定终身"的局面，就业的自主意识、竞争意识大为增强。以城市为例，就业者在所有制选择上摆脱了国有经济单位唯一就业渠道的框框，实现了多渠道就业，且其他渠道增长更快一些。过去不大被人们看得起的所有制、产业、就业方式，如今受到众多人的青睐；而"正统"的就业所有制、产业、就业方式却失去了对从业者的吸引力，这只能归结为恢复了企业和劳动者的自主权，成为市场主体的结果，是市场经济原则发挥作用和旨在建立市场经济体制改革不断深入的结果。中国高度集中统一的计划经济搞了30多年，积弊甚多，真正实施将其转化为市场经济的体制改革，必然释放出很大能量，大大解放了生产力，推动国民经济发展，为人口控制和人口转变打下更好基础。

其二，从发展上看，劳动力市场的形成和竞争的加剧，正诱使家庭由投入孩子的数量成本向质量成本转移。劳动力市场是市场经济体制中市场重要组成部分之一，尽管目前尚不够完备，但只要存在这个市场，就会存在竞争，存在优胜劣汰，存在简单劳动与复杂劳动及其载体——劳动力的价格差异。从发展趋势上看，家庭投在孩子身上的质量成本特别是教育质量成本在增加，其效益也是增加的。目前这方面存在着一定的问题，在报酬上没有充分体现复杂劳动是简单劳动倍加的按劳分配原则；但是情况正在改观，在中外合资企业，在高技术产业，在自主经营、自负盈亏的各类企业，高级技术人才和高级管理人才的报酬同一般劳动者报酬的差距已经拉开，孩子质量成本带来高经济收入效益已经有所体现，只是体现得尚不够充分。中国已经明确提出科教兴国的发展战略，家庭作为市场经济条件下的"经济家庭"，也已出现增加孩子智力投资提高孩子质量成本的趋向。在市场经济建立和完善过程中，人才竞争日趋激烈，人口质量成本上升到一定程度会产生一个飞跃，由追求孩子的数量转到追求孩子的质量，由多生多育型转向少生、优育、优教型。

其三，随着商品和市场经济的发展，孩子效益尤其是养老—保险效益，出现明显下降趋势，促使生育率下降。关于孩子养老—保险效益的下降，可从以下三个方面看出来。

一是国民经济在市场经济条件下获得较快发展，劳动生产率不断提高，社会积累增加较快，为国家企业和各种社会组织举办养老社会保险事业提供物质基础，提高了社会化养老程度。有统计资料表明，全国用于离休、退休、退职职工保险福利费用总额，由1978年的17.3亿元增加到1999年的2420.9亿元，增长139.9倍。与此同时，在市场经济下富裕起来的农村，在社会养老上迈出较大的步伐，发展了多种形式的养老保障事业。

二是按照现行政策规定，不享有年老退休金的个体、集体企业职工，农村广大劳动者，在经济发展起来，工资和收入有了较大幅度增长以后，有能力为养老储备一笔资金，投保养老保险。1985年人寿保险公司保险金额达17650万元，到1999年猛增到527744万元，增长28.9倍[①]。目前个人投保

---

① 《中国统计年鉴2000》。

养老保险人数增加较快，在富裕起来的农村更为显著。市场经济的发展和人们收入的增加，数以千万计的劳动者的未来养老方式开始脱离传统子女供养轨道，自费养老保险的发展前景看好。值得提出的是，家庭加入养老保险可谓一种"正宗"的保险，还有其他一些形式的家庭个人保险办法，储蓄是最主要的手段。储蓄是调节收入与支出的"蓄水池"，储蓄者可以有多重目的，如积少成多，为购买耐用消费品等积累资金；参加较长时间的保值储蓄，抵消或尽量减少通货膨胀的影响；多余的钱派不上用场，放到银行滋生利息等。而当人们看到家庭小型化日趋严重，传统子女养老受到冲击，市场经济下子女不赡养父母案件增多后，一个自然的反应是自我养老意识的增强。参加养老保险是明智之举，但此举有将子女推到不赡养父母之嫌；更多人则采取变通的办法，储蓄是最简单的办法，自行储蓄养老吸引着千万大众，也是一个时期以来储蓄额不断上升的根本原因之一。商品和市场经济条件下的老年相对贫困化来自通货膨胀，因为老年经济来源一般有减无增；自行储蓄尤其是长期保值储蓄或许是一条出路，这是成年特别是临近老年成年人的一种现实心态。

三是"养儿防老"传统观念淡化。商品和市场经济发展起来以后，作为经济基础变动，必然影响社会的上层建筑，包括意识形态领域。它相对地使人们更注重现实，注重实际利益关系，感情色彩的东西有所贬值，作为一种潜移默化的销蚀剂浸蚀着人们的传统观念，赡养父母和老人的观念受到挑战，在一部分人头脑中淡薄下来，拒不赡养的案件增加很快，构成刑事案件很大一部分。这一切，导致人们对子女养老—保险效益期望值下降，影响到生育意愿。

其四，孩子消费—享乐效益的下降。国际计划生育组织的一些调查表明，孩子消费—享乐精神效益变动同经济、社会发展没有一定的必然联系，没有随着发展而降低的迹象。然而中国的调查说明，二者之间仍然有着相当的联系，孩子精神效益也是随着市场经济制度的建立和国民经济、技术的进步而下降的。自然经济是多生多育的温床，"30亩地1头牛，老婆孩子热炕头"不仅形象地描绘出孩子的劳动—经济效益，养老—保险效益的强烈，而且也衬托出孩子消费—享乐效益对家庭的重要性，孩子是家庭的精神财富。市场经济则不然，人们为了能够在激烈竞争的市场经济中取胜，不得不投入更多的时间和精力，使闲暇时间减少，逗孩子取乐时间也随着减少。而且孩子的精神效益很难适应市场经济的紧张性、多样性、多变性，为此就要寻求更富有刺激性、趣味性、科学性的娱乐方式。所有这些使原来把孩子作为主要精神慰藉的小农乐趣改弦更张，出现现代精神消费意识，孩子作为"天伦之乐"的精神效益渐失光彩，这在当前中国市场经济高度发达的某些地区已见端倪，甚至出现一批年轻家庭不想生育孩子的"两人世界"。

其五，"多子多福"生育观的动摇。由法国哲学和社会学家杜蒙特（Arsent Dumont）提出的社会毛细管人口论认为，封建社会等级隔阂很深，人们的社会地位比较固定，多把幸福寄托在家庭生育上。到了自由资本主义时代，等级界限被打破，人们为了改变自己的社会地位而减少用在生育子女上面的精神和财力，致使家庭小型化。这好比一种毛细管作用，人们要想发家致富，就不能在生儿育女上付出太多的代价，社会规范化的家庭就应是小家庭。也有人解释为：在家庭收入一定的条件下，用在满足父母生存、发展、享乐需要部分越少，用在生育子女上面的部分就越多，好比一个 U 型管连通器，此消彼长，从而导致多生多育；相反用在父母需要部分增多，孩子需要部分就要减少，此长彼消，从而导致少生少育；市场经济体制的建立强化了商品意识、竞争意识、效率意识、发展意识，用在满足个人家庭自身需要部分增加许多，用在满足子女需要部分大为减少，表现出家庭小型化的"社会毛细管作用"的强化，从根本上动摇了"多子多福"的传统生育观念，有利于控制人口的数量增长。

其六，市场经济在推动人口城市化和产业结构进程中，有利于生育率的降低和其他人口问题的解决。首先，旨在建立社会主义市场经济体制的经济改革，使商品、资本、信息等市场迅速发展起来，流通速度加快，数量大大增加。随之而来的是人口移动，包括人口迁移和人口流动大量增加，目前估计在 1 亿以上。特别是农村商品经济发展起来之后，农民直接进入市场，进入城镇，成为"离土不离乡"或者"离土又离乡"的实际上的城镇人口。而城镇工商业活跃起来之后，适应城乡之间交流的扩大和第三产业快速发展的需要，吸引着大批农业剩余劳动力向乡镇转移。这样交互作用的结果，大大加速了人口城市化过程，市场经济的发展给人口城市化和产业结构的调整，带来新的生机和活力。人口城市化的加速进行，意味着从事农业人口比例下降，第二和第三产业人口比例上升。由于技术构成差别的客观存在，第二、第三产业对人口素质要求更高，尤其是人口文化素质，驱动着家庭由投入孩子的数量成本向质量成本转移，遂使生育率下降。市场经济促进人口城市化和产业结构合理化的变动，由此产生的有利于生育率下降的作用，在今后一段时间内会更突出。

其次，从现实上看，特别在市场经济发育初期，上述积极作用的发挥会受到一定的限制，而改革过程中某些方面的不利影响可能比较突出，产生一些新的问题，值得关注。主要问题如下。

一是孩子成本—效益作用的不利倾斜。改革开放和走向市场经济，乡村联产承包责任制的建立及独立自主经营权的确立，使丧失已久的家庭的生产职能得以恢复；城乡个体、合营一类工商业的兴起，也使相当一部分家庭具有不同程度的生产和经营的职能。这类生产和经营职能得到恢复和扩展的家庭，对劳动力尤其是男性劳动力的要求变得比较迫切，孩子劳动—经济效益有增值的趋势。虽然孩子从生下来到成长为劳动力需要十几年的时间，生儿子不等于就是劳动力，似乎远水解不了近渴；但是他们一面可以从劳动力市场上取得劳动力，解近渴，一面又自己生产出归自己家庭所有的指日可待的劳动力，在商品生产者看来岂不两全其美！由中国社会科学院人口研究所承担的联合国人口基金援助项目"中国家庭经济与生育研究"，10 省市抽样调查表明：1991 年在孩子增加家庭收入和提供劳动力、养老保险、精神寄托、传宗接代、继承家业和其他 6 类效益中，增加收入和提供劳动力占第 3 位，达 17.6%。但城乡有较大差别：市占 11.1%；镇占 13.9%；县占 19.4%。在生育意愿调查中，全国加权汇总 1 女孩户男性家长的生育意愿，不要占48.5%，居首位；再要一男孩占 38.3%，居第 2 位；再要一孩（不分性别）占 7.2%，居第 3 位；再要 2 孩占 5.0%，居第 4 位；其余再要 1 女孩，再要3 孩以上等所占不足 1.0%。1 女孩户再要 1 男孩占比例较高，同样的情况是城乡差别很大：市仅占 18.2%，镇占 32.2%，县则高达 47.6%，上升到占第 1 位[①]。这种现象表明：农村对男孩子的劳动—经济效益颇为看重，镇次之，城市则颇看轻。这既是城乡家庭收入来源不同的反映，也是经济发展尤其生产技术构成不同，从而直接影响孩子劳动—经济效益发挥的反映。

二是孩子养老—保险效益的反向变动。前面曾经论及，从根本上讲市场经济的建立会使孩子养老—保险效益下降，其前提是老年社会保险的增强，老年人口及现在正在从事劳动的生产年龄人口——未来的老年人口——自身保险能力的增强。这种情况已经出现，在经济比较发达、市场经济发展较高的地方，尤其是处在改革开放前沿的东南沿海不少地方已经出现，"养儿防

---

① 《中国 1992 年家庭经济与生育 10 省市抽样调查资料》，中国经济出版社，1995。

老"观念淡薄许多，许多人谋求自身养老办法，或加入人寿保险，或自己储蓄养老。然而在经济发展水平不高和市场化程度较低的广大内地和边远山区，传统的子女赡养仍占据主导地位，将生育子女作为养老的主要手段。在乡村特别在经济比较落后的乡村，相对过去落后的农村生产力说来，一些地方"敬老院"——"老年之家"一类社会慈善事业办得相当不错，可以说超前实现了老有所养。但在改革开放和转向市场经济以后，也不乏有些地方千方百计将这种慈善事业继续办下去，也有一批办得好的典型；但许多地方还是削弱了，不少"敬老院"难以为继，经济来源受到威胁。农民从切身感受中体验到，还是生儿子最保险，重又提高了"养儿防老"效应。中国1992 年 10 省市抽样调查表明，全国加权汇总 6 种孩子效益中，养老保险占20.5%，居第 2 位。市、镇比较接近，占 18% 左右，仍居各种孩子效益第 2位，乡村上升到占 21.2%，居各种孩子效益之首①。

三是在富裕起来的个体经济家庭尤其是富裕起来的部分农民家庭中，孩子继承家业的效益又复活起来。众人皆知，我们所要建立的社会主义市场经济体制，是在一个封建社会长达数千年之久，商品经济很不发达，1949 年中华人民共和国成立以来又时不时地将商品经济和市场作为资本主义来批判的国度内进行的。因而目前在市场经济中发展起来的家庭个体经济，很容易将产业与家业视为同一物，打上封建半封建的包装，传给子孙后代。有的为使家业后继有人，不惜一切代价生了几个女儿之后还要再生，大有不生儿子不罢休之势。笔者在浙江省就曾听到这样的一件事情：某镇有一户资产近百万元的个体服装厂商，自盖二层小楼一幢，已生 2 个女儿，按当地政策也违反了计划生育规定。他无法再生了，想生儿子的愿望成了泡影，其他事情也就变得心灰意冷起来，甚至神经也有些不正常。一日思想起来十分苦恼，感到家业再大没有儿子继承也白搭，于是竟用火引着自居小楼，后被众人抢救扑灭。这当然属于极端例子，并不具备普遍代表性；但全国调查提供的材料，也说明这一问题的不可忽视性。1992 年调查全国加权汇总 6 种孩子效益中，继承家业效益占 8.5%，市占 4.0%，镇占 6.9%，县占 9.7%②。说明当前农村孩子养老—保险效益的某些上升，也是促使生育率居高的一个原因。

四是孩子质量成本的反向变动。这同孩子养老—保险效益的反向变动相

① 《中国 1992 年家庭经济与生育 10 省市抽样调查资料》，中国经济出版社，1995。
② 《中国 1992 年家庭经济与生育 10 省市抽样调查资料》，中国经济出版社，1995。

似，本来市场经济的发展要求孩子质量成本增加，以适应市场经济对人才的需要，但是由于原有经济水平较低，处于由计划向市场经济转轨时期，市场经济发育不完善，反而发生了某些反向变动，某些家庭的孩子质量成本，主要是用在孩子教育方面的质量成本有所下降的情况。即某些家庭出于短期行为，首先将孩子推到市场上去赚钱，出现中小学生卖鸡蛋、卖花、卖小食品，造成部分中小学校学生流失现象。这种现象在改革开放前15年中比较严重，近年来已开始好转。

再次，某些生育行为市场化的不利影响。由商品和市场经济产生的意识，一旦在一些人的头脑中形成一种思维规范，便会无孔不入地渗透到包括生育观念和生育行为等多个领域，发生婚育与金钱交易的市场化行为。下述几个方面表现比较明显，对人口控制和计划生育带来不利影响。

一是婚姻和生育的买卖行为。自中华人民共和国成立后，买卖婚姻和子女的违法行为已经根除，然而在市场经济大潮冲击下，一些人变成"货币拜物教"的忠实教徒，又使这些根除了的东西重又萌生。一个时期以来婚外恋并夹杂着婚外育现象增多，个别"大腕"甚至雇上保镖，包住高级宾馆、别墅，养尊处优地生儿育女，成为计划生育难以攻克的"堡垒"；重婚也呈增加趋势，重婚者大多出于金钱的驱使，重婚生育成为值得关注的社会问题。当前正在开展打击拐卖妇女和儿童的人贩子，这些人贩子自然是想像卖商品一样地贩卖人口，买主也像买来商品那样榨取其"使用价值"，且不说对妇女和儿童造成的危害，仅从人口控制角度，造成的计划外生育也是值得重视的；非法领养子女比较普遍，一是领养双方法律观念淡薄，以为双方自愿即可，不履行领养手续。二是领养者一般要向被领养父母付给一定费用，实际也是一种交易行为，有的被领养父母再去重新生育孩子。

二是离婚买卖行为。中国家庭向来以稳定的婚姻关系作基础著称，可是在市场经济下，这种稳定的关系受到挑战，出现了离婚率的上升。据统计，1980与1999年比较，全国离婚对数由340988起增加到1201541起，增长2.5倍；离婚率也相应由0.7‰增加到1.0‰，增长0.3个千分点。离婚原因有多种多样，我们不能用传统观念来看待现代的婚姻关系，"没有爱情的婚姻是不道德的"这种话道出了婚姻关系的真谛；但是现实的离婚率上升并非都是纯粹的爱情或感情上的原因，起码有一部分是金钱的原因，并且是用金钱的办法解决的。最司空见惯的是坚持离婚的一方，一般多为男方付给另一方一笔数目可观的金钱。这种"买离婚"再与"买结婚"相协调，导致再婚人数上升，按照现行生育政策规定，自然再婚生育增加，是当前人口控制中的一个新问题。

三是户口买卖行为。众人皆知，户籍管理是中国人口管理的一大特色，目前在户籍管理中遇到的新问题中，源于市场行为的户籍买卖颇为突出，而这一买卖又牵动着人们的生育行为。户口买卖中比较常见的，是农民买非农的城镇户口。或者明码标价，如兴建"农民城"便公开出价，一户农民进入这类城镇要交纳多少土地费、公共设施费、管理费等；或者通过一定的"后门"买卖，取得进入城镇居住和经营工商业的权利。近年来在市场经济策动下，出现了反向的户口买卖，城里人出钱买农村户口。据1993年8月8日《信息时报》以"粤南农村户口'行情'看涨"为标题报道，广东城里人花钱买农村户口增多。一罗姓省城工人以每人8000元买得3名珠江三角洲某农村户口，得到的好处是一块可以建私房的地皮，分享村民的一份红利，孩子免费入托、入学，年老后还可领得一笔比城里人高得多的养老金。买农村户口不止南粤，一些经济超高发达的农村已设立防止外来移民的规定条款。而无论是买城镇户口还是买农村户口，都有一个增加计划生育管理难度的问题。

四是民族成分买卖行为。举一个例子，1995年11月16日《中国青年报》发表革平、晓芬"荒唐：民族成分也可花钱买"一文，披露广西陆川县自1994年9月~1995年5月，为数百人办理假民族成分，收取不合理费用7万多元的信息。并举出具体事例，说明改了民族成分以后可以获得生育2个孩子、高考加分、提干优先等好处。该县县委和县政府对此作了处理和纠正，收取的费用清退，假民族成分更正还原来面目。这是一起已经纠正的买卖民族成分案，恐怕未经纠正的还有存在，特别是非成批的"小本买卖"。不需多加赘述，这种买卖民族成分对生育的影响不止当前，还会对今后的世代生育产生影响。

复次，人口管理不适应市场经济的新情况。中国的经济改革是渐进式的改革，虽然如此，市场经济出现后引起的震撼，还是比一般人们预料的要大得多，人们的思想常落后于客观实际的变化。对人口控制和实际工作说来，情况也是如此，往往跟不上市场经济的发展，产生一定的矛盾。突出表现如下。

一是流动人口激增同管理跟不上的矛盾。前已论及，随着改革开放和市场经济的发展，流动人口大量增加，估计目前全国流动人口在 1 亿以上。经济发达和市场发育较好的沿海地带，尤其是大城市更甚，北京、上海的日流动人口数量超过 300 万人，天津、广州、杭州、南京、青岛、大连、沈阳等城市都感到流动人口爆满，超过了运输和城市基础设施承载能力，给这些地区的经济发展造成压力，也给人口控制和计划生育工作提出了很大的一道难题。目前主管部门已经制定出"流动人口管理办法"，取得某种成效；但是由于流动人口数量多，流动性大，成分比较复杂等特点，管理起来十分困难。对于同一流出地且流向比较集中的流动人口群，如浙江省温州市流动人口之流向北京、广西、云南，流出地人口部门派专人赴各地"温州村"进行人口控制管理，有的还专门在"温州村"成立了计划生育管理办公室和计划生育协会，收到一定效果；然而一则这样的"遥控"和长途跋涉管理开支过大，情况也难以掌握清楚，作用有限。二则这种流出地与流入地如此集中的流动人口群为数有限，多数地方无法效仿，只好以流入地管理为主。流入地管起来困难亦不小，其居住、职业、孕情、节育措施等难以摸到确切情况，而且需成倍增加人力、物力、财力，形成额外负担。这样形成流出地、流入地双方都在管，又谁都很难管好，投入很大却效益不高的局面。小品"超生游击队"虽有艺术夸张，但类似现象确实存在着，是构成一些地区计划外生育比例较高的一个重要原因。

二是客观上要求强化人口管理同管理自身弱化的矛盾。上述市场经济体制下出现的人口问题种种，客观上提出了加强人口控制管理的问题，而不可在当前形势下削弱这一管理。然而市场经济体制改革的深入，则有使人口控制管理弱化的可能，特别是各级领导的精力更多地转向经济改革，转向市场，抓人口管理相对减弱了。贯彻"一个中心、两个基本点"的基本路线，坚持以经济建设为中心，各项工作都要紧紧围绕这个中心，这无疑是正确的，不可动摇。问题在于不能放松人口工作，处在向市场经济转型阶段的人口变动比较复杂，需要各级领导倾注极大的热忱，足够的精力。机构改革中人口管理机构的设置，人员的稳定和加强也存在一些问题。机构重叠、人浮于事、效率低下必须改革，这是人们对行政机构的共识，中国的改革必须在机构改革方面有一个大动作，取得切实进展。可是10 多年来收效并不显著，政府公务员增长速度大大高于人口增长速度，"长字号"增长更快，只是近二三年来有所好转。在这种情况下充实和加强人口和计划生育管理机构，遇到相当大的困难。同时作为"天下第一难"的工作，待遇并不高，在一次次商海浪潮冲击下，队伍的稳定和建设同样遇到相当大的困难。市场经济的发展和市场体制的建立，吸引社会资金、物质等融进市场渠道，因为市场经济可带来价值增值。相比之下人口机构等政府行政机构只能依靠政府拨款，而国家财政收入增加受到一定限制，政府经费增加也必然受到限制。这对于强化管理，包括管理手段的现代化是不利的。

三是近年来出现的特殊问题和矛盾。如新生儿性别比偏高已引起广泛关注，而新生儿性别比偏高的重要原因之一，在于 B 超胎儿性别鉴定屡禁不止。为何屡禁不止？原因可能有许多，其中重要的一条是 B 超技术与生育性别选择交易市场化：B 超市场价格升高，足以使任何罚款失效；或者进行权钱交易，使做 B 超者逃脱违法犯罪惩罚。

以上的分析说明，市场经济体制的建立和不断完善，对人口生产的作用、影响和渗透是极其深刻的，置之不理不行，简单地推向市场不行，而必须寻求改革，由以往单纯的行政管理机制向着行政与利益调节相结合的机制改革，将来过渡到以利益机制为主导的改革。除运用以往成功经验外，要适当加大利益调节的分量。要进一步落实实行计划生育家庭的奖励和优惠政策。在城市，除发给独生子女一定奖励费外，可考虑根据各地实际情况，父母退休时发给一定数额退休补助费；在农村，宅基地、土地承包、集体福利分配等应向独生子女户和计划生育户倾斜，同等条件下的入学、到乡镇企业就业、小额贷款、科技扶贫项目等也应实行倾斜，逐步改变生育子女数量多少与家庭孩子成本—效益失衡的不利状况，诱导人们从关心自己利益得失上，自觉选择少生优育优教道路。

（3）提高避孕节育水平

依靠科技进步，加强避孕节育药具的研制，使科技与技术改造、产业开发结合起来。面对 21 世纪以生命科学为主导学科的新的技术革命，适当调整科研布局，建立重点实验室、科研基地和工程技术中心，形成包括基础研究、应用研究、临床研究、引进推广研究全面的计划生育研究体系。提高科研成果的转换率，积极开展中医药的研究和开发，大力引进国际先进技术，确保为避孕节育提供高效、安全、便捷的药具。建立健全计划生育服务网络，改进工作作风，大力推行优质服务，推进生殖健康的开展。

4. 开展综合治理

计划生育部门是人口控制的主管管理机构，然而要完成未来中国人口控制这一艰巨任务，需要相关部门通力合作，实行综合治理。人口变动涉及公安、统计、卫生、民政、教育、司法、劳动、工商、国土资源等诸多部门，需要相互协调，尤其是有关政策的协调一致性。当前突出的问题是流动人口大量增加带来的计划外生育问题。要按照《流动人口计划生育管理办法》，以流入地为主，计生部门协同有关部门齐抓共管，形成综合管理机制，创造融人口管理、劳动力供求、治安和生活服务管理于一体的综合管理模式。

### （二）人口素质的提高

1. 目标

身体素质方面。参照国际惯例并从我国实际出发，婴儿死亡率以年平均下降 0.3 个千分点计算，则 2005 年可下降到 28.4‰，2010 年可下降到 26.9‰；男女合出生时的预期寿命以年平均提高 0.2 岁计算，则 2005 年可提高到 72 岁，2010 年提高到 73 岁，并会继续提高。

文化教育素质方面。20 世纪 90 年代以来，全国文盲半文盲人口占总人口比例平均每年下降 0.5 个百分点。考虑到文盲半文盲人口多集中在老年人口群体，随着老龄化的到来和速度的加快，老年人口年龄别死亡率又比成年和青年高得多，预计比 90 年代多下降 0.1～0.2 个百分点是可能的。以多下降 0.1 个百分点即每年下降 0.6 个百分点计算，则 2005 年可降至 7.5%，2010 年可降至 4.5%。在巩固和提高九年义务教育基础上，重点加强贫困地区和少数民族地区普及九年义务教育工作，2005 年城市和有条件的农村地区基本满足高中阶段教育的社会需求，初中毛入学率达到 90% 以上。具有大专以上教育程度人口所占比例，90 年代以年平均 0.17 个百分点的速度递增，保持这一上升速度，具有大专以上人口所占比例可由 1999 年的 2.9%，上升到 2005 年的 3.9%，2010 年的 4.8%；绝对人数相应由 3651 万人增加到 5198 万人和 6540 万人，分别增长 42.4% 和 79.1%。

2. 政策

将提高人口质量与控制人口数量同时提到计划生育基本国策组成部分高度，提高身体素质纳入《婚姻法》、《人口与计划生育法》等法律、法规，取得法律保障；实行少生优生，杜绝有先天遗传性疾病生育；发展生殖健康产业及其相关产业，提高生殖健康产品质量及科技含量。

在提高人口文化教育素质方面。贯彻科教兴国战略，教育以人为本；全面实施义务教育法等法律、法规，大力普及九年义务教育；改变脑体分配不尽合理现状，实行向知识、人才倾斜政策；开展扩招和教育政策，实现向集约化教育的转变。

3. 行动计划

提高人口身体素质，要大力发展医药、卫生、保健、体育事业，随着经济的发展，保证国民健康状况的不断改进。要特别加强农村卫生服务网络建设，发展和完善农村卫生综合服务体系，寻求建立不同形式的农村初级医疗保障制度。开展全民健身运动，改善居住环境，开展心理咨询服务，提高国民生理和心理健康水平。

提高人口身体素质，要特别注意保障妇女和儿童的合法权益，要从提高出生人口素质抓起。在这方面，国家计生委推出以"三项工程"为重点的行动计划。一是出生缺陷干预工程。以农村为重点，以可以预防的严重、高发的先天性疾病为突破口，实行以预防性一级干预为主，二级防止缺陷儿出生和三级缺陷儿出生后的治疗为辅的方针，降低出生儿缺陷发生率。二是避孕节育优质服务工程。通过选择以长效避孕为主，安全、有效、适宜的避孕方法，扩大"知情选择"范围，为群众提供优质技术咨询和服务。三是生殖道感染干预工程。通过普及知识，计生与卫生保健部门合作，形成预防与治疗相结合的体系，减少生殖道感染发生率，提高育龄妇女健康水平。

提高人口文化教育素质，首先在于加快教育、科学事业发展步伐，确保科教事业投入高于 GDP 增长率。同国际比较，目前用在科教事业的投入水平还比较低，需要稳步增长。其次是改革，改变目前"学校办社会"教育劳动生产率不高现状。1999 年全国高校每 1 名教师平均负担 9.7 名学生，而世界平均超过 14 人，我们的教育劳动生产率相当于世界水平的 70%。究其原因，主要在于"学校办社会"，学校除教学外，社会组织应有尽有，后勤服务由学校统管，仅师生员工住房一项便占去学校固定资产大部分，不能专心致志于教学。改革的方向是"社会办学校"，凡是能交由社会管理的，如住房、食堂以及其他生活服务等一律按市场经济原则，由社会经营。只是由于学校消费群体稳定，社会经营薄利多销是经营原则，学校领导集中主要精力办教学。再次是建立有利于人口素质提高的利益导向机制。按照复杂劳动是简单劳动倍加经济学原理，社会主义按劳分配基本原则，脑力劳动与体力劳动、一般脑力劳动与高级脑力劳动要拉开分配档次。目前这方面的情况有所改善，脑体分配"倒挂"基本改变，但向脑力和高级脑力劳动倾斜不够，影响个人和家庭进行智力投资的积极性。在知识经济条件下，不仅"知识就是力量"，而且"知识就是金钱"，要建立与之相适应的利益导向机制。

### （三）人口结构的调整

#### 1. 人口年龄结构的调整

前面关于劳动年龄人口、老年人口年龄结构的变动，变动到何种程度较为适当，存在一个通过出生率进行调整的问题。如上所述，鉴于21世纪初控制人口数量增长仍居人口战略首位，因而这样的年龄结构变动与其说是必然的，不如说是必需的，是实现人口零增长全方位适度人口论所必需的。问题在于要对这种人口年龄结构变动作出反应，找出应对的决策选择。

（1）生产年龄人口变动的应对决策选择。总体就业战略决策选择的核心问题，是在充分就业、合理就业、不充分就业三种就业模式中作出抉择。在市场经济大背景和劳动年龄人口比例上升到2010年，绝对数上升到2020年左右，21世纪前半叶始终保持在目前水平之上具体人口背景下，要想实现传统意义上的充分就业是不大可能的，而不充分就业又是维护社会安定所不能接受的，剩下的路子只有一条合理就业或介于充分就业与合理就业之间的过渡型就业，而不能低于合理就业。由于劳动年龄人口数量庞大，低于合理就业失业人口过多社会无法接受。为此，一是要在资金密集、技术密集、劳动密集型产业结构上准确定位，建议在努力发展高新技术产业的同时，大力发展劳动密集以及劳动密集与资金、技术密集相结合的产业。保证在占领科技制高点的同时，尽量实现更多一些的就业。二是要建立起相应的失业保障制度。现在的状况是失业保障面狭小且水平较低，要逐步扩大失业保障面，逐步提高保障水准，确保失业保障金的及时足额发放，从根本上解除失业人员的生活之忧。

（2）老年人口变动的应对决策选择。面对人口老龄化速度比较快、达到水平比较高等老龄化发展特点，一方面要注意到老龄化对经济、科技、社会发展的影响，影响技术创新，影响储蓄和投资；另一方面最重要的是要建立健全养老保障体系，解除老年赡养后顾之忧。针对目前养老保障存在的实际问题，应对的养老保障体系的建立可概括为：积极发展社会供养与推进养老保障体制改革，继续提倡家庭子女供养与发展社区服务，适当组织老年劳动自养与提高老年生活水平，实行"三养"一体、互相补充的养老保障体系。

　　积极发展社会供养与推进养老保障体制改革。由"二元经济"体制带来的养老保障，受益者主要是城市国有单位职工、部分集体单位职工和少数个体单位职工，绝大多数农民被排斥在外，养老保障覆盖面狭窄。随着经济的发展和人口城镇化的推进，扩大老年社会保障面和提高保障水平在所必需；而由于老龄化的加速推进，扩大养老保障面和提高养老保障水平难以跟上，出路在于改革。1991年国务院颁布《关于企业养老保险制度改革的决定》，要求逐步建立起基本养老保险、企业补充养老保险、职工个人储蓄保险相结合的制度。主要是基本养老保险，规定单位和个人必须参加由政府组织的基本养老保险，建立保险基金和个人账户。后二项补充养老保险属企业自愿并限制在职工工资水平15%以内，个人储蓄性养老保险则属于商业性保险。积极发展社会供养主要指发展基本养老保险，以及经营良好企业的补充养老保险。当前需要特别强调的是，必须将企业养老保险纳入企改范畴，坚持缴费和建立职工个人账户。对于经营不良和破产企业，也要将职工养老保险作为问题之一，统筹加以解决。此外从发展上看，农村也要逐步走上养老保险道路，有条件的地方尤其是乡镇企业，也应按企业基本养老保险规范，建立相应的养老保险制度。

　　继续提倡家庭子女供养与发展社区服务。由中国人口老龄化与经济发展"时间差"所决定，不可能在较短时间内建立起全方位的社会保障制度，还要继续提供家庭子女供养。中国素有尊老、爱老、养老传统，不过在商品经济冲击下，传统养老观念正受到前所未有的挑战，子女拒不赡养案件增多。为此，一要加强宣传，将敬老、养老列入现代社会道德规范；二要强化养老法制观念，对遗弃、虐待、拒不赡养者予以制裁；三要发展社区服务，填补家庭子女赡养老年淡化留下的真空，发挥社区作为"大家庭"在养老和服务方面的功能。

　　适当组织老年劳动自养与提高老年生活水平。包括中国、日本在内的东方老年人口的劳动价值观，同西方有很大不同，愿意继续从事力所能及的劳动，甚至直到身体状况不再允许为止。这种劳动收入是防止老年贫困化的重要手段，同时也是证明自己仍旧有用于社会的一种心理上的需要，余热生辉，有益于心理健康。由于中国人口和劳动力过剩，老年劳动自养要"适当组织"。即尽可能避免与生产年龄人口争夺劳动力市场，主渠道应该是适合老年人口生理、心理特征的产业和部门。如停车场、守卫、环卫、商业、旅馆服务等第三次产业，总体上有一个从第二次产业向第三次产业转移的过程。

### 2. 性别平衡

中国是一个性别偏好较强的国家，"不孝有三，无后为大"中的"后"，指的是男子而不是不分性别的后代人。中华人民共和国成立后倡导"时代不同了，男女都一样"的性别平等，人口性别比有所降低，趋于正常；但是仍稍高一些，除个别年龄组外，直到 60 岁以上才达到性别比平衡并小于 100。当前突出的问题是在生育数量减少许多的情况下，性别比主要是出生性别比升高的问题。1999 年全国人口出生性别比达到 113，居于正常稍高一些水平，值得引起重视。应对的决策选择是在加强监管力度基础上，首先做好宣传教育。宣传男女平等的道理，普及生育性别基本知识，反对重男轻女性别歧视。其次是运用法律手段坚决取缔胎儿性别鉴定，溺女婴、弃女婴等行为，一经发现，严格追究法律责任。对或明或暗的 B 超性别鉴定要加大查处力度，追究刑事责任。再次要提高妇女的社会地位。尽管 50 多年来妇女地位有了根本的改变和提高，但是在市场经济发展条件下，妇女在参政、就业、就学、收入等位置有不同程度的下降。要有意识地培养造就一大批妇女政治家、科学家、学者、社会活动家等，塑造 21 世纪中国妇女的新的形象。还要提倡尊重妇女、"女士优先"的社会风范，认识到这是现代文明组成部分之一。

### 3. 城乡结构的调整

前已述及，我国人口城乡结构与三次产业结构、三次产业就业结构严重脱节，城镇化滞后拖住三次产业就业结构，改变的途径是适当加快人口城镇化进程。同时鉴于市镇人口划分标准和统计口径上的原因，公布的市镇人口数和所占比例偏小。为此，以 2000 年市镇人口占总人口的 35.8% 作为基数，以过去 50 年市镇人口年平均增长 3.85% 中值外推，则 2005 年市镇人口可达 5.48 亿人，占 41.3%；2010 年可达 6.62 亿人，占 48.2%。即使实现这一目标，2005 年相当于世界 1980 年水平，发展中国家目前的水平；2010 年相当于目前世界总体水平，届时的发展中国家水平，即处于发展中国家的平均水平[①]。

实现上述人口城镇化目标，最重要的是要放宽农民进城务工经商和转为市镇人口的限制。尽管当前农民进城从事工商业还要身份证、务工经商证、计划生育证等的限制，实际上这些限制已没有多大作用了。真正的限制是长期居住、劳动、生活在城市，却不能加入城市户口，还是统计意义上的农

---

① United Nations, *World Urbanization Prospects*, *The 1996 Revision*, New York, 1998.

民。2000 年国务院体改办等八部委联合召开座谈会，提出将城镇化列为
"十五"计划要点，主张农民只要有合法固定住所、稳定的职业或收入来
源，即可在小城镇落户，放宽了原来必须居住 2 年以上的限制。预计这种限
制会在更大一些范围，比如某些中等城市被解除，人口城镇化步伐有望加
快。不过不能"打开城门"让农民一下子涌进城里都成为市镇人口，那样
做不仅为城市基础设施建设承担不了，而且从资源配置角度也为农村剩余劳
动力的合理转移所不允许。从我国耕地占土地面积 13.54%，森林占
16.56%，内陆水域占 1.82%，草地占 41.67% 的自然资源结构实际出发，
农村以种植业为主的 2 亿人左右剩余劳动力向林、牧、渔业转移 1/3，向乡
镇企业转移 1/3，向城镇转移 1/3 是适当的和比较现实的，上述 21 世纪初的
人口城镇化目标也是可以实现的。

4. 地区分布结构的调整

按人口密度划分西部、中部、东部"三大平台"数量分布结构，21 世
纪初并不需要作出大的调整。相反，人口密度较低的西部地区还要控制人口
的数量增长，实现向低生育水平的过渡，以求同经济、社会发展相适应，同
保护生态环境相适应。需要调整的是人口的质量结构，改变人口身体和文化
教育素质也呈"三大平台"分布的格局。在身体素质提高方面，全国 21 世
纪初目标实现重点在农村，农村的重点又在西部；发展医药、卫生、保健、
体育事业，实施"出生缺陷干预工程"等"三大工程"，开展计划生育优质
服务等，均应以西部作为重点，使之尽快缩小同全国的差距。文化教育素质
的提高中西部也是重点，一是差距拉大，二是条件困难。结合西部开发战
略，增加教育投资，组织技术支持，兴办具有较高水平的高等学校和科研院
所。西部开发重在人力资本积聚，在兴办科教事业的同时，还要创造留住和
吸引人才的机制。一是要改善知识分子待遇，减缓"孔雀东南飞"发展态
势，为吸引外来人才"筑巢引凤"；二是要大胆使用人才，创造人才发挥作
用的条件，使之感到英雄有用武之地。这后一条尤应引起重视，只有创造有
所作为的环境，留住和吸引人才方有可能。

（四）人口流动与户籍管理改革

改革开放以来人口和劳动力从过去封闭半封闭状态下解放出来，出现前
所未有过的人口流动大军，对人口城镇化、地区分布以及经济和社会发展产
生莫大影响。流动人口激增，给户籍、统计、计生、劳动、人事、工商、社
保等的管理带来困难。原有的一套依靠身份证、户口簿、务工经营证、计划

生育证等本、卡、册管理手段，条块分割、各自为政、多头管理、资源不能共享的一套管理方式，以及假证、假卡泛滥，关、卡、压和滥收费屡禁不止等，严重地束缚着流动人口的合理流动，造成人力资源的巨大浪费，妨碍着社会经济的发展。更不能适应 21 世纪信息化、知识化、全球化趋势和我国行将加入 WTO 的新形势，必须进行改革。改革的方向是实行人口信息化管理，"首步可从实行 IC 智能卡信息化管理起步。该 IC 卡可将人的照片、指纹、基因、血型甚至瞳孔输入，具有良好的功能；可输入包括户口簿、身份证、生育证、健康证等所有本、卡、册个人信息资料，加上需要输入的任何信息资料，集全部个人信息资料于一卡，使人口公共资源共享，大大方便居民上学、求职、就业、社保、医疗、消费等行为，尤其方便流动人口进城务工经商，提高人力资本利用率；管理部门和用人单位使用该卡后获取信息快捷，条件成熟时实行计算机联网管理，加强流动人口流出地与流入地的沟通，劳动力供给与使用部门的沟通，使人口管理驶入"高速公路"快车道。北京、上海、广东等地的试点表明，实施信息化管理是人口管理的一次革命，实现人力资源与其他资源合理配置推动可持续发展的这项社会系统工程，目前已具备全面启动的条件。

## 参考文献

［1］《中国共产党第十六次全国代表大会文件汇编》，人民出版社，2002。

［2］《中共中央、国务院关于加强人口与计划生育工作稳定低生育水平的决定》，中国人口出版社，2000。

［3］《中国 21 世纪人口与发展》（白皮书），2000 年 12 月 20 日《人民日报》。

［4］《中华人民共和国人口与计划生育法》，中国人口出版社，2002。

［5］《中国 21 世纪议程》，中国环境科学出版社，1994。

［6］彭珮云主编《中国计划生育全书》，中国人口出版社，1997。

［7］张维庆：《中国可持续发展的核心是人口问题》，《中国人口科学》1997 年第 1 期。

［8］田雪原：《人口与可持续发展》，1996 年 4 月 11 日《人民日报》。

［9］《田雪原文集》（二）（三），中国经济出版社，1995、2000。

［10］李竞能主编《当代西方人口学说》，山西人民出版社，1992。

［11］李文：《中国土地制度的昨天、今天和明天》，延边大学出版社，1997。

［12］牛文元主编《2001 年中国可持续发展报告》，科学出版社，2001。

［13］彭松建：《西方人口经济学概论》，北京大学出版社，1987。

[14] United Nations, Programme of Action Adopted at the International Conference on Population and Development, Cairo, 1994. *Population and Development*, Volume 1, 1995.

[15] United Nations, *World Population Prospects*, *the 2000 Revesion*, New York, 2001.

[16] Lester R. Brown and Others: A Worldwatch Institute Report on Population Toward. 1997.

[17] G. S. Becker, *An Economic Analysis of Fertility*, In Demographic and Economic Change in Developed Countries, Prinseton University Press, U. S. A, 1960.

[18] United Nations, *National Population Policies 2001*, New York, 2002.

# 全面建设小康社会，
# 推进可持续发展战略的"三个飞跃"

　　党的十六大提出了全面建设小康社会奋斗目标，描绘了未来 20 年我国经济、科技、文化、社会发展的宏伟蓝图。据考证，小康一词一说最早出自《诗经》，"民劳亦止，汔可小康"；一说出自《礼记》，孔子门生在编《礼遇篇》时，使用了孔子曾经提到过的"小康"。两种说法寓意不尽相同，到后来人们对小康的诠释则趋于接近，主要指温饱有余而富裕不足的一种生活状况或生活水平。1979 年邓小平在接见外宾谈话时首次使用"小康"概念，以后又多次谈到，将中国现代化进程"三步走"第二个战略目标锁定在实现小康。到 2000 年这一战略目标的主要指标基本达到，标志着我国在总体上已完成由温饱型向小康型的过渡。党的十六大提出全面建设小康社会，这里的小康应是"三步走"战略目标小康的继续和发展，是更高一层意义上的小康。犹如第二次世界大战之后以微电子技术、当前则以生命科学为主导学科的新技术革命掀起的"后工业化"一样，全面建设小康社会的小康，亦可称之为"后小康"。"后小康"与"前小康"比较的一大突出特点，除了社会经济要继续发展并达到一个新的水平之外，就是要大力实施科教兴国战略和可持续发展战略，特别是可持续发展战略在"后小康"建设中占有突出的位置，是一个基本的立足点，是这张建设蓝图的基本"底色"。这个"基本立足点"和"基本'底色'"，在经济发展、社会发展和人口、资源、环境协调发展中明显地表现出来，是通向可持续发展建设道路上的三个革命性飞跃。

## 飞跃之一："后小康"经济发展突出集约性

　　迄今为止的研究表明，可持续发展主要涉及人口、资源、环境、经济发展和社会发展五个领域。三者之间的关系，可以概括为：资源是可持续发展的起点和条件，没有资源的物质变换，便谈不上包括可持续发展在内的一切发展；人口是可持续发展的关键，以人为本的可持续发展观认为，发展的目的是为了满足人的全面发展的需要，当代发展的主要驱动力来自人力资本，人本理论可称之为可持续发展的理论基础；环境是可持续发展的目标和终点，可持续发展最终是为了创造有利于人的生存和发展的环境；经济发展和社会发展则是实现可持续发展的途径和手段，通向可持续发展大道的建造主要依靠经济发展和社会发展来实现。就经济发展而言，党的十六大进一步重申了以经济建设为中心的方针，制定了到 2020 年国内生产总值比 2000 年翻两番的奋斗目标，为可持续发展奠定一个坚实的经济基础。但是 GDP 怎样翻两番，采取什么办法、运用什么手段翻两番，关系到可持续发展基础的打造问题，应首先受到关注。

党的十六大《报告》在阐述翻两番目标时，强调"在优化结构和提高效益的基础上"来实现，这是将经济发展纳入可持续发展战略的一大飞跃。这里，"优化结构"和"提高效益"很重要，也有很强的针对性。优化结构，就是三次产业之间和三次产业内部的结构合理化。按产值计算，2001年我国第一、第二、第三产业之比为 15.2∶51.1∶33.6，第一、第二产业比例偏高，第三产业比例偏低；按就业人数计算，三次产业就业结构之比为50.0∶22.3∶27.7，较按产值计算的三次产业结构又落后一大截，第一产业就业比例很高，第二产业就业比例偏低许多；城乡结构呢？偏低和落后更多，城乡人口之比为 37.66∶62.34[①]，不仅大大落后于发达国家，而且落后于全球总体水平，甚至还稍落后于发展中国家平均水平。因此，加快人口城镇化，提升城镇人口比例，扩大城镇就业人口比例，是促进第三、第二产业发展的需要，是优化三次产业结构的需要。而这样的产业结构调整，也是人口与土地、森林、草场、淡水等资源比例关系的调整，谋求人口与自然资源可持续发展的调整。

三次产业内部结构的调整，也具有同样的意义。直接从事农业的人口和劳动力过剩，农业内部结构从农业种植业中调整出来相当部分的人口和劳动力到林、牧、渔业，进行劳动力从狭义农业向广义农业的分流或转移，有利于紧张的人口与土地关系的缓和，也是解决农民、农业、农村"三农"问

---

① 《中国统计年鉴 2002》，中国统计出版社，2002，第 52、93、118 页。

题治本的手段。目前占 GDP 最大比重的第二次产业内部比例关系的调整，也要重视。在过去计划经济体制和优先发展重工业方针指导下，形成"重重（工业）轻轻（工业）"不合理的工业结构。虽然改革开放以来有了很大改观，某些重工业基地技术陈旧、设备老化、污染严重依然存在。就总体而言，如何从传统工业化向现代化转变，如何用信息化带动工业化，这一艰巨任务正摆在我们面前。毫无疑问，第二产业内部的这种结构调整，是新技术革命的需要，是清洁化生产的需要，是"后小康"社会可持续发展的需要。

提高效益，就是要努力用最小的投入，获取最大的产出。效益不高，一直是困扰中国经济发展的一个老大难问题。这个问题除了技术基础薄弱、体制陈旧、管理落后等原因外，同人口和劳动力过剩密切相关。如何提高效益？作为第一次产业的农业，只有改变目前一多半人口搞饭吃，加快农业人口和劳动力向城镇转移，让留在农村的人口和劳动力占有更多资源，实现农村人力资源和自然资源比较合理的配置，农业劳动生产率才能大幅度提高，农民收入才有可能较大幅度地增加。作为第二次产业的工业，只有进行产业结构调整，用信息化带动工业化，才能逐步走上科技含量高、资源消耗低、环境污染少、人力资源得到充分发挥的集约化经济发展道路，逐渐向着"后小康"可持续发展目标靠近。

## 飞跃之二："后小康"社会发展关注全面性

前面提到，可持续发展主要依靠经济发展和社会发展驱动。如果说，经济发展是基础，那么社会发展就是强有力的调节器了。因此，《报告》在列出的全面建设小康四项奋斗目标中，这方面就占了二项，把政治文明建设和精神文明建设，从而将社会的全面发展在可持续发展中的地位和作用提到前所未有的高度。结合当前实际，在"前小康"已经实现以后，"后小康"社会发展的重点放在全面性上，这是"后小康"社会贯彻落实可持续发展战略的又一个飞跃。特别是：

其一，缩小差别，走共同富裕发展道路。可持续发展要求消除贫困，建立起公平与效率相统一的社会。众所周知，改革开放伊始，为了打破计划经济禁锢，启动市场竞争，促进经济发展，总设计师邓小平正确地提出了让一部分人先富裕起来的主张，收到良好的经济和社会效果。其后 20 多年，随着改革开放的不断深入，一部分人先富裕起来之后另一方面的问题，即工农之间、城乡之间、地区之间、不同社会阶层之间发展的不平衡，贫富差距拉大的问题突出出来。根据国家统计局提供的数据，考虑到农民的实物收入和城市居民的隐性收入，2001 年城乡收入之比不是 3∶1，而是 5∶1 ~ 6∶1。居民收入结构呈"金字塔"状，年收入在 20000 元以上的仅占 3.5%，年收入在 20000 元以下的占一半左右，2000 年农村人口中尚有 1/4 左右没有达到较低标准的"前小康"，城镇尚有 2000 万左右居民生活在低保水平线以下，全国基尼系数升至 0.42，已超过国际公认的警戒线，贫富差距比较悬殊。"后小康"建设将这个问题摆到重要议事日程，将运用税收、投资、信贷、价格、社保等手段，向农村、西部、低收入群体等作必要的倾斜，以求逐步缩小差距，进一步消除贫困，铺就社会可持续发展之路。

其二，发扬民主，推进政治文明建设。这是以人为本可持续发展战略要始终遵循的原则和立场，一个可持续发展的社会，就要把营造有利于充分发挥全体居民的聪明才智，不断满足人民群众日益增长的物质和文化需要的社会环境放在首位。"后小康"建设对此十分关注，提出了坚持和完善社会主义民主制度、加强法制建设、改善党的领导方式和执政方式、改革和完善决策机制、深化行政体制改革、推进司法体制改革、深化干部人事制度改革、加强对权力的制约和监督、维护社会稳定等旨在继续推动改革的政策和措施。这些政策和措施的一个基本点，是健全民主制度，丰富民主形式，扩大公民有序的政治参与，保证人民依法实行民主选举、民主决策、民主管理和民主监督，享有广泛的权利和自由，尊重和保护人权。自从 2002 年 7 月 16 日江泽民在中国社会科学院讲话中，将政治文明与物质文明、精神文明"三个文明"并列提出以来，党的十六大对政治文明建设所作的这些阐释表明，中国社会的全面发展已进入一个新的历史时期，向着符合可持续发展要求进行改革的新的历史时期前进。

其三，提高人口素质，加强精神文明建设。国内外研究可持续发展的基本经验表明，一个好的可持续发展战略、目标和决策选择实施效果怎样，最后还要取决于人口的质量，取决于全民族的健康、科学、文化、思想和道德素质状况。人力资本是人的知识、技能、经验和健康具有的价值总和，包括可持续发展在内的一切发展，归根到底取决于人力资本与自然资本、产出（生产）资本、社会资本的合理有效配置。而提升人力资本的有效手段，就是加强精神文明建设，大力提高人口素质，尤其是科学文化教育素质。在过去的半个多世纪时间里，尽管我国人口素质有了长足进步，婴儿死亡率降到较低水平，出生时的预期寿命超过 70 岁，人口文化教育素质指数（近似于平均所受教育年限）达到 6.81[①]。但是无论身体素质还是文化教育素质，总体水平还不够高，同世界一些较发达的国家相比，有着很大的差距。2003 和 2004 年春，在我国一些地方和其他一些国家 SARS 流行，暴露了我们在流行病预防、不良卫生习惯等方面的许多弱点。加强包括精神文明在内的现代文明建设十分必要，是落实可持续发展战略的需要。对此，党的十六大《报告》着重阐发了牢牢把握先进文化发展方向，大力发展先进文化，支持健康有益文化，努力改造落后文化，坚决抵制腐朽文化；坚持弘扬和培育民族文化精神，使全体人民始终保持昂扬向上的精神状态；切实加强思想道德建设，建立与市场经济相适应、与法律规范相协调、与民族传统美德相承接的思想道德体系；大力加强教育和科学事业，实施科教兴国战略，以及深化文化体制改革，积极发展文化事业和文化产业等重要举措。从一个特定的视角观察，这些举措是为可持续发展开辟道路，是推进可持续发展战略实施的根本性举措。

近年来兴起的制度经济学、制度社会学和刚刚提出并开始启动的制度人口学的研究和发展表明，制度学与这些学科的交叉研究大大推进了学科建设，并为实践提供了新鲜的理论支持。可以预料，"后小康"社会的政治文明和精神文明建设的广泛开展，人口素质的更大提高，人民享有的民主和权利得到更好的尊重和保障，社会的民主和法制建设得到更大的加强，以人为本的思想主宰并渗透到政治、经济、文化、科技、社会等各个方面，可持续发展战略将在社会全面发展中得到体现，可望带来新的飞跃。

飞跃之三："后小康"发展落脚到人与自然的和谐性

党的十六大《报告》将可持续发展能力的不断增强，归结为生态环境得到改善，资源利用效率显著提高，促进人与自然的和谐，推动整个社会走上生产发展、生活富裕、生态良好发展的轨道。前面提到可持续发展涉及的五个领域，这五个领域在可持续发展中的地位和作用不尽相同，笔者以为，经济发展和社会发展是实现可持续发展的途径和手段，人口、资源、环境则是可持续发展的基本问题，人口、资源、环境与经济、社会发展是否相协调，是最终衡量可持续发展状态的主要标志。

人口对包括可持续发展在内的社会经济发展的作用和影响，可归结为以

---

① 依据 2000 年第五次全国人口普查提供的数据计算。参见《中国 2000 年人口普查资料》（上册），中国统计出版社，2002，第 593～602 页。

下六个方面。①

一是总体人口变动对 GDP、消费以及资源、环境的作用和影响。人口变动怎样对"后小康"人均 GDP 和消费水平的影响显而易见，这就是通常所说的人均观念，不过从可持续发展角度观察，更应该注意人口增长的"加权"效应。即人们追求高生活质量的欲望无限，随着经济的发展和人们索取手段的增强，人们对生活资料的消耗按照一定的指数增长，反过来又刺激着经济的增长。而这样的增长，一方面加速着资源的消耗，另一方面若处理不当，则会形成污染的加剧，危及可持续发展。

二是人口素质提高的作用和影响。前已述及，在信息化、经济全球化的今天，包括可持续发展在内的一切发展的主要驱动力来自人力资本，来自人力资本积聚的增强。"后小康"和"三步走"第三个战略目标的实现，科技是关键，基础在教育，大力提高全民族的科学、文化、教育素质，是基础的基础，根本中的根本；然而必须指出的是，人口的健康素质不可轻视，是其他人力资本要素不可替代的。健康要素受到损害造成的损失，2003 年冬2004 年春部分地区 SARS 流行就是证明。我们在重视人口科学、教育、文化素质对经济、社会以及资源、环境可持续发展的作用和影响时，不可低估了健康因素的作用和影响，低估就要付出代价。

三是人口劳动年龄人口变动的作用和影响。"后小康"建设的 20 年，正值我国劳动年龄人口绝对人数上升、比例由升转降的变动过程。预计 15～59 岁人口可从 2000 年的 82262 万人上升到 2010 年的 92575 万人，2020 年的 94070 万人；所占比例，可由 2000 年的 64.3% 上升到 2010 年的 67.1%，2020 年转而下降到 63.5%。就是说，在"后小康"建设的 20 年中，劳动年龄人口绝对数量是一直上升的，2020 年将比目前多出 2 亿人左右，就业矛盾十分突出。这是关系到消除贫困、共同富裕、社会安定等可持续发展全局的问题，需要在充分就业、合理就业、部分就业战略中，作出恰当选择。同时，劳动年龄人口比例却只能上升到 2010 年前后，给我们提供了还有 10 年左右劳动力所占比例高、被抚养老少人口比例小的人口年龄结构变动的"黄金时代"，经济的发展应当更快一些。20 年过后，就业压力稍有缓解；不过半个世纪之内的劳动年龄人口绝对数量，将不会少于目前的数量，可持续发

---

① 本部分引用的数据资料，主要参见田雪原《迈向 2020 年中国人口》，《迈向 2020 年的中国》，中国计划出版社，1997；田雪原主编《人口、经济、社会可持续发展》，中国经济出版社，2003。

展将长期面对就业压力的客观存在。

四是人口城市化的作用和影响。前面提到，加快人口城镇化进程是全面建设小康社会和实现可持续发展的需要，未来20年我国将进入城镇化加速发展时期，进程有望进一步加快。预计2020年城镇人口比例可达65%左右，这对于产业结构的调整，农村人地关系紧张状况的缓和，工农之间、城乡之间差距的缩小，生态环境的改善等，将产生积极的影响，对可持续发展是一个有力的推动。

五是人口年龄结构老龄化的作用和影响。由于中国自20世纪70年代以来生育率长期持续地下降，人口年龄结构2000年已经跨入老年型门槛。预计2020年65岁以上老年人口比例可超过10%，进入老龄化严重阶段。首先应当肯定，一定程度的人口年龄结构老龄化，是实现人口零增长目标必须经过的过程，是人口可持续发展必经的阶段；其次，要充分注意到老龄化对经济、社会发展产生的有利和不利的影响。如对劳动力供给、储蓄、投资、国民收入分配等经济发展的影响，对养老、保障、传统、伦理、道德等社会发展的影响。以及由此引起的对资源分配、环境变迁等，涉及可持续发展的影响。

六是人口地区分布的作用和影响。"后小康"的20年甚至更长一些时间，中国人口数量地区分布不会有大的改变，但是质量和结构将有所变动。目前中国自西北向东南呈"三大平台"式的地理分布格局，不仅在于人口的数量分布，而且与人口的质量和结构也大体相当。然而这种分布同自然资源、生态环境比较，却不能等量齐观。实施西部开发战略，西部缺乏的不是人口的数量，而是较高的人口质量。着眼于人口地区分布与生产力布局的可持续发展，实施西部大开发战略的关键，重在人力资本的积聚，在于留住和吸引人才。

为全面建设小康社会提出的可持续发展能力的不断增强，判断的标准最终归结为人与自然的关系是否协调，资源和环境的状况具有举足轻重的作用。资源的可持续发展，建立在资源稀缺论基础上。即无论自然资源还是社会资源，也无论自然资源中的可再生性资源还是非再生性资源，总体上都是稀缺的。自然资源中，像各种金属和非金属矿产非再生性资源，用掉一点儿少一点儿，一般均不能复得和再生，处于绝对短缺状态。土地、森林等再生性资源，可以重复使用，可以通过人工修整、营造使之复得和再生；但若再生的速度赶不上人口增长和社会经济发展的需要，就会产生短缺。这在当今人口增长、科技发达和经济膨胀情况下，再生资源的短缺同样是严重的。尤其需要指出的是，资源稀缺到何种程度，同人口的数量变动和消费水平的提高密切相关。如上所述，世界人口在工业革命后神话般地增长起来，21世纪仍旧方兴未艾，即使以简单的算术倍加，对资源消耗的增加也十分可观。而事实上远非如此，人口对资源消耗的"加权效应"还在升级，人均消耗资源数量大幅度增长，致使许多资源亮出了"黄牌警告"。我国在总体上属于自然资源比较丰富且品种比较齐全的国家；但是某些资源存在绝对短缺，结构性短缺也相当严重。加上人口众多，常常是一些资源绝对数量在世界名列前茅，而人均占有量却名落孙山。如具有潜在价值的矿产资源总量排在世界第三位，人均占有量却仅相当于世界平均水平的 1/2，草场、耕地、森林资源的人均占有量，也只有世界平均水平的 1/2、1/3、1/6，由总量"资源大国"变成人均"资源小国"[①]。随着人口增长和资源消耗量的增大，总体资源的稀缺性加剧，耕地、淡水和某些金属、非金属矿产资源等的严重短缺，对可持续发展的制约和影响将越来越明显。

地球 15 千米以下大气层和 11 千米厚度以内地壳，是人类和其他动植物生存和活动的基本领域，也是我们讲环境的基本范畴，定义为生物圈。生物圈内绿色植物生产者、消费者、分解还原者的数量保持着一定的比例，形成一定的生物链，维持着生态的平衡。人类诞生以前，生物圈保持着良好的循环；人类诞生直到农业社会，生态平衡也基本保持在良好状态。工业革命发生后，随着人口的迅速增长和社会生产力的发展，人类"征服自然"手段的无比增强，城市化的迅速推进，对生物圈内的生产、消费、分解还原实行全面干预的结果，从人类角度说取得了无与伦比的巨大胜利，从自然界角度说受到越来越严重的伤害，自然界对这种伤害则给予了相应的报复。中国在国民经济高速增长中，控制住环境污染恶化趋势，环境保护取得显著成绩。但是环境问题不但依然存在，而且表现出一些新的特点：工业污染有所减轻，农业污染和城市生活污染加重；污染由工业点源式，逐步扩大到面源式；随着环境破坏面的扩大，毁林开荒、变牧为农、围湖造田造成水土流失加剧，生态平衡破坏严重。

针对上述情况，"后小康"建设重申必须坚持控制人口增长、保护资源和环境的基本国策，提出了明确的奋斗目标和相应的战略决策。这些战略决

---

① 参见杨魁孚、田雪原主编《人口、资源、环境可持续发展》，浙江人民出版社，2001。

策，包括控制人口数量、提高人口质量、调整人口结构，包括保护资源、提高资源再生能力、提高资源利用率，包括降低污染、改善环境、保护环境，并且每个方面都有一定的重点；然而必须在总体上明确，这些战略决策的最终目的，是为了达到人与自然的和谐，在于人口、资源、环境与经济、社会发展的协调性。中国是当今世界上人口最多的发展中国家，也是最大的发展中国家，在全面建设小康社会过程中，一方面要加快发展，不发展也就谈不上可持续发展；另一方面也必须清醒地认识到，人口膨胀、资源枯竭、生态破坏的发展是不可取的，坚持走可持续发展的路子。可持续发展涉及的面很宽，问题很多，最终的目标是取得人与自然的和谐，摆正人类在自然界的位置。

## 参考文献

［1］《中国共产党第十六次全国代表大会文件汇编》，人民出版社，2003。

［2］国家计委政策研究室编《迈向 2020 年的中国》，中国计划出版社，1997。

［3］杨魁孚、田雪原主编《人口、资源、环境可持续发展》，浙江人民出版社，2001。

［4］李培林、朱庆芳等：《中国小康社会》，社会科学文献出版社，2003。

［5］《21 世纪议程》，中国环境科学出版社，1993。

［6］田雪原：《跨世纪人口与发展——田雪原文集》（三），中国经济出版社，2000。

［7］United Nations, World Population Prospects, *The 2000 Revision*, New York, 2002.

［8］United Nations, *Population and Development*, New York, 2001.

# 现代化的可持续发展立场*

### 1. 贯彻落实党的十六大精神

党的十六大《报告》指出："有条件的地方可以发展得更快一些，在全面建设小康社会的基础上，率先基本实现现代化。"学习贯彻落实党的十六大精神，"有条件的地方"，应当积极推进现代化的率先实现；同时鉴于半个多世纪经济建设几起几落的经验教训，没有条件的地方要慎言"率先"，不要搞"政绩"、"形象工程"一类的"现代化"。

（1）20世纪与21世纪之交，发达地区一些地方出台"率先实现现代化"方案，有的宣布了率先实现现代化的时间表，多者十几年，少者几年即要实现现代化。给人们的印象，似乎现代化已经近在咫尺，一只脚已经踏进了现代化的门槛，另一只脚很快便可以迈进来。经济欠发达地区不敢轻言"率先"，但不少地方大讲特讲"跨越"，给人的感觉，好像几个"跨越式发展"现代化便能唾手可得了。人们特别是理论界对这些"率先"、"跨越"评说不一，赞同并作出理论和可行性论证者有之，不赞同并提出若干质疑者有之，难以作出决论。

（2）如何判定一个地方是否具备率先实现现代化的"条件"，已经宣布率先实现现代化地方是什么样的现代化，经济落后地方几个"跨越式发展"之后是否就兵临现代化城下，一个根本性的问题是对现代化的认识和判断，对现代化标准的界定。联系国内外近年来讨论取得的积极成果，探讨现代化的可持续发展立场，即将可持续发展纳入现代化内涵，将现代化建设置于可持续发展战略，是问题的关键。

### 2. 探讨现代化建设与可持续发展战略之间的关系

将可持续发展纳入现代化内涵，将现代化建设置于可持续发展战略之

---

＊ 本文原载中国科学院 2003《现代化研究》。

中，需要从理论与实践的结合上澄清一些基本的认识，给构成要素以科学定位。笔者以为，不加任何说明和修饰词的现代化，是指社会发展一定阶段综合意义的现代化，理应由各个组成部分的现代化水平决定。就当今社会而言，主要由经济现代化、科技现代化、人口现代化、社会现代化、环境现代化"五大支柱"构成，"五大支柱"的现代化水平决定着总体的现代化水平。

（1）经济现代化。经济现代化主要指按人口平均计算的产量和产值、质量和结构达到现代较高水平。在现代化研究中，无论从经济学、社会学，还是从人文学、政治学、制度学研究方向阐发现代化，都将经济发展数量的增长列为重要的方面。一般地说，早期的研究有将经济的数量增长尤其是人均 GDP 指标看得过重的倾向，甚至成为决定的因素；后期的研究则有所淡化，有的研究淡化到无足轻重，出现矫枉过正的倾向。英克尔斯则重人文的衡量现代化的 10 项指标，尽管曾经受到广泛的应用，但是由于过于倾向人文而暴露出许多缺陷。在 10 条标准中，同人口直接和间接相关的，有人口自然增长率、城市人口比例、平均预期寿命、识字人口比例、大学入学率、非农业劳动力比例 6 项，占到总指标的 3/5，难免以此衡量而造成偏差。以此标准衡量，目前中国的现代化程度超过 70%，显然高估了许多。为什么高估了许多？因为中国 30 年的人口控制和计划生育造成出生率长期持续下降，人口转变提前到来，处于接近发达国家现代人口再生产类型，而经济却是典型的一般发展中国家水平。人口变动与经济发展之间形成的这种"时间差"，对不同标准的敏感程度很高，这是衡量中国现代化水平时应当充分关注的。立足于现代化的可持续发展立场，既需要打破"发展 = GDP 增长"的传统发展观，强调以人为本、增进人文理念的发展；又需要明确可持续发展的前提是发展，而以 GDP 增长为主的经济数量增长是经济发展和一切社会发展的基础，人均 GDP 指标不可替代。经济现代化包括经济质量的提高和结构的改善，这在现代化指标设计中，同样是不可缺少和不可替代的。

（2）科学技术现代化水平。其实，最狭义的现代化原本在科学技术方面。《现代汉语词典》将现代化解释为："使具有现代先进科学技术水平"，如国防现代化，现代化的设备①。科学技术是第一生产力，现代化不能不高度重视科学技术发展水平及其对经济、社会发展的贡献率。人类社会已经有

---

① 参见中国社会科学院语言研究所词典编辑室编《现代汉语词典》，商务印书馆，1997，第 1367 页。

400 多万年的历史，从技术进步角度划分经济时代，可分为手工工具时代，包括农业及农业以前的社会机器工具时代，18 世纪中叶产业革命发生后开辟的机器大工业，即传统的工业化时代。就世界范围而言，当前这个时代尚未完结；智力工具时代，主要是第二次世界大战后兴起的以微电子技术为前导，包括新材料、新能源、宇航技术、海洋工程、生物工程等的新技术革命，当前更进入以生命为主导学科，包括基因技术、克隆技术、纳米技术等的新阶段。在这三个基本的经济时代中，科学技术进步的作用呈累进式增长趋势。远者且不论，据估计，20 世纪初科技进步对经济增长的贡献率为 10% ~ 20%，中期达到 30% ~ 40%，后期达到 50% ~ 70%，有的部门近乎 100%。无疑，进入 21 世纪智力工具知识经济时代，科技进步对经济增长的贡献率将大幅度提升。不仅对经济增长，而且对经济增长方式乃至整个社会文明将带来巨大变革，这是讨论现代化含义和规范现代化指标时不能不注意到的。

（3）人口现代化水平。迄今为止，可持续发展主要涉及人口、资源、环境、经济发展和社会发展五个领域，人口是关键。立足于现代化的可持续发展立场，理应给人口现代化在总体现代化中应有的分量和位置，给予科学的定位。前面提到，英克尔斯的现代化指标体系人口权重过高，以此指标衡量中国的现代化，必然导致失真和高估；与此相反，有的研究没有给人口现代化应有的地位，因而不能很好地体现以人为本的可持续发展立场。这两种倾向都在人口现代化的定位和度量指标上出了问题。关于人口现代化，笔者定义为人口的数量是比较适当的，即同资源、环境承载力相适应，在人口众多、幅员辽阔的国度落脚到人口密度的适当；人口的质量是不断提高并达到现代较高水平，主要是衡量身体素质的预期寿命、衡量文化教育素质的平均所受教育年限达到现代较高水平；人口的结构是比较合理的，主要是人口的性别和年龄结构、城乡结构和地区分布结构比较合理，对社会经济发展能够起到促进而不是阻碍的作用。包括人口数量、素质和结构三个基本方面的人口现代化，笔者称之为"全方位适度人口论"。中国人口现代化的基本任务，在于控制人口的数量，提高人口的质量，调整人口的结构，实行控制、提高、调整相结合，当前以数量控制为重点的方略。

（4）环境现代化水平。发达国家走向现代化的历史表明，在前工业化时代，随着社会经济的发展，污染与日俱增，环境质量下降；当社会经济发展到后工业化时代，随着第二产业在国内生产总值中比重的下降和第三产业比重的上升，对废气、废水、固体废物和噪声的卓有成效的治理，环境质量获得日益改善和提高。环境现代化应当是越过上述临界点，使环境质量达到较高水平的过程。没有超越环境质量由坏变好临界点，是不能称之为环境现代化和总体上的现代化的。

（5）社会现代化水平。由于社会制度和社会运转机制的不同，使社会现代化指标难以作出总体上的概括。但是从保持社会秩序稳定、法制化建设、公平分配和持续发展能力方面，仍然有许多可以比较的地方。立足于可持续发展和现代社会文明，尤其值得关注的是：一为法制化建设和社会秩序的良好状态，公民依法行使权利有切实的保障，社会发案率较低，社会文明程度较高；二为社会公平和贫富差距的相对缩小，贫困阶层的收入有较大幅度的提高；三为社会运转的高效率，具有现代社会信息灵、节奏快、效率高的特点，能够有效地推动经济、科技、人口、环境现代化的发展。

3. 构建现代化指标体系

从上述现代化的可持续发展立场出发，按照经济、科技、人口、环境、社会现代化的基本要求构建现代化指标体系，同时考虑到各项指标的可获得性和度量的可比性，笔者很赞同将现在中等发达国家或发达国家一般水平，作为衡量包括中国在内的发展中国家是否达到或达到何种程度现代化的标准，即现代化实现率。在指标的规模上，过少容易失于偏颇，如像英克尔斯指标那样。过多，例如弄到五六十项甚至近百项，一是不容易把握和比较；二是项目过多权重难以准确确定，也可能同样失于偏颇。从实际出发，兼顾到有些项目因素彼此之间的某些重合和较强的相关关系，以最能反映现代化水平又比较简练一些的指标体系为宜。如此，笔者提出评价包括中国在内的发展中国家现代化指标体系见图1。

（1）本文第二部分对上述现代化指标体系构建的原则和框架已经作了阐释。其中某些要素指标还需稍作如下说明。

①经济现代化由4项要素指标构成，其中第二项采用的是第三产业所占比例，没有采用一、二、三次产业之比，也没有采用现代化过程中先升后降的第二产业比例指标。原因一是三次产业之比不便于进行量上的对比，实际计算上有一定困难；二是第二产业先升后降，临界点前后产业结构的现代化水平不好确定。第三产业比例的不断提升，大致上反映了三次产业结构的现代化进程，同时可以破解上述实际计算中的两个难题。此外，在21世纪经济全球化和中国加入世贸组织背景下，增加了以进出口总额占GDP比例表示

的经济国际化系数，对于一个开放的发展中大国说来是必要的（参见图1）。

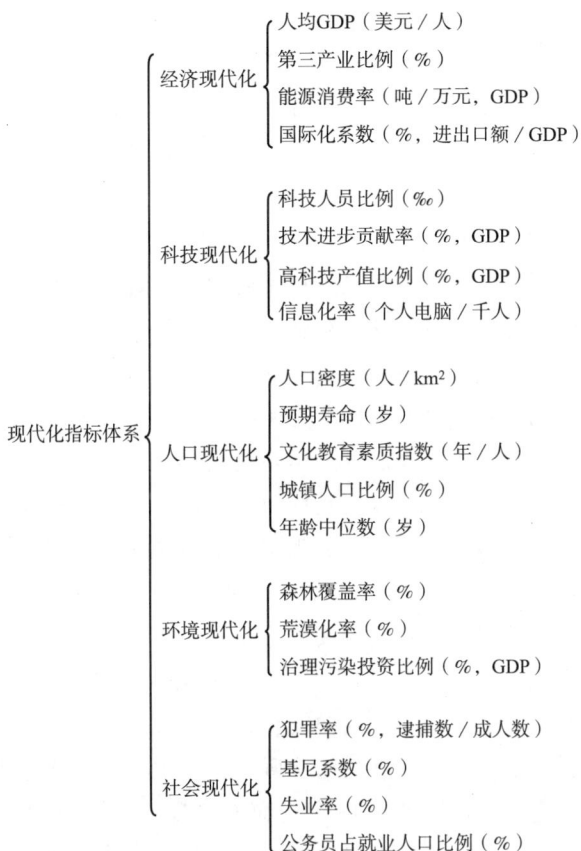

现代化指标体系

经济现代化
- 人均GDP（美元／人）
- 第三产业比例（％）
- 能源消费率（吨／万元，GDP）
- 国际化系数（％，进出口额／GDP）

科技现代化
- 科技人员比例（‰）
- 技术进步贡献率（％，GDP）
- 高科技产值比例（％，GDP）
- 信息化率（个人电脑／千人）

人口现代化
- 人口密度（人／km²）
- 预期寿命（岁）
- 文化教育素质指数（年／人）
- 城镇人口比例（％）
- 年龄中位数（岁）

环境现代化
- 森林覆盖率（％）
- 荒漠化率（％）
- 治理污染投资比例（％，GDP）

社会现代化
- 犯罪率（％，逮捕数／成人数）
- 基尼系数（％）
- 失业率（％）
- 公务员占就业人口比例（％）

**图1　发展中国家现代指标体系**

②科技现代化选择4项要素指标。当前信息化发展很快，指标的选择也要随着全球信息化的发展而有所发展和改变。故增加了信息化系数，以千人拥有的个人电脑表示。

③人口现代化要素指标选择变动较大，与一般现代化指标体系比较，人口出生率、大学入学率、识字人口比例等没有列入。主要原因：自然增长率是一个"粗率"（Crudebirthrate），受人口年龄结构因素影响很大，不同年龄结构人口群体（发展中国家与发达国家正是这样的不同群体）不具备可比性；与此密切相关的自然增长率也未进入，因为自然增长率＝出生率－死亡率，死亡率同样是一个"粗率"。反映人口自然变动的，本指标体系选择最

终变动结果——人口密度（人/km$^2$），更具有可持续发展要求的人口与资源、环境相适应意义。一般指标体系中的大学入学率和识字人口比例有部分重合，也不能确切地反映人口的教育水平。本指标体系选择人口文化教育素质指数，意为人口平均所受教育年限，不仅概括性强，而且便于比较。本指标体系增加年龄中位数，即某总体人口中上下年龄组群人口各占一半的年龄，意在说明人口年龄结构变动，表明特定人口群体具有怎样的增长态势。

④环境现代化选择 3 项要素指标。前两项指标反映自然环境的变动，后一项反映在建设和发展中对废气、废水、固体废物和噪声"三废一噪"综合整治的力度。本来这部分可以设置更多的评价指标，考虑到指标的可比性和取得数据的可能性，以设置这种综合性指标为好，只需要在权重上适当加重一定的分量。

⑤社会现代化取 4 项要素指标。这 4 项指标主要反映社会稳定、社会公平和社会运转效率。由于社会制度和运转机制上的不同，考虑到可比性和数据的可获得性，这 4 项指标可以大致反映出社会现代化的程度。

（2）在构建上述现代化指标体系基础上，还需要考虑的是 5 个现代化分支系统和 20 项要素指标的权重。包括中国在内的广大发展中国家的现代化，毕竟经济的现代化是基础，是支撑其他分支系统现代化的基础，权数要大一些，本指标体系确定在 30%。实现现代化科技是关键，前提是教育的发展。发展中国家一般都面临人口年龄结构较轻、具有较强增长势能，同时人口素质不够高，人口城市化水平不够高的矛盾，人口现状和走势对现代化建设具有举足轻重的作用。因此，科技现代化和人口现代化各占 20% 的权数。环境现代化和社会现代化是总体现代化中的有机组成部分，只是对于发展中国家现代化必须坚持以经济现代化为基础来说，权数相对要小一些，本指标体系确定为各占 15%。

（3）按照上述现代化指标体系并将 5 个分支系统现代化权数适当分配到 20 项要素指标，以 2000 年中国和中等发达国家或发达国家平均水平比较，现代化实现率为 51.3%。以此为基期作出预测，若中国现代化水平以年平均提高 1 个百分点计算，2050 年前后可实现相当于一般发达国家的现代化；若年平均提高 1.5 个百分点，2033 年前后可实现；若年平均提高 2 个百分点，2025 年前后可实现。只是不要忘记，这是相当于目前发达国家一般水平的现代化；要想达到相当于届时发达国家一般水平的现代化，则需要更长一些时间，要以届时发达国家现代化水平的提高程度为转移。

**参考文献**

［1］ 江泽民:《全面建设小康社会,开创中国特色社会主义事业新局面》,人民出版社,2002。

［2］ 中国科学院可持续发展研究组:《2001 中国可持续发展报告》,科学出版社,2001。

［3］ 刘江主编《中国可持续发展战略研究》,中国农业出版社,2001。

［4］《21 世纪中国战略大策划——大国方略》,红旗出版社,1996。

［5］《中国 21 世纪议程——中国 21 世纪人口、环境与发展白皮书》,中国环境科学出版社,1994。

［6］《田雪原文集》(二)(三),中国经济出版社,1995、2000。

［7］ 郑易生、王世汶主编《中国环境与发展评论》第 1 卷,社会科学文献出版社,2001。

［8］ 联合国开发计划署等: 《世界资源报告 2000～2001》,中国环境科学出版社,2002。

［9］ 联合国环境规划署:《全球环境展望》(3),中国环境科学出版社,2002。

［10］ United Nations, *World Population Prospects*, *The 2000 Revision*, New York, 2001.

［11］ United Nations, *Government Views on the Relationships between Population and Environment*, New York, 1997.

［12］ United Nations, *World Urbanization Prospects*, *The 1999 Revision*. New York, 2001.

# 人口健康：
# 可持续发展关注的新领域

可持续发展提出 30 年来，人口、资源、环境、经济发展和社会发展为基本的研究范畴。近年来，随着研究的不断深入，开始涉足健康领域，但仅仅是"开始涉足"，从人口健康角度审视可持续发展，还是一个需要大力推进的课题。

## 人口学视野中的人口健康

自 1662 年格兰特（Jhon Graunt）《关于死亡的政治的和自然的观察》发表，人口学作为一门独立的学科提出以来，至今已经有了三百多年的历史。三百多年人口科学沿着具有统计意义和具有交叉、边缘性质两个方向发展下来，形成既有联系又有区别的微观人口学与宏观人口学。前者重点研究的，是人口变动的数量方面，包括出生、死亡、迁移人口过程变动，人口年龄、性别自然结构变动，人口城乡、地域、文化、职业、婚姻、家庭等非自然结构变动和特征；后者重点研究的，是人口与经济、社会发展的关系，人口与资源、环境的关系，从而形成诸多交叉学科。健康收入人口研究视野较早，《关于死亡的政治的和自然的观察》作为第一部人口学专门的论著，即是基于教堂登记的关于死亡人口的资料，对死亡规律作出的分析。鉴于死亡在人口统计和人口变动中的举足轻重的作用，人口按年龄、性别、城乡、地域、文化、职业等的死亡分布受到特别的重视，在人口学中占有重要地位的生命表，就是依据年龄别死亡率编制的。不过人口学关注健康，主要由于健康同死亡、寿命等密切相关，健康局限于有没有伤残和疾病比较狭窄的范畴，笔者称之为狭义的健康。健康、死亡、寿命同人口变动关系密切，人口再生产由高出生、高死亡、低增长向高出生、低死亡、高增长类型的转变，关键在于人口死亡率的下降。在北京周口店猿人陈列馆中，据考证，在 22 人中死于 14 岁以下者 15 人，占 68.2%；死于 15～30 岁者 3 人，占 13.6%；死于 40～50 岁者 3 人，占 13.6%；死于 50～60 岁者 1 人，占 4.6%，平均预期寿命只有 17 岁左右，属原始社会典型高、高、低人口再生产类型。人口再生产由高、高、低向高、低、高类型的转变，除特殊情况外，一般均由死亡率的率先下降引起，足见死亡率在人口变动中的作用和在人口研究中的地位。

随着经济的发展，居民收入水平的提高，人口文化教育素质的增进，医疗卫生事业的进步，越来越多的人认识到健康不仅同伤残和疾病相关联，而且同社会进步和发展的状况有很大关系，应将健康收进社会发展视野。远在 19 世纪德国病理学家和人类学家渥尔宙（Rudolf Virchow）便提出"医学是一门社会科学"的新鲜观点，只是当时不被人们理解。到了 20 世纪 30 年代有学者将人口研究分为人口量的研究和质的研究，并从遗传学和环境学不同方面对人口质量作出探讨（H. P. Fairchild，1930）。其后，关于人口质量方面的研究日益增多，特别是人口学与医学的交叉研究，更导致医学人口学的出现。无论微观人口学还是宏观人口学，均不同程度地涉及健康。

不过真正摆脱单纯从体质强弱上去理解健康，还是 20 世纪中叶以后的事情。1948 年联合国世界卫生组织成立不久，给健康下了一个新的定义：健康指身体、心理和社会适应方面的完好状态，而不仅仅是没有疾病或虚弱。1978 年国际初级卫生保健大会发表的《阿拉木图宣言》，重申了健康的这一基本定义的含义，并将达到健康是世界范围内一项重要社会目标写进了《宣言》。1994 年在开罗召开的国际人口与发展会议通过的《行动纲领》，通过对生育健康的阐述，再次重申了健康的基本含义，并将其同人权、法律、制度建设等联系起来，成为社会发展的有机组成部分，健康已被纳入人口学、社会学、经济学、政治学、环境学、未来学等社会科学或与社会科学密切相关的综合、交叉学科视野。

人口学将广义健康纳入视野，研究的基本范畴，应是人口身体素质与生理健康，心理素质与心理健康，生理、心理、文化教育素质与社会状态三个基本的层面，以及在社会发展中三个层面的变动和发展。无疑，这样的研究大大扩展了原来局限于有没有疾病或是否虚弱的健康范畴，开辟了人口科学研究的新领域。这一新的研究领域，包括上述生育健康三个层面内容的扩展，不仅包括总（和）生育率、人工流产率基本要素，还包括政府经费投入比例、服务人员接受培训时数、避孕现用率、孕产妇系统管理率等间接要素（王绍贤、张开宁等，2002）；死亡率和寿命研究的扩展，不仅关注死亡率的变动规律和寿命延长的规律，而且关注这种延长和发展规律的人文立场；从社会外部环境变动研究对人口健康作用和影响的扩展，研究社会政治、经济、文化变动对人的生理、心理的影响。人口学将健康纳入人口与社会变动之中研究，并在这种交互作用的研究中形成交叉学科，一门新的健康人口学已经到了呼之欲出的时候。

## 可持续发展观的重要补正

广义人口健康的提出和阐发，给人口科学研究增添一个新的领域，而对可持续发展来说，则是一个带有革命意义的升华。从一个特定的视角观察，可持续发展就是人口健康日益增进的发展。

可持续发展一词最早出现在 1972 年斯德哥尔摩国际环境会议上，那次会议提出"无公害的发展"、"无污染的发展"、"连续的和持续的发展"等概念，揭开可持续发展的序幕。30 年来，可持续发展研究的基本领域在人口、资源、环境、经济发展和社会发展范畴，人口健康已有所涉及。近年来，鉴于健康概念内涵和外延的扩展，研究的不断深入，越来越感到有必要也有可能将健康引入可持续发展，赋予可持续发展以新的含义。这是对可持续发展观的重要补正。立足人口健康审视可持续发展，或曰可持续发展的健康人口观，基本的观点如下。

其一，可持续发展的一个根本的目的，在于增进人口健康。传统发展观以经济增长为主要或唯一的目标，发展等于 GDP 的增长，发展怎样就看 GDP "倒金字塔"堆积的宽度和厚度如何，而不看或很少看这种"倒金字塔"堆积起来以后的社会后果，对人口健康造成的影响。结果是经济发展了，GDP "倒金字塔"堆积起来了，人口健康反而受到这种经济增长的危害，形成 GDP "倒金字塔"压迫健康"发展病"。不是吗？人们开采了大量煤矿、铁矿、石灰石矿等矿藏，发展了传统的工业化，却换来了矿工矽肺的高发病率；人们发明了各种农药、杀虫剂，加上氮、磷、钾各种化肥大量使用，结果粮食、蔬菜、水果倒是增产许多，但是农药残留和食物质量下降却日益严重起来；现代交通工具等的发展，极大地拉近了空间距离，同时交通事故等也与日俱增，意外风险死亡率增大了，等等。这一切表明，传统的发展在给增进健康筑造新的基础的同时，也带来了非健康的因素，GDP 增长不等于健康增进，很多时候是以牺牲健康为代价的。可持续发展的深刻内涵在于，发展不是 GDP 的自我增值，GDP 有益于健康的增值才是可持续发展所需要的。

立足于可持续发展的人口健康立场，需要对可持续发展概念的界定加以修正和补充。迄今为止，关于可持续发展的定义有七八十种，人们从不同方面研究可持续发展，使可持续发展研究带有某种明显的学科倾向和部门倾向。1978 年联合国环境与发展委员会在《我们共同的未来》报告中，对可持续发展作出带有定义性的解释："可持续发展是既满足当代人需要，又不对后代人满足其需要的能力构成危害的发展"。这个定义得到普遍的认同。这是因为，这一着眼于代际关系的定义抓住了人口代际延续和发展之间的关系，兼顾了二者之间的利益，能够促进二者的协调共进。但是这一定义没有阐明当代和后代人"满足需要"发展的状态，没有阐明发展的宗旨是什么。1994 年开罗国际人口与发展大会的一大进步是，提出并阐明了人或人类是可持续发展的中心（原文为：Human beings are the center of concerns for sustainable development）。但是，是什么样的人或者处于什么样状态的人，特别是什么样健康状态下的人，这一命题并没有作出应有的阐释。尽管这一次大会给予生育健康很大关注，但没有将生育健康与代际可持续发展联系起来，则不能不是一大缺憾。鉴于上述，笔者以为，应在联合国环境和发展委员会《我们共同的未来》报告基础上，增加健康要义，定义为：可持续发展是既满足当代人需要又不对后代人满足其需要的能力构成危害，增进代际人口健康的发展。这一定义与原定义比较，既表明了可持续发展增进健康的鲜明的目的性，又将这一目的性贯穿于人口代际延续之中，增加了可持续发展的人文理念，体现了以人为本的宗旨。

其二，衡量可持续发展，需要增加人口健康指标。既然将健康写进可持续发展定义之中，自然评价可持续发展也要有相应的健康指标。关于可持续发展的度量指标，国内外学术界更是五花八门。如联合国可持续发展委员会按经济、社会、环境、制度分类，每类又分为驱动力指标、状态指标和反应指标，成为有 140 余个指标组成的体系；世界银行以"财富"为基础设计一套可持续发展评价体系，其财富包括自然资本、产出（生产）资本、人力资本和社会资本，并附有系统的资产评估和计算办法；其他如日本、英国等，也都制定了不同的评价指标体系。在我国"中国可持续发展指标体系研究"课题组、中国科学院可持续发展研究组、东北财经大学可持续发展课题组等都曾研究设计出自己的指标体系，提出相应的计算方法。不过这些指标体系和计算办法，没有或很少考虑人口健康方面的指标，需要补充和改进。

补充和改进的方法，是在人口、资源、环境、经济和社会发展评价中分别增加相应的健康指数指标。如在人口可持续发展中，增加人口可持续发展健康指数，可以考虑以婴儿死亡率、预期寿命以及医疗、卫生、保健水平指标为主设计；资源可持续发展健康指数的确定，可以以单位产品能源消耗率、资源利用率和再生资源再生率等为主设计；环境可持续发展健康指数的确定，可以考虑由空气、水、土等污染程度，各种环境质量监测指标等构成；经济可持续发展健康指数的确定，可由人均GDP、健康产业投资所占比例、高科技产品的比例等指标构成；社会可持续发展健康指数的确定，可由基尼系数、成人识字率、文盲半文盲率以及发案率、治安指数等构成。这里强调的，不在于具体的各类可持续发展健康指标的具体构成，这些指标构成要在以后的研究中不断完善；而在于阐明要将各类健康指标收进总体可持续发展指标评价体系，给健康指标以应有的权重。

## 增进人口健康的可持续发展思路

按照上面的定义，可持续发展的基本内涵在于满足不同代际人口需要和增进代际人口健康，可持续发展战略应建立在这一基本立足点上。满足人的需要可分成三个档次。满足人的生存需要，即维持人的生命活动衣、食、住、行等人口再生产的需要，是最基本的需要；满足人的发展的需要，即满足人口健康素质、文化教育素质、社会心理素质提高，适应经济、社会不断发展的需要，是高层次的需要；满足人的享乐的需要，包括满足普遍的追求高生活质量的需要、不同人的心理偏好需要、某些人的特殊需要等，是弹性较大的需要。毫无疑问，一个可持续发展的社会，人的生存、发展、享乐的需要都应得到适当的满足，三个层次的需要均在一定程度上体现出人口健康的含义。可持续发展强调的，是将这三个方面的需要在代际之间合理地分配，追求有益于人口健康的原则。结合我国实际，增进人口健康的可持续发展思路，战略选择的基本点可从以下三个方面入手考虑。

其一，增进健康的人口可持续发展思路：人口数量控制与健康素质提高相结合的可持续发展方略。当今世界存在两种不同性质的人口问题，某些发达国家忧虑老龄化严重，人口和劳动力不足，被生育率过低、少子化等问题困扰；广大发展中国家人口增长却方兴未艾，人口和劳动力过剩阻碍着社会经济的发展。然而由于发展中国家人口占世界人口的 80.3%，决定着未来人口变动的基本走向；2000 年联合国中位预测表明，世界人口将由 2000 年的 60.57 亿人，增加到 2050 年的 93.22 亿人，直到 21 世纪中叶达到 100 亿人左右时才有可能实现零增长。中国自 20 世纪 70 年代以来大力控制人口增长取得卓著成绩，90 年代中期以后进入低生育水平国家行列，完成人口再生产向低出生、低死亡、低增长的转变。但是国内外、海内外大同小异的预测表明，到 21 世纪中叶我国人口达到 15 亿人左右时才能实现零增长。因而还必须实行以稳定低生育水平为主的现行生育政策。立足于可持续发展的健康人口学视野，这种稳定低生育水平必须同提高人口素质结合起来，大力增进人口健康。从实际出发，人口数量控制与增进人口健康相结合的人口可持续发展思路，需要重视的问题如下。

一为提高新生儿健康水平。着眼于代际人口健康的可持续发展，提高新生儿健康水平显得异常重要，具有根本的性质。2001 年底全国人大审议通过的《中华人民共和国人口与计划生育法》明文规定："国家建立婚前保健、孕产期保健制度，防止或者减少出生缺陷，提高出生婴儿健康水平。"多年来，国家计生委贯彻实施出生缺陷监测等"三大工程"开始取得成效，应将其纳入人口代际健康可持续发展视野予以重视。

二为提高全民的健康水平。从人口角度说，就是要保障公民享有计划生育技术服务。计划生育技术服务，要有针对性地对育龄人群开展人口与计划生育基础知识宣传教育，对已婚育龄妇女开展孕情检查、随访服务工作，承担计划生育、生殖保健的咨询、指导和技术服务。应当说，中国的计划生育技术服务发展很快，在推进人口控制和增进人口健康中发挥了巨大的作用，但是还很不够，还需要大力加强。2002 年 8 月北京市进行了一项有 10857 人参加的现代女性两性关系调查，结果显示，个人感受已被提升到追求的第一位，她们看重的是相互理解和尊重，因而更需要周到的避孕节育服务。但调查发现，55.5% 的女性认为自己没有充分获取避孕知识的渠道，46% 的女性经历过意外怀孕，在颇大程度上存在着意外怀孕的担心。

三为整合并合理利用健康资源。目前适用于人口健康的卫生、计生资源需要按照资源优化配置原则进行整合，实现资源的综合利用，提高资源的利用率。要建立健全由计划生育技术服务机构和从事计划生育技术服务的医疗、保健机构组成的计划生育技术服务网络，改善技术服务设施和条件，提高技术服务水平。

其二，增进健康的资源——环境可持续发展思路：保护与合理开发利用兼顾的方略。要想增进代际健康，就要保证后代人发展的能力不受到损害，为此必须保持资源利用的可持续性。怎样保持资源的持续利用？不外乎三剂"药方"：一曰保护资源，即对现有的资源主要是自然资源加以保护，不得进行破坏性开采；二曰增进资源的再生能力，加强对再生资源的维护，扩大再生产的规模和提高再生产的质量；三曰提高资源利用率，减少单位产品的资源消耗，发展替代资源。毫无疑问，对于一个处于由小康到富裕阶段的发展中国家来说，"三剂药方"中的任何一剂都要使用，但是三者不是平行的，是有主有从的。从资源角度审视发展，一切发展都可归结为资源的物质变换，发展越快资源消耗越多，可持续发展就是要尽力降低单位产品的资源消耗，即提高资源的利用率，走节约资源的路子。当务之急是要建立节约资源、资源使用和消耗集约化的产业机制，建立节约和综合利用水、能源、矿产资源等的工业机制，节约和集约化使用再生和非再生资源的三次产业结构、消费结构、技术结构、城乡结构、外贸结构和社会结构，将最大限度地提高资源利用率与社会经济发展结合起来。

增进代际健康的环境可持续发展方略，也有三剂"药方"。不过这三剂"药方"可明显地分成三个层次：一为保护环境，即对尚没有遭到破坏的环境加以保护，使其不再受到破坏；对于已受到不同程度破坏的环境，保护其不再继续受到破坏。二为整治环境，对已经遭到一定程度破坏的自然环境进行整治，减少废水、废气、固体废物和噪声污染。三为优化环境，即在整治基础上改善环境，提高环境质量，逐步做到人与环境的和谐。中国地域辽阔，人口众多，改革开放以来经济发展十分迅速，不同地区面临的环境问题有所不同，需要依据不同情况因地制宜地采取相应的决策选择，决定以哪一个方面为重点。就全国而言，保护环境是面临的共同问题，只是保护情况有所不同而已。从总体上观察，西部地区以保护尚未受到破坏的自然环境为主，避免重蹈人进草退、林退的环境退化覆辙；中部地区以整治为主，大力推进退田还湖、还河、还草、还林，整顿治理大气、水质、土壤等的污染；东部沿海地区第一步是保护和整治，第二步在整治基础上优化环境，改善和提高环境质量，逐步达到人口、资源、环境的和谐。还要注意到，保护、整治、优化之间不是孤立的，而是彼此关联、相互作用和渐次推进的。保护是基本的，首先要遏制环境恶化的势头；整治是由恶化向优化转变的条件，没有较大力度的整治，就不可能有环境质量的较大改善；优化是最终的目的，是保护和整治的结果。因此，保护、整治、优化是逐级升华的三个发展阶段，需要针对具体情况作出相应决策选择。

其三，增进健康的经济——社会可持续发展思路：坚持发展的健康原则。谋求可持续发展除了要有明确的发展战略和相应的方针、政策外，主要的途径是通过经济和社会的发展来实现，经济和社会发展是可持续发展的客观基础和推进器。坚持发展的健康原则，尤应强调以下几点。

一是始终坚持健康生产。即将增进人的健康作为从事一切生产活动的前提条件，不得以牺牲人的健康为代价换取生产的发展。当前比较突出的，一为生产条件较为恶劣有碍于健康的生产，要大力加强劳动保护。如井下采煤、采矿等容易引发矽肺等疾病，要逐步改善劳动条件，加强疾病的预防和保护。其他如沥青工人皮肤癌的发病率比较高，长期从事放射性较强工作的受到辐射的侵害较大等，都要加强劳动保护，尽可能地改善劳动条件。在现代科学技术高度发达的今天，实现无伤害的生产、无污染的生产应当始终坚持，使之成为可持续发展必须坚持的一条准则。

二是加大健康投入。既包括狭义的健康投入，发展医药、卫生、保健事业，提高防病、治病水平。也包括广义的健康投入，发展体育事业，增强人民体质；加大污染治理力度，减少因为各种污染造成的疾病的发生率；注意科学和技术进步可能产生的对健康的某些负面影响，预防有害于健康的"现代病"的发生。

三是营造良好的社会环境。前已论及，健康涵盖人的生理、心理和社会状态完好三个基本的方面，社会状态完好在健康可持续发展中有着不可替代的作用。所谓社会状态完好，笔者以为，就是社会的上层建筑包括政治的、法律的等制度建设，思想的、道德的等意识形态建设能够反映生产力发展的客观要求，体现着公民的意志，充分反映科学与民主精神，代表着社会发展的方向。社会状态对于健康尤其对于心理健康来说至关重要，因为现代社会运转节奏加快，每个人承受的压力增大，没有一个宽松的社会环境，很难实现心理健康。许多调查表明，抑郁症有上升的趋势，与癌症、艾滋病一起构成21世纪"三大杀手"，正在越来越大的程度上威胁着人类健康。正是在这个意义上，健康不仅对自然科学来说责无旁贷，而且对社会科学关系也越来越密切。

## 参考文献

［1］《中国 21 世纪议程——中国 21 世纪人口、环境与发展白皮书》，中国环境科学出版社，1994。

［2］刘江主编《中国可持续发展战略研究》，中国农业出版社，2001。

［3］邓楠主编《可持续发展：人类生存环境》，电子工业出版社，1999。

［4］中国环境监测总站：《全国环境质量变化分析》，1999。

［5］《田雪原文集》（二）（三），中国经济出版社，1995、2000。

［6］田雪原：《以人为本的可持续发展理论及其理论体系》，《人口研究》2000 年第 4 期。

［7］中国可持续发展研究组：《2001 中国可持续发展战略报告》，科学出版社，2001。

［8］张开宁、邓启耀主编《多学科视野中的健康科学》，中国社会科学出版社，2000。

［9］郑晓瑛：《生殖健康导论》，中国人口出版社，1997。

［10］联合国环境与发展会议（1992）通过《21 世纪议程》，国家环境保护局译，中国环境科学出版社，1993。

［11］United Nations, Programme of Action Adopted at the International Conference On Population and Development, Cairo, 1994.

［12］Gita Sen et al., Population Policis Reconsidered-Health, Empowermeth and Rights, Harvard University Press, 1995.

［13］United Nations, Inquiry among Govermments on Population and Development, New York, 2001.

［14］United Nations, *Long—range World Population Projections：Based on the 1998 Revision*.

［15］United Nations, *World Population Prospects*, *The 2000 Revision*, New York, 2001.

# 人口老龄化与养老保障

# 人口老龄化与老年价值观

站在全球高度观察，在人类长达 400 多万年的历史长河中，人口的生产和再生产绝大部分时间处于高出生、高死亡、低增长状态。18 世纪中叶产业革命发生后逐渐转入高、低、高阶段，20 世纪开始后发达国家总体开始了向着低、低、低阶段的过渡，并在后半叶完成这一过渡，步入老年型社会。随着出生率的下降，一些发展中国家也开始了这种过渡，中国作为当今世界第一人口大国，于世纪之交率先完成了这种过渡，对世界人口转变和老龄化时代的到来产生举足轻重的影响。纵观过去 100 年和未来 100 年的人口变动，可以说 20 世纪是全球人口暴涨的世纪，21 世纪则是人口年龄结构走向老龄化的世纪。

问题与解决问题的手段总是同时产生的。发达国家对老龄化研究较早，我国也在 20 世纪 70 年代末 80 年代初提倡一对夫妇生育一个孩子时，便注意并开始了老龄化问题的研究。然而以往的研究更多侧重于老龄问题的解决上，即如何妥善解决众多老年人口的有所养、有所医、有所教、有所学、有所为、有所乐，满足与日俱增的众多老年人口的生理、心理、文化、交往、发展等的需要问题；忽视或很少注意到老龄化可能给经济和社会发展带来的影响的研究。要开展这方面的研究，就要弄清老年人口的价值观，为建立人人共享的社会提供理论支持。

## 上篇：21 世纪人口老龄化大趋势

### （一）世界人口老龄化趋势

尽管 20 世纪世界人口呈现出暴涨的趋势，但是 80 年代以后生育率和出生率的不断下降，决定着进入 21 世纪以后包括发展中国家在内的人口老龄化，已成为不可阻挡的发展大趋势。21 世纪将是世界人口老龄化的世纪，前半叶推进的速度可能要更快一些。依据联合国的中位预测，世界 60 岁以上老年人口比例可由 2000 年的 10.0%，上升到 2025 年的 15.0%，2050 年的 21.4%；65 岁以上老年人口比例可由 2000 年的 6.9%，上升到 2025 年的 10.5%，2050 年的 15.9%；年龄中位数可由 2000 年的 26.4 岁，上升到 2025 年的 31.9 岁，2050 年的 36.8 岁。分开来看，发达国家 60 岁以上老年人口比例可由 2000 年的 19.4%，上升到 2025 年的 27.7%，2050 年的 32.3%；65 岁以上老年人口比例可由 2000 年的 14.3%，上升到 2025 年的 21.0%，2050 年的 25.9%；年龄中位数可由 2000 年的 37.3 岁，上升到 2025 年的 43.3 岁，2050 年的 45.2 岁。发展中国家 60 岁以上老年人口比例可由 2000 年的 7.7%，上升到 2025 年的 12.7%，2050 年的 19.7%；65 岁以上老年人口比例可由 2000 年的 5.1%，上升到 2025 年的 8.5%，2050 年的 14.3%；年龄中位数可由 2000 年的 24.1 岁，上升到 2025 年的 30.0 岁，2050 年的 35.7 岁[1]。2000～2050 年世界人口老龄化趋势，如图 1 所示。

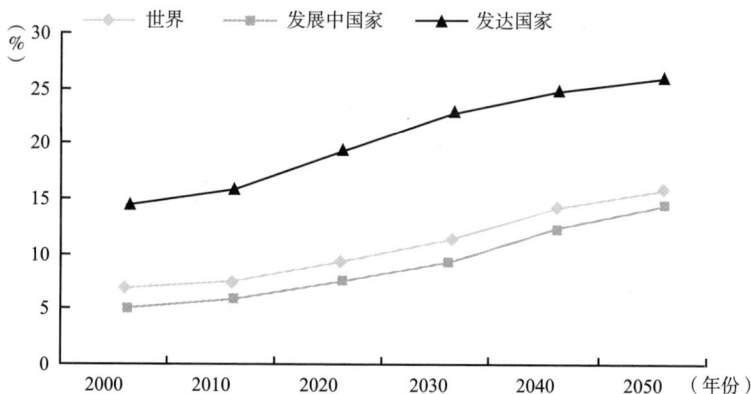

**图 1　2000～2050 年世界 65 岁以上老年人口比例变动**

　　图 1 显示，21 世纪上半叶世界 65 岁以上老年人口比例上升很快，但在前 25 年和后 25 年发达国家和发展中国家有着不同的情况。发达国家前 25 年老年人口比例上升 6.7 个百分点，后 25 年上升 4.9 个百分点，后 25 年比前 25 年减少 1.8 个百分点；发展中国家前 25 年上升 3.4 个百分点，后 25 年上升 5.8 个百分点，后 25 年比前 25 年增加 2.4 个百分点。这表明，到 21 世

---

① United Nations，*World Population Prospects*，*The 2004 Revision*.

纪中叶，发达国家人口老龄化已成强弩之末，老年人口比例上升的空间有限；发展中国家老年人口比例上升仍然比较迅速，还有相当长的一段上升空间。由于发达国家出生率的下降和出生人数的减少、占世界人口比例的下降，世界人口老龄化趋势主要取决于发展中国家人口老龄化的进程，呈现出后25年比前25年高出1.8个百分点的情况。因此，到2050年世界65岁以上老年人口比例达到15.9%时尚未达到最高峰值，只是以后老龄化加深的速度会有所减慢。21世纪下半叶，发达国家人口老龄化呈基本稳定态势，即使有所升高也十分有限；发展中国家还要继续升高，65岁以上老年人口比例大致可上升至20%左右，并在这一水平上下波动。预测说明，20与21世纪之交世界人口步入老年型年龄结构，前25年可视为老龄化启动阶段，后25年可视为加速推进阶段，而21世纪下半叶可视为继续加深并达到相对稳定的阶段。也就是说，世界人口年龄结构老龄化从进入到基本稳定，将主要在21世纪完成，21世纪是人口老龄化的世纪。

### （二）中国人口老龄化特点

#### 1. 人口老龄化趋势

预测表明，21世纪前半叶，我国65岁以上老年人口比例可由2000年的6.92%，逐步上升到2010年的8.59%，2020年的12.04%，2030年的16.23%，2040年的21.96%，2050年的23.07%；其后基本上维持在这一水平，2100年可略升到24%左右。参见图2[1]。

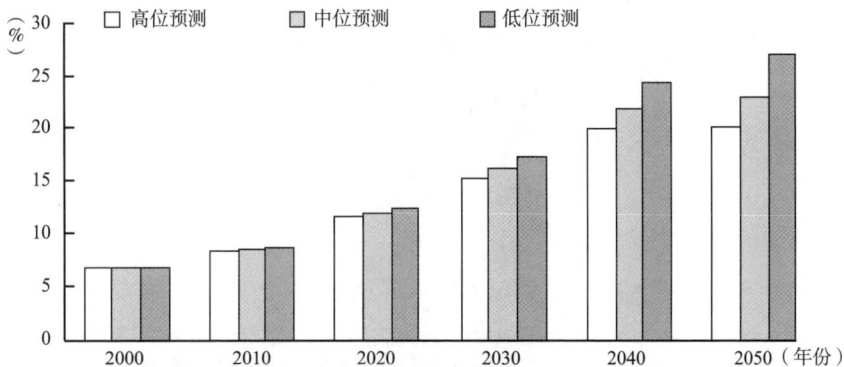

图2 2000～2050年高、中、低预测老龄化比较

[1] 参见田雪原、王金营、周广庆《老龄化：从"人口盈利"到"人口亏损"》，中国经济出版社，2006。

中位预测 2000 年、2020 年、2050 年的人口年龄结构金字塔，如图 3 ~ 图 5 所示。

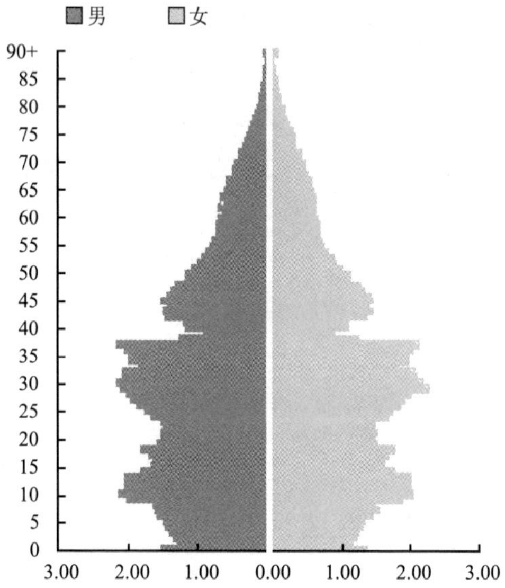

**图 3　2000 年人口年龄结构金字塔**

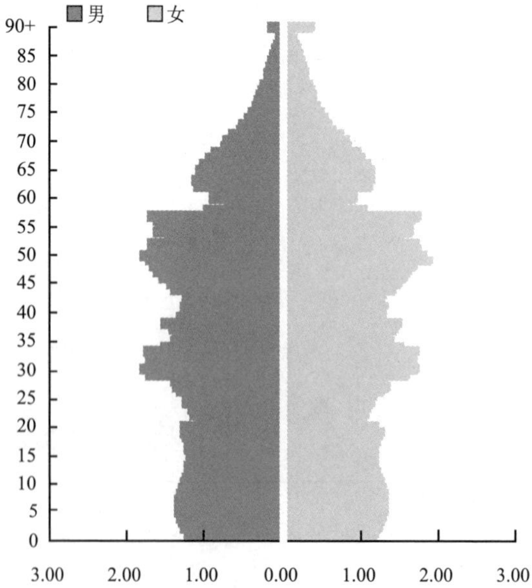

**图 4　2020 年人口年龄结构金字塔**

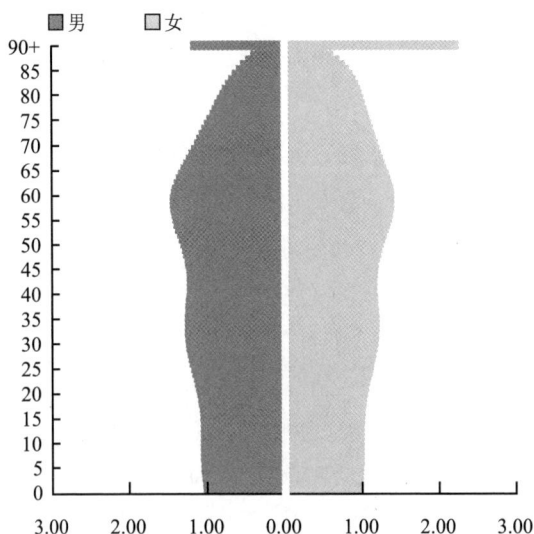

图 5　2050 年人口年龄结构金字塔

**2. 人口老龄化特点**

未来半个世纪内的中国人口老龄化，将具有一些明显的特点。主要是速度比较快和达到的水平比较高、老龄化在时间上具有阶段和累进的性质、在空间上具有城乡和地区分布不平衡的特点。

（1）老龄化速度比较快和达到的水平比较高。前面提到，评价人口老龄化水平主要有 60 或 65 岁以上老年人口比例、总体人口年龄中位数、60 或 65 岁以上老年人口与 0～14 岁少年人口之比即老少比等指标。显然，未来半个多世纪老年人口的绝对数量已是定数，只需要逐年减掉每年的年龄别死亡人口；但是影响老龄化程度的，还有生育率和出生人口的数量，以及死亡率和预期寿命延长的情况。为了简便起见，只取老年人口比例变动，加以比较分析。

2000 年底中国跨进老年型年龄结构门槛，直到 2050 年 65 岁以上老年人口比例达到 23.07% 的峰值，21 世纪后半叶基本在这一水平上下波动，人口老龄化这样急剧的变动，可用"快"和"高"两个字来概括。所谓快：从进入老年型年龄结构到达到老龄化严重阶段，我们要花 20 年左右，中位预测 2020 年 65 岁以上老年人口比例可达到 12.04%，进入严重阶段；而世界达到这一水平的国家，一般都要花费五六十年的样子。老年人口比例从 7% 达到 17%，我们要花费 30 多年的时间，到 2032 年 65 岁以上老年人口比例

可达 17% 左右；而发达国家作为总体则要花费六七十年的时间。依据联合
国的预测，发达国家 65 岁以上老年人口比例可从 1950 年的 7.9%，上升到
2015 年的 17.4%，耗时是我们的 2 倍；而最长的法国，则耗时在一个半世
纪左右，联合国的中位预测显示，到 2013 年法国 65 岁以上老年人口比例方
能达到 17% 以上；只有日本同我们相当，65 岁以上老年人口比例从 1970 年
的 7.1%，上升到 2000 年的 17.2% 花了 30 年时间。所谓高：即老龄化达到
的水平比较高。2050 年我国 65 岁以上老年人口比例达到 23.07% 的峰值，
届时将比世界 15.9% 高出 7.17 个百分点，比发展中国家 14.3% 高出 8.77 个
百分点，比发达国家 25.9% 低 2.83 个百分点[1]，仅次于发达国家，高于世
界总体水平，更高于发展中国家水平，是老龄化最严重的发展中国家。

（2）老龄化在时间上具有阶段和累进的性质。这主要是由以往人口出
生、死亡自然变动决定的。1949 年中华人民共和国成立后，人口的自然变
动经历 1949～1952 年的人口再生产类型转变、1953～1957 年的第一次生育
高潮、1958～1961 年的第一次生育低潮、1962～1973 年的第二次生育高潮
和 1974 年以来的第二次生育低潮五个历史阶段。人口的这种变动，形成迄
今为止的由年轻型过渡到成年型，再由成年型过渡到老年型的年龄结构。在
前面的人口年龄结构金字塔中，塔身最宽大部分为 1962～1973 年第二次生
育高潮期间出生，即金字塔中 27～38 岁年龄组人口。这部分人口有多少？
至今尚有 3 亿左右，这是研究中国人口变动和人口问题最值得关注的人口组
群。这 3 亿人口组群于 1977～1988 年进入 15 岁以上成年人口，其中绝大多
数于 1980～1991 年成长为正常的劳动力，对就业形成巨大的压力；同时也
开始了劳动年龄人口所占比例高、老少被抚养人口所占比例低的人口年龄结
构变动的"黄金时代"，成为可以获取"人口盈利"的经济发展最佳时期。
按照全国城乡合妇女年龄别生育率峰值 24 岁计算，1986～1997 年通过生育
旺盛期，本该有一个生育高潮出现；但是由于继续加强人口控制和贯彻落实
计划生育基本国策，实践中并没有出现持续长达 10 多年的生育高潮，而仅
仅在 20 世纪 80 年代中后期有所表现，金字塔图中 10～14 岁年龄组人口所
占比例较大，这 5 个年龄组人口即占总人口的 10%，平均每个年龄组占
2.0% 左右，比前后其他年龄组所占比例高出一截，说明了这种情况。对老
龄化的影响，当这部分 3 亿人组群人口未过渡到 60 或 65 岁老年之前，人口

① 国外部分参见 *World Population Prospects*，*The 2004 Revision*。

老龄化不会过于严重；而当这部分庞大人口组群过渡到老年之后，老龄化严重阶段和老龄化高潮期就到来了。这从本源上决定了未来半个世纪内特别是2040年以前的人口老龄化，在时间跨度上具有阶段和累进的特点。2040年以后由于受预期寿命延长的影响，老龄化水平居高不下，致使未来半个世纪或更长一些时间的人口老龄化，呈 S 形曲线走势，可称之为中国人口老龄化的 S 曲线运动轨迹。这个 S 曲线三阶段老龄化变动的具体情况如下。

第一阶段，2000～2020 年为一般上升阶段，65 岁以上老年人口比例可由 6.92% 上升到 12.04%，升高 5.12 个百分点，年平均升高 0.26 个百分点；

第二阶段，2020～2040 年为加速上升阶段，老年人口比例可上升到2040 年的 21.96%，升高 9.92 个百分点，年平均升高 0.50 个百分点。这一速度为第一阶段的 1.92 倍，充分体现累进增长的性质。

第三阶段，2040 年以后为微升和相对稳定阶段，老年人口比例可上升到 2050 年的 23.07%，比 2040 年升高 1.11 个百分点，年平均升高 0.11 个百分点；2100 年可上升到 24.41%，50 年中微升 1.34 个百分点，呈基本稳定态势。

三个阶段人口老龄化曲线的变动轨迹，如图 6 所示。

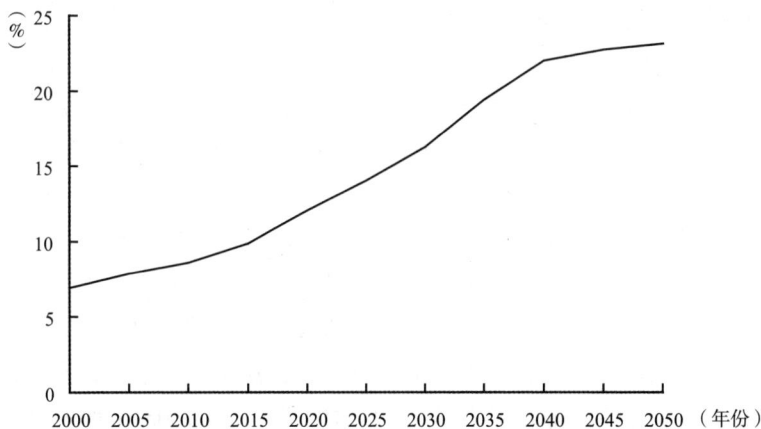

图 6　2000～2050 年 65 岁以上老年人口比例变动

（3）老龄化在空间上分布不平衡的特点。上述老龄化进程中表现出的特点，是就全国总体而言的。然而，由于中国幅员辽阔，地理条件相差很大，经济、文化、科技、社会发展水平参差不齐；更直接和更重要的，是以往人口出生、死亡自然变动差别较大，造成城乡、地区之间人口老龄化的某种差异。

其一，老龄化城乡之间的差异。1982 年第三次全国人口普查表明，65 岁以上老年人口所占比例达到 4.41%。然而这种过渡在城乡之间表现出某种差异：县占 5.00%，市占 4.68%，镇占 4.21%，农村居高。1990 年"四普"这一趋势延续下来，当年全国 65 岁以上老年人口比例上升到 5.57%，县上升到 5.64%，市上升到 5.53%，镇上升到 5.49%，由高至低排列次序依旧为县、市、镇，只是差距比"三普"时有所缩小。2000 年"五普"全国 65 岁以上老年人口比例上升到 6.96%，县、市、镇之间的差距不但得以继续，而且有所扩大：县上升到 7.74%，市上升到 7.00%，镇上升到 6.25%。1982 年、1990 年、2000 年这三次人口普查相比，县、市、镇 65 岁以上老年人口所占比例比较，由 1.00∶0.94∶0.84、1.00∶0.98∶0.97，扩大到 1.00∶0.90∶0.81，县老年人口比例上升幅度更大一些。为什么会造成乡村、市、镇之间老年人口比例差距的扩大呢？基本的原因是流动和迁移人口的持续增加，特别是 20 世纪 90 年代中期以后的大量增加。2000 年"五普"资料显示，以居住在本地区半年以上计算的全国迁移人口达到 144390748 人，扣除本县（市）其他街道、镇人口和本市区其他街道、镇人口后，其余 92870183 人主要为本市区其他乡和外省迁入的农村进入城镇人口。也就是说，这 9000 多万人中的绝大多数为事实上的由农村迁入城镇的城镇人口。其中迁出最多的前 5 位是：四川省 6937793 人，安徽省 4325830 人，湖南省 4306851 人，江西省 3680346 人，河南省 3069955 人。这些大量的迁移人口中主要以年轻劳动力居多，老年人口所占比例很小；少年人口比例也不高，但是当迁入城镇并基本定居下来以后，则开始在城镇生育，最终形成农村老年人口比例上升，致使农村老龄化程度相对高于城镇的差距扩大。然而城镇是一个包括城市和镇的一个集合概念，分开来看，市与镇的老年人口比例相差许多，近年来的差距还在扩大。加上市、镇、县在出生率的差别，从而少年人口作为衡量老少比和老龄化分母效应的作用，到 2003 年情形发生根本性转变：该年全国人口抽样调查表明，全国作为总体 65 岁以上老年人口比例上升到 8.51%，县、市、镇 65 岁以上老年人口比例却分别变为 8.39%、9.31%、7.61%[1]，老龄化严重程度由高至低变为市、县、镇，市由原来的

---

[1] 《中国 1982 年人口普查资料》，中国统计出版社，1985；《中国 1990 年人口普查资料》，中国统计出版社，1993；《中国 2000 年人口普查资料》，中国统计出版社，2002。

第二位上升到第一位，县由原来的第一位退居到第二位。事实上，像上海等一批特大和大城市已步入老龄化严重阶段，将来也会成为第一批超高老龄化城市。可以预料，当 2010 年城镇人口达到 50% 左右，农村人口向城镇人口转移速度减慢；2020 年城镇人口超过 60% 以后，农村人口向城镇转移速度进一步减慢，其后农村人口老龄化速度便会减慢，城镇特别是较大的城市人口老龄化速度步伐会有所加快。

其二，老龄化地区之间的差异。上述人口流动和迁移，不仅左右着市、镇、县之间老龄化程度的差异，而且给地区之间的年龄结构走向老龄化和老龄化向纵深发展产生一定的影响。2003 年全国人口抽样调查表明，全国 65 岁以上老年人口比例为 8.51%，在这一水平之上的有：上海 16.38%，居全国之首，相当于一般发达国家水平；浙江 11.49%，江苏 11.38%，北京 11.20%，天津 10.93%，分别居第二、三、四、五位，老年人口比例均在 10% 以上；其他省、区、市高于全国水平的，还有辽宁 9.70%，重庆 9.22%，广西 9.10%，山东 9.06%，湖南 8.98%，四川 8.68%。其余低于全国水平，稍低于全国水平的有安徽 8.19%，广东 8.09%，河南 8.04%；最低的新疆只有 5.43%，宁夏只有 5.70%，青海只有 5.88%。按东部、中部、西部"三大板块"划分，则东部沿海 11 省、市 65 岁以上老年人口比例为 9.58%，中部 8 省为 7.82%，西部 12 省、区、市为 7.89%。东部、中部、西部"三大板块"比较，东部明显高出许多，比全国水平高出 1.07 个百分点，分别比中部、西部高出 1.76 个、1.69 个百分点。最值得一提的是，中部与西部比较，中部老年人口比例由过去高于西部变动到与西部基本持平并略低于西部 0.07 个百分点。也就是说，中国人口老龄化由过去自西向东老龄化逐步加深"三大板块"，转变到中西部与东部"两大板块"格局，中西部"两大板块"合二而一了。

## 下篇：老年人口价值观

所谓价值观，就是对价值的看法、所持的观点。老年人口价值观，就是对老年人口价值的看法、所持的观点。迄今为止，关于价值概念的阐释，价值内涵、价值外延的界定近百种，可谓见仁见智，存在不同观点的争论。笔者以为，价值可从经济学意义和一般意义上去认识，前者可称为狭义的价值论，后者可称为广义的价值论，前者寓于后者之中。

### （一）经济学意义上的价值观

价值作为专业用语，首先或主要应用到经济学中。经济学中的价值理论，主要有如下三种观点或流派。

一曰劳动价值论。这是马克思在古典经济学劳动价值论基础上创立的完整经济学说。概括起来说，任何商品都有一定的使用价值；但是商品是生产者为了满足他人需要而生产的产品，它的价值要通过交换价值——价格来实现。为什么不同的商品能够交换呢？是因为它们有着同样的价值。具体劳动创造使用价值，抽象劳动创造价值，商品二重性是由劳动二重性决定的。所以各种汉语词典都将价值解释为体现在商品中的必要劳动[①]。

二曰效用价值论。以 19 世纪 60 年代与 70 年代之交为界，前期主要表现为一般效用论，以英国经济学家 N. 巴本为代表；后期主要表现为边际效用论，先驱是德国经济学家 H. H. 戈森，后分成奥地利学派和洛桑学派，基本观点是价值由效用决定，效用是各种财富的内在价值的基础和源泉；价值由劳动对象、劳动工具、劳动者生产三要素生产；价值由价格衡量，价格是测量价值的尺度，价值则是测量效用的尺度。

三曰货币价值论。说明货币价值怎样决定，怎样变动的理论。可分成不同学派：包括 W. 配第、A. 斯密、D. 李嘉图在内的古典学派的劳动价值论认为，货币的价值及其变动，取决于生产它的必要劳动及其变动；以 A. 马歇尔、A. C. 庇古和 M. 弗里德曼为代表的货币数量论，阐述货币数量、货币价值、一般物价之间的因果关系及其变动；以 R. 坎蒂隆为代表的生产费用论，认为货币的价值及其变动，取决于生产它所需要的生产费用及其变动；此外还有货币名目论，边际效用论等。

### （二）一般意义上的价值观

经济学意义上的价值观——无论劳动价值论、效用价值论还是货币价值论，可视为价值论的基础，是一般价值论的基础。我们谈论事物的价值、人的价值，不仅离不开经济意义上的价值，相反，归根结底都要以经济价值作基础。但是仅有基础是不够的，还要区分经济意义上的价值和一般意义上的价值，二者不能等量齐观。何谓一般意义上的价值呢？笔者以为，所谓一般

---

① 参见《现代汉语词典》，商务印书馆，1996，第 610 页。

意义上的价值，是自然界和人类社会一切有效用的事物和有意义的活动，包括已经展现和潜在的效用和活动。它的基本特征是：一为价值的目的特征。经济价值有着一定的目的特征，这是由其效用性决定的；除经济价值外，一般的价值展现或价值活动，也有着明显的目的性，从而形成不同的价值观。二为价值的人本特征。自人类社会诞生 480 万年以来，价值取向逐步过渡到以人为本位、以人为核心上来。评价客观事物的价值，以客观事物对人的效用和意义为转移；评价不同年龄、性别、文化、职业、社会阶层的具体人口群体的价值，即人作为主体的价值，则要以这部分人口群体或个人对总体人口以及相关的社会经济发展的效用和意义为转移，体现价值的人本特征。

### （三）老年人口价值观

基于上述认识，老年作为总体人口中的一个有机组成部分，可从以下几个方面阐述其价值。

#### 1. 作为人口再生产的阶段价值

人口学粗略地将总体人口区分为 0～14 岁少年人口、15～59 岁（一般为发展中国家）或 15～64 岁（一般为发达国家）成年人口、60 岁（一般为发展中国家）或 65 岁以上（一般为发达国家）老年人口三部分。显然，人生道路上的这三个阶段缺一不可，不可能设想某总体人口只由少年和成年人口组成，而没有老年人口群体。如果把人生比做一台大戏，经过少年序幕、成年轰轰烈烈达到高潮之后，老年则是关乎全剧成败的最后一幕，这出大轴唱得好坏至关重要。老年作为人生的最后阶段，已经完成了人口生产和物质资料生产双重任务，卸下了肩负的家庭、社会两副重担，进入一个新的阶段。这个阶段的基本特征，一方面表现为衰减和失去：身体健康的衰减和失去，体力和精力越来越不济，总体上由健康期步入带病期、伤残期，最后过渡到死亡期；社会职责的衰减和失去，原来担负的社会工作让位给后来人，成为退休养老的自由人；行为观念的衰减和失去，过去从事的是社会需要的工作，退休后更多从事的是自己需要的活动，观念上由我为社会转变到我要为我，以减少社会为我。另一方面表现为增进和拥有：自由的增进和时间的拥有，老年人口由原来的岗位退居下来，不再担任任何职务，有官者变成"无官一身轻"，无官者也用不着早上班晚下班的工作，24 小时全由自己自由支配；活动的增进和拥有，由原来以单位活动为主，变成以社会社区的活动为主，相对说来拥有一个更大范围、更多社会接触的舞台；观察评论的增进和拥有，如果说成年时期生活以干为主，退休后则变成以看为主，拥有更多思考、评说的机会，因而有时间提升自己的知识和经验。可见，老年人口作为人生最后特殊阶段的人口，由于衰减和失去、增进和拥有并存，一方面使他们脱离原来固有的关系，越来越自由，似乎与社会渐行渐远；另一方面他们又不能太自由，并且对社会的依赖程度会越来越强烈，成为必须得到社会关怀的弱势群体。尽管是弱势群体，但又是人口再生产中不可或缺的一个有机组成部分，由此才构成生、老、病、死人口再生产完整的循环。

2. 作为有一定劳动能力的经济价值

人口年龄结构"三分法"的经济学意义，在于区分出不同组群人口的经济价值。一般来说，少年人口是消费者，尽管少年人口中也有小部分从事某些生产劳动的人口；成年人口为劳动年龄人口，是生产者和消费者的统一，尽管有5%左右的成年人口可能会因丧失劳动能力而无缘生产劳动；老年人口是纯消费者，尽管其中小部分人口可能从事现实的生产劳动。然而调查表明，我国60岁以上老年人口中，有1/4左右仍在从事力所能及的劳动，农村老年人口从事劳动和养活自己的比例要更高一些。在这点上，东西方之间存在一定差异：包括日本等东方国家，从事不同性质劳动的老年人口仍占到相当的比例，他们把劳动仍视为生存和发展的一种需要，是社会有用之人的一种标志。一般西方老年人口则认为，已经劳动一辈子了，应该休息了，应该旅游了，继续从事劳动的比例很低。老年人口过去受过不同程度的教育，一般劳动不需要再进行专门的职业教育，有些则是该行业的专门人才，因而成本低；但是工资待遇却不高，因为他们的劳动具有再就业的性质。改革开放以来就业政策大为宽松，许多老年人口再就业创造出丰富的社会财富，就是有力的证明。

3. 作为经验积累的历史价值

第二次世界大战后，以微电子技术为前导包括新材料、新能源、激光技术、宇航技术、海洋工程等在内的新技术革命方兴未艾，当前又发展到以生命科学为主导的学科，包括基因技术、克隆技术、纳米技术等更新的技术革命，科学技术一日千里，毫无疑问要大力发展先进的科学技术，占领科学和技术的制高点，否则就要永远处于落后于别人的尴尬局面。正因为如此，我国才确立了科教兴国战略，党的十七大强调把教育放在优先地位。但是任何一个国家的经济技术结构都是立体的，分做不同的层次，既有处于领先地位的先进的技术，又有大量处于一般水平的中间技术，还要有处于比较落后的技术，再先进的国家技术也不可能"一刀切"。在我国由农业国向工业国转变过程中，先进技术是逐步发展壮大起来的，所占比例是逐渐提高的；中间技术占据很大比例，成为一般比较实用的技术；落后技术逐步为比较先进的技术所取代，但是所占比例的减少有一个比较长的过程，这是由我国的基本国情决定的。无论哪种技术都有一个熟练的过程，都有一个应用的经验问题；只是相对说来，技术越落后，经验可能显得更为重要而已。经验是实践知识的积累，同年龄成正比例增长，年龄是人生经验的象征，在这一点上说来，老年人口具有其他年龄人口群体无法比拟的优越性。社会发展要高度重视老年在经验方面具有的优势，把开发利用老年人力资源作为建设人力资源强国的重要组成部分，作为投资少、收效显著的人力资源。

4. 作为文化传承的社会价值

文化成为当今世界关注的热点，人们从哲学、经济学、史学、地理学、民族学、人类学、法学、政治学甚至军事学角度解读文化，界定文化概念，结果五花八门的定义应有尽有，不一而足。除了所站角度不同之外，还有方法上的不同，或倾向内在性、心理性，或倾向外部性、生成性；时代感的不同，有的定义偏重过去、偏重历史，有的定义注重现实，有的定义注重未来。目前搜集到的关于文化的定义，已达100种以上。笔者以为，界定文化概念，首先要明确界定的是哪一个层面上的文化。文化可分成如下三个层面。

第一个层面，广义的文化。古埃及人建造了金字塔，金字塔既是古代人类社会建筑的伟大创举，又是埃及科学和文化发展的象征，代表着尼罗河文化；中国的长城，北京的故宫、颐和园、明清皇家陵寝等被联合国列入世界文化遗产，因为这些建筑代表着历史发展时代的物质文明和精神文明财富，是用物质形式凝聚起来的文化；同样，14~16世纪以意大利留下来的大批建筑为代表，显示着以人为中心反对宗教和中古时期经院哲学，倡导科学研究的文艺复兴精神，也是一个时代的文化。在当代，有人将信息技术归并到文化，各种高科技产品是现代文化的结晶。因此，作为一定历史时期所创造的物质财富和精神财富总和凝聚起来的文明，可视为该时代广义的文化。

第二个层面，一般意义上的文化。希腊作为文明古国，其文明发祥地——爱琴海中的克里特岛，那里的居民很早便与居住在地中海沿岸的部落发生商业往来，正是这种公平的商业往来铸造了早期的一般意义上的文化，即一定社会的意识形态。包括思想、观念、传统、信仰、宗教、道德、伦理、习俗以及政策、法律等的"平等"观念和"民主"思想。中国受三面环山和沙漠阻碍，加上根深蒂固的封建思想的影响，虽然也有丝绸之路、郑和航海下西洋等发展商品贸易的壮举，一时间传为佳话；但是封闭环境和封闭式的文化则占据着绝对的优势。长期以来，形成孝、悌、忠、信、礼、仪、廉、耻一整套君臣父子封建社会特有的文化，即一般意识形态意义的文化。

第三个层面，狭义的文化。狭义的文化，指人所具有的科学知识和人文教育水平。如人们填写履历表时，常常要填写"文化程度"一栏，指的是所受的大学、中学、小学教育程度或文盲半文盲一类的狭义的文化。

老年人口作为接受历史文化遗产最丰富又经过当代文化洗礼的人口群体，是现实社会文化的富有者，比少年人口富有，也比成年人口富有。同时，由于总体上老年人口属于退出劳动年龄的人口，有时间也有能力担当起传授优秀文化的重任。站在文化视角，少年人口是已有文化的接受者，成年人口是接受者加创造者，唯有老年人口是文化的成熟者和传播者，尽管传播中也有学习和创造。早在1982年联合国37届大会通过的《老龄问题维也纳国际行动计划》指出：童年和老年共同承担人类文化价值承传任务，但是童年主要是承接，老年主要是传播；老年人口的文化传播，保障了人类的生存和进步；老年人口群体的这一作用具有不可替代的性质，成为一种"人类课堂"。不难发现，传统文化中的优秀因子在老年人口中得到充分体现，当代文化经过老年人口在成年时期的亲身实践有所发展，因此老年人口天然为传授文化价值的最合适的群体。他们的人生观、价值观、道德观、伦理观、宗教观、生活方式、交往方式、思想、感情、情操等，无时无刻不在影响着成年人口和少年人口，在家庭、社区以至整个社会发挥着文化传播的作用。

**参考文献**

［1］胡锦涛：《高举中国特色社会主义伟大旗帜　为夺取全面建设小康社会新胜利而奋斗——在中国共产党第十七次全国代表大会上的报告》，人民出版社，2007。

［2］彭珮云主编《中国计划生育全书》，中国人口出版社，1997。

［3］张维庆主编《新人口礼赞》，中国人口出版社，2007。

［4］国家人口和计划生育委员会编《中国人口和计划生育史》，中国人口出版

社，2007。

［5］田雪原、王金营、周广庆：《老龄化：从"人口盈利"到"人口亏损"》，中国经济出版社，2006。

［6］田雪原等：《21世纪中国人口发展战略研究》，社会科学文献出版社，2007。

［7］United Nations，*World Population Prospects*，*The 2004 Revion*，New York 2005.

［8］The Twentieth Asian Parliamentarians Meeting on Population and Development, Challenges for ICPPD +20，Toward a new decade ICPD.

# 自主自立与老年健康

随着人口老龄化的加深和预期寿命的延长，老年健康问题日益突出。研究表明，老年健康不仅同物质生活条件、医疗保障状况、社会和家庭环境等密切相关，而且同老年心理状态紧紧相连，同老年自信心强弱呈正相关关系。这给我们以启迪，增强老年自主自立意识并创建相应的机制，是增进老年健康的一条有效的低投入、高产出的途径。

## 两种不同的追求目标：要长寿还是要健康？

最近西安兵马俑发掘中出土两只仙鹤葬品，说明两千多年以前的秦始皇不仅生前派人渡海寻找长生不老秘方，而且死后还梦想驾鹤成仙。西方国家类似"炼金术"的发明，也留下一个个神话，只是至今尚无一个一直活下来的寿星。科学研究表明，人的寿命长短受到外界环境的影响，营养状况、环境质量、医疗保健条件等的影响是明显的，同一个人置于不同的环境之中寿命可能长短不同。但是一个普遍的现象是，祖父母、父母长寿，其子女、孙子女一般也长寿。日本的一项调查表明，现存 80 岁以上老人中，有一半以上人的父母活到过 80 岁以上，遗传是最基本的因素。男女性别上的寿命差别，主要的解释是，X 染色体是染色体中的大染色体之一，Y 染色体是染色体中的小染色体之一，而 X 大染色体修复受损伤的遗传物质 DNA 的能力强，Y 小染色体修复受损伤的遗传物质 DNA 的能力弱，故具有两个 X 大染色体的女性寿命较具有一个 X 大染色体和一个 Y 小染色体的男性为长。整个动物界雌性比雄性约多 4%，说明雌性动物染色体的储存和生物合成能力比雄性多 4%。[①] 因此，在外界环境一定的条件下，人的预期寿命基本上是

---

① 参见〔日〕长谷川和夫、霜山德尔主编《老年心理学》，车文博等译，黑龙江人民出版社，1983。

由遗传因素决定的。当前正在兴起的以生命科学为主导学科的新的技术革命，以基因技术、克隆技术等特别是人类基因组图（草图）的完成为突破口，有可能将人的寿命大大延长。不过无论延长到多么长，老年作为人生的最后阶段，仍可分成预期健康期、带病期和伤残期以及三个时期的交叉。而且国内外的研究表明，60 岁以上老年人口中无疾死亡仅占3%～5%，95%以上均患有不同疾病而导致死亡。活得长不等于活得健康，单纯的长寿（一般主要在带病期和伤残期中度过的长寿）不是人们追求的目标，只有健康的长寿才有意义，健康在老年生涯中居于核心位置。

老年健康之所以占据更加重要的位置，同老龄化日益加深和高龄化趋势加速推进有关。根据 2001 年联合国人口司经济和社会事务部的预测（中位），世界和中国人口老龄化和高龄化发展趋势，如表1、表2 所示。

表 1　2000～2050 年世界人口老龄化和高龄化趋势

| 年龄＼年份 | 2000 | 2010 | 2020 | 2030 | 2040 | 2050 |
|---|---|---|---|---|---|---|
| 60 岁以上（%） | 10.0 | 11.1 | 13.5 | 16.5 | 18.8 | 21.1 |
| 65 岁以上（%） | 6.9 | 7.6 | 9.3 | 11.6 | 14.0 | 15.6 |
| 年龄中位数（岁） | 26.5 | 28.6 | 30.9 | 33.0 | 34.7 | 36.2 |
| 80 岁以上（%） | 1.1 | 1.5 | 1.8 | 2.3 | 3.1 | 4.1 |

表 2　2000～2050 年中国人口老龄化和高龄化趋势

| 年龄＼年份 | 2000 | 2010 | 2020 | 2030 | 2040 | 2050 |
|---|---|---|---|---|---|---|
| 60 岁以上（%） | 10.1 | 12.3 | 16.7 | 23.3 | 27.3 | 29.9 |
| 65 岁以上（%） | 6.9 | 8.1 | 11.5 | 15.7 | 21.4 | 22.7 |
| 年龄中位数（岁） | 30.0 | 34.6 | 37.4 | 40.9 | 43.1 | 43.8 |
| 80 岁以上（%） | 0.9 | 1.3 | 1.8 | 2.7 | 4.3 | 6.8 |

资料来源：United Nations, *World Population Prospects*, *The 2000 Revision*, New York, 2001。

比较表 1 和表 2，2000 年中国人口和世界总体人口都刚刚步入老年型。但是在未来半个世纪里，中国人口老龄化的速度和达到的高度，均高出世界许多。2050 年 60 岁以上老年人口比例比世界高出 8.8 个百分点，65 岁以上高出 7.1 个百分点，年龄中位数高 7.6 岁。特别值得提出的是，高龄化推进更快，80 岁以上老年人口比例由 2000 年低于世界 0.2 个百分点，到 2020 年持平，2050 年高出 2.7 个百分点，步入高龄化水平较高国家行列。众所周知，人口年龄别死亡率呈"U"形曲线分布，中国 1999 年男女合 0~4 岁组死亡率为 6.58‰。其中 0 岁为 26.689‰，5~9 岁组下降到 0.39‰，10~14 岁组下降到 0.28‰（其中 11 岁为 0.21‰，为最低值）；其后转而升高，15~19 岁上升到 0.84‰，20~24 岁上升到 1.22‰，30~34 岁上升到 1.52‰，40~44 岁上升到 2.53‰，50~54 岁上升到 4.87‰，60~64 岁上升到 15.43‰，65~69 岁上升到 24.89‰，70~74 岁上升到 39.59‰，75~79 岁上升到 61.27‰，80~84 岁上升到 108.74‰，85~89 岁上升到 154.27‰，90 岁以上上升到 240.93‰[1]。

由于 21 世纪前半叶中国人口加速走向老龄化和高龄化，同时总体人口年龄别死亡率的"U"形曲线分布是不能改变的，改变的只是年龄别死亡率下降的程度而不是它的总体形态；这就将健康尤其是老年健康，作为重要社会问题提到我们面前。如果追求长寿而忽视健康，晚年大部分时间在病痛呻吟中度过，那样的长寿又有什么意义呢？1998 年上海市卫生局对 15000 名高龄老人的抽样调查表明，77% 的人患有各种慢性病，尤以循环系统、消化系统、呼吸系统疾病和糖尿病居高，分别占患病老人的 36%、22%、20% 和 18%，50% 的老人同时患有 3 种以上疾病[2]。健康不仅是老年个体幸福度过晚年的需要，而且也是减轻家庭子女负担和社会负担的需要，长寿加健康才是老年追求的目标。

## 两种不同的心理：自暴自弃还是自主自立

老年是总体人口中的脆弱群体，增进老年健康少不了社会的关爱，这是问题的一个方面。另一方面，作为老年人自身怎样对待这种关爱，是自暴自弃坐等别人的关爱，还是自主自立首先自我关爱和减轻别人的关爱？这是每一个老年人都要思考和回答的问题，是自我定位的问题。

说到关爱，不妨讲一段笔者经历过的一个故事。20 世纪 80 年代伊始，笔者到美国出席一个学术会议，在笔者发言中讲到中国尊老、养老的传统，

---

① 《中国人口统计年鉴 2000》，中国统计出版社，2000。
② 参见颜昌波、徐炳寅《影响我国老年人健康的主要因素及对策》，《21 世纪老年学与老龄问题》，中国劳动社会保障出版社，2000。

讲到中国传统文化的底蕴。笔者发言后，接着是提问和讨论。一位美国教授站起来点评，他说我的发言很好，美国经济发达，但是家庭子女对老人关爱不够，很早便分开居住，老人得不到子女的照料，老子死了，子女还不知道。他慷慨陈词要美国向中国学习，倡导尊老、养老和子女孝道。他的点评引起一番争论，焦点是在美国要不要学习中国的尊老、养老传统，子女能否尽孝道。休会时笔者又同这位教授作了一番对话，笔者说你倡导美国尊老、养老和子女孝敬父母很好，倡导总比不倡导要好。但是美国是否能做到，我看不一定。他问为什么？我反问他，中国的尊老传统和孝道是怎样形成的？他用一句话回答了我，历代皇帝和从孔夫子到孙中山历代思想家提倡的结果。我说他只回答了 30%，还有 70% 没有回答。中国尊老、养老传统的形成同历代封建帝王、思想家的大力倡导有一定关系，但更主要的原因在于几千年以手工工具为标志的农业社会生产方式。手工工具劳动的技术实为手工工匠的技巧，不同于现代技术，技巧同劳作时间长短和熟练有关，所谓"熟能生巧"是也。老年在某一行当劳动时间长、技巧高，因而成为生产上的权威，赢得社会和家庭成员的尊敬，久而久之形成社会尊老、敬老、爱老传统，子女孝敬、赡养父母长辈的道法规范。美国是现代化的机器大工业，相比之下老年非但不是生产上的权威，而且是时代的落伍者，已失去往日尊严的经济基础。故年龄歧视得到滋生的土壤，才发生"越老越不值钱"年龄歧视的不利状况。笔者告诉他，提倡尊老、敬老舆论上会好一些，也会对现实产生一些影响，但是不可能做到像中国那样，而且中国也在发生变化，随着商品经济的发展和现代化建设的推进，老年地位和作用在下降，尊老、爱老、孝道一类传统正受到前所未有的挑战，类似美国的事情以后也会发生并呈上升的趋势。他听了将信将疑。15 年后他来到中国我们再次见面，他告诉笔者，他在美国倡导尊老、爱老和子女赡养老人，几乎没有收到什么效果。笔者告诉他，中国反倒收到了美国现代化摧毁传统观念的效果，社会尊老和子女赡养老人呈下滑趋势。

这个故事至少给我们以两点启示，第一，老年人作为总体人口中的脆弱群体，社会和家庭应当给予更多的尊敬、关爱和赡养，使他们顺利度过人生的最后阶段。就中国而言，一直在努力这样做。在养老经济保障方面，据统计，改革开放以来，全国离休、退休、退职职工人数由 1978 年的 314 万人，增加到 1990 年的 2301 万人，2000 年的 3876 万人，增长 6.3 倍和 11.3 倍；离退休费用总额由 17.3 亿元增加到 472.4 亿元、3040.5 亿元，按可比价格计算增长 12.1 倍和 48.6 倍；人均离退休费由 551 元增加到 1760 元、7190 元，按可比价格计算增长 53.7% 和 268.2%[①]，无论离退休费用总额还是人均离退休费，均有大幅度增长。在社会关爱方面，从《中华人民共和国宪法》明示父母与子女之间有抚养和赡养的对等义务，使子女赡养有法律保障；到 2000 年《中共中央、国务院关于加强老龄工作的决定》、2001 年《中国老龄事业发展"十五"计划纲要（2001～2005）》的颁发，尽可能地将对老年人的保障和关爱纳入政府议程和行动计划。然而由于中华人民共和国成立时原本是一个农业国，50 多年的建设特别是改革开放以来取得的卓著成绩，甚至可谓世界发展史上的经济增长奇迹；但是至今经济发展水平仍旧不够高，按照"三步走"发展战略目标，2050 年经济和社会发展只能居于一般中等发达国家水平，而老龄化却达到峰值，居相当高的水平。这就形成了老龄化水平较高和经济发展水平相对不高之间的"时间差"，从而影响到社会关爱的经济基础。在家庭关爱方面，可以肯定地讲，中国尊老、敬老、爱老、养老的优良传统会继承下来，政府、群团及各界人士都在倡导、呼吁和行动，这是问题的一个方面。另一方面，随着市场经济体制改革的深入，加入 WTO 以后中国经济进一步同世界市场接轨和融合，商品价值观念强化或曰泛商品观念，必然更深地渗入人们的思想，左右着人们的行为。家庭中的代际关系也不能逃脱，交换价值的渗入，传统的代际关系淡化，使来自子女对父母的关爱减色，拒不赡养老人案件增多。现实的情况是，面对中国加速走向老龄化，老年群体需要更多的关爱，包括赡养和尊敬；而社会的赡养和关爱受经济发展水平不高的限制而力不从心，家庭和子女关爱受到社会商品观念影响而淡化，二者均不能适应老龄化发展的需要。

第二，家庭代际关系淡化有其必然性。上述故事中美国为什么难以树立起尊老、养老代际风范？归根结底是工业化和现代化改变了农业社会的经济基础，老年人口失去了农业社会手工劳动的优势所致。总体人口可粗略地划分成 0～14 岁少年人口，15～59 岁或 64 岁成年人口，60 岁或 65 岁以上老年人口三个组成部分，一个人一生中在这三个部分中的体力、智力、智能是不断变化着的。研究表明，一般人的记忆力 30 岁以后便显著下降，50 岁以后脑细胞开始减少，进入老年精神和精神功能的老化，与身体生理的老化一同进行，使老年的知识更新发生障碍，很难适应工业化社会。特别是第二次

---

① 《中国统计年鉴1998》，《中国统计年鉴2001》，中国统计出版社。

世界大战以后经济发展以微电子技术为前导，当前发展到以生命科学为主导学科，以基因、纳米、信息技术为标志的新的技术革命，老年人跟不上现代化发展的形势；农业社会则不然，一是以手工劳动为主，老年人以其丰富的经验弥补体力和智力、智能的下降绰绰有余，不需要多少知识更新和创新；二是由于农业社会人口预期寿命短，中国在20世纪40年代的人口预期寿命城市不足40岁，农村只有35岁，高龄老人很少，"人生七十古来稀"。存在决定意识。由于当代社会老年人口不能适应现代化发展的要求，从社会发展主流中游离或半游离出来，在社会和家庭中地位和作用的下降已是必然。加上市场经济"游戏规则"成为通行的准则，交换价值升值，老年地位下滑和年龄歧视的发生在所难免。这种情况说明，当前和今后一个时期，无论社会关爱还是家庭关爱，都留下不小的"缺口"。需要调动各方面的积极因素，打造良策填补"缺口"。

## 两种不同的健康思路：注重"硬件"还是"软件"？

一般词典对健康的解释有狭义与广义之分。狭义的健康，指人体生理机能正常，没有缺陷和疾病；广义的健康，指事物情况正常，没有缺陷。各种调查表明，老年人对健康的理解首先限于狭义方面，只要不存在生理缺陷和疾病，便被认为是健康的。如何增进健康，人们首先想到的也是老年的经济保障、医疗保障和医护方面的服务诸多"硬件"，而心理和社会结构方面的"软件"则容易被忽视。这是认识上的一个"误区"，增进老年健康行动的一种误导，需要予以澄清和纠正。

其一，要认识老年自主自立精神，是老年心理健康的核心组成部分。按照世界卫生组织（WHO）对健康概念的定义，它包括生理健康、心理健康、适应社会状况良好三个基本的方面。即健康不仅是人体生理机能正常、没有缺陷和疾病，而且是心理的良好状态，适应社会活动的完好状态。有无自主自立意识和自主自立意志强弱，本身即是老年心理健康的构成要素，属于老年健康范畴。一个毫无自主自立意识，凡事都要等、靠、要的老年人，对生活丧失了信心、追求和主动精神，必然影响到其生理机能的发挥，影响到生理健康。国内外不乏这样的例子，退休前身体很好，生活充实，身心都很健康；退休后无所事事，失去了人生追求的目标，泯灭了自主自立精神，很快导致健康恶化和死亡。依据马斯洛（Maslow）和密特尔曼（Mittelman）提出的心理健康10条标准，即有无充分的安全感、能否正确认识和评价自己的能力、生活的理想和目标是否符合实际、能否与现存环境保持良好接触、能否保持人性的完整与和谐、是否具备从经验中学习的能力、是否保持良好的人际关系、能否适度地表达和控制自己的情绪、能否适宜地发挥个人的个性、能否在社会规范范围内适当地满足个人的基本需求，对于老年人口来说，自主自立精神带有根本的性质。只有对自己有信心和具备自主自立精神，才能基本达到上述心理健康中的标准；丧失信心和缺乏自主自立精神，便会从根本上丧失心理健康。

其二，要认识老年自主自立精神，是适应社会状态良好的条件。老年人口适应社会，适应什么呢？首先，经济是基础，老年人要适应市场经济。中国宣布建立社会主义市场经济体制改革目标，当前已步入市场经济轨道，只是尚不够完善。加入WTO后进一步融入国际市场，必将推进对外开放和对内市场经济体制改革的深化。市场经济的基本特征，可用市场主体法人化、要素流动市场化、宏观调控间接化、经济运行法制化来概括，通行的是公平竞争、等价交换原则。显然，包括老年在内的任何人想要脱离市场、独立于市场之外是不可能的，只有积极参与才能赢得市场。而要积极参与，具备还是不具备自主自立心理是前提条件。只有具备这样的心理，不断学习，掌握和运用市场经济规律，才能在市场经济面前成为自由人。

其三，要适应新的技术革命和现代化建设实际。第二次世界大战后，以微电子技术为前导，包括新材料、新能源、宇航技术、激光技术、海洋技术、生物技术等的新技术革命，给包括老年一代在内的人类带来巨大福利，改变着人们生产、生活和活动方式。当前以生命科学为主导学科的更新的技术革命已经开始，人类将迈入科学技术空前发展的时代。应当看到，由于当今一代老年人口总体文化教育素质不够高，知识更新受年龄限制又很困难，因而很难站到学科前沿。但是同样应当看到，老年一代也不可能被排斥在新技术革命和现代化建设之外，他们也应融入现代化发展洪流之中。事实告诉我们，部分身体素质、文化素质、心理素质较好的老年人，完全可以融入现代化潮流中去，他们照样可以熟练地应用计算机、上互联网，照样可以为发展科学事业作出新的贡献。更多的老年人是重在参与，他们不一定有什么发明创造或作出新的突出贡献。但是通过参与对国家、社会、家庭有益的事情，用行动证明老年人生的价值。而要积极参与和适应现代化建设状态的完好，老年是否具备自主自立、不断强化自身的心理素质是关键，加强学习和生活的独立性是前提。

鉴于老年自主自立是老年心理健康、适应社会状态完好的重要组成部分，是一个基本的立足点，社会就应当发扬和培养这种精神，为老年自主自立创造必要的条件。一要扩大宣传，讲清自主自立精神在老年生涯中的重要性，将社会关爱和发扬老年自主自立精神结合起来。二要从实际出发，倡导老年人口自主自立既不是不要社会关爱，也不是超越现实的自主自立，而是从老年生理、心理客观实际出发，从社会需求和现实可能出发，鼓励老年活到老学到老，适当从事力所能及的劳动，积极参与社会活动，从而达到继续发挥"余热"、身心健康地走完人生旅途的目的。三要积极创造条件，老年自主自立精神要有"用武之地"，社会和家庭都要尽可能地创造条件。一是创造劳动条件，为那些年龄较低、身体健康的老年人提供劳动岗位，发挥少数学有专长的老年智力优势；大量的是从事适合老年体力、智力、活力的第三次产业。二是创造学习条件，除一般性的老年大学外，科普性的音乐、舞蹈、绘画、书法、体育等学校受到普遍欢迎。尤应提到的是，同现代化建设关系密切的电脑、网络、股票、理财等技术，应当积极研制开发，使其适应老年人的需要。三是创造参与社会活动的条件，包括参与一定的政治、文化、体育、旅游等活动，在社会活动中培养他们的兴趣、爱好、情操，增强自主自立能力。

## 参考文献

[1] 《中国老龄事业发展"十五"计划纲要（2001～2005）》，2001年8月8日《中国老年报》。

[2] 中国老年学学会编《21世纪老年学与老龄问题》，中国劳动社会保障出版社，2000。

[3] 中国老年学学会编《实现健康老龄化》，中国劳动出版社，1995。

[4] 〔日〕长谷川和夫、霜山德尔：《老年心理学》，车文博等译，黑龙江人民出版社，1985。

[5] 田雪原主编《中国老年人口（人口、经济、社会三卷)》，中国经济出版社，1991。

[6] 《田雪原文集》（二）、（三），中国经济出版社，1995、2000。

［7］周丽萍：2001 年 11 月《中国老年人口健康评价指标体系研究》（研究报告）。

［8］陈肇男编《老年三宝——台湾老人生活状况探讨》，天翼电脑排版印刷股份有限公司（中国台湾）1999。

［9］United Nations, *World Population Monitoring 2000*, New York, 2001.

［10］ United Nations, *World Population Prospects*, *The 2000 Revision*, New York, 2001.

# "二元经济"结构下的
# 农村养老保障改革思路[*]

中国农村养老保障主要是经济供养保障向何处去，是固守家庭养老阵地还是走社会化养老之路，如何借鉴国际经验，可谓见智见仁，讨论多年却难以形成共识。究其原因，在于对农村养老保障的基础"二元经济"的决定性作用、特点和变动趋势缺乏深入的研究。

## 一 基于"二元经济"结构的城乡不同养老模式

人的一生可分成少年、成年、老年三个不同的时期，不同时期获取经济成果满足消费需要的方式截然不同。少年时期主要依靠父母、亲属和社会扶养，成年时期主要依靠劳动收入分享经济成果，老年时期则有如下三个渠道取得经济供养。

一是个人，依靠成年时期的个人储蓄和老年处于健康期的个人劳动收入；

二是家庭主要是子女供养，可视为非正规的群体行为；

三是社会保障，可视为正规的社会群体行为（世界银行，1996）。

目前中国的养老保障，是城乡有别的结构性养老体制。城市（含镇，下同）以正规的社会保障群体行为为主，辅之以个人行为和家庭行为；农村以家庭子女供养非正规的群体行为为主，辅之以个人行为和正规的社会群体行为。这种格局，1987年的情况如下[①]。

城市：离退休金供养占56.1%，子女供养占22.4%。农村：子女供养占67.5%，离退休金供养占1.0%。1992年情况如下[②]。

* 本文原载《人口学刊》2002年第6期。

① 《中国1987年60岁以上老年人口抽样调查资料》，《中国人口科学》1988年增刊（1）。

② 《中国老年人供养体系调查数据汇编》，中国老龄科研中心，1992。

城市：离退休金供养占 65.1%，包括子女供养在内的其他供养占 34.9%。农村：能够享有离退休金供养者占 5.8%，其余以子女供养为主，共占 94.2%。

近 10 年来的变动无确切资料，变动的趋势是离退休金供养比例有所提高，子女供养的比例有所下降；但是升降的幅度不会很大，城市以正规的社会保障群体为主，农村以家庭子女供养非正规群体为主，养老保障格局依旧。这种格局的直接后果，是农村养老保障水平更低。1992 年调查结果显示，农村老年人口的月平均收入仅为城市的 28.3%，尽管城市老年人口的平均月收入水平也不高。

城乡养老保障制度和水平上的差异，根源在于中国的"二元经济"结构。中国以世界文明古国著称，"文明"即文明在农业上，是一种农业文明，在长达几千年的农业社会，自给自足的自然经济占据统治地位，男耕女织，日出而作，日落而息，日复一日，年复一年。极富历史惰性的自然经济造成低下的农业劳动生产率，剩余产品很少，把孩子抚养长大成为劳动力而成家立业，是农民最大的"积累"。自然，当他们进入老年以后，就要从这种"积累"中提取养老支出，子女家庭供养也就成了天经地义的事情。

1949 年新中国成立后，开始了工业化进程，由于这一进程几经波折，因而传统农业向现代农业转变的步子不够大。改革开放以来这种转变的步子加快了，但是农业劳动生产率的提高非短期所能奏效，农民收入的增长也就受到限制，城乡收入差距还有拉大的趋势。特别在人口多、耕地少、生产力不发达的基本国情制约下，农业自然资本、产出（生产）资本、人力资本、社会资本不相匹配，农业平均占有的自然资本、产出资本数量不足，农业人口和农业劳动力过剩突出，这就严重阻碍了农业劳动生产率、农产品商品率和农业劳动者工资率的提高。在生产方式上，以家庭联产承包责任制为基础的经营方式，打破了原来人民公社"一大二公"体制，在解放和发展农业生产力上起到关键的作用；不过就养老方式而言，无疑起了维系代际之间哺育与"反哺"供养关系"温床"的作用，将市场化的养老保障拒之门外。因此，探讨当前农村养老保障改革，必须对"二元经济"结构变动的情况作出科学的分析，对发展的走势作出恰当的估量，方能找出相应的改革思路。

## 二 滞后于"二元经济"变动的农村养老保障

城乡不同养老保障制度的形成是"二元经济"的产物，现在的问题是中国的"二元经济"结构处在不断变动之中，而农村以家庭子女供养非正规群体行为为主的养老保障却基本未变，已经拉开很长一段"时间差"。改革开放以来，按国内生产总值所占份额的三次产业结构、三次产业就业结构、人口城乡结构变动，如图1～图3所示①。

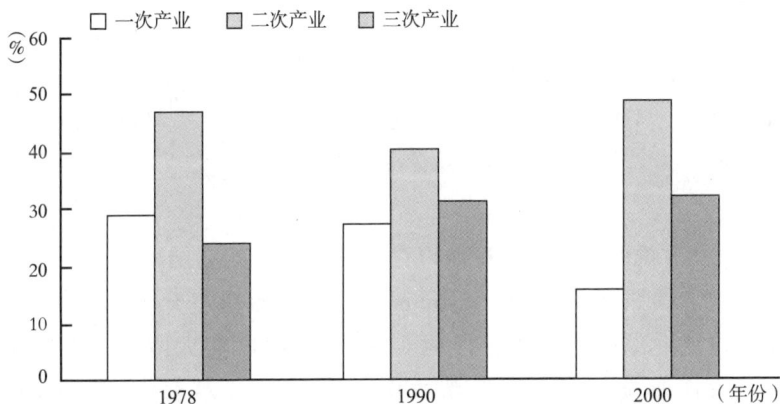

图1  1978～2000年三次产业结构变动

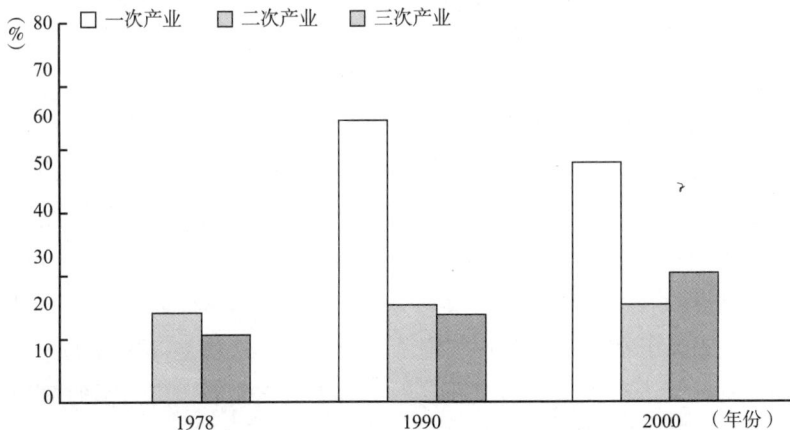

图2  1978～2000年三次产业就业结构变动

① 《中国统计年鉴2001》，中国统计出版社，2001。

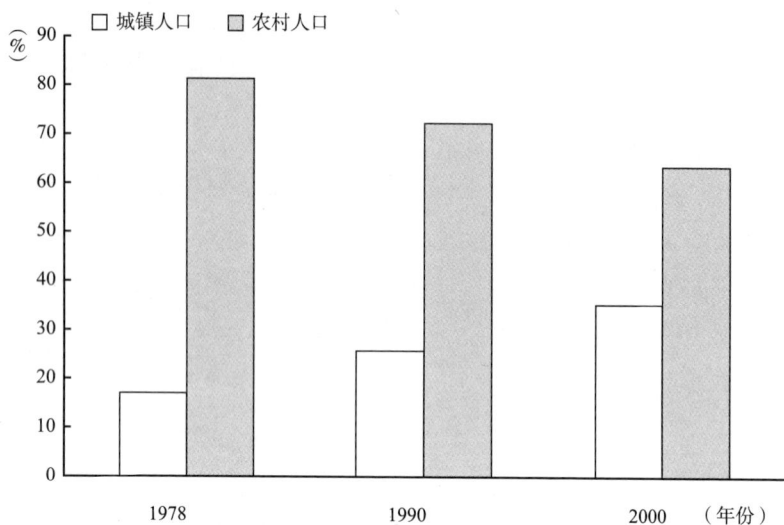

图 3　1978～2000 年人口城乡结构变动

　　图 1～图 3 说明，中国人口城市化水平落后于就业结构，就业结构落后于产业结构。按照赛尔奎因（Syrquin. M）—钱纳里（H. B. Chenery）三次产业结构与就业结构关系表，人均 GDP 达到 1000 美元时，三次产业结构中，第一次产业应占 23%，就业结构中应占 52% 左右，人均 GDP 达到 2000 美元时，第一次产业应占 15%，就业则下降到 38% 左右。按此参考标准衡量，2000 年我国的产业结构接近人均 GDP 2000 美元的水平，就业结构则相当于 1000 美元左右的水平，城市人口比例当在 60% 以上。参见表 1、表 2①。

　　赛尔奎因—钱纳里关于三次产业结构、三次产业就业结构、人口城乡结构三者关系的研究，主要基于 20 世纪后半叶前期的考察得出的结论，其衡量标准不一定适合当前的情况，更不能完全适用于中国。但有一点则是毋庸置疑的，中国目前的人口城乡结构滞后于按产值计算的三次产业就业结构，三次产业就业结构又滞后于按产值计算的三次产业结构。这种 A > B > C 的传递效应，改革开放以来得到逐级增强式的释放。这就是以农民工进城务工经商为主的流动人口大军的形成和发展。对于这支流动人口大军的数量，从

　　① 参见 Syrquin. Mand H. B. chenery，1989，Three Decades of lndustrialization，*The World Bank Economic Roeviews*，Vol. 3。美元按 1980 年不变价格；《发展的格局（1950～1970）》，中国财政经济出版社，1988。

表1 赛尔奎因—钱纳里结构变动关系表

| 人均GDP（美元） | 产业结构（%） | | | 就业结构（%） | | |
|---|---|---|---|---|---|---|
| | I | II | III | I | II | III |
| 100 | 48.0 | 21.0 | 31.0 | 81.0 | 7.0 | 12.0 |
| 300 | 39.4 | 28.2 | 32.4 | 74.9 | 9.2 | 15.9 |
| 500 | 31.7 | 33.4 | 31.6 | 65.1 | 13.2 | 21.7 |
| 1000 | 22.8 | 39.4 | 37.8 | 51.7 | 19.2 | 29.1 |
| 2000 | 15.4 | 43.4 | 41.2 | 38.1 | 25.6 | 36.3 |
| 4000 | 9.7 | 45.6 | 44.7 | 24.2 | 32.6 | 43.3 |

表2 赛尔奎恩—钱纳里结构变动关系表

| 人均GDP（1964美元） | 城市人口比重（%） | 制造业增加值占GDP（%） |
|---|---|---|
| 100 | 22.0 | 14.9 |
| 300 | 43.9 | 25.1 |
| 500 | 52.7 | 29.4 |
| 1000 | 63.4 | 34.7 |
| 1000以上 | 65.8 | 37.9 |

五六千万人到七八千万人有之，八九千万人到1亿人有之，笔者估计当在1亿人以上。这支农村外出流动人口打工族以劳动年龄人口为主，农村老年人口比例相对较高。虽然2000年人口普查上海65岁以上老年人口比例为11.53%，居全国之冠，北京、天津分别为8.36%、8.33%，位居第四、第五位，城市特别是大城市老年人口比例处于较高水平；但是农村老年人口比例普遍高于小城市和镇，居于次高水平，是值得特别关注的。这大大增加了农村养老保障改革的难度，长江三角洲江浙一带更是如此。2000年浙江省65岁以上老年人口比例达到8.84%，江苏省达到8.76%，分别位居全国第二和第三位，其中农村老年人口所占比例较高是重要原因，也使得农村养老保障及其改革，变得更为急迫。

## 三 适应"二元经济"变动趋势的农村养老保障改革思路

随着21世纪人口老龄化的不断加深，养老保障改革成为全球性的一个问题。有趣的是，改革方向犹如迎面对开的两列火车，分别驶向对方经过的道路。经济合作与发展组织（OECD）国家担心现在缴纳高额养老金的年轻人，年老退休时得不到与缴费相应的年金补偿，也担心这种养老保障方式影响储蓄、生产性资本的形成和生产效率，因而谋求由单一正规的社会群体行为保障制度向多元化体制的改革，他们甚至从东方家庭养老中看到一线曙光；多数发展中国家忧虑家庭子女供养功能弱化，谋求由非正规的群体行为为主向以正规的社会群体行为为主养老保障体制的转变。不过这种转变和改革，一要有利于应对人口老龄化的挑战，二要有利于经济的发展，有利于社会的进步。对于中国特别是农村养老保障改革而言，"两个有利于"集中体现在适应"二元经济"发展趋势上面，这是改革应遵循的一条基本准则。建立在这一准则基础之上的农村养老保障改革思路，可以从以下三个方面入手。

其一，适当加快人口城市化步伐，实现农村资源的合理配置，为农村社会养老保障事业的发展提供物质基础。前已述及，人口城乡结构长期滞后于三次产业就业结构，三次产业就业结构又滞后于按产值计算的三次产业结构，加剧着人口和劳动力过剩同土地、淡水、森林、草场不足等的矛盾。这种自然资本、产出资本同人力资本、社会资本不相匹配的带有根本性质的矛盾，致使农业劳动生产率和农民收入增长不快。试想，一个农民耕种一二亩地，叫他如何富裕起来?! 值得注意的是，这种状况不仅阻碍着农业生产的发展，也严重阻碍着农村社会养老保障的改革和发展。为此，适当加快人口城市化进程成为关键之举，只有农民占有的自然资本、产出资本显著提高，才有农产品商品率和农业市场化率的显著提高，农业劳动生产率和农民收入的显著提高，农村养老保障基金的筹措才有可靠的基础。因此笔者主张逐步拆除同"二元经济"发展变动不相适应的城乡分隔的户籍壁垒，适当加快人口城市化步伐，大力推进农业的现代化、企业化、市场化，营造有益于农村社会养老保障改革的经济环境。

其二，维护以家庭养老为主的非正规群体行为养老保障体系，一方面确保多数农村老年人口有所养，另一方面为发展以社会养老为主的正规群体养老保障机制赢得时间。面对农村社会养老机制短期内难以建立起来，以及OECD国家"从摇篮到坟墓"养老保障制度的种种弊病，以家庭为主的农村养老保障体系应当继续维持，通过法律的、行政的、宣传的等手段，保证老年同其他家庭成员一样，具有共享家庭成果的权利。通过"以时间换空间",培育和发展农村正规群体行为的社会保障。

其三,适应"二元经济"发展趋势,积极发展市场取向的农村养老保障事业,稳步推进强制性社会养老保障改革。随着国民经济的发展和"二元经济"向现代经济转变的逐步完成,如前所述,维护家庭子女养老功能是必要的和必需的,但是不能"家庭养老万岁",最终还是要过渡到以社会保障为主的正规群体行为机制上来,家庭养老将降到次要地位。办法主要有两个,一为发展以寿险为主要形式的商业性养老保险,也包括近年来各地创造的以土地、资本金入股的股份合作制养老保险,计划生育与父母养老保险相结合的计生养老保险等。二为在"二元经济"转变到相当程度,农民生活水平基本完成由小康向富裕阶段过渡的地区开展由政府、农业企业和农业劳动者个人共同出资的强制性社会养老保障,近似于目前城市推行的社会养老保障制度。这里,农村经济和农民收入达到较发达程度,政府一定的财政投入缺一不可,前者是基础后者是条件。农民是纳税者,为国家建设作出过毕生的贡献,在国民经济发展到一定高度之后,拿出一定财政收入为农民举办养老保险,理所应当。世界各国社会经济保障发展的历史表明,强制性的保障没有政府的介入是难以奏效的,社会养老保障制度的形成关键在于政府主导。

## 参考文献

［1］《中国 1987 年 60 岁以上老年人口抽样调查资料》,《中国人口科学》1988 年增刊（1）。

［2］田雪原主编《中国老年人口》（人口、经济、社会三卷）,中国经济出版社,1991。

［3］中国老龄科研中心编《中国老年人供养体系调查数据汇编》,1992。

［4］邬沧萍主编《社会老年学》,中国人民大学出版社,1999。

［5］中国老年学学会编《21 世纪老年学与老龄问题》,中国劳动社会保障出版社,2000。

［6］U. S. Department of Health and Human Services, *An Aging World: 2001*. By Kevin Kinslla and Victoria A. Velkoff.

［7］United Nations, *World Population Prospects*, *The 2000 Revision*. New York, 2001.

［8］United Nations, *World Population Monitoring 2001*, New York, 2001.

［9］IUSSP, *Population*, Volume 13 - 2, Paris, 2002.

# 加强全面建设小康社会
# 老龄问题研究[*]

党的十六大是新世纪召开的第一次全国代表大会，提出了全面建设小康社会的目标、路线和方针，有着重要的现实意义和深远的历史意义。大会号召全党和全国人民解放思想、实事求是、与时俱进；明确提出发展要有新思路，改革要有新突破，开放要有新局面，各项工作要有新举措。我们贯彻落实党的十六大精神，就要坚持以"三个代表"重要思想为指导，紧密联系实际，认真研究我们所从事的事业和工作在全面建设小康社会中的位置，提出改革和发展的新思路，进一步落实到行动中去。联系老龄问题和老年科学研究，笔者以为，党的十六大的新精神需要深入领会，许多新问题需要作出开创性研究。

党的十六大提出的全面建设小康社会的任务，包含着老龄问题的解决和老年科学研究的内容。党的十六大《报告》提出："我们要在本世纪头二十年，集中力量，全面建设惠及十几亿人口的更高水平的小康社会，使经济更加发展、民主更加健全、科教更加进步、文化更加繁荣、社会更加和谐、人民生活更加殷实。"试想，这"六个更加"哪一个同老年人口没有关系，哪一个不需要老龄问题的妥善解决?! 众所周知，老龄化是世界也是中国人口年龄结构变动的一大趋势，不过由于中国近30年生育率和出生率的持续下降，未来半个世纪内老龄化将更具有速度比较快、达到的水平比较高、累进增长和城乡、地区分布不平衡的特点。老龄化主要带来两大问题，一方面，是与日俱增的老年人口本身的问题，即老年人口的赡养、医疗、教育、学习、劳动、娱乐等问题。当前，在全面建设小康社会初期阶段，赡养和医疗最为突出。以赡养为例，由城乡"二元经济"结构决定，城镇实行的是结

---

　　* 本文原载中国社会科学院《院报》2003年4月17日。

构性养老保障体系。按照"老人老办法、新人新办法"规定，单位（主要是企业）和劳动者本人按月缴纳一定数额养老保险金，称之为基本养老保险，具有强制性质；单位（企业）效益较好者，可由劳资双方各出一部分资金增加养老金数额，称之为补充养老保险，这部分属于自主行为；第三部分，是职工的个人行为，即职工个人的商业保险，由职工个人自愿缴纳购买。显然，这样的结构性养老保险带有过渡的性质，未来 20 年如何改革和发展，需要作出切合实际的研究，提出改革的思路。而广大农村的养老保障改革，还是一个空缺，是占全部老年人口 60% 以上的空缺，需要加强研究并提出具体改革建议。人口老龄化带来的另一方面的问题，是未来 20 年内老龄化加速进行对经济、科技、人口、社会发展等的影响。迄今为止，这后一个方面的影响研究十分有限，而现实的影响却在日复一日地加强。老龄化的影响最为突出的，是社会抚养比的上升，由此引起的对经济投资、储蓄、消费等的影响；劳动力供给的变动，由此引起的是劳动力市场价格的波动，以及生产和交易成本的变动；一定程度的老龄化是实现人口转变的标志，实现人口零增长必经的途径，同时对人口老龄化和高龄化的程度对人口产生的影响要作出科学的估量，做到人口数量、质量、结构三者之间的协调和持续的发展。学习党的十六大精神，结合目前我国人口老龄化状况和存在的老龄问题实际，对未来发展趋势，笔者以为，以下 10 个方面的问题应当重点加以研究。

1. 人口老龄化对全面建设小康社会的影响

这是一个总的题目。侧重于宏观目标和决策选择研究。要从总体和宏观上，阐明人口老龄化加速到来在全面建设小康社会中占有怎样的地位，起到什么样的作用，老龄化加速到来影响的主要方面，相应的决策选择。

2. 人口老龄化与健全社会养老保障体系

党的十六大报告提出"深化分配体制改革，健全社会保障体系"任务，"社会保障体系"无疑包括养老保障体系在内。如前所述，目前"二元经济"结构下城乡分割的养老保障体系，只能看做一种过渡形态，向现代养老保障体系过渡的形态，未来 20 年将怎样改革？如何推进？

3. 农村养老与繁荣农村经济

党的十六大将"建设现代农业，发展农村经济，增加农民收入"列为全面建设小康社会的重大任务，农村养老保障改革必将随着"三农"问题的解决而不断推进，怎样改革、解决和推进？

#### 4. 扩大就业与人口老龄化

未来20年就业形势严峻，《报告》用了很大分量讲就业问题，提到就业为"民生之本"，要"千方百计扩大就业"的高度。在这种形势下，老年从事力所能及的劳动和就业，面临新的问题，提高老年收入也面临新的问题。

#### 5. 加速城镇化与老龄化

《报告》提出"加快城镇化进程"任务，城镇化主要依靠农村剩余劳动力向城镇转移完成，在转移过程中，老年人口相对地在农村沉积下来。这就造成农村老龄化程度相对较高的状况，目前在市、镇、县排列中，农村老年人口比例居于市之后，比县为高，预计未来20年与县的差距有可能拉大。

#### 6. 不断改善人民生活与老年相对贫困化

全面建设小康社会的根本目的，是使人民过上幸福生活。这集中体现在代表最广大人民群众根本利益的"三个代表"重要思想中。但是，除了城乡、东西部差距拉大之外，在总体人口中，不同年龄人口群体的收入差距是颇值得关注的。未来20年老年人口相对贫困的状况如何改变，如何有效地提高老年人口收入水平，有许多需要探讨的问题。

#### 7. 老龄化与人口发展目标

党的十六大提出建设全面小康社会目标，因为现在达到的小康社会还是低水平的、不全面的、不平衡的，其中就有"人口总量继续增加"，"老龄人口比重上升"因素。那么这两项人口因素是什么关系，理想的全方位适度人口论对二者提出怎样的要求，如何协调老龄化程度与人口目标，需要深入研究。

#### 8. 老龄化与科教兴国

人口年龄结构老龄化，特别对于像我国趋于急速老龄化的国家来说，对科技进步会产生怎样的影响，对实施科教兴国战略的影响是格外需要关注的。

#### 9. 老龄化与可持续发展

党的十六大强调以人为本的可持续发展战略思想，要协调好人口、资源、环境、经济发展、社会发展之间的关系，人口年龄结构老龄化的作用与影响无疑是不可忽视的要素。

#### 10. 老龄化与现代化

《报告》审慎地提出，在全面实现小康社会之后，再继续奋斗几十年，到21世纪中叶基本实现现代化。实现现代化不仅按人口平均要达到届时发达国家一般水平，而且在人口生理素质和文化教育素质、社会文明程度等都应达到较高水平。这对于一个拥有众多人口且加速走向老龄化的发展中国家来说，困难是需要作出充分估量并采取相应的决策方略的。

可以肯定地说，上述 10 个方面的问题不是全部，而是当前就需要提出和研究的比较重要的问题。随着全面建设小康社会的展开和深入，还会涌现出新的需要研究的问题。在中国发展史上，全面建设小康社会是前无古人的事业，也是涉及经济、科技、社会发展各个方面空前壮丽的事业，其中包括老龄事业和为发展老龄事业开展的老年科学研究。当前的老年科学研究，就是要抓住全面建设小康社会中的老龄问题这个主题，组织力量攻关，进行卓有成效的研究，为实现第三个发展目标和发展老年科学作出贡献。

# 立足可持续发展：
# 中日"少子高龄化"比较<sup>*</sup>

观察进入 21 世纪后的世界人口变动，总体上正面临"少子高龄化"趋势，日本和中国就是发达国家和发展中国家这两种类型的代表。站在可持续发展立场分析和评价中日两国的"少子高龄化"，笔者以为，不仅在一般意义上对两国的发展是必要的，而且是谋求人口、经济、社会协调、全面、可持续发展所必需的，并且对其他国情相近国家具有一定的借鉴意义。

## 中日"少子高龄化"趋势

第二次世界大战结束后，全球出现持续一段时间的"婴儿高潮"，中、日两国人口均获得较快增长。虽然中国人口在 1958 ~ 1961 年经历一次短暂的生育低潮，但是总起来看，1950 ~ 1970 年的 20 年间，全国人口由 55196 万人增加到 82992 万人，增长 50.4%，年平均增长 2.06%；日本在 1945 ~ 1965 年的 20 年间，人口由 7215 万人增加到 9828 万人，增长 36.2%，年平均增长 1.56%，这段时期均为两国历史上人口增长最快时期之一。20 世纪 70 年代以来，两国人口增长速度趋缓，生育率呈逐步下降趋势。1970 ~ 1979 年，中国人口由 82992 万人增加到 97542 万人，增长 17.5%，年平均增长 1.81%；日本由 10372 万人增加到 11616 万人，增长 12.0%，年平均增长 1.27%。1980 ~ 1989 年，中国人口由 98705 万人增加到 112704 万人，增长 14.2%，年平均增长 1.48%；日本由 11706 万人增加到 12321 万人，增长 5.3%，年平均增长 0.57%。1990 ~ 1999 年，中国人口由 114333 万人增加到 126743 万人，增长 10.9%，年平均增长 1.15%；日本由 12361 万人增加到 12693 万人，增长

＊ 本文为提交第 11 届中日社会经济国际讨论会文化文，2006。

2.7%，年平均增长 0.29%①。这种人口增长率下降趋势还在持续，2000 年以来的人口增长率，估计中国在 6.8% 左右，日本在 0.2% 左右。

导致人口增长率下降的最主要原因，是出生率和生育率的持续降低。由于出生率是一个粗率，受到人口年龄结构变动影响较大，不便于直接比较，要比较需要进行年龄结构标准化；这里选用生育率中的总（和）生育率（TFR）作比较。1950 年，中国总生育率为 5.81，日本为 5.11，两国之间相差不大。然而时过 20 年中国仍然维持在这一水平，1970 年仍为 5.81；而日本却大幅度下降到 2.13，达到更替水平，差距一下子拉开了。此后中国大力控制人口增长、切实加强计划生育取得卓著成绩，总生育率下降相当迅速，目前估计在 1.80 左右；日本继续下降到 2001 年的 1.33 的低水平。中日两国总生育率下降的轨迹，如图 1 所示。

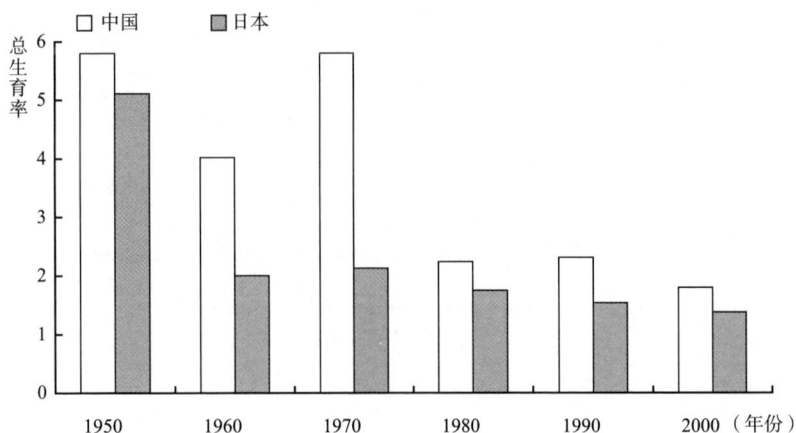

图 1　1950 年以来中日总生育率下降比较

上述情况表明，日本自 1970 年总生育率下降到 2.13 更替水平，同时这一年 65 岁以上老年人口比例达到 7.07%，步入老年型年龄结构，标志着"少子高龄化"时代的开始；又过了 30 多年，日本在"少子高龄化"道路上越走越远，进入 21 世纪以后达到较严重程度。中国于 20 世纪 90 年代中期总生育率下降到更替水平，其后总的趋势是稳中有降；人口年龄结构 2000 年 60 岁以上老年比例达到 10.1%，65 岁以上达到 7.0%，在 20 世纪与

---

① 中国国家统计局：《中国人口主要数据手册》，1995，第 13 ~ 14 页；日本国立社会保障·人口问题研究所：《人口统计资料》，2003，第 9 ~ 10 页。

21世纪之交步入"少子高龄化"时代。比较未来中、日两国人口变动"少子高龄化"趋势，虽然中国起步比日本大约晚了30年，但是中国在过去的30多年中生育率下降的速度比较快，因而进入"少子高龄化"以后的速度也比较快，达到的水平也比较高；然而，日本"少子高龄化"却在不停地加深，未来中日之间的差距仍将是明显的。不过在世界性的"少子高龄化"进程中，中日两国的"少子高龄化"更为引人瞩目，未来将分列发展中国家和发达国家前茅。参见图2、图3来自联合国经济和社会事务部、人口司的中位预测①。

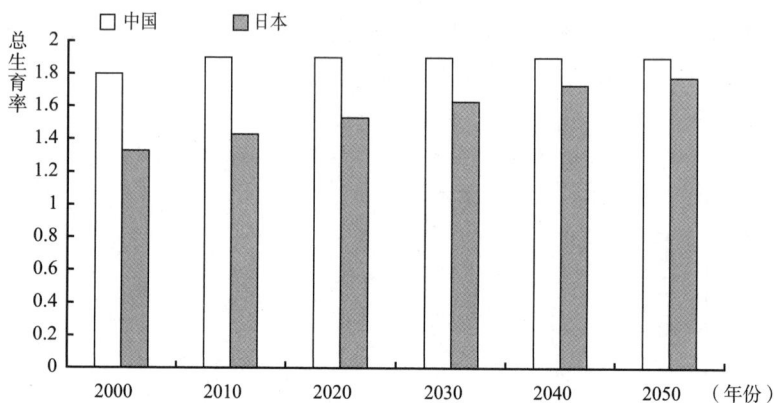

图 2　2000～2050 年中日总生育率变动预测

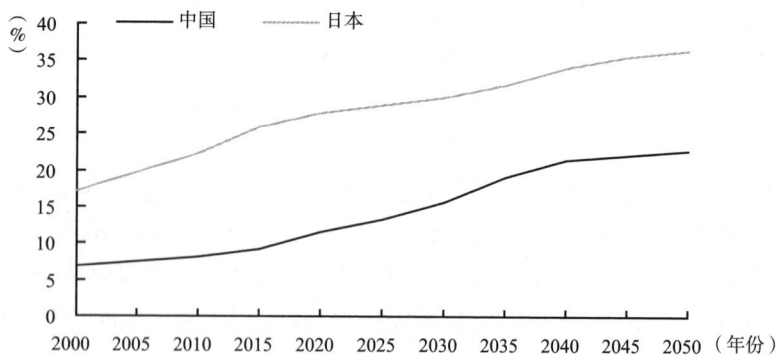

图 3　2000～2050 年中日 65 岁以上老年人口比例变动预测

---

①　United Nations, *World Population Prospects*, *the 2000 Revision*, p. 172, p. 280. New York, 2001.

联合国的上述预测，同中日两国本国学者的预测大同小异。这是因为，未来半个世纪内的老年人口绝对数量相对说来是一个定数，是现今 15 岁以上人口的自然推移，只需减去逐年的年龄别死亡人口；同时受到两国生育率已经很低、下降空间有限制约，出生率和出生人数的估量也不会出入很大。如果说有所出入的话，两国本国的预测"少子高龄化"的程度还要轻一些。如日本国立社会保障·人口问题研究所的中位预测，2000 年 65 岁以上老年人口比例为 17.4%，比联合国高出 0.2 个百分点；但老龄化的速度略慢一些，到 2050 年比联合国的预测低 0.7 个百分点；年龄中位数、老少比等其他衡量老龄化的指标，联合国的预测也稍显高了一点儿[①]。

## "少子高龄化"问题

面对上述中、日"少子高龄化"趋势，未来和当前已经崭露头角的主要问题有三：一为劳动力供给，会不会发生劳动力短缺问题；二为老年赡养，会不会发生社会负担过重问题；三为发展活力，会不会发生技术停滞问题。其他诸如文化、传统、婚姻、家庭等方面的问题，都同上述三个基本问题相关联，是这些问题的延伸和扩展。

劳动力供给问题。生育率下降和出生人数的减少，直接导致劳动年龄人口的变动，长期持续的下降最终可导致劳动年龄人口减少，发生劳动力供给不足和短缺。预测表明，中国 15～64 岁劳动年龄人口在 2015 年以前一直是上升的，可由 2000 年的 86964 万人，上升到 2005 年的 93420 万人，2010 年的 97958 万人，2015 年的 100548 万人；2015 年以后转入下降，但是下降的速度不快，幅度也不够大：2020 年降至 100359 万人，2030 年降至 99469 万人，2040 年降至 92707 万人，2050 年降至 89185 万人。可见，中国在未来半个世纪内 15～64 岁劳动年龄人口总数将始终保持在目前水平之上。

从根本上说，中国人口问题属于人口压迫生产力性质，人口和劳动力过剩是问题的症结所在，在 21 世纪前半叶"少子高龄化"过程中，劳动年龄人口始终在目前水平之上，因而不会发生劳动力供给不足或短缺问题。日本的情况与中国有所不同，20 世纪 90 年代中期 15～64 岁劳动年龄人口达到

---

① 参见〔日〕国立社会保障·人口问题研究所《日本の将来推计人口》，第 12 页，平成 14 年。

8800 万人以后开始减少，2000 年减至 8622 万人，2005 年可减至 8460 万人，2010 年可减至 8180 万人，2020 年可减至 7482 万人，2030 年可减至 7047 万人，2040 年可减至 6169 万人，2050 年可减至 5581 万人[①]。从 2000～2050 年的 50 年间，日本劳动年龄人口减少 3074 万人，减少 35.5%，某些部门和行业的劳动力供不应求现象，恐怕在所难免。

　　社会负担问题。人口学所讲的社会负担，一般指被抚养的老年人口（60 或 65 岁以上）和少年人口（0～14 岁）与 15～59 岁或 15～64 岁劳动年龄人口之比，称为从属年龄人口比（Dependency Ratio）。它表明每一个劳动年龄人口平均负担的老少被抚养人口数，亦称为劳动年龄人口（从而劳动力）负担系数。在"少子高龄化"过程中，"少子化"可以减少少年人口比例，因而有着劳动年龄人口负担系数和社会负担减轻的功效；同时"高龄化"使老年人口比例增加，又具有增大劳动年龄人口负担系数和社会负担的效应。总体劳动年龄人口负担系数和社会总负担孰大孰小，取决于少年人口比例下降与老年人口比例上升的比较，一般情况下，不同历史时期会有所不同。按照前面的预测，未来半个世纪内中、日两国从属年龄人口比，从而每一个劳动年龄人口负担的少年和老年人口负担系数的变动，如图 4 所示。

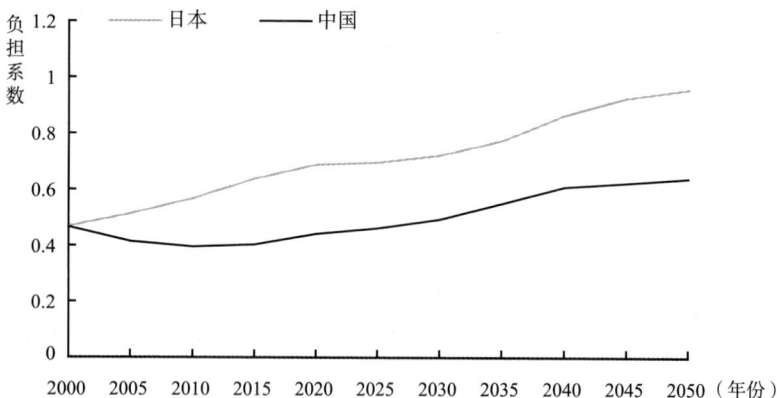

图 4　2000～2050 年中日劳动年龄人口负担系数变动预测

　　图 4 表明，2000 年前后中、日劳动年龄人口负担系数有一次交叉：中国自 20 世纪 80 年代以来劳动年龄人口——从而劳动力——负担系数经历了

---

① United Nations, *World Population Prospects*, *The 2000 Revision*, p. 172, p. 280.

20 多年的持续下降过程，2000 年下降到 0.466；日本自 20 世纪 70 年代以来劳动年龄人口负担系数经历了 30 年的上升过程，2000 年上升到 0.468，与中国劳动年龄人口负担系数几乎相等。这是下降和上升两种不同性质形成的交叉，交叉后沿着各自的惯性力继续下降或上升：中国劳动年龄人口负担系数可于 2005 年降至 0.414，2010 年降至 0.395 最低值；其后转而缓慢攀升，同日本上升趋势类同，只是始终要比日本低一截，2015 年只有 0.403，2020 年可攀升到 0.441，2040 年可攀升到 0.608，2050 年可攀升到 0.639 最高峰值，相当于日本 2015 年的水平。日本面临着劳动年龄人口负担系数节节升高的压力，2010 年可升至 0.567，2020 年可升至 0.688，2040 年可升至 0.866，2050 年可升至 0.957 最高峰值。2015 ~ 2050 年，日本劳动年龄人口负担系数保持在比中国高出 0.2 ~ 0.3 的水平，社会负担相对要沉重一些。

发展活力问题。所谓发展活力，指经济、科技、社会发展中的创新能力而言，包括经济增长、科学研究、技术进步、社会和谐等的创新能力。在 21 世纪前半叶中、日人口"少子高龄化"过程中，随着老年人口比例和劳动年龄人口负担系数的不断升高，一方面由于劳动力数量减少具有抬高工资的作用，从而加大劳动力成本；另一方面由于老年人口所占比例的增大而加大消费，一般表现为老年生活性质的纯消费，从生产和消费两个方面影响储蓄和投资，主导方面不利于经济的快速增长；不过要具体分析，伴随着老龄化的加深适合老年需求的产业结构的调整，老年消费需求的增长，无疑对经济增长也是一种拉动，一种缓慢增长的拉动。在科学研究和技术进步方面，一直存在两种不同的观点：一种认为"少子化"有利于社会和家庭的人口智力投资，有利于人力资本的积聚；同时，开发老年人力资源是一项投入少、产出高的事业，有利于推动科学和技术的发展。另一种观点则认为，在一个老龄化程度不断加深的社会，特别在超高老年人口比例不断增大的情况下，社会在整体上，接受先进的科学和技术的能力、技术更新的能力等将受到影响，将延缓科技前进的步伐。笔者以为，虽然两种观点均有一定的道理，但是就总体上观察，"年龄不饶人"是包括人的智力在内的普遍规律，"少子高龄化"对科学和技术进步的不利影响将是主要的方面。至于对社会和谐发展的影响，东西方学术界更是众说纷纭，主要表现在代际之间对传统、伦理、婚姻、家庭等观念上的差异，价值取向和价值判断的差异，参与社会形式的差异等。这种差异对科学和技术的影响，具有二重的性质和作用；总的认识是，可能有利于社会的稳定，不利于社会活力的增强。

## 立足于可持续发展的决策选择

以上关于中、日人口"少子高龄化"的分析，仅仅限于未来变动和发展趋势、存在的主要问题所作的"就事论事"的分析。如何应对未来形势的发展和可能发生的问题，特别是作出什么样的战略选择，则是要讨论的重点。在中国，由于包括学术界在内的从上到下认定人口问题的过剩性质，将控制人口数量增长作为主要目标，长期推行的是旨在控制人口数量、提高人口质量的计划生育基本国策。尽管自20世纪90年代中期以来生育率降低到更替水平以下，但是国家的人口政策仍然将人口的数量控制列为21世纪全面解决中国人口问题之首，其次才是人口素质的提高和人口结构的调整。即使如此，也有一个站在何种立场、用什么样的发展观来看待和解决的问题。即站在传统发展观还是站在协调、全面、可持续发展观立场，观察和解决人口问题。日本如何面对，就笔者所见，也存在不同的观点；然而随着近年来对"少子高龄化"忧虑加重，抬高生育率的主张呼声颇高。联合国经济和社会事务部、人口司对1976年以来日本政府的人口政策作了归纳，参见表1[①]。

表1　日本政府对人口增长的态度和政策

| 归纳内容 ＼ 年份 | 1976 | 1986 | 1996 | 2001 |
|---|---|---|---|---|
| 人口增长的观点 | 良好（赞同） | 良好（赞同） | 良好（赞同） | 良好（赞同） |
| 人口增长的政策 | 无干预 | 无干预 | 无干预 | 无干预 |
| 劳动年龄人口规模 | 没有涉及 | 没有涉及 | 没有涉及 | 较多涉及 |
| 人口年龄结构 | 没有涉及 | 没有涉及 | 没有涉及 | 较多涉及 |
| 生育水平的观点 | 良好（赞同） | 良好（赞同） | 过低 | 过低 |
| 生育政策 | 不干预 | 不干预 | 不干预 | 不干预 |
| 避孕方法 | 直接支持 | 直接支持 | 直接支持 | 间接支持 |

表1说明，1976年以来日本政府对日本的人口变动基本持不干预态度，但是进入21世纪以后态度有所改变：对避孕方法，由过去"直接支持"变动到"间接支持"；对人口年龄结构变动和劳动年龄人口规模，由过去"没

---

① United Nations, *National Population Policies 2001*, p. 210, New York, 2002.

有涉及"变动到"较多涉及"；对当前的生育水平，由过去的"良好（赞同）"变动到 1996 年以来的感到"过低"，转向支持生育率升高的举动。实际上，自 20 世纪 90 年代以来日本政府便在强调解决养老问题的同时，谋求生育率的有效提高。如对生孩子的妇女增加保健，实施送孩子到保养院保养的计划；建设健康的社会环境，帮助家庭进行子女教育；利用互联网等开展宣传，提高全民对"少子高龄化"问题的认识等。2003 年通过的"少子化社会对策基本法案"，更通过法律形式提高对母亲、家庭等的优惠待遇，加强服务等措施，以刺激和提高妇女的生育率，减轻"少子高龄化"的压力。不过日本政府的这些措施力度和收效均不大，未能就"少子高龄化"的主要原因——青年男女的晚婚化和未婚化，提出有效对策。

这里一个值得注意和讨论的重要问题，也是本文的主题，是日本人口规模究竟多大为宜，当前的"少子高龄化"是可怕的还是必须的。这个问题说得透彻一点儿，是站在什么样的立场来看待和解决包括中、日在内的 21 世纪人类面临的人口问题。据科学家考证，地球的存在已经有 47 亿年的历史，地球上有生物也已有了 23 亿年，最早的人类可能出现在距今 400 多万年以前。远者且不论，18 世纪中叶产业革命以来世界人口急速增长，从 1830 年的 10 亿人猛增到 1999 年的 60 亿人，现今已接近 63 亿人，成为一系列国际会议关注的焦点。一次又一次的人口、环境与发展会议表明，人口膨胀、资源枯竭、环境恶化已迫使越来越多的人认识到，必须走抑制人口增长、保护资源和环境的可持续发展之路。立足于可持续发展立场，笔者以为，中、日人口都已接近或超过了资源、环境的承载能力，需要谋求人口的零增长或负增长。参见表 2。[①]

**表 2 世界与中、日两国人口、环境状况比较**

| 地域 \ 指标 年份 | 人口密度（人/平方公里）2001 | 人均水资源（立方米）2000 | 人均耕地面积（公顷）1996～1998 | 人均能源消耗（千克）1997 | 人均二氧化碳排放量（千克）1997 |
|---|---|---|---|---|---|
| 世界 | 45 | 7113 | 0.26 | 1671 | 42 |
| 中国 | 134 | 2201 | 0.11 | 883 | 28 |
| 日本 | 337 | 3393 | 0.04 | 4085 | 92 |

① United Nations, *Population, Environment and Development 2001*, New York, 2001.

表2表明，目前中、日人口密度大大超过世界水平，中国为世界的2.98倍，日本为世界的7.49倍；人均能耗中国尚未达到世界平均水平，日本则为世界平均水平的2.44倍；人均二氧化碳排放量，中国距离世界平均水平还有一段距离，日本达到世界平均水平的2.19倍；主要的负向指标，人均水资源中国为世界平均水平的0.309，日本为0.477；人均耕地面积，中国为世界平均水平的0.423，日本仅为世界平均水平的0.154。目前，人均GDP日本约为世界平均水平的4倍，中国还有着很大的差距。但是上述情况无可辩驳地说明中、日两国人口与环境发展的不协调性，日本无疑比中国更胜一筹。日本是当今世界第二经济大国，然而过多的人口使得日本与欧美发达国家相比某些方面逊色许多：住房、交通、公共绿地、空气质量、活动空间等问题相当突出，归结到一点，人口与资源、环境发展不相协调。因此，站在可持续发展立场看待中、日"少子高龄化"，一定程度的"少子高龄化"非但不可怕，还是寻求人口、资源、环境可持续发展所必须的，日本更是如此。

## 参考文献

［1］《中国21世纪议程——中国21世纪人口、环境与发展白皮书》，中国环境科学出版社，1994。

［2］中国科学院可持续发展研究组：《中国可持续发展战略报告2001》，科学出版社，2001。

［3］田雪原、萧振禹主编《人口、经济、社会可持续发展》，中国经济出版社，2003。

［4］中国科学院现代化研究课题组和现代化研究中心：《中国现代化报告2003》，北京大学出版社，2003。

［5］〔日〕国立社会保障・人口问题研究所：《人口统计资料集2003》，2003。

［6］〔日〕国立社会保障・人口问题研究所：《日本の将来推计人口》，2001。

［7］United Nations, *World Population Prospects*, *The 2000 Revision*, New York, 2001.

［8］United Nations, *National Populatlion Policies 2001*, New York, 2002.

# 21 世纪中国发展：
# 关注来自人口老龄化的影响[*]

20 世纪是人口暴涨的世纪，21 世纪则是人口老龄化的世纪。21 世纪上半叶，中国将成为老龄化程度最高的发展中国家。展望 21 世纪的中国发展，人口老龄化将在越来越大的程度上左右着人口的变动、经济和社会的发展。对此，我们应当开展进一步的研究。

## 一　老龄化与人口发展战略

全面解决中国人口问题的人口发展战略，可分做三步走：第一步，把高生育率降下来，实现人口再生产由高出生、低死亡、高增长向低出生、低死亡、低增长类型的转变，这一步已在 20 世纪 90 年代中期完成；第二步，稳定低生育水平并实现人口的零增长，这一步也已走过了 10 多年的路程，预计可在 2030 年前后完成；第三步，由于人口的惯性作用，零增长以后总体人口将呈现一定程度的减少趋势，再依据届时的经济、社会和资源、环境状况，作出理想适度人口的抉择。基于这样的认识，中国人口发展战略的下一个目标，应锁定在以人口零增长为主要支撑点上，通过稳定低生育水平使之实现。依据前面所作的低、中、高三种预测，提出相应的三种可供选择的方案，即"硬着陆"、"软着陆"和"缓着陆"方案[①]。

"硬着陆"低位预测方案。生育率在现在基础上略有下降，没有更多顾及生育率的继续下降对人口年龄结构以及对经济、社会发展的影响，故称之为"硬着陆"。总和生育率设定：2000～2005 年平均为 1.65，2005～2010

---

[*]　原载《学习论坛》2006 年 11 月。

①　预测方案参数由田雪原、王金营讨论确定，设计和上机由王金营完成。参见《老龄化：从"人口盈利"到"人口亏损"》，中国经济出版社，2006。

年为 1.56，2010～2020 年为 1.44，2020～2050 年为 1.32，则 2010 年全国人口（未含台湾省人口，下同）为 13.43 亿人，2020 年为 13.86 亿人，2021 年达到最高峰值时为 13.87 亿人；其后出现逐步减少趋势，2030 年可减至 13.67 亿人，2040 年减至 13.02 亿人，2050 年减至 11.92 亿人。如果 1.32 的总和生育率一直保持下去，2100 年全国人口将减至 5.56 亿人。

"软着陆"中位预测方案。生育率保持相对稳定，稍有回升后即基本稳定在略高于现在的水平。总和生育率 2000～2005 年平均为 1.75，2005～2010 年为 1.80，2010～2020 年为 1.83，2020～2050 年为 1.80，则 2010 年为 13.60 亿人，2020 年为 14.44 亿人，2030 年达到峰值时为 14.65 亿人；其后转为缓慢下降，2040 年可降至 14.51 亿人，2050 年可降至 14.02 亿人。如果 1.80 的总和生育率一直保持下去，2100 年全国人口可降至 10.24 亿人。

"缓着陆"高位预测方案。生育率逐步有所回升，达到更替水平后保持在相对稳定状态，人口零增长目标要推迟到来。总和生育率 2000～2005 年平均为 1.90，2005～2010 年为 2.00，2010～2020 年为 2.13，2020～2050 年为 2.15，则 2010 年为 13.75 亿人，2020 年为 14.90 亿人，2030 年为 15.48 亿人，2040 年为 15.85 亿人，2050 年达到最高峰值时为 15.99 亿人。如果 2.15 的总和生育率一直保持下去，总人口将在 16 亿人上下波动，2100 年为 16.05 亿人。

比较上述三种方案，无疑以低位预测"硬着陆"方案控制人口数量增长最为有效，达到峰值时的人口数量分别比中、高方案减少 0.78 亿人、2.13 亿人，时间也分别提前 9 年、29 年；到 2050 年则分别减少 2.10 亿人、4.08 亿人，数量之差很大，优点突出。最大的缺点是人口年龄结构变动过于急速，造成老龄化过于严重：2020 年 65 岁以上老年人口比例将分别高出中、高方案 0.50、0.88 个百分点，2050 年将分别高出 4.07、6.91 个百分点；特别是 2045 年该低方案老年人口比例将上升到 25.62%，高出届时发达国家 25.30% 水平 0.32 个百分点，其后还要升高，这对于"未富先老"的我国来说，无论如何也是不能接受的。此外，劳动年龄人口减少过快也值得关注。该低方案 2020 年 15～64 岁劳动年龄人口将分别比中、高方案减少 488 万人、864 万人，2050 年将分别减少 1.21 亿人、2.25 亿人；而且，劳动年龄人口中 50～64 岁占 15～64 岁的比例，即劳动年龄人口中相对高龄化也要严重得多。虽然总体上说中国不至于发生劳动力短缺，但是劳动年龄人口减少过快和相对高龄化，则会导致劳动力的结构性短缺和人力资本活力的减退，给经济、社会发展带来不利影响，因而是不宜采纳的。

"缓着陆"高方案预测同"硬着陆"低方案预测相反，最大的优点是人口年龄结构变动比较合理，老龄化来得比较缓慢，劳动年龄人口所占比例较高的人口年龄结构变动的"黄金时代"或"人口盈利"，可维持较长时间，有利于保持中国劳动力廉价优势；最突出的缺点是人口数量控制较差，2020年将分别比中、低方案多出 0.46 亿人、1.05 亿人，2050 年将分别多出 1.97亿人、4.07 亿人。显然，这对于人口和劳动力过剩的我国来说，是难以承受的。

相比之下，"软着陆"中方案预测兼顾了"硬着陆"低方案人口数量控制比较有效，"缓着陆"高方案人口结构比较合理的优点；同时较好地克服了低方案人口结构不尽合理，高方案人口数量控制较差方面的缺点，人口总量 2030 年达到 14.65 亿人峰值以后出现缓慢下降趋势，人口老龄化 65 岁以上老年比例 2050 年达到 23.07% 峰值以后逐步缓解，劳动年龄人口比例和结构比较适当，是适应我国当前人口态势和未来数量变动与结构合理化，促进人口与经济、社会以及资源、环境协调发展的比较理想的方案。

全面建设小康社会 20 年和更长远一些时间的人口发展战略，应建立在该"软着陆"中方案基础上。这一方案的指导思想是：一方面要有效控制人口的数量增长，因为中国的人口问题本质上属于人口和劳动力过剩性质；另一方面要防止过度老龄化的发生，一个"未富先老"的国家的老龄化不可能超越发达国家水平。据此，我们提出：可将我国老龄化的最高"警戒线"设定为 65 岁以上老年人口比例 26%（发达国家 2050 年可能达到的老龄化程度）。基于这样的考虑，21 世纪中国人口发展战略可表述为：以全面、协调、可持续科学发展观为指导，通过人口数量、素质、结构的合理变动，积极稳妥地实现人口的零增长，促进人口与经济、社会以及资源、环境的和谐发展。这一人口发展战略与 20 世纪 80 年代初确定的"控制人口数量、提高人口质量、调整人口结构相结合并以数量控制为重点"的战略相比，有表现历史继承性相同的一面，也有展现当今时代和人口变动新特点不同的一面。一是指导思想不同，那时主要是将高增长的人口尽快降下来，缓解和逐步消除人口和劳动力过剩的压力；现在是要将控制人口增长纳入科学发展观视野，推进人口与可持续发展战略的实施。二是那时突出"以数量控制为重点"，现在是在继续有效控制人口数量增长的同时，还要兼顾其他方面，尤其是人口年龄结构老龄化的变动。三是战略目标不同，那时是人口发展战略伊始的"第一步"，以生育率下降到更替水平以下为目标；现在是"第二步"的零增长，还要涉及更长远一些时间百年以后的理想适度人口目标。继往开来，承上启下，准确定位21世纪的中国人口发展战略，核心是兼顾人口数量控制的有效性与人口年龄结构变动老龄化的合理性，老龄化在颇大程度上制约着21世纪的中国人口发展战略和生育政策的合理选择。

## 二 "人口盈利"、"人口亏损" 与经济发展

老龄化对经济发展的直接的制约和影响，表现在不同年龄组群人口的变动上。最为值得关注的，是自20世纪80年代开始，劳动年龄人口所占比例不断升高、老少被抚养人口之和所占比例不断降低的变动。进入90年代15～64岁劳动年龄人口比例更升高到占总人口的65%以上，老年和少年被抚养人口之和所占比例则下降到35%以下，标志着人口年龄结构变动步入对经济和社会发展十分有利的"黄金时代"，或曰"人口盈利""人口红利"期。如以从属年龄比（dependency ratio）低于0.5作标准，这一"人口盈利"期可持续到2030年前后，每个劳动年龄人口负担的老少被抚养人口即从属年龄比，已从1982年普查时的0.63下降到1990年的0.50，2000年的0.46；中位预测表明，2010年可进一步下降到0.37的最低水平；虽然此后从属年龄比呈上升趋势，但是上升的速度较慢，2020年可升至0.45，相当于2000年水平；2030年可升至0.48，接近1990年水平。2030～2040年间上升比较显著，2040年可升至0.59；2040年以后则变动不大，2050年略升高至0.61，相当于20世纪80年代初期水平。机不可失、时不再来。未来二三十年特别是全面建设小康社会余下的15年，正值劳动年龄人口充裕、从属年龄人口比处在低谷的"人口盈利"期，我们应当充分利用"盈利"的有利时机加快经济、科技和社会发展的步伐；同时也要清醒地看到，"人口盈利"期过后就是从属年龄比上升较快的"人口亏损"期，在"盈利"期就要筹划如何以"盈"抵"亏"、以"利"补"损"的方略，不能只分享眼前的"红利"而不顾及日后的"亏损"。少子高龄化对未来经济发展具体的影响，以下几个方面值得重视①。

---

① 参见田雪原、王金营、周广庆《老龄化：从"人口盈利"到"人口亏损"》，中国经济出版社，2006。下同。

1. 老龄化与储蓄率、储蓄水平

利用中国 1978 年以来人均 GDP、储蓄水平、储蓄率、人口年龄结构变动等有关数据分析，老龄化与储蓄率关系为：老年人口比重每上升 1 个百分点，储蓄率可提高 0.37 个百分点，远远不及劳动年龄人口每上升 1 个百分点储蓄率提高 1.47 个百分点。鉴于国际社会这方面的经验，随着老龄化的加深储蓄率还有下降的趋势。特别是达到严重阶段以后，老年人口动用储蓄金会显著上升，导致储蓄率下降。

2. 老龄化与劳动参与率、劳动力供给

中国 20 世纪 90 年代劳动参与率的降低，主要是由劳动年龄人口年龄别劳动参与模式的变动引起的，特别是较低年龄组群入学率提高和劳动参与率的下降所引发。由于未来劳动年龄人口中 25~44 岁年轻年龄组群所占比例下降，45~64 岁相对较高年龄组群所占比例上升，即使未来各年龄组劳动参与率保持 2000 年水平不变，劳动参与率也将出现下降趋势。尤其在 2045 年老龄化达到严重阶段以后，这种下降的趋势更为显著。

3. 老龄化与经济增长

西方主流经济学家认为，生育率下降可引起有效需求不足，从而影响经济增长。我们的研究说明，老龄化程度越高、上升速度越快，其对经济增长的阻力就越大，经济增长的速度也越慢；反之老龄化程度越低、上升的速度越慢，其对经济增长的阻力就越小，经济增长的速度也越快。无论在何种消费函数下，人口老龄化通过对消费的影响间接影响经济的增长，都以人口低方案下的高度老龄化的产出能力为最低，中方案次之，高方案则比较高。以不含滞后消费变量的消费函数为例，2020 年低、中、高三种方案产出之比为 1.00∶1.35∶1.35，2040 年为 1.00∶2.20∶2.24。从产出角度看，到 2035 年低方案与中、高方案相比，其产出值可相差近 1 倍，2050 年可相差 1.5 倍，时间越长落差越大。

4. 老龄化与收入分配

国际社会一般将支付老年的退休金等费用占国民收入的 10% 或工资总额的 29% 定为"警戒线"，超过这一"警戒线"将使国家财政和经济发展陷入困境。中国离退休人员社会保险福利费用占国民收入的比例，已从 1980 年的 1.4% 上升到了 1993 年的 3.7%，13 年间上升了 2.3 个百分点；预测 2025~2030 年可超过 10%，占工资总额可达 30% 左右，逼近并突破上述"警戒线"。然而此时距离老龄化峰值的到来尚有 20 多年的时间，足见问题之严重，对"人口亏损"必须有足够的估量。

## 三　老龄化与社会发展

人口老龄化对社会养老保障、科技进步、制度建设、社区发展、文化生活、婚姻和家庭等，都有着一定的制约和影响。特别是以下几个方面。

1. 老龄化与养老保障体系

由于 21 世纪前半叶中国人口老龄化速度比较快、达到的水平比较高，迫切需要构建全面的社会养老保障体系。基于"未富先老"基本国情，没有条件实施像西方国家那样覆盖全社会的养老保障制度；也鉴于当代"福利国家砍福利"的教训，也不应该走那条道路。从实际出发，我们提出走渐进式、逐步扩展的养老保障路子。鉴于未来老龄化在时间上呈 S 曲线推进趋势，21 世纪前 20 年为人口老龄化推进较慢时期，在此期间内应逐步形成包括集养老保险、社会福利、社会救济于一体的养老社会保障框架；2020 ~ 2040 年为人口老龄化加速推进并进入严重阶段，主要是完善养老保障体系和制度建设；2040 ~ 2050 年人口老龄化速度减慢并趋于稳定，养老保障制度也要相对稳定，只对个别不适宜部分作出相应的调整。毫无疑问，构建全社会的养老保障体系需要加大国家和地方的财政投资，政府扮演主力军角色；然而从实际出发，还必须调动各方面的积极性，挖掘各种潜力，盘活各方面的养老资产，走改革的路子。提出两点具体建议①。

（1）建立农村责任田养老基地。当前除"五保户"和个别经济发达地区外，广大农村还没有社会化养老保障，基本依靠老年人自我劳动和家庭供养。从长远发展角度观察，将来的社会养老保障要将农村纳入其中；这在国家和地方财政支持力量有限的情况下，就要挖掘其他方面的潜力。农村一般老年个人积蓄不多，走商业化养老保险只能是少数人的事情；但是农村老年同其他人一样，拥有一份责任田。尽管在法律上，责任田不属于个人所有，是一种使用权和经营权；但是因其具有使用价值，转让这种使用价值便可带来财富的创造，因而也可以将其视为"财产"而发挥养老保障作用。具体办法是：依据地区人均耕地面积多少，60 岁以上老年人可将其责任田的一部分或全部，入股带到农村老年责任田基地；基地是社会化养老组织，组织

---

① 参见田雪原、王金营、周广庆《老龄化：从"人口盈利"到"人口亏损"》。

低龄老年人和其他志愿者从事生产劳动和经营，取得经济收入，供给基地老年人生活和消费。基地主旨是通过盘活农村土地资源，使其成为养老资产；盘活农村老年劳动力资源，用老年人口中健康、较低年龄组群的集体劳动力量，克服老年个体体力上的不足，创立一种不需要额外投入即可实现基本养老的组织形式。

（2）创建城镇房产养老保险。同二元经济社会结构相适应，目前我国城镇中多数老年人口享有不同程度的养老保障，按时领取离退休金；也有部分城镇老年人口由于历史的原因，被排斥在离退休制度之外，不能享有离退休金。这部分老年人收入低、积蓄很少、生活比较困难。如何解决？调查表明，虽然他们现金储蓄较少，但是许多人拥有自己的一份房产，尽管房屋的质量一般不是很高。故可采取类似农村责任田养老基地办法，城镇老年人口也可以将属于自己的房屋财产投资到城镇专业养老保险公司，按照房屋的数量和质量作价入股，再按照股份多少按时领取养老金。房屋作价入股，可以采取：①出让式——老年人将属于自己产权的房屋作价卖给养老保险专业公司，等于以出卖房产作价投保养老保险，出让后老年人将不再拥有房屋的产权和继承权。②期货式——城镇老年人将属于自己产权的房产作价交付专业养老保险公司，但保留一定期间内的老年人的居住权（如保留到老年人去世为止），不保留房屋产权和继承权。实际上，等于专业养老保险公司预付一笔资金给老年房屋所有者作为股金投保，类似作期货交易一样。③典当式——既保留老年人对原有房屋的产权，又保留将来的继承权，只是将若干面积的房屋出租给专业养老保险公司，保险公司以养老金形式支付给老年一定的费用。类似在当铺里典当东西一样，等到老年人去世后，再由家人赎回来。由于房产养老方式不同，相同数量和质量的房屋入股专业养老保险公司的回报率也不同，第一种高于第二种，第二种高于第三种。

2. 老龄化与科技进步

迄今为止，人口老龄化对科技进步的影响和作用，认识上有很大分歧。我们认为，老龄化的影响是二重的：一方面，老年人才随着人口老龄化的加深不断增长，而老年人才长期积累起来的知识、经验和技能，具有不需要培训、成本较低和实用性较强等优点，能够也应该在全面建设小康社会中发挥出更大的作用。另一方面，老龄化的加深和用在老年人口上面投资的不断加大，会影响科学、教育、技术改造投资的增长；同时老龄化不可避免地带来知识、技术的老化，阻碍着技术的进步。综合两方面的影响，最重要的，是要开发和利用好老年人力资源，充分发挥老年人才的作用。据统计，目前全国城镇 4000 多万名离退休老年人口中有 500 多万名各种类型人才，仅有不到 20% 继续工作在各自的岗位上，形成老年人才资源的很大浪费。我们应当重视这一人力资源，进一步开发利用好老年人才资源。

3. 老龄化与社区发展

人们从生产力、居住和行政等不同角度来划分社区，我国多以行政区划来划分，政府主导色彩浓厚，使之与西方发达国家有很大的不同。实践表明，社区是除家庭之外老年社会生活最主要的场所，无论生活照料、医疗保健，还是精神慰藉、文化生活，都离不开社区，老龄化呼唤社区加快发展。从我国实际出发，加快老龄社区发展除了政府重视、增加投资、动员社会各界积极参与外，当前应着重解决好：老年住宅建设和社区环境改造，使住房适合老年人生理和心理特征，无障碍通行，环境有益于老年人活动和健康；大力发展社区志愿者服务，改变目前志愿者服务规模小、服务项目少、服务范围有限、服务不规范现状，吸取国际社会有益经验；试验开办"时间储蓄银行"等改革，广泛动员和利用社会资源增强社区功能，推进社区养老保障建设。

4. 老龄化与老年婚姻、家庭

最值得关注的是老年再婚和老年家庭规模的缩小问题。北京市等的调查表明，65 岁以上女性老年人口丧偶率在 40% 以上，出于找个老伴儿一起生活的需要再婚率很高。然而由于婚后子女、财产等的矛盾，造成老年离婚率的持续攀升；同时许多老年人再婚没有履行婚姻登记手续，而是同居补充式的婚姻，有的甚至是时来时走的"走婚"式婚姻，处于很不稳定状态。与不稳定婚姻相关联的是家庭的不稳定和小型化趋势。由于家庭小型化和家庭赡养功能的弱化，使老年单身家庭、只有老年夫妇家庭上升很快，导致传统家庭养老方式发生危机，甚至有的地方老年人不愿忍受子女歧视而离家出走，许多老年人聚居在河滩、河堤上，成为自食其力的"躲儿庄"。拯救濒临崩溃的老年家庭，是社会道德建设发出的呼吁，也是社会法治化建设需要解决的问题。

5. 老龄化与文化发展

少子高龄化必然影响科学、教育、文化的发展。当前，一是反映老年生活题材的小说、诗歌、散文、戏曲、电影、绘画、音乐、舞蹈等的大量增加，新闻媒体开辟反映老年生活专题，如中央电视台"夕阳红"，报纸杂志

"老龄之家"、"老年之友"一类专栏的大量增加。随着老龄化的加深，这类老年文化还会继续扩展，以反映老年人在全面建设小康社会中新的精神风貌。二是老龄化的加速推进，带动老年教育和终生教育的迅速发展。自 20 世纪 20 年代末英国人提出成人教育，60 年代法国教育家林格兰特（P. Lengrand）提出终生教育以来，包括老年教育在内的终生教育先在发达国家发展起来，改革开放以来在我国也获得迅速发展。20 世纪八九十年代老年教育发展起来，特别是雨后春笋般建立起来的老年大学，集学自然科学和社会科学知识于一堂、琴棋书画和音乐舞蹈于一体，形成独具一格的老年大学文化，具有很大社会影响力。三是老龄化加速发展提出重新认识和评价"孝文化"问题。"孝"作为观念意义上的文化，源远流长、影响至深。我们应当继承和发扬传统"孝文化"中孝敬父母的合理内核，将其融入现代发展理念实现在更高意义上的复归；同时应当扬弃封建糟粕的一面，实现代际平等、代际民主、代际和谐、符合现代文明道德准则和人道主义精神的新的"孝文化"。

## 参考文献

[1] 〔美〕马尔科姆·H. 莫里森：《老龄经济学——退休的前景》，张家钢译，华夏出版社，1988。

[2] 〔美〕戴维·C. 德克尔：《老年社会学》，沈健译，天津人民出版社，1986。

[3] 《中日老龄化社会对策学术讨论会纪念论文集》，《中日老龄化社会发展与对策》，东方出版社，1990。

[4] 田雪原、王金营、周广庆：《老龄化：从"人口盈利"到"人口亏损"》，中国经济出版社，2006。

[5] 田雪原、王国强主编《全面建设小康社会中的人口与发展》，中国人口出版社，2004。

[6] 劳动部课题组：《全国城镇职工养老保险费用预测报告》，中国经济出版社，1994。

[7] 王金营：《1990～2000 年中国生育模式变动及生育水平估计》，《中国人口科学》2003 年第 4 期。

[8] 周广庆：《人口革命论》，中国社会科学出版社，2003。

[9] 中国老龄科学研究中心编著《中国城乡老年人口状况一次性抽样调查数据分析》，中国标准出版社，2003。

［10］中国老年学学会编《21 世纪老年学与老年问题》，中国劳动社会保障出版社，2000。

［11］ Robert L. Clark and Joseph J. Spengler， *The Economics of Individual and Population Aging*， Cambridge University Press，1989.

［12］ David A. ，Wise，Judith Stewart Status and 1989， *The Economics of Aging*， The University of Chicago Press.

［13］ Schulz，1991，Borowski and Crown， *Economics of Population Aging*， Auburn House，PRB，World Population Data Sheet，1994.

［14］ Frenk. J. ，Bobadilla，J. L. and Lozano. R. ，The epidemiological transition in Latin America In: I. M. Timaeus，J. Chackiel and L. Ruzicka （eds），Adult in latin America. Oxford: Clarendon Press，1996.

［15］ WHO Kobe Center， *Aging and Health Technical Report （1）: Global Health Expectancy Research Among Older People*，2001.

［16］ United Nations， *World Population Prospects*， *The 2002 Revision*， New York，2003.

# 和谐：审视 21 世纪老龄问题的基本立场*

1. 引言

构建和谐社会，既是社会发展的根本目的，也是解决各种社会问题应当遵循的基本准则。老龄问题是 21 世纪中国发展面临的一大不可回避的问题。从人口学角度观察，老龄问题是人口年龄结构变动中老年人口比例上升的过程，人口的生产和再生产，就是依据人口年龄结构划分成年轻型（增长型）、成年型（稳定型）、老年型（减少型）三种基本类型的。老龄化必然改变人口再生产的类型，引起人口增长势能的削弱，是影响人口变动与发展的基本因素之一。从经济学角度观察，老龄化过程中少年人口、劳动年龄人口、老年人口比例的变动，带来特定历史时期的"人口盈利"和"人口亏损"，对储蓄、投资、生产、消费、就业、技术进步、经济增长等产生相应的影响，成为制约经济发展的一个方面的力量。从社会学角度观察，老龄化和老年抚养比的攀升，对养老保障、医疗健康、社会服务、社区发展直到服务型社会的建设等，提出了新的问题和要求。而从生物学、遗传学、医学、心理学等自然科学角度观察，则提出一系列老年生理、心理方面的问题。这些问题的研究和解决，因为老龄化的到来和加深而变得更为迫切。

从不同学科、不同部门、不同角度审视老龄问题，自然无可厚非，总的来说目标是一致的；但是由于受到一定的局限，有时可能产生某种冲突，这就要求站在更高的高度，作出总揽全局的适当选择。这个高度，就是社会和谐，要站在社会主义和谐社会高度来审视和处理老龄问题。

2. 认识论上的一次飞跃

和谐社会的提出，是认识论上的一次飞跃。我们不妨简要地回顾一下近

---

* 原载《光明日报》2007 年 3 月 20 日。

代发展史。以 1919 年发生在北京的"五四运动"为标志，揭开中国历史发展新的一页。将近 90 年，不同历史时期中国革命和建设的指向，可以大致分为三个 30 年阶段：1919～1949 年的 30 年，主要指向推翻"三座大山"，民族矛盾和阶级矛盾是主要的矛盾；1949～1978 年的 30 年，经济指向以计划经济为手段、以工业化为目标，政治指向以阶级斗争为纲、全面推进社会主义革命和社会主义改造；1978 年以来又过了将近 30 年，经济指向改革开放、建立市场经济体制，政治指向民主法治建设、构建和谐社会。以第二个 30 年和第三个将近 30 年而论，前者强调的是计划经济、阶级斗争，后者强调的是市场经济、和谐社会，应了"三十年河东、三十年河西"这句话。

说提出"和谐社会"是认识论上的一次飞跃，因为从根本上说，社会和谐是国力强盛、长治久安、人民幸福的象征和保证。党的十一届三中全会以来，无论改革开放和现代化建设，还是民主法治和各项事业进步，目标都是在推进和谐社会的建设。从现实上来说，在国际社会新技术革命一日千里、信息化和经济全球化加速推进、竞争日趋激烈的情况下，我们将长期面对发达国家科技和经济发展优势的压力。就国内情况而论，改革开放近 30 年取得 GDP 年平均增长 9.6% 的骄人业绩；但是经济快速发展与社会进步相对落后形成反差，落实以人为本的科学发展观必须解决日益显现的矛盾和问题。这些问题，《中共中央关于构建社会主义和谐社会若干重大问题的决定》列举了经济社会发展不平衡，就业、社保、教育、分配、医疗、住房、治安等几个方面，阐述了必须认真对待和解决的重要性和紧迫性。老龄问题位列其中，也是群众上不起学、看不起病、养不起老"新三座大山"中的"一山"，需要纳入和谐社会视野统筹解决。

3. 审视老龄问题的社会和谐立场

20 世纪 80 年代初，一本托夫勒的《第三次浪潮》（中译本）在中国发行 1000 万册以上，成为知识界家喻户晓、人手一册必读的改革开放启蒙读物，足见影响力之大。跨入 21 世纪，他与妻子合著的《财富的革命》问世，中译本也开始在中国发行，对此他在回答《环球时报》记者采访时说，1998 年中国国家计委官员提供这样的数字：中国有 9 亿人属于第一次浪潮的农业人口、3 亿人属于第二次浪潮的工业人口和 1000 万人属于第三次浪潮的人口。虽然没有最新的数据，但很明显，中国之后的发展越来越快，今天成千上万的中国人又加入了第三次浪潮的人口大军。只要看看有多少中国人在上网、使用电脑和手机就知道了。农业人口和城市人口之间的差距非常

大，第二次浪潮跟第三次浪潮人口之间的鸿沟也越来越深。中国面临的主要
问题，是如何预防"浪潮冲突"，不仅仅是农村与城市之间，也包括第三次
浪潮与其他方面的冲突①。这里，托夫勒将三次浪潮归结为农业人口、工业
人口、第三次浪潮人口"三大人口板块"的碰撞；再与他们的新作《财富
的革命》联系起来，铺展出一幅"三次浪潮"、"财富革命"在人口不同层
面分布和冲突的画卷。这给我们研究人口老龄化以启迪：老龄化——从而老
年人口比例的变动，在"浪潮冲突"中处于什么样的位置，有什么样的影
响，怎样减少"浪潮冲突"带来的不利影响等。答案是站在和谐社会立场，
以有利于和谐社会建设的眼光和思路，审视、研究和解决老龄问题。特别是
下面三个方面的和谐问题。

第一，老龄化的速度和水平，要与人口、经济、社会的发展相和谐。众
所周知，关于老龄化问题，存在加速与延缓两种不同观点的争论。"加速"
论认为，加速人口老龄化进程，意味着人口零增长那天的提前来到，是控制
人口增长的需要；同时，如果为了延缓老龄化而抬高生育率和出生率，未来
老年人口数量也很难减少，最终并不有利于老龄问题的解决。"延缓"论认
为，我国出生率长期持续下降使得"未富先老"矛盾突出，解决的办法是
加快"富"的步伐和延缓"老"的进程。应当说，两种观点都有一定的道
理，也都有值得商榷的地方。笔者一直认为，我国人口问题本质上属于人口
和劳动力过剩性质。为了解决过剩这个根本问题，一定时期、一定程度的生
育率下降和人口年龄结构老龄化，非但是不可避免的，甚至是必需的。只有
经过一定的生育率的下降和年龄结构老龄化，才能实现人口再生产由年轻型
向成年型、老年型的转变，消除人口增长的势能，实现零增长和负增长。然
而包括老龄化在内的人口的变动和发展，又要同经济、社会的发展相适应，
并受制于资源、环境状况，生育率下降和老龄化加深的程度和节奏，要同社
会经济发展的水平和节奏相协调。这也是和谐社会的要求。据此，笔者提出
中国人口老龄化不应超过发达国家水平，将 65 岁以上老年人口比例 26% 设
为最高"警戒线"，如果超过，"未富先老"的矛盾将很难解决。因此，人
为的"加速"或"延缓"都不可取，稳妥地推进老龄化和掌握好老龄化节
奏，既是人口发展战略的需要，也是构建和谐社会的客观要求。

第二，老龄问题的解决，要与社会经济发展的进程相和谐。大家习惯于

① 参见唐勇《托夫勒预测中国未来》，2006 年 7 月 14 日《环球时报》。

将老龄问题归结为老有所养、老有所医、老有所教、老有所学、老有所为、老有所乐 六个"老有所"。笔者历来不赞同将这六个"老有所"并列提出，而要分成不同的层次，依据经济发展阶段和社会进步程度分层次推进。1986年中国老年学学会成立，在学术讨论会上，上海发言的同志称：他们的调查表明，当前上海老年人最迫切的需要，是解决看病难的问题。广西的同志则称：他们的调查说明，老有所养是当前最迫切的需要，包括百色等革命老区老年人的基本生活需要，还缺乏应有的保障。特别是农村实行联产承包责任制后，人民公社原有的敬老院一类养老机构已不复存在，鳏寡孤独老人的基本生活成了问题。中国人口众多、幅员辽阔、社会经济发展不平衡长期存在，老龄问题在城乡之间、地区之间有不同的表现，因而不能拿同一把尺子来衡量和要求；但是作为统一体的国家，客观上处在社会经济一定的发展阶段，作为这个阶段的共性问题，特别是重点问题应当是明白无误的。1986年处于改革开放初期，社会经济发展处在由贫困向温饱过渡阶段，作为这一阶段老龄问题的重点，无疑是赡养问题，广西的观点更具有普遍性和代表性。如今时光流过 20 年，社会经济发展进入和谐社会和全面建设小康社会新的历史时期。虽然全国尚有包括老年在内的二三千万贫困人口，有所养还没有最后解决；但是就总体而言，全国进入前期小康并向全面小康过渡阶段，医、教、学、为、乐理所当然地要提上议程。站在和谐社会立场审视当前存在的老龄问题，不能脱离社会经济发展的阶段性特征，不同阶段老龄问题的重点有所不同。

第三，有关老龄化政策的出台，要站在和谐社会的立场。应对人口老龄化冲击，需要调整和制定相应的政策和法规，做到有法可依、依法行政。然而老龄政策和法规的制定和出台，不仅要体现老龄化的要求和老年人口的基本利益，还要着眼于大局，着眼于和谐社会全局的利益。举如下两个例子说明。

例一，在研究老龄问题所提建议中，有关延长退休年龄一说，笔者本人也曾有过这样的动议。对不对呢？站在老年和老龄化立场，毫无疑问是对的和有道理的。随着预期寿命的延长和健康的增进，全国男女合出生时的预期寿命已从半个世纪前的不足 40 岁，延长至目前的 71 岁；老年人口年龄别预期寿命的延长更为显著，长寿健康老年人口大幅度增长。在这种情况下，提出延长退休年龄是有科学依据，也是有的放矢的。然而退休的对立面是在职，在职与退休在和谐社会中处于怎样的关系，当前构建社会主义和谐社会在这方面的问题和矛盾是什么，是不是退休年龄过早的问题呢？不是。大家知道，我国劳动法规定，职工的一般退休年龄男在 60 岁、女在 55 岁左右，特殊工种有所提前或推后。在计划经济时代，这一规定执行得很好，按规定年龄退休，享受退休养老保险。改革开放以来步入市场经济轨道，扩大了包括用工等在内的企业自主权，出现了职工过早退休的现象，一段时间还出现大量买断工龄提前退休的热潮，致使当前实际的退休年龄不足 50 岁，买断工龄提前退休引发的社会问题也没有完全解决。那么，推迟退休年龄比如推迟到 65 岁退休，哪一个社会阶层的人得益多呢？占职工总数大多数的企业职工得不到，如前所述，他们距离现行规定的退休年龄还相差一大截，当前的关键是落实达到退休年龄方能退休的政策，不是奢望延长的问题。对于另外一些人，比如政府公务员、事业单位以及其他白领阶层有可能从中受益，一纸红头文件下来，就可能真的多在职 5 年或更长，享受更多的在职待遇。还有政府也会欢迎，因为在社会养老保险基金出现大量空账情况下，延长退休年龄和减少养老金支付，可以减缓支付手段不足的压力。这样分析下来，延长退休年龄得益的是社会白领职工群体，广大蓝领职工并不能从中获益，最终的结果可能导致包括老年人口在内的社会高收入和低收入群体之间的差距，不利于社会和谐。因此，虽然延长退休年龄的建议有其科学性、合理性的一面，但是站在和谐社会立场，站在广大劳动群众立场，该项实证研究建议的不科学性、不合理性就显而易见了。现在不但本人对此建议不以为然，而且学术界有见地的学者也提出异议，不赞同这种增加社会不和谐的动议。

例二，我国老龄化分布不平衡表现之一，是城乡之间的差异，目前老龄化严重程度依次为市、县、镇，农村老龄化普遍高于小城镇。是小城镇人口出生率比农村高吗？不是，是农村劳动力大批向城市特别是向大城市流动和迁移的结果。人们常说，现在农村留守的是"三八六一九九部队"——妇女、儿童、老年。一般农村没有老年社会保障制度，农村老年的赡养和生活困难更大一些。怎样解决呢？可以鼓励有条件的老年人随同子女一同迁居到城市，和子女共度晚年。但是，一为老年人恋旧心理较强，故土难舍不愿离开；二为移居城市成本增加，一般农民工负担不起，故这一条多数人做不到。那么是否可以阻止农民工向城市流动，留在原籍从事农业劳动和供养照顾父母的晚年生活呢？从构建和谐社会立场出发，也是值得商榷的。统计资料显示，半个多世纪以来，我国三次产业结构、三次产业就业结构、人口城乡结构之间的变动是不够协调的。2005 年国内生产总值一、二、三次产业结构之比为 12.6:47.5:39.9，三次产业就业结构之比为 44.8:23.8:31.4，农村人口与城镇人口之比为 57.01:42.99①。就是说，占全部人口 57% 的农村人口、占全部劳动力 45% 的农村劳动力，仅创造并分享占全部 GDP 的 13%。如果这种状况不改变，农民如何能够富裕起来，"三农"问题怎能解决呢！而解决的一个大的思路，是加速人口城市化的进程。因此农业劳动力转移的速度和规模不是要削减，而是要适当地加快和增大一些。按照赛尔奎因—钱纳里理论模型，在 2004 年我国 GDP 三次产业结构达到 15:53:32 的情况下，三次产业就业结构应为 40:25:35，农村人口与城镇人口结构应在 40:60 上下。实际上，三次产业就业结构和人口城乡结构都要落后许多。立足于构建社会主义和谐社会，走人口城市化道路是必然的选择，只是要把握好推进的速度和节奏。

## 参考文献

［1］《中共中央关于构建社会主义和谐社会若干重大问题的决定》，人民出版社，2006。

［2］田雪原、王金营、周广庆：《老龄化：从"人口盈利"到"人口亏损"》，中国经济出版社，2006。

［3］杜鹏、李强：《1994～2004 年中国老年人的生活自理预期寿命及其变化》，《人口研究》2006 年 5 月。

［4］沈振新主编《提高新世纪老年人生质量研究》，华龄出版社，2003。

［5］穆光宗：《中国生育率下降及其后果研究大纲》，《上海科学学术季刊》1994 年第 3 期。

［6］爱德华·帕默、邓曲恒：《中国经济转型对老年人收入的影响》，《中国人口科学》2005 年 6 月。

［7］United Nations, *World Population Prospects*, *The 2004 Revision*, New York, 2005.

［8］United Nations, *World Population Prospects*, *The 2004 Revision*, Volume Ⅱ: Sex and Age Distribution of the World Population, New York, 2005.

---

① 《中国人口统计年鉴 2001》，中国统计出版社，2001，第 200 页；《中国统计年鉴 2006》，中国统计出版社，2006，第 34、99 页。

人口性别与人口文化

# 应高度重视潜在的"性别危机"<sup>*</sup>

我国自 20 世纪 70 年代大力控制人口增长以来，累计少出生 3 亿多人口，取得了举世公认的卓著成绩。同时也伴随出现了一些新的问题，特别是年龄结构老龄化和出生性别比升高问题。前一个问题逐步引起重视，中央已作出加强老龄工作的决定，有望解决好一些。后一个问题至今尚未引起应有的关注，一是深入研究不够，出生性别比升高到何种程度，问题积累有多大，深层次的原因是什么等未研究清楚；二是虽然有关部门做了不少工作，包括进行男女平等宣传教育、运用行政手段杜绝胎儿性别鉴定等，但收效不大，性别比非但没有降下来，反而出现攀升趋势。

依据 2000 年全国人口普查提供的数据资料回推，1990～2000 年的出生性别比，当在 111、114、115、115、117、118、119、120、122、123、118左右，2001 年更创造了出生性别比 123.6 的纪录，成为人们关注的问题。

出生性别比是指一定时间（一般为一年）新生男女婴之比，以女婴为100 男婴多少表示，正常值在 105 +2 之间。这是一个由生物规律决定，各国不相上下的"新生儿恒定值"。连续偏离这个"恒定值"，就会带来年龄性别比、总人口性别比失调，铸成由此引起的婚姻、家庭、社会秩序等难以解决的问题。按照上述国家统计局和"五普"数据，20 世纪 90 年代我国出生性别比升高严重，超出正常值上限 11 左右，已亮出"黄牌"警告：1991～1999 年 0～8 岁男性为 7804.6 万人，女性为 6626.8 万人，男性多出女性1177.8 万人。其实 80 年代性别比也有升高，只是升高的幅度小一些，1981～1990 年 9～18 岁人口，男性多出女性 945.4 万人。两项合计，1999 年 0～18 岁人口男性为 19242.5 万人，女性为 17119.3 万人，男性多出女性 2123.2 万人。20 年性别比升高的积累效应又出示了一张"黄牌"警告，我们现在确已走

---

\* 本文原载中国社会科学院要报《信息专报》第 29 期，2001 年 4 月 13 日。

到了"性别危机"的边缘。

有一种观点认为，性别比升高可以通过拉大男女结婚年龄之间的差距来解决。但是拉大多少呢？《婚姻法》规定男女结婚起始年龄相差 2 岁，上面 0～18 岁人口男性多出女性 2100 多万人，已相当于 20 岁女性 3 个年龄组人数。问题的严重性还不在这里，如果目前性别比升高的态势不能有效扼制，继续下去男女结婚年龄就要继续拉大，是抬高男性还是降低女性结婚年龄，抬高或降低到哪里？这种"饮鸩止渴"的办法是要不得的。当务之急是要深入调查研究，弄清出生性别比攀升的真正原因，特别是同生育政策，如农村独女户普遍允许再生育一个孩子，贫困地区多胎生育等有无关系。面对 B 超胎儿性别鉴定很难杜绝的情况，提出包括某些生育政策调整在内的治本的方略。

# 出生性别比升高的后果与影响<sup>*</sup>

　　历史上我国属于人口性别比较高的国家。1949 年中华人民共和国成立后，由于大力倡导男女平等，出生性别比有所下降，并影响总人口性别比的走低。20 世纪 80 年代以来出现升高的迹象，90 年代升高显著，目前出生性别比已升至 118 左右（以活产女婴为 100，活产男婴数），不能不引起人们的忧虑。出生性别比升高会带来什么样的后果与影响呢？可从直接的后果与这一后果可能带来的影响两个方面，加以分析。

## 一　直接的后果

　　出生性别比升高和升高后的持续居高不下，直接的后果，是不同人口年龄组群性别比和总体人口性别比的升高。

　　人口学将总体人口年龄结构粗略地划分成 0～14 岁少年人口，15～59 岁或 64 岁成年人口，60 岁或 65 岁以上老年人口三个基本的组群，每一个组群都有着相对稳定的性别结构。若出生性别比持续升高，首先是少年组群性别比随着升高，如依据我国 1990 年人口普查和国家统计局 1999 年抽样调查提供的资料，1990 年 0～14 岁少年人口性别比为 108.38，1999 年上升为 113.99，升高 5.61。尽管缺少近二三年的确切资料，但是在出生性别比持续走高作用下，估计少年人口性别比会继续有所升高。

　　其次是成年人口组群性别比的升高。不过成年人口性别比的升高有一个"时间差"，至少要在出生性别比开始升高 15 年以后。即随着零岁组人口在人口年龄性别结构"金字塔"中年复一年的上移，将出生性别比升高效应带入成年组群才能显现。就我国而论，目前成年人口组群性别比的升高还没

---

　　*　本文为 2001 年国务院领导主持召开治理出生性别比升高问题会议上的发言。

有显现，大致还要 10 多年的时间才能比较明显地看出来。

再次是老年人口组群性别比的升高。随着年龄推移，出生性别比升高的人口逐渐过渡到 60 岁以上或 65 岁以上，也会一定程度地改变老年组群的性别结构。1990 年普查全国人口性别比平衡年龄为 64~65 岁（性别比 103.32~98.35），小于这一平衡年龄的人口性别比均在 100 以下，高于这一年龄的均在 100 以上；1999 年抽样调查除个别年龄组外，性别比平衡年龄提高到 68~69 岁（性别比 101.26~99.51）。自然，这一老年人口组群性别比的升高并不受当前出生性别比升高的影响；但是当前出生性别比的持续升高，五六十年以后必将影响那时的老年人口组群的性别结构，这也是毋庸置疑的。

最后，出生性别比升高可导致总体人口性别结构的某种改变，在正常情况下，总体人口性别比缓慢上升。"四普"与"五普"比较，总人口性别比由 106.60 上升为 106.74，10 年时间升高 0.14。

## 二 主要的影响

以上出生性别比升高造成不同时期不同人口年龄组群性别结构的改变，给人口、经济、社会发展带来不同的冲击和影响，引发某些值得高度重视的问题。笔者认为，对人口数量、素质和结构的影响不会很大。比较明显的，一是由于新生儿中女性相对更少一些，未来做母亲的人数相对更少一些，有助于出生率的降低和人口的数量控制。二是未来老年人口性别结构可能有某些改变，性别比过低的状况可能有所改观，女性老年人口比例过高可望有一定程度的降低。其他如人口身体和文化教育素质、人口城乡和地域分布等不会受到大的冲击，总体上对人口再生产的影响不大。主要的影响将表现在社会经济方面。结合目前我国出生性别比升高实际，尤应注意到以下几个问题。

其一，潜在的婚姻挤压。新生儿性别比在"105 + 2"范围内为正常值，20 世纪 90 年代以来我国新生儿性别比超出正常值 11 左右，目前存活的 1991~1999 年出生人口中男性多出女性 1177.8 万人，到 2011~2019 年 20~28 岁人口中男性也将比女性多出 1100 万人左右，不可避免地造成结婚高潮期男性过多的婚姻挤压现象。这种婚姻挤压现象现在已经初露头角，因为 80 年代出生性别比升高相应的人口组群男性多出女性 900 多万人，这部分人口进入或即将进入法定允许结婚年龄。80 年代和 90 年代出生性别比偏高男性多出女性相加，目前存活者在 2100 万人以上，决定着未来一二十年婚姻挤压将呈加强态势；如果出生性别比升高得不到解决，婚姻挤压将会越来越严重。有一种意见认为，婚姻挤压可以通过扩大男女之间结婚年龄差距的办法解决。目前 0~20 岁男性多出女性人口数，已接近 20 岁女性人口 3 个年龄组群之和；如果出生性别比不能有效地降下来，那么要拉大多少？是降低女性结婚年龄还是抬高男性结婚年龄？降低或者抬高多少呢？显然这是一种忽视了出生性别比升高积累效应，只顾眼前的一种实用主义办法，因而是一种不可取的办法。治本的办法只有一条，从根本上把高出生性别比降到正常值。

其二，对家庭和社会稳定的冲击。未来一二十年内处于婚育高潮期男性多出女性 2100 多万人的客观存在，无疑对一夫一妻制的家庭是一个不小的冲击。一个时期以来，在市场经济和交换价值升值的"泛商品观念"作用下，婚外恋、第三者插足增多，离婚率持续上升，传统家庭的稳定受到威胁。与此相适应的刑事案件增加，基本消失的买卖婚姻、童婚交换、拐卖妇女等更呈猖獗之势。如果出生性别比升高得不到有效扼制，便加大了破坏家庭和社会稳定的基础，这些不道德或丑恶的社会观念现象的蔓延，是很难避免的。

其三，就业性别挤压。人是生产者和消费者的统一。持续的出生性别比升高造成不同年龄组群人口性别比和总人口性别比的攀升，必然影响生产、交换、分配、消费各个经济环节，影响社会经济生活诸多方面。在当前和今后相当长时间内我国在劳动力市场供大于求和失业率较高的情况下，出生性别比升高和女性出生数量的相对减少，将会减轻女性劳动力供给过剩的压力，减轻下岗和失业人口中女性所占比例过高的"性别歧视"的压力。这是问题的一个方面，另外一个方面便是男性劳动力供给过剩的加剧，男性下岗和失业率上升压力的加剧。总体的就业形势不会有大的变化，但是就业和失业的性别挤压加剧了。由此可能引发的，是以女性就业为主体的纺织、医护、幼儿教育、服务业等第三次产业工资率的上升，以及由工资率倾斜引起的产业结构的某种变动。

其四，养老保障战略的某些调整。适应我国人口老龄化速度比较快、达到的水平比较高和社会经济发展相对滞后"时间差"的客观要求，笔者提出积极发展社会供养、继续提倡家庭子女供养、适当组织老年劳动自养，建立社养、家养、自养互相补充"三位一体"的养老保障体系。当前，如果升高的人口出生性别比持续下去，对于四五十年以后的老年人口性别结构将发生革命性的变革，老年人口性别比的连动抬升将从根本上改变孤独老年人口中女性所占比例过高的状况，老年夫妇户、老年夫妇和子女同住户将大量增加，从而加重"三养"体系中家庭子女供养的分量，居家养老方式将占据更为重要的位置。

# 人口文化研究<sup>*</sup>

　　有人说，人是文化的动物。显然，这话有它偏颇的一面，但要从一个特定的视角观察，也有一定的道理。人和人的本质是什么？古希腊哲学家亚里士多德（公元前384～公元前322）曾给人下过多种定义，称其为"政治的动物"、"社会的动物"、"两栖两脚的动物"等，从道德、理性、求知上探讨人的本质。马克思和恩格斯则从现实和历史上，即从人的社会属性和创造性劳动上将人同动物界区分开来，揭示了人的本质。摩尔根在《古代社会》一书中指出，人类是"通过经验知识的缓慢积累，才从蒙昧社会上升到文明社会的"。这些论述的一个共同点是，按照传统的进化论解释，在从猿到人的形成过程中，有思维的创造性劳动首先是最初制造出来的简单的劳动工具，构成人类诞生的最主要标志。而这种最简单的木棒、石块一类劳动工具，也就是人类最早的文化象征。从这个意义上说，人创造了文化，文化帮助人类脱离动物界，人类与文化在历史的发展长河中携手并进，"人是文化的动物"也有一定的道理。不过，我们不能简单地就此说明人口文化。要阐明人口文化，还必须从人口的变动和发展的角度，从规范化的基本观念谈起。

## 人口文化概念

　　"人口文化"作为一个集合概念，由人口与文化两个概念组成，因而先要对人口、文化两个概念作出界定。

　　界定人口概念，首先想到的是人和人类，想到人和人类的起源。据科学家考证，地球的存在已有了47亿年的历史，地球上有生物也已有了23亿年

---

　　* 原载田雪原主编《人口文化通论》，中国人口出版社，2004。

以上，最早的人类可能出现在距今 400 万年以前。人是怎样诞生的，什么是人，人的本质是什么，古今中外各界人士进行了长期的探索，形成众多学派的不同观点。古代西方最流行的，当属上帝造人之说，上帝根据自己的意志造出不同民族、种族，不同等级的各种人来。古代中国则有阴阳相成说，《淮南子·精神训》称，刚柔相成，万物乃形，烦气为虫，精气为人。如果说这些说法早已为现代科学技术发展所扬弃的话，那么，当今社会不同的说法依然存在。几年前，美国有一位学者提出人类起源于鱼类一说，他说，你看人在游泳时简直就像一条鱼！当然，仅仅是外观上相像不足为凭，他还提出若干论证，如人在哭泣时会流泪，但是猿猴一类动物哭嚎时却流不出眼泪，因为这类动物生来就没有泪腺，那么人的泪腺又是从何而生的呢？而且，在生殖繁衍方式上，人类与猿猴一类动物也有着很大的不同，这在动物的进化史上有着重要的意义。迄今为止，虽然这样的说法还只能说是一个插曲，人类起源于类人猿得到普遍的认同，我们也只能在这个意义上定义人的本质，推演到人口文化。但是需要知道，也有人对于从猿到人的进化和发展提出不同的意见，并且作出过若干考证。

按照传统的从猿到人的进化论的观点考察人和人的本质，考古学家、人类学家、心理学家、生物学家、社会学家等给出诸多定义和阐释。他们或从人的生理功能、财产继承、兴趣爱好上作出阐述，或从群居习俗、宗教信仰、道德观念等作出说明，最后归结为万物之灵，宇宙之精华。甚至连《进化论》鼻祖达尔文，对人的本质的认识也是模糊的，仅限于生物学范畴。这里的关键在于，是什么东西促使从猿到人的进化或转变，人、人类与动物的根本区别在哪里。当人类还没有出现的时候，包括后来进化成人类的古猿在内，都只是动物组群中的一族，同其他动物组群一样，同属于自然界。后来原始人是怎样从自然界中分离出来的呢？是劳动，是原始人最初、最简单的劳动。正如恩格斯在《自然辩证法》一书中所指出的，劳动"是整个人类生活的第一个基本条件"，"劳动创造了人本身"；人类与动物的区别在于，"动物仅仅利用外部自然界，单纯地以自己的存在来使自然界改变；而人则通过他所作出的改变来使自然界为自己的目的服务，来支配自然界"。造成这一根本区别的"还是劳动"[1]。劳动是人有目的的活动，能够制造和使用工具是最基本的特征，是人意识的表现，因而是一种文化，人类脱离动物界

---

[1] 《马克思恩格斯选集》第 3 卷，人民出版社，1972，第 508、517 页。

紧紧同文化相关联。《现代汉语词典》解释说：人是"能够制造工具并使用工具进行劳动的高等动物"。人类则是"人的总称"①。这里，人、人类完全是抽象的概念，没有数量的含义，可以说男人、女人、中国人、外国人、人类社会、反人类……

人口则迥然不同，英语中人口（Population）是总体（Universe）的意思，是总体的同义语，尽管有时指部分居民，如少年人口、劳动年龄人口、老年人口等。人口一般用来表示具体的规模（Size），即一定地域、一定时间的个体的总数（Total numbef）。其实 Population 原本即为总体，只是用得多了以后，便成了具有一定规模的人口的代名词了。我们讨论人口文化时，将人、人类与人口区别开来很重要，只有作出这样的区分，才能合理确定人口文化的内涵和外延。

人们对"文化"概念的界定可谓见智见仁，五花八门的定义应有尽有。一是由于人们立足的学科不同，站在历史、哲学、文学、艺术、宗教、经济、政治、法律等不同学科给出不同的定义；二是由于人们所下定义方法不同，或倾向内在性、心理性，或倾向外部性、生成性，从而给出不同定义；三是由于时代感不同，有的定义偏重过去、偏重历史，有的定义注重现实，有的注重未来。目前搜集到的关于文化的定义，已达 100 种以上。总起来看，关于文化的界定，可从如下三个层面上去把握。

第一个层次是广义上的文化。古埃及人建造了金字塔，金字塔既是古代人类社会建筑的伟大创举，又是埃及科学和文化发展的象征，代表着尼罗河文化；中国的长城，北京的故宫、颐和园等被联合国列入世界文化遗产，因为这些建筑代表着历史发展时代的物质文明和精神财富，是文化；同样，14～16 世纪意大利留下来的大批建筑，显示着以人为中心反对宗教和中古时期经院哲学，倡导科学研究的文艺复兴精神，也是一个时代的文化。类似这样的广义的文化，是指一定历史时期所创造的物质财富和精神财富的总和。

第二个层次是一般意义上的文化。希腊作为文明古国，其文明发祥地——爱琴海中的克里特岛，那里的居民很早便与居住在地中海沿岸的部落发生商业往来，正是这种公平的商业往来铸造了早期的一般意义上的文化，即一定社会的意识形态，包括思想、观念、传统、信仰、宗教、道德、伦

① 中国社会科学院语言研究所词典编辑室编《现代汉语词典》（修订本），商务印书馆，1997，第 1061、1063 页。

理、习俗以及政策、法律等的"平等"观念和"民主"思想。中国受三面环山和沙漠阻碍，加上根深蒂固的封建思想的影响，虽然也有丝绸之路、郑和航海下西洋等发展商品贸易的壮举，一时间传为佳话，但是封闭环境和封闭式的文化则占据着绝对的优势。孔、孟倡导的"孝文化"本来声势就十分浩大，加之程、朱理学使之规范化，长期以来，便形成孝、悌、忠、信、礼、仪、廉、耻一整套君臣父子行为规范，形成中国封建社会特有的文化。

第三个层次是狭义的文化。狭义的文化，指人所具有的科学知识和人文教育水平。如人们填写履历表时，常常要填写"文化程度"一栏，指的是所受的大学、中学、小学教育程度或者没有上过学（即文盲和半文盲状态）。

在界定人口与文化概念基础上，便可以来讨论人口文化概念了。不过在讨论之前，还要澄清一种混淆，将人口文化与人的文化活动相混淆的现象。近年来，在中国随着人口文化研究的不断升温，总体上大大推进了研究的深入和成果水平的提高，这是首先应当肯定的。但是值得注意的一点是，人口文化的范围有越拓越宽之嫌。究其原因，将人与人口相混同，将不同的文化随意与人、人口贴合到一起便构成"人口文化"，是造成"人口文化"与"人的文化"相混同的关键所在。由于将人与人口相混同，便不能准确地把握与之相关联的人口文化的内涵和外延，妨碍研究的深入。据考古学家考证，最早的猿人可能出现在距今400多万年以前，文化在人类发展进化中起到莫大的作用。前已述及，人与猿的最大区别在于劳动，在于应用制造的工具进行劳动；而应用工具进行劳动即是一种文化行为，是区别于动物本能的一种由意识支配的文化心理结构，人类从一开始便同文化结下不解之缘。人类创造了文化，文化上的每一个进步都帮助人类最终脱离动物界，载着人类从大自然彼岸摆渡到人类文明社会。摩尔根说，人类社会"每一阶段都包括一种不同的文化，并代表一种特定的生活方式"①。马克思则指出，"人的本质并不是单个人所固有的抽象，实际上，它是一切社会关系的总和"②。从这个意义上说，人类社会的进步是文化的进步，文化使人变成万物之灵。但要注意，这是人或者人类文化，揭示的是人或人类在发展进化中文化的地位和作用，而不是人口文化，不涉及人口的数量、素质、结构的变动和发展。如果不作这种区分，将一切进步都说成是人口文化——而不是人或人类文

① 摩尔根：《古代社会》上册，商务印书馆，1977，第9页。
② 《马克思恩格斯全集》第3卷，人民出版社，1972，第7页。

化，岂不将万物皆囊括于"人口文化"之中了，自然是十分不妥的事情。

那么什么是人口文化，怎样定义人口文化呢？我们认为，人口文化就是在人口变动和发展过程中形成的观念、伦理、道德和行为规范，即反映人口变动和发展的意识形态以及这种意识形态的物化形态。这样的定义包含以下几层含义。

其一，"人口文化"立足于"人口"的变动和发展，而不是抽象的单个的"人"或"人类"的变动和发展。关于人、人类与人口的联系与区别如前所述，人口文化强调的是作为总体的人口，而不是单个抽象的个人或人类。人、人类脱离动物界演进过程中依赖文化上的进步，是一种抽象意义上的分析，并不能说明人口作为总体数量上的变动和素质、结构上的提升。只有作用于总体人口变动和发展的文化，才属于人口文化范畴。

其二，"人口文化"中的"文化"，定位在观念形态上的文化。即在人口变动和发展过程中形成的相关思想、道德、传统、观念、宗教、伦理和行为规范，取意识形态一般意义上的文化，以及这种文化的物质形态。当前值得注意的一个倾向是，在论述人口文化时有将文化越展越宽，大有将与人的活动有关的一切物质的、非物质的形态均列入人口文化范畴的趋势。如有的将车、船等交通工具也列为人口文化，理由是人口流动和迁移需要车、船来运输，这就有点儿牵强了。如将车船列为人口文化，那么，不同经济时代代表交通发展的文化又是什么呢？如将同人的活动有关的一切历史文化积淀均纳入人口文化，人口文化也就失去存在的意义了。当然，如果取狭义的人文和自然科学知识意义上的文化，显然过于窄了一些，也不能反映人口变动和发展中形成的观念形态上文化的丰富内涵，故也不适用。

其三，人口文化关注的是人口与文化之间的相互作用，是在相互作用、相互影响中形成的文化。人口文化不等于人口加文化，不是二者简单相加的结果；人口文化的本质在于人口变动、发展与文化变动、发展之间形成的内在联系，即人口变动与发展的文化的本质，文化发展中受到的来自人口变动与发展的影响，二者交互作用形成的某种相对稳定的意识形态。这种意识形态在人口变动和发展中不断重复出现，逐渐形成某种带有规律性的运动，从中抽象出事物的本质，集合成一种观念，一种足以支配人的活动并且对人口变动和发展产生足够影响的意识形态。"人口文化"不能理解为"人口的"文化，人口不是文化的定语；"人口文化"是一个不可分割的词组，一个表达完整意义的词组，一个不可分割的概念。

# 人口文化研究的对象

鉴于上述关于人口文化的界定，人口文化研究的对象可以概括为：人口变动与发展过程中形成的文化现象与本质，人口文化在人口变动与发展中的地位和作用，以及不同时间和空间上人口文化的不同表现和特征。下面分别加以分析和说明。

## （一）人口变动和发展过程中形成的文化现象和本质

1. 人口变动过程中形成的文化现象和本质

人口学中的人口变动（Population change），指的是人口的数量变动，即人口数量的增加或减少。决定人口变动的基本因素是人口的出生、死亡和迁移。

（1）出生对人口变动来说具有决定性意义，人口数量变动首先是由每年出生人口的数量决定的。衡量人口出生的指标是出生率（Birth rate），即一般以每年和千分率（‰）表示的活产婴儿数与总人口数之比。不过这是一个粗率，因为它的分母是总人口，而总人口中少年人口和老年人口不属于育龄人口，因而不同年龄结构的人口群体的粗出生率并不具有可比性，如果要加以比较，应该进行年龄结构的标准化。在实际衡量某总体人口的生育能力时，往往采用不同的生育率（Fertility rate），如妇女总（和）生育率（Total fertility rate）、年龄别生育率（Age-specific fertility rate）、终身生育率（Lifetime fertility）等。在人类诞生的初期，人们对生育并不认识，塑造了不少的神话，中外都有专司爱情的神。提起爱神，会自然想起阿佛罗狄忒，其实中国也有自己的爱神——女娲。相传女娲补天、用黄泥造人，她祈求上天让她作媒人并主持婚配，让人们生儿育女，后人便建造庙宇来祭祀她。每到早春二月，青年男女到女娲庙聚会，联欢并选择自己所爱的人。只要双方愿意，女娲爱神就为双方牵线搭桥，遂以大地为床、夜幕为被进行自由的结合，生儿育女繁衍后代。这种传说和习俗反映的是原始时代的生育文化，其本质是同落后社会生产力相适应，群婚制的一种婚育行为。同样，现代社会中人们不喜欢多要孩子，希望有更多的时间享受生活和发展自己，反映的是人们价值观念改变，本质是孩子成本—效益随着社会经济发展而发生的变动。即孩子成本尤其是孩子质量成本上升，孩子劳动—经济效益、养老—保险效益等下降的结果。正是经济、科技、社会发展对孩子成本—效益发生的这种改变，形成不同生产力发展水平下的不同的生育观念，封建社会人们追求"庶矣哉"的众民主义，希望"早生贵子"；现代社会人们希望少生优育，既有利于自身的发展又有利于将子女培养成为具有较高素质的人才。有的则追求"快乐人生"，一生都做"单身贵族"，就是不要生育。这些都是在对待生育过程中的文化现象，反映的是人们生育观念的改变，本质是孩子成本—效益随着社会经济发展而发生的变动。

（2）死亡是影响人口数量变动的另一个重要因素，人口学对死亡特别关注。1662年第一部人口学论著格兰特（Jhon Graunt）的《关于死亡的自然的和政治的观察》，即是基于教会对死亡人口登记记录的分析，得出带有规律的死亡分布的产物——人口死亡寿命表，被视为具有统计意义人口学的半个缩影，足见死亡研究在人口学中的地位。衡量死亡水平的死亡率（Death rate），同出生率一样，也是一个粗率，比较时也应当进行年龄结构标准化。相应的还有年龄别死亡率（Age-specific death rate），婴儿死亡率（Infant mortality rate），以及分年龄性别死亡率（Age-sex specific rate）等。前面提到，从高出生、高死亡、低增长向高出生、低死亡、高增长人口再生产类型的转变，一般情况下开始于死亡率的率先下降，死亡对于人口数量变动来说，具有反向的能动作用。即在相同出生率下，死亡率高人口增长的速度低；相反，死亡率低人口增长的速度就高。在人类社会早期，死亡同生育一样，被视为一种神秘现象，出现种种死后成神成仙的传说。为了避免死亡，人们到处寻找各种仙丹妙药，从西方的"炼金术"到中国的"长生不老"药方，留下一曲曲动人的神话；然而却没有任何人可以幸免，生老病死是包括人类在内的一切生物不可抗拒的自然规律。但是，人口死亡与其他生物死亡的不同之处在于，人口死亡除受生物规律支配外，还受到社会经济等发展因素的作用和影响。诸如食物供给、劳动条件、医药状况、卫生设施、社会保障等，都直接作用和影响人口的死亡，影响人的预期寿命。据考证，原始人的预期寿命不到20岁，当前世界平均预期寿命已经达到63岁，发达国家达到71岁，发展中国家达到62岁，表现为人口死亡率大幅度降低。人口作为一个整体，在这种与死亡的搏斗中取得无与伦比的巨大胜利，总结出从生理到心理，从实践到理论一整套理性认识，形成一定的观念，构成特定历史条件下关于死亡的文化。这种关于人口死亡的文化，既有着特定的区域性和民族性，又有着蕴藏科技进步内涵的历史性和时代性。尤应重视的是，随着 21 世纪以生命科学为主导学科的新技术革命的兴起，生物技术、基因技术、克隆技术突飞猛进地发展，克服死亡的障碍在很大程度上被扫除，人口预期寿命超常规地延长已经指日可待。人们对于死亡的认识和观念，也在发生变化，像传统观念中讳莫如深的"安乐死"，已为现代社会一些人所接受，瑞士等国已在法律程序上给予确认，给死亡文化以新的突破。

（3）迁移（Migration）是除了出生和死亡之外，影响人口数量变动的一个主要因素。迁移是指以居住为目的，越过一定地理界线的人口移动（Population movement）。还有另一种人口移动，即非以居住为目的，或以谋职为目的，或以探亲访友为目的等的临时性人口移动，被称之为流动人口（Floating population）。是否属于迁移人口，中国一般以登记的常住人口为准；2000 年第五次全国人口普查，标准定为在居住地居住半年以上，符合这一条件者在居住地登记常住人口。按照人口学关于迁移的"推拉理论"，主要是流出地具有某种"推力"，而流入地则具有某种"拉力"，两种力量产生的合力，决定着人口迁移的流向和流量。不过临时的、非以居住为目的的人口流动，只能属于流动人口，不属于迁移人口。毫无疑问，造成人口迁移的主要原因在经济上面。但是也有着其他方面的一些原因，如婚姻、宗教、宗族以及社会方面的原因，包括文化方面的原因。不管是什么原因，伴随历史和时代的发展，人口迁移都蕴涵着一定的文化内涵，形成特定的迁移文化。中国古代社会的"父母在不远游"，蕴涵的是封建时代以"孝"为核心的文化；改革开放以来，随着市场经济体制的基本确立，城乡经济贸易的迅速发展，阻碍人口迁移和流动的"不远游"观念所存无几，代之而起的是一浪高过一浪的流动人口大军。而且随着国民经济的快速发展，城镇化的加速推进，虽然这支大军也曾潮涨潮落，但是总的发展趋势是方兴未艾、有增无减。人们的观念也在急剧地发生变化，以至于有的农村造成这样一种空气，似乎村里的小伙子不出去走一圈就是"窝囊废"，甚至连"对象"都找不到，引来男青年纷纷外出进城打工，即使找不到合适的事情可做，转上一段时间再回来，混个闯荡一番的名声也不错。这种对迁移观念上的转变，已经构成一种新的意识形态，促进人口迁移和流动持续增强的新的意识形态文化。

2. 人口发展过程中形成的文化现象和本质

发展，一般解释为事物数量的扩张和质量的提高，包括数量上的扩张、质量上的提高以及数量扩张和质量提高兼而有之三种情况。由于原本具有统计意义的人口学主要侧重数量分析方面，因而将人口数量的扩张习惯称为人口变动，而不称之为人口发展。人口发展主要关注的是人口质量的提高和人口结构的改变。人口发展总是在一定的历史条件和具体的社会经济背景下进行的，因而人口发展必然要联系到经济和社会的发展。

（1）人口质量提高过程中的文化现象和本质。人口质量由哪些要素构成，学术界有"二要素"论与"三要素"论不同观点。即由人口身体素质、文化教育素质"二要素"，以及加上思想道德素质的"三要素"组成的不同观点之争。古往今来，人们对于身体素质非常重视，衡量人口身体素质最主要的指标，是婴儿死亡率和出生时的预期寿命。依据联合国提供的资料，1950～1955 年世界婴儿死亡率为 157‰，发达国家为 59‰，发展中国家为 180‰；到 1995～2000 年分别下降到 60‰、8‰、65‰；预计 2045～2050 年可进一步下降到 25‰、6‰、27‰。中国在上述三段期间分别为 195‰、41‰、14‰，比发展中国家、并比世界平均水平下降迅速许多。与此相适应的是，世界在上述三段期间出生时的预期寿命分别为 46.5 岁、65.0 岁、76.0 岁；发达国家分别为 66.2 岁、74.9 岁、82.1 岁；发展中国家分别为 41.0 岁、62.9 岁、75.0 岁；中国同期分别为 40.8 岁、69.8 岁、79.0 岁，比发展中国家和世界平均水平提高迅速得多[1]。可见，第二次世界大战结束以来，人口健康从而人口身体素质的提高经历了最为壮观的历史时期，反映这一变化的文化也进步很快。从过去"同姓不婚"和扩大通婚圈对新生儿体质影响的认识，进步到出生缺陷监测，再到生物学、遗传学的理性认识和具体技术的应用，人口身体素质进入快速提升阶段，观念也在不断更新。

对人口文化教育素质和行为道德素质提高的追求，成为谱写人类文明史的重要动力。说到教育和德育，各民族都有着自己的历史。作为具有五千年文明史的中国，自然有更多值得书写的东西。早在春秋战国时代，大教育家孔子著书立说，身体力行办教育，倡导"有教无类"的平等教育，特别对于那些品德不善的开展有针对性的教育。对于他的"民可使由之不可使知之"向来有不同诠释，笔者赞同这样的断句：民可，使由之；不可，使知之。即强调对"不可"者"使知之"的教育。这样的诠释符合孔子将知识教育与道德教育结合起来的一贯思想，也是几千年来中国封建社会教育的基本主张。强调"以身率先"，做父母者要为儿女们作出表率；强调"教好儿

---

[1] United Nations, *World Population prospects*, *The 2000 Revision*, p. 38, p. 40, p. 42, p. 172, New York, 2001.

孙在读书"，通行"读书做官论"，把读书作为"改换门庭"的手段。自汉代实行"选士制"，后来发展成为科举制，最后科举制走上"八股文"没落阶段，无疑这一套封建科举办法弊病很多，劳动人民要想"改换门庭"谈何容易；但是毕竟给读书人留出一条生路，一条通过读书进到社会上层的曲径通幽之路。更为重要的是，它使社会形成一种尊师重教、重视道德修养的风尚，形成一种有利于教育素质和行为道德素质提高的人口文化，在中国人口再生产中发挥出应有的作用。如今，当历史发展到信息革命时代，人力资本成为社会经济发展的决定性力量的时候，人口质量的提高更被摆到突出的位置，人口质量文化更应受到重视。

（2）人口结构变动过程中的文化现象和本质。人口结构对人口数量变动和质量提高也至关重要。人口结构，主要由人口自然结构，即人口的年龄、性别结构构成；人口非自然结构，主要由人口民族结构、人口种族结构、人口家庭结构、人口城乡结构、人口地区分布结构等构成。人口结构既是人口数量变动和人口质量提高的结果，反过来又影响和制约着人口数量、质量的变动和提高。如人口的年龄、性别结构既是某总体人口出生、死亡、迁移人口变动的结果，反过来，特定的人口年龄、性别结构决定着某总体人口的增长势能，人口学正是依据某总体人口的年龄、性别结构，将其划分成年轻型（增长型）、成年型（稳定型）和老年型（减少型）三种基本类型的。再如，人口城乡结构是人口自然变动和机械变动的结果，然而由于城乡人口在生育率、死亡率、预期寿命、文化教育程度等的差别，城市化达到何种程度对人口变动和发展影响很大，人口城市化的推进，就是生育率的下降和人口文化教育素质的提高。人口在这种长期发展过程中，逐渐形成某种文化现象，体现着人口发展的本质。

## （二）人口文化在人口变动与发展中的地位和本质

人口文化在人口的变动与发展过程中一旦形成，便具有相对独立的性质，处于支配的地位并起主导作用。这种作用有着不可替代的性质，是制约人口再生产并起着支配作用的要素。人口文化在人口生产和再生产中的基本作用，一是由它的规范性决定，一是由它的历史性质决定。

### 1. 人口文化的规范性质

人口文化或人口文化中的任何一个组成部分，都有着特定的内涵和外延，规定着应该还是不应该，提倡还是反对，善与恶、美与丑的界限，起预规和胁迫的作用。观念、伦理、道德具有概括和综合的意义，宗教则把这种概括和综合神化起来，因而表现得更为强烈。以中国传统文化而论，从孔子"庶矣哉"众民思想、宣扬多子多福，孟子"不孝有三，无后为大"、宣扬"男尊女卑"，到程、朱理学"三纲五常"、"三从四德"等文化定式，无形之中形成一条思想的锁链，规范着人们的生育行为，千百年来人们在这种规范范围之内进行着人口的生产和再生产。"多子多福"、"多生多育"对上策动着统治阶级的人口决策，即使没有明确的人口政策，也会在相关的土地、税收政策中得到体现；对下左右着广大民众的生育实践，铸成追求"人丁兴旺"的经久不衰的传统观念形态的文化。与这种东方观念形态的文化观相反，西方将生儿育女纳入商品和市场经济分析，论证了生产孩子同生产其他商品类似，先要支付一定的成本，包括可变成本和不变成本，或者数量成本和质量成本，然后才有可能从孩子身上获得经济、精神等方面的效益，通行的是商品交换和市场经济原则下的生育文化，受经济利益驱使的孩子成本—效益理论及其相应的文化理念。

人口文化规范性的实现，主要依靠社会舆论的力量和行政胁迫的力量。舆论的一大特点是民众性，造成一种思想氛围，形成一种无形的网，规范人们的行为准则，俗话说"舌头底下压死人"。如在传统婚育观念中，女子未婚先孕不可宽容，被视为伤风败俗遭到谴责；在包办婚姻制度下，女子只能"嫁鸡随鸡，嫁狗随狗"地从一而终，没有离婚的权利，只有扮演被遗弃的角色。如今有了根本的改观，许多国家专门制定法律保护未婚母亲、单身母亲；妇女同男子一样，享有婚姻自主的权利，结婚和离婚享有自由。舆论对于作为观念上的文化的传播来说，起着导向和监督的作用，维系着某种特定的文化。思想、观念、道德等意识形态方面的东西，只能靠正确的导向作引导，靠舆论监督使之规范化。人口文化也是这样，特定历史条件下的占统治地位的人口文化，有着鲜明的导向性，崇尚特定的人口变动和发展的观念；同时形成一定的舆论氛围，对有悖于占统治地位人口文化的思想、道德、观念及其做法，进行舆论监督，保证主流人口文化的支配地位。

行政胁迫力量在维系人口文化方面的作用，同样不可忽视。人口文化作为观念上的文化，前已述及，属于意识形态范畴。对于意识形态范畴内的事情，首先是运用宣传的、教育的、批评的、规劝的等方法维系，宣传规范化的人口文化，摒弃同规范化的人口文化相抵触的人口文化。社会也可根据需要，用行政手段维系某种人口文化。如中国历史上许多朝代为了休养生息、增强国力和应付战争需要，都实行过鼓励人口增长的政策，规定到了结婚年龄必须结婚，不结婚就要受到处罚，甚至实行重奖多生多育的政策。当前，我们为了推行计划生育基本国策，一方面进行宣传教育，宣传控制人口增长和实行计划生育的道理，提高人们的认识，坚持"三为主"，同时国家颁布了《中华人民共和国人口与计划生育法》，各省、自治区、直辖市制定了贯彻实施的具体办法，通过法律、法规的形式培育新型人口文化。西欧、北欧、日本等发达国家为了克服少子高龄化带来的种种问题，实行了旨在提高生育率和鼓励人口增长的政策，维系的是体现商品市场经济的人口文化。

2. 人口文化的历史性质

任何人口文化的形成，都是特定历史条件下生产力发展、社会进步的必然结果，适应不同社会生产力发展水平就会形成不同的人口文化。学术界对于社会发展时代的划分不尽相同，本着经济时代的划分"不是按照生产什么，而是按照怎么样生产"，即用什么样的工具进行生产为标准划分，结合人口文化基本特征，我们划分成原始社会、农业社会、工业社会、现代社会四个基本的时代，每个时代有着明显的属于本时代的人口文化。不同时代人口文化区分的标准和标志是什么，则是需要讨论清楚的。只有将这个问题讨论清楚，才能比较科学地区分不同历史时代的人口文化。我们以为，区分不同历史时代生育文化的标准只有一个，即人口文化变动和发展的本质特征。这个本质特征的表现，即人口再生产的目的、形式和调解的方式，构成区分不同历史时代生育文化的标志。按照这样的划分标准和标志判断人口文化的变迁，其在不同历史时期的表现，可以大致概括如下。

（1）原始社会人口文化。按照传统的进化论观点，四百多万年以前最早的人类从动物界脱颖而出，便创造了最初的文化。不过在人口生产上，这种最早文化的影响却姗姗来迟。建立在群婚制基础上的杂乱性交，谈不上人口生产的明确目的性，更谈不上对出生、死亡等人口生产的调解，就其实质来说表现为人的种的延续，原始的人口文化是自然的生物文化。不过由于原始人劳动和大脑的慢慢发达，人类有意识活动的不断增强，在实践中人类逐渐选择着能够带来较强体力和智力后代的繁衍方式：从母系氏族过渡到父系氏族，从群婚的初级形式——血婚制过渡到高级形式——"普那路亚"伙婚制，记录着原始人类在生育上走过的漫长道路，留下简单但却是不断进化的人口文化。至于生殖崇拜，那是原始人对生育现象无法解释而产生的神秘感的一种偶像，毫无疑问属于原始人类生育文化表现之一，甚至是很重要的表现；但是生殖崇拜不能说明原始人对生育渐渐萌发的目的性的认识和婚姻生育方式的选择，因而不能概括生育的本质。从原始社会作为人类发展史中最长的一个时代观察，人口生产是由自然生物行为向有目的行为的过渡，由自然婚育方式向进步婚育方式的过渡，本质上属于自然的人口文化。

（2）农业社会人口文化。经过三次社会大分工，农业生产获得很大发展，出于对劳动力和军事的需要，这一时代的人口文化可用"多子多福"来概括。多福是目的，多子是手段，多子与多福紧密相连。在农耕时代，作为整个社会经济支柱的农业，是建立在自给自足自然经济基础之上的，基本的生产工具是手工工具。虽然手工工具的使用也有技术，但是手工工具条件下的技术实为技巧而已，与机器大工业条件下的技术不能同日而语。由于劳动工具简陋，生产主要依靠劳动者的体力，多子也就有了充足的理由。此外，以家庭为基本生产单位的农业社会的老年赡养，多子具有明显的优越性，是谋求老有所养、老有所终的必然选择。由于在劳动和父系家族传统中男性具有的天然优势，多子一般专指男子，女子不在其列，在中国等东方国家尤其如此。除劳动力和军事需求外，"多子多福"还包括"养儿防老"、性别歧视等内容，体现着整个社会的观念文化层次。

（3）工业社会人口文化。18世纪中叶产业革命发生后，揭开人类历史发展的新纪元。从最初的蒸汽磨取代手推磨、纺纱机取代手摇纺车到机器大工业占据支配地位，传统工业化的最后完成，社会经济发展由以自然资本为主转变到以产出（生产）资本为主，对劳动力的要求也由以体力为主，转变到体力与智力并重，人口质量开始受到重视。工业社会是商品经济高度发展的社会，通行的是商品交换的等价原则，交换价值升值也升华到人口文化领域。人们自觉不自觉地用商品经济一套原则来权衡人口生产，孩子成本—效益理论应运而生。在工业化初期，由于技术构成不高，需要较多数量的劳动者，刺激了生育率的上升；随后由于技术构成的不断提高，机器排斥工人作用力的增强，人们的选择偏好逐渐由追求孩子的数量转变到追求孩子的质量，遂使生育率下降，发生由高出生、低死亡、高增长向着低出生、低死亡、低增长人口再生产类型的转变。社会对生育的调节，主要的也是通过利益导向影响孩子成本—效益，影响家庭的生育决策选择。因此，工业社会人口生产和再生产的目的、方式和调节的办法，通行的是利益选择和商品交换原则，是商品生产和代际交换型人口文化。

（4）现代社会人口文化。传统工业社会经过两百年左右的发展达到高潮，开始步入后工业化时代。标志是以微电子技术为前导，包括新材料、新能源、宇航、海洋等新技术。20世纪末，这一技术革命发展到以生命科学为主导，包括基因、纳米、生物等技术在内的更新的技术革命。这一革命对人口文化的冲击要强烈得多、深刻得多，很可能形成新技术革命时代全新的人口文化。在生命科学发展起来之后，试管婴儿的诞生改变了原来生育的条件，克隆技术的发展为克隆人提供了技术支持，试想，如果试管婴儿、克隆技术都加入人口再生产之中，那么原来意义上的人口的生产和再生产概念还能不改变吗！在历史发展到21世纪，经济、科技、社会达到高度现代化的情况下，人口生产的目的是促进人口与经济、社会更快发展，谋求人口与资源、环境的可持续发展已形成普遍的共识。可持续发展观的核心是以人为本，以满足人的全面发展需要为根本目的，包括满足生理、心理和发展等不同层次的需要；发展以人力资本为主要驱动力，在自然资本、产出资本、人力资本、社会资本"四大资本"中，人力资本具有决定性的意义。以人为本的可持续发展理论体系，包括全方位的适度人口论、稀缺资源论、生态系统论、总体经济效益论、社会协调发展论，把人口的生产和再生产纳入可持续发展战略之中。在这种可持续发展总体框架下，现代社会人口文化呼之欲出，那就是还人类本原意义的以人为本的人口文化。

## 研究人口文化的意义

人口发展体现着人类活动的目标追求，"追求"形成一定的理念便构成意识形态意义上的文化。在中国几千年发展的历史长河中，这种人口发展文化得到淋漓尽致的表现。人们代代相传，日出而作、日落而息，甚至"头悬梁、锥刺骨"发愤读书，为着一定的目标而苦苦追求。如今时代不同了，但是追求仍然存在，人口文化有了新的含义，研究人口文化也具有新的意义。这种意义不外乎两个方面，即理论的意义和实践的意义，下面分别加以说明。

1. 研究人口文化的理论意义

自1662年格兰特的《关于死亡的自然的与政治的观察》发表以来，人口学沿着具有统计意义和实证研究意义两个方向发展下来，衍生出不同的理论和学派。特别是进入20世纪以后，人口科学空前活跃起来，以一门独立的学科立足于众学科之林。其中交叉学科研究获得很大发展，人口学与经济学、社会学、统计学、地理学、历史学、民族学、生态学、数学、医学等的交叉研究，产生新边缘学科和综合学科。在上述这些研究中，尤其是人口学与社会学、历史学、民族学、宗教学等的交叉研究中，常常涉及文化范畴，因而人口学与文化学结下了不解之缘。尤应值得提出的是，由莱宾斯坦（H. Leibenstein）提出，并由贝克尔（G. S. Becker）、伊斯特林（R. A. Easterline）、考德维尔（J. C. Caldwell）等进一步阐发的孩子成本—效益理论，大大推动了人口经济学的发展，从本源上解读了人口的生产和再生产、人口变动和发展的经济动因，创立了微观人口经济学说。但是，且不说他们之间在学说上有何分歧与不同，就是取他们学说中一致的见解来解说世界和不同国家、地区的人口变动，也会出现某些难以解释的现象。对此，人们往往将其归结为文化的不同，用不同民族、种族和历史传统加以解释。如某些国家经济比较发达，但是生育率却比较高；而某些国家经济并不发达，生育率却率先降了下来。这就不能完全用孩子成本—效益理论作出解释。又如在世界近 200 个国家和地区中，绝大多数国家和地区出生性别比和总人口性别比均在 100 以上，只有 20～30 个国家和地区在 100 以下。这些国家和地区主要集中在中东一带，特别是许多信奉伊斯兰教的国家和地区。人们同样将性别比偏低归于文化上的差异。然而再深入一些的研究却不多见，可以说，文化方面研究的薄弱，是阻碍人口学深入研究的一个重要方面。

中国是世界上人口最多的国家，也是世界文明古国之一。文明古国的一个重要标志，是历史文化积淀的深厚，五千年的文明史深刻地影响着人口的变动和发展。进入 20 世纪不久，1919 年中国发生了具有划时代意义的"五四"运动，反帝反封建的新文化由此兴起。1949 年中华人民共和国成立后，开创了社会主义新文化时代。改革开放以来，随着中国更广泛地走向和融入世界市场，中外文化上的交流日益扩大，拓展了人们的视野。尤其是中国实施旨在控制人口数量增长为主要目的的计划生育基本国策的实践，提出了从文化角度探讨人口变动和发展的许多实际问题。早在 20 世纪 80 年代初期，大力提倡一对夫妇生育一个孩子的时候，便十分注重生育观念的转变，提出了人口基本国策的文化问题，并在 80 年代末 90 年代初召开过"人口与文化发展国际学术讨论会"。在实践中，各地计划生育的文化部门采取多种形式宣传少生优育，宣传人口理论基本知识等，进一步认识到文化在人口再生产中的地位和作用。在这种形势下，人口文化促进会应运而生，人口与文化交叉研究得到很大发展，10 多年来编辑出版了一批有影响的论著，推动了研究的不断深入。需要指出，在中国开展的人口文化研究，已不再是一般的研究人口现象联系到文化，而是通过实践—理论—实践的反复升华，实现认识论上的飞跃，朝着建立一门新学科的方向发展着。伟大的实践必然出现伟大的理论，人口文化是中国人口理论工作者与人口实际工作者相结合的产物，已经并将继续丰富和发展传统的人口学理论。只是这样的丰富和发展还远未完成，需要作出不懈的努力。

2. 研究人口文化的现实意义

上述情况表明，人口文化是中国计划生育基本国策实践发展的产物，因此，人口文化研究的首要现实意义是服务于人口事业，服务于计划生育实践。其次，由于人口文化包含的深刻内涵不限于计划生育范畴以内，从而为全面解决人口问题提供了文化的视角和立场。因此，研究人口文化的现实意义，可从全面解决中国人口问题，即控制人口的数量、提高人口的质量、调整人口的结构三个方面，作出探讨。

人口的数量控制，需要破除的是农业社会以"多子多福"为代表的人口文化。前已述及，由于农业社会生产工具为手工工具，劳动者的体力是主要的生产力，因而生育子女数量多少关乎家庭经济的发展、种的延续和家族势力的扩大，多生多育成为人们自然的选择。由于中国自给自足的农业社会长达几千年，这种"多子多福"的生育观念，对上策动着封建统治阶级的人口决策，对下左右着广大民众的生育行为，早婚早育、早生多生、"四世同堂"、"五世其昌"等成为人们的普遍追求。显然，要大力控制人口增长、切实加强计划生育，必须破除这种人口文化，树立现代人口文化。现代人口文化建立在工业化、信息化、全球化基础之上，社会生产力的发展主要依靠的不是劳动者的数量，而是劳动者的质量，是在"四大资本"中有决定意义的人力资本。相应的，应是建立在以人为本基础上的适宜的生育子女的数量，即有利于家庭又有利于国家和民族发展的生育数量观。对于像目前中国一类属于人口过剩的国家来说，应当倡导少生少育的人口文化。

人口质量的提高，需要作出具体的分析。传统的农业文明比较重视教育，重视对子女的培养。就是对于"读书做官"论，也要作一些具体分析。从最初创建科举制度考察，"读书做官"不愧是一条举贤用能、量才施用之道，有其积极意义的一面。后来发展到徇私舞弊，并以脱离实际的八股文为依据，还有捐官制度等弊端发生，遂走向反面，成为妨碍发展的一大弊害。不过在封建专制主义统治下，科举毕竟留给人们一条进入上层社会的通道，尽管是一条非常狭窄、充满荆棘、崎岖不平的通道。给那些幻想"改换门庭"的人们以一线希望。不言而喻，这对于人口素质特别是人口文化教育素质的提高起到一定的作用。今天，我们不要"读书做官"一套说教，但主张有知识、有文化、具备较高素质的人做官，做为人民服务的官，也有着某种积极意义。更为重要的是，在社会上树立尊重知识、尊重人才和尊师重教的良好风尚，发扬传统文化中的优秀文化，是当今社会全面发展的需要。不过绝不是照搬古人的教化，我们提高人口文化教育素质，需要的是德育、智育、体育全面发展的教育，是站在时代发展前沿的教育，是大力提高人口文化教育素质的全面发展的教育。

人口结构的调整，同样需要树立符合时代发展的人口文化。在人口自然结构中，年龄结构文化经历很大变革。农业社会尊老敬老有着优良的传统，讲究上有老下有小，田园式的亲情文化。产业革命发生后，商品和市场经济发展起来，亲情色彩淡出，人与人之间等价交换的原则突出了。随着科学技术的不断进步，老年逐渐沦为时代的落伍者，尊老敬老为年龄歧视所取代，人口文化发生重大变迁。在人口性别结构文化中，由于农业社会固有的性别歧视根深蒂固，从孔子的"唯女子与小人为难养也"，孟子的"不孝有三，无后为大"中的"后"专指男子而非女子，到汉朝董仲舒"罢黜百家、独尊儒术"，明朝程朱理学发展为"三纲五常"、"三从四德"一类定式，使女子变成"大门不出，二门不迈"和围着"锅台转"的生孩子的工具，女子被排斥在社会经济、政治、文化生活之外，在家中也沦为丈夫的附庸。值得提出的是，这种性别歧视文化至今尚有一定的影响，中国20世纪80年代以来出生性别比不断攀升就是证明。解决性别比升高和性别偏好问题，既有实际问题，也有认识问题，根源在于转变人们的观念。即由农业社会男尊女卑的传统人口文化，转变到"时代不同了，生男生女都一样"的现代人口文化。

人口非自然结构文化，主要是人口城乡结构、人口民族结构、人口地域分布结构、人口职业结构等的文化。研究这些人口文化，对于人口结构的调整有着明显的意义。在传统的农业社会，奉行的是"故土难离"、"父母在不远游"的把农民束缚在土地上的自然经济文化。工业革命以来，商品和市场经济发展起来，随着物流、财流的增加，人口的流动特别是农民进城从事城镇工商业的人数大增，农村过剩人口转移到城镇是现代人口文化的新的理念。传统的农业社会把社会不同职业人口分成三六九等，何种职业高贵，何种职业低下都有定式，而站在最高处的则是"万般皆下品，唯有读书高"的文化理念。现代社会否定这种职业的歧视，倡导职业只是社会分工不同的新理念，主张不同职业人人平等。不过由于从原来的职业等级观念脱胎而来，还不能实现完全人人平等的人口职业文化。虽然现代社会"白领"与"蓝领"（笔者提出还有介于"白领"和"蓝领"之间的"灰领"）已不再是职业的等级观念，职业歧视在很大的程度上已消失，但是仍有一定的差距，这种差别还依稀可见歧视的阴影。要完全树立新型的人口职业文化，尚需时日。这种职业上的差异，包括劳动条件、技术熟练程度、劳动生产率高低、收入差别等的客观存在，是形成人口职业文化的基础，但是文化导向的作用不可低估，研究人口职业结构文化，正是为创建人口的合理就业开辟道路。其他人口结构文化，都有类似的性质，对调整人口结构从而实现全方位的适度人口创造必要的条件。

研究人口文化的现实意义，还应提及对全面建设小康社会的意义。据考证，小康一词最早出自《诗经·大雅》，所谓"民亦劳止，汔可小康"是也。小康与中国历史上追求的大同不同，大同是一种建立在财产共有基础上政治、经济、文化、社会完全理想化的社会；小康则是在仍保留私有财产情况下，政治、经济、文化、社会比较发达，但水平仍不够很高的社会。亦即一种温饱有余，富裕不足的生活状态。自1979年改革开放总设计师邓小平提出今后20年国内生产总值翻两番起，到2000年已基本实现。不过正如党的十六大指出的，我们现在达到的小康还是低水平的、不全面的和不平衡的，因而提出全面建设小康社会的奋斗目标。针对原来提出的小康和当前的全面小康，学术界也有人将现在的小康称之为"后小康"社会。按照党的十六大提出的目标，无论是国内生产总值翻两番，综合国力和国际竞争力明显增强，社会主义民主更加完善，社会主义法制更加完备，还是全民族的思想道德素质、科学文化素质和健康素质明显提高，形成全民学习、终身学习的学习型社会，促进人的全面发展，可持续发展能力的不断增强，推动整个社会走上生产发展、生活富裕、生态良好的文明发展道路，都离不开人口的发展状况，离不开人口数量控制达到的水平、人口素质提高达到的水平和人口结构调整后的状况。正如前面提到的，要实现全面建设小康社会各项人口发展目标，建设现代人口文化是一项重要而艰巨的任务，新型社会主义人口文化建设是全面建设小康社会不可缺少的一个有机的组成部分。

## 参考文献

［1］张忠利、宗文举编《中西文化概论》，天津大学出版社，2002。

［2］潘贵玉主编《中华生育文化导论》，中国人口出版社，2001。

［3］田雪原：《跨世纪的人口与发展——田雪原文集》（三），中国经济出版社，2000。

［4］孙熙国等：《中国传统文化与社会主义文化建设》，兰州大学出版社，2002。

［5］国际人口科学联盟编《人口学词典》，杨魁信、邵宁译，商务印书馆，1992。

［6］《辞海》（修订稿），上海人民出版社，1977。

［7］中国社会科学院语言研究所词典编辑室编《现代汉语词典》（修订本），商务印书馆，1997。

［8］United Nations, *Population and Development*, New York, 2001.

［9］United Nations, *Population Newsleter*, *December 2002*, NewYork, 2002.

［10］United Nations, *World Population Prospects*, *The 2000 Revision*, NewYork, 2001.

# 生育与生育文化<sup>*</sup>

　　"生育文化"是一个新的概念，作为人口学以及人口学与生物学、经济学、社会学、历史学、政治学、人类学、民族学、语言学、文化学、哲学等交叉形成的一个待定研究领域，在人口再生产中占有特殊的地位和某种决定性的作用。为了弄清生育文化概念的内涵和外延，有必要首先对生育和文化作出某种考证和界定。

## 一　生育与文化

　　提起生育，人们不仅联想到《圣经》中亚当与夏娃的故事，也会联想到国人关于女娲补天和造人的传说。然而故事和传说都不能取代现实，现实生活中人的生育行为还要回到人口的生产和再生产中来。据科学家考证，地球的存在已有47亿年的历史，地球上有生物的历史也已有了23亿年以上，在人类长达400多万年的漫长的历史长河中，高生育率曾经帮过人类的大忙。试想，在人类诞生的早期和中期，如果不是高生育率而是生育率过低的话，那么说不定人类早被自然淘汰了。但是经久不衰的高生育率，特别是到了20世纪尤其是近半个世纪以来的高生育率，造成人口数量的巨大增长，不断加剧着对资源、环境的压力，给人们带来新的人口数量增长的威胁。

　　什么是生育，国际人口科学联盟编著的《人口学词典》解释为："人口学对生育的研究，系考察同人类生育或再生产有关的某些现象"，"系指生育行为，而不是指生育能力"①。中国社会科学院语言研究所词典编写组编

---

　　* 原载田雪原等主编《生育文化研究》，中国人口出版社，2006。

　　① 参见国际人口科学联盟编《人口学词典》，杨魁信、邵宁译，商务印书馆，1992，第71、78页。

写的《现代汉语词典》简单地将其定义为"生孩子"①。《辞海》则有两种解释，一为"生长，养育"；一为"生孩子"②。还可再作一些推敲，"生育"原本由"生"和"育"两个词组成，每个词都有多个层次意义。《辞海》列举"生"有"生长"、"出生"、"活"、"性"等12种含义；"育"有"生育"、"生存"、"培育"、"抚养"等含义③；《现代汉语词典》大都吸纳了这些含义，并对"育"增加了包括德育、智育、体育在内的教育的含义④。笔者以为，我们探讨的生育文化中的"生育"，不应限于狭义的"生孩子"，还应包括广义一些的养育、教育方面的内容。

界定"文化"概念，学术界可谓见智见仁，五花八门的定义应有尽有。一是由于人们立足的学科不同，站在历史、哲学、文学、艺术、宗教、经济、政治、法律等不同学科给出不同的定义；二是由于人们所下定义方法不同，或倾向内在性、心理性，或倾向外部性、生成性，从而给出不同的定义；三是由于时代感不同，有的定义偏重过去、偏重历史，有的定义注重现实，有的注重未来。目前搜集到的关于文化的定义，已达100种以上。总起来看，关于文化的界定，可从三个层面上去把握。

第一个层面，广义的文化。古埃及人建造了金字塔，金字塔既是古代人类社会建筑的伟大创举，又是埃及科学和文化发展的象征，代表着尼罗河文化；中国的长城、故宫、颐和园、明清皇家陵寝等被联合国列入世界文化遗产，因为这些建筑代表着历史发展时代的物质文明和精神文明财富，是用物质形式凝聚起来的文化；同样，14～16世纪以意大利留下来的大批建筑为代表，显示着以人为中心反对宗教和中古时期经院哲学，倡导科学研究的文艺复兴精神，也是一个时代的文化。在当代，有人将信息技术归并到文化，各种产品是现代文化的结晶。因此，作为一定历史时期所创造的物质财富和精神财富总和凝聚起来的文明，可视为该时代广义的文化。

第二个层面，一般意义上的文化。希腊作为文明古国，其文明发祥地——爱琴海中的克里特岛，那里的居民很早便与居住在地中海沿岸的部落发生商业往来，正是这种公平的商业往来创造了早期的一般意义上的文化，即一定社会的意识形态。包括思想、观念、传统、信仰、宗教、道德、伦

---

① 中国社会科学院语言研究所词典编辑室编《现代汉语词典》（修订本），商务印书馆，1997，第1131页。

② 《辞海》（修订稿）词语分册，上海人民出版社，1977，第1852页。

③ 《辞海》（修订稿）词语分册，上海人民出版社，1977，第558页。

④ 《现代汉语词典》，商务印书馆，1997，第1541页。

理、习俗以及政策、法律等的"平等"观念和"民主"思想。中国受三面环山和沙漠阻碍，加上根深蒂固的封建思想的影响，虽然也有丝绸之路、郑和航海下西洋等发展商品贸易的壮举，一时间传为佳话；但是封闭环境和封闭式的文化则占据着绝对的优势。长期以来，形成孝、悌、忠、信、礼、仪、廉、耻一整套君臣父子封建社会特有的文化，即一般意识形态意义的文化。

第三个层面，狭义的文化。狭义的文化，指人所具有的科学知识和人文教育水平。如人们填写履历表时，常常要填写"文化程度"一栏，指的是所受的大学、中学、小学教育程度或文盲、半文盲一类的狭义的文化。

## 二　生育文化概念

在界定上述生育概念和文化概念基础上，便可以来讨论生育文化概念了。笔者认为，生育文化就是在生育过程和生育发展中形成的思想、观念、伦理、道德和行为规范，即反映生育变动和发展的意识形态，以及这种意识形态变换的物质形态。这样的定义包含以下几层含义。

第一，"生育文化"立足于"生育"过程、生育的变动和发展。生育从最早的生育动机、精子和卵子的结合、胎儿发育到婴儿降生、围产期保健、新生儿成长等，是一个完整的过程。而且，考察 400 多万年人类发展的历史，"生育"同其他事物一样，也是不断变动和发展的。如随着社会经济的发展和生活水平的提高，妇女的育龄期在延长；目前国际上规定 15～49 岁为育龄期，但是随着健康的增进和预期寿命的延长，超过 49 岁还能生育者在增多，我国已发现一批 50 岁以上妇女还能生育的人群。与此相反的是，受孩子成本—效益变动驱使，人们的选择偏好正由追求孩子的数量向追求孩子质量转变，遂使家庭生育的孩子数减少；生育观念则由原来的多生多育，逐渐转变到少生优育上来。在历史推进到 21 世纪以后，生育的变动和发展更值得重视。因为以生命科学为主导学科的新技术革命的兴起，正推动着生育革命向前发展。试管婴儿的诞生对于传统的生育方式来说是一场革命，闹得满城风雨的"克隆人"的争论，这样的无性繁殖算不算生育？即使算做生育，也不是原来意义上的生育了。需要提及的一点是，"生育文化"中的"生育"，应当纳入人口变动和发展之中考察，而不仅仅是个人的行为。人的生育与一般动物的繁殖不同，它不仅是生物行为，更主要的是社会行为，应纳入社会范畴，同人口的变动和发展紧密联系在一起考察。

第二，"生育文化"中的"文化"定位在观念形态上的文化。即在生育过程、生育的变动和发展过程中形成的相关思想、道德、传统、观念、宗教、伦理和行为规范，取"意识形态"一般意义上的文化。如果取狭义的人文和自然科学知识意义上的文化，显然过于窄了一些，难以反映人口变动和发展中形成的观念形态上文化的本质。当前值得注意的一个倾向是，在论述生育文化时有将"文化"越展越宽的"越线"之嫌，应准确地把握它的内涵与外延。上述定义也包括"这种意识形态变换的物质形态"，不过这样的"物质形态"仅限于：一是在生育过程、生育变动和发展中形成的，而不是不着边际的硬"联系"上的"物质形态"；二是生育变动和发展形成的意识形态的物质结晶，即从生育、生育变动和发展形成的意识形态中凝固出来的物质形态，能够代表特定时代生育变动和发展的思想、观念、伦理、道德、传统和行为规范的物质形态。这样的"物质形态"是大量存在的，国内外都可找到诸多原始人崇拜生育的图腾、壁画和石刻等；现代的戏剧、电影、绘画、艺术、电子网络等表现的生育文化，更是淋漓尽致且富有鲜明的时代感。

第三，"生育文化"是生育与文化之间相互作用、相互影响过程中形成的文化。生育文化不等于生育加文化，不是二者简单相加的结果；生育文化的本质在于生育、生育变动和发展与文化变动、发展之间形成的内在联系，即生育变动与发展的文化的本质，文化发展中受到的来自生育变动与发展的影响，二者交互作用形成的某种相对稳定的意识形态。这种意识形态在生育变动和发展中不断重复出现，逐渐形成某种带有规律性的运动，从中抽象出事物的本质，集合成一种观念，一种足以支配生育行为并且对生育变动和发展产生足够影响的意识形态。"生育文化"不能理解为"生育的"文化，生育不是文化的定语；"生育文化"是一个不可分割的词组和概念，一个表达完整意义的词组概念。

## 三　生育文化特征

人口学关注生育文化，是因为生育文化在生育变动和发展中有着不可替代的作用，是制约人口再生产起着支配作用的要素。要充分发挥生育文化的作用，还必须对生育文化的特征和作用的特点加以研究，掌握生育文化运动的规律。笔者以为，生育文化的基本特征可归结为两条：一是它的规范性，二是它的历史性。

1. 规范性

生育文化或生育文化中的任何一个组成部分，都有着特定的内涵和外延，规定着应该还是不应该，提倡还是反对，善与恶、美与丑的界限，起到预规和胁迫的作用。观念、伦理、道德具有概括和综合的意义，宗教则把这种概括和综合神化起来，因而表现得更为强烈。以中国传统文化而论，从孔子"庶矣哉"众民思想、宣扬多子多福，孟子"不孝有三，无后为大"、宣扬"男尊女卑"，到程朱理学"三纲五常"、"三从四德"等文化定式，无形之中形成了一条思想的锁链，规范着人们的生育行为，千百年来人们在这种规范范围之内进行着人口的生产和再生产。"多子多福"、"多生多育"对上策动着统治阶级的人口政策，即使没有明确的人口政策，也会在相关的土地、税收政策中得到体现；对下左右着广大民众的生育实践，铸成追求人丁兴旺的经久不衰的传统生育文化。与这种东方生育文化观相反，西方将生育行为纳入商品和市场经济范畴，论证了生产孩子同生产其他商品类似，先要支付一定的成本，包括可变成本和不变成本，或者数量成本和质量成本；然后才有可能从孩子身上获得经济、精神等方面的效益，通行的是商品交换和市场经济原则下的生育文化，受经济利益支配的自主型的生育文化。

生育文化规范性的实现，主要依靠社会舆论的力量和行政胁迫的力量。舆论的一大特点是民众性，造成一种思想氛围，形成一种无形的网，规范着人们的行为准则，俗话说"舌头底下压死人"。如在传统生育文化中，女子未婚先孕不可宽容，被视为伤风败俗遭到谴责；在包办婚姻制度下，女子只能"嫁鸡随鸡，嫁狗随狗"的从一而终，没有离婚的权利，只有扮演被遗弃的角色。如今有了根本的改观，许多国家专门制定法律保护未婚母亲、单身母亲；妇女同男子一样，享有婚姻自主的权利，结婚和离婚享有自由。舆论对于作为观念上的文化的传播来说，起着导向和监督的作用，维系着某种特定的文化。思想、观念、道德等意识形态方面的东西，只能靠正确的导向作引导，靠舆论监督使之规范化。生育文化也是这样，特定历史条件下的占统治地位的生育文化，有着鲜明的导向性，崇尚特定的生育观念；同时形成一定的舆论氛围，对有悖于占统治地位的生育文化的思想、道德、观念及其做法，进行舆论监督，保证主流生育文化的支配地位。

行政胁迫力量在维系生育文化方面的作用，同样不可忽视。生育文化作为观念上的文化，前已述及，属于意识形态范畴。对于意识形态范畴内的事情，首先应当运用宣传的、教育的、批评的、规劝的等方法维系，宣传规范化的生育文化，摒弃同规范化的生育文化相抵触的生育文化。社会也可根据需要，用行政手段维系某种生育文化。如中国历史上许多朝代为了休养生息、增强国力和应付战争需要，都实行过鼓励人口增长的政策，规定到了结婚年龄必须结婚，不结婚就要受到处罚，甚至重奖多生多育的政策。当前，我们为了推行计划生育基本国策，一方面进行宣传教育，宣传控制人口增长和实行计划生育的道理，提高人们的认识，坚持"三为主"；同时国家颁布了《中华人民共和国人口与计划生育法》，各省、自治区、直辖市制定了贯彻实施的具体办法，通过法律、法规的形式培育新型生育文化。西欧、北欧、日本等发达国家为了克服少子高龄化带来的种种问题，实行了旨在提高生育率和鼓励人口增长的政策，维系的是体现商品市场经济的生育文化。

2. 历史性

任何一种生育文化的形成，都是特定历史条件下生产力发展、社会进步的必然结果，适应不同社会生产力发展水平有着不同的生育文化。当前，对于社会发展时代的划分不尽相同；本着经济时代的划分"不是按照生产什么，而是按照怎样生产"标准划分，结合生育文化基本特征，划分成农业及农业以前社会、工业社会和后工业化社会三个基本的时代。其中农业及农业以前社会，又可分为原始社会、农业社会、后工业化社会，亦可称为现代社会。每个时代有着明显的属于本时代的生育文化，故不同时代生育文化区分的标准或标志，是需要讨论清楚的。只有将这个问题讨论清楚，才能比较科学地区分不同历史时代的生育文化。笔者认为，区分不同历史时代生育文化的标准只有一个，即生育文化变动和发展的本质特征；这个本质特征的表现，即生育的目的、形式和调解的方式。按照这样的划分标准或标志判断历史上的生育文化变迁，可以大致概括如下。

（1）农业及农业以前社会的生育文化。前已论及，可分为原始社会生育文化和农业社会生育文化两个时期。

①原始社会生育文化。按照传统的进化论观点，400多万年以前最早的人类从动物界脱颖而出，从他们能够直立行走和拿起第一根木棒、石块时候起，便创造了最初的文化。不过在生育上，这种最早文化的影响却姗姗来迟，最早跨进人类大门的人们在生育上与其他动物没有多少差别。建立在群婚制基础上的杂乱性交，谈不上生育的明确目的性，更谈不上对生育的调

解，就其实质来说，生育主要表现为种的延续，原始人的生育文化是自然的生物文化。不过原始人的生育在不断地进化着，由于劳动和大脑的慢慢发达，人类有意识活动的不断增强，在实践中人类逐渐选择着能够带来较强体力和智力的后代的生育方式。从母系氏族过渡到父系氏族，从群婚的初级形式血婚制过渡到高级形式"普那路亚"伙婚制，记录着原始人类在生育上走过的漫长道路，留下简单但却是异常生动的文化色彩。至于生殖崇拜，那是原始人对生育现象无法解释而产生的神秘感的一种崇拜，毫无疑问属于原始人类生育文化表现之一，甚至是很重要的表现；但是生殖崇拜不能说明原始人对生育渐渐萌发的目的性的认识和婚姻生育方式的选择，因而不能概括生育的本质。从原始社会作为人类发展史中最长的一个时代观察，人类生育本质是由自然生物行为向有目的的生育行为的过渡，由自然婚育方式向进步婚育方式的过渡。

②农业社会生育文化。这一时代的生育文化可用一句话概括：多子多福生育文化。多福是目的，多子是手段，多子与多福紧密相连。在农耕时代，作为整个社会经济支柱的农业，是建立在自给自足自然经济基础之上的，基本的生产工具是手工工具。虽然手工工具的使用也有技术，但是手工工具条件下的技术实为技巧而已，与机器大工业条件下的技术不能同日而语。由于劳动工具简陋，生产主要依靠劳动者的体力就是顺理成章的事情，多子也就有了充足的理由。此外，以家庭为基本生产单位的农业社会的老年赡养，多子具有明显的优越性，是谋求老有所养、老有所终的必然选择。由于在劳动和父系家族传统中男性具有的天然优势，多子一般专指男子，女子不在其列，在中国等东方国家尤其如此。多子多福也包括追求多子生育的方式在内，尽管农业社会科学技术水平低下，但是仍有从交媾到保胎，从分娩到养育的一套生育技术。

（2）工业社会生育文化。18世纪产业革命发生后，揭开人类历史发展的新纪元。从最初的蒸汽磨取代手推磨、纺纱机取代手摇纺车到机器大工业占据支配地位，传统工业化的最后完成，社会经济发展由以自然资本为主转变到以产出（生产）资本为主，对劳动力的要求也由以体力为主，转变到体力与智力并重，生育中的"育"得到价值增值。工业社会是商品经济高度发展的社会，通行的是商品交换的等价原则，交换价值升值也波及生育文化领域。人们自觉不自觉地用商品经济一套原则来权衡生育，生育孩子的数量、质量最终取决于孩子成本—效益。在工业化初期，由于技术构成不高，需要较多数量的劳动者，刺激了生育率的上升；随后由于技术构成的不断提高，机器排斥工人作用力的增强，受孩子成本—效益作用影响，遂使生育率下降，发生由高出生、低死亡、高增长向低出生、低死亡、低增长人口再生产类型的转变。此外，社会保障事业发展起来，孩子养老保障功能削弱，农业社会子嗣观念削弱等，都导致家庭由追求孩子的数量转变到追求孩子的质量。社会对生育的调节，主要的也是通过利益导向影响孩子成本—效益，影响家庭生育决策选择。因此，工业社会生育的目的、方式和调节的办法，通行的是利益选择和商品交换原则，是商品交换型生育文化。

（3）后工业化或现代社会生育文化。传统工业社会经过200年左右的发展达到高潮，开始步入后工业化时代。标志是以微电子技术为前导，包括新材料、新能源、宇航、海洋等新技术的兴起；20世纪末，这一技术革命又发展到以生命科学为主导包括基因、纳米、生物等技术在内的更新的技术革命。这一革命对生育文化的冲击要强烈得多、深刻得多，很可能形成新技术革命时代全新的生育文化。在英语中，生育Fertility（名词）与受精Fertilization（名词）、使受精Fertilize（动词）本属同一词根，前提是受精和母亲从怀胎到分娩、养育的过程。但是在生命科学发展起来之后，试管婴儿的诞生改变了原来生育的条件，克隆技术的发展为克隆人提供了技术支持，试想，如果试管婴儿、克隆技术都加入人口再生产之中，那么原来意义上的生育概念还能不改变嘛！而生育观念要随着生育概念内涵和外延的改变而改变，生育文化也要随着改变。在历史发展到21世纪，经济、科技、社会达到高度现代化的情况下，生育的目的是促进人口与经济、社会协调发展，谋求人口与资源、环境的可持续发展已形成普遍的共识。可持续发展观的核心是以人为本，以满足人的全面发展需要为根本目的，包括满足生理、心理和发展等不同层次的需要；发展以人力资本为主要驱动力，在自然资本、产出资本、人力资本、社会资本"四大资本"中，人力资本具有决定的意义；以人为本的可持续发展理论体系，包括全方位的适度人口论、稀缺资源论、生态系统论、总体经济效益论、社会协调发展论，把人口的生产和再生产纳入可持续发展战略之中。在这种可持续发展总体框架下，现代社会生育文化呼之欲出，那就是还人类本原意义的以人为本的生育文化。

## 四　生育文化理论框架

由于近年来学术界对生育文化高度重视，研究成果日益增多，已有人将生育文化列为一门独立的分支学科，提出相应的理论框架结构。笔者以为，就目前研究的深度和广度而论，作为一门独立的分支学科尚不够成熟，可以先研究一下生育文化的理论体系和框架结构，找出生育文化主要由哪些部分构成，各构成部分之间关系怎样，即找出由生育文化内涵决定的生育文化的外延及其结构。

基于这样的考虑，笔者将生育文化划分成数量生育文化、质量生育文化、结构（主要是性别结构）生育文化、形式（主要是婚姻形式、家庭形式）生育文化四类。下面分别作出简明阐释。

1. 数量生育文化

顾名思义，围绕生育数量多寡而形成的文化。既然生育文化是在生育变动和发展与文化变动和发展中交叉形成的文化，那么围绕生育子女数量形成的思想、观念、伦理、道德以及包括生育政策在内的行为规范，就是人们首先关注的对象。生育变动，无论是生育率由高向低还是由低向高的变动，都意味着人口数量上的变动，是人口数量变动的决定性因素。最早的人口学，产生于对死亡登记的统计学分析，同统计学的发展密切相关。人口（population）是总体（universe）的意思，是总体的同义语；尽管有时指部分居民，如老年人口、劳动年龄人口等，然而也是指特定范围内的总体人口。人口一般用来表示具体的规模（size），即一定地域、一定时间的个体的总数（total number），与不具备数量意义一般概念上的人（person）、人类（human）不同。因此人口学历来十分重视人口数量和生育率变动研究，数量生育文化在全部生育文化中起着主导的作用。数量生育文化研究的，主要是关于生育的目的、生育的数量、生育的方式等观念形态的文化，是在生育过程和生育变动中形成的思想、观念、传统、伦理、道德和行为规范。

数量生育文化所关注的，首先是生育的动机、生育的数量和目标是什么，回答人们为什么要生育、生育多少孩子为宜这一关系生育缘起的基本问题。前已述及，在农业社会，由于社会生产力不发达，手工工具生产条件下劳动者数量具有决定的意义，家庭希望多生多育是很自然的事情；社会则把人口和劳动力数量视为基本的国力，是关乎国家强盛与否的决定性要素，客观上众民主义存在着滋生的土壤。于是上自国家下至平民百姓，上下结合衍生出多子多福、人丁兴旺、国富民强一幅幅人人皆大欢喜的"多子富贵图"。工业化特别是后工业化开始以来，由于科学技术一日千里地提升，经济的发展由主要依靠劳动者的体力转变到依靠劳动者的智力，主要依靠人力资本以及与人力资本相关联的社会资本，少生优育也就成了从国到民寻求发展的合理选择。从多子多福到少生优育是生育观转变中的根本性转变，也是数量生育文化中的深刻的革命。考察人口的生产和再生产由高出生、高死亡、低增长向高出生、低死亡、高增长，再向低出生、低死亡、低增长的转变，大体上同农业及以前社会的数量生育文化、工业社会数量生育文化、后工业化社会数量生育文化相对应，生育子女数量多少的文化反映着人口转变或人口革命的进程。

2. 质量生育文化

质量生育文化，是围绕出生和养育孩子质量而形成的思想、观念、传统、伦理、道德和行为规范，即关于出生和养育孩子的意识形态及其行为规范。古今中外人人都期望生育健康活泼的孩子，并且希望培育孩子成才，但是不同的民族、种族，或者同一个民族、种族在不同的历史阶段，有着不尽相同的理念。信奉种族论者，认定有的民族天生聪明，有的民族生来愚昧，是天生种族优生主义者；期望孩子长大成才也有不同表现，农业社会质量生育文化的"望子成龙"观，对于广大民众来说，是改换门庭、光宗耀祖，被寄予厚望；工业社会质量生育文化，虽然很多人"望子成龙"观没有多少改变，但是更多考虑的是孩子自身的发展，"改换门庭"淡出，谋求发展增值。在培养后代成才的方式上，东西方之间存在很大差异，东方更强调具有一定传统的规范化教育，"天人合一"式的大一统教育；西方更强调子女自身的成长和发展，进行富有个性化的教育。

3. 结构生育文化

结构生育文化，是就出生和培育过程中围绕子女结构形成的思想、观念、传统、伦理、道德和行为规范。众所周知，人口结构包括人口的自然结构，即年龄、性别结构；人口的非自然结构，主要包括人口的民族、城乡、地域、文化、职业结构等。结构生育文化大致上与人口结构类同，但是由于出生人口的特殊性，年龄对于出生人口来说没有意义，都是从零岁开始；而文化、职业等的结构是在生育以后逐步形成的，因而也不宜从出生上去考察。因此，最主要的结构生育文化，是性别结构生育文化，本书也仅从这一角度作出相应研究。所谓性别结构生育文化，就是围绕出生性别形成的观念、思想、伦理、道德和行为规范。对于像中国这样长达几千年农业文明占优势的国度来说，长期形成的性别偏好至今犹存，生育男孩子欲望强烈。1949 年新中国成立以来，由于妇女在经济、政治、文化、社会生活和家庭生活中享有同男子一样的权利，妇女地位显著提高，致使 20 世纪 50～70 年代出生性别比降低许多；80 年代以来出生性别比出现攀升，2000 年全国人口普查达到 116.9，高出正常值一大截，值得高度重视，需要下大力气研究解决。而且新的出生性别比升高有着某些新的特点，如东部沿海经济、科技、文化比较发达地区比内地为高，人口控制较好地区比较差地区为高等，表明在目前生育文化和生育政策下，性别结构生育文化仍有较明显的历史继承性。而在西方发达国家就没有这种性别偏好，甚至出现相反的性别偏好，体现着男女平等的生育文化观。

4. 形式生育文化

所谓形式生育文化，是指在生育形式上形成的思想、观念、传统、伦理、道德和行为规范。生育同其他许多事物一样，也要采取一定的形式，主要的，一是采取一定的婚姻形式，二是采取一定的家庭形式。因而形式生育文化主要考察的，一是婚姻形式生育文化，二是家庭形式生育文化。

（1）婚姻形式生育文化。一般地说，生育总是在一定的婚姻形式下进行的，生育同婚姻结下不解之缘。不过，从人类诞生的第一天起，非婚生育就一直存在，婚姻与生育并不是一成不变地结合在一起的。然而就总体上观察，婚姻与生育的关系还是异常紧密的。可以说，有什么样的婚姻，就有什么样的生育文化；反之，有什么样的生育文化，也就必然伴随有什么样的婚姻制度。母系氏族的群婚制，生下来的孩子找不到自己的生身父亲；现代社会的一夫一妻制，生育的子女从属于夫妇双方；而非婚生育的子女，从属关系为父还是为母，没有明确的定式。婚姻形式有着不同的划分，目前我国婚姻形式的划分包括未婚、初婚有配偶、再婚有配偶、离婚和丧偶 5 种。2003 年全国 15 岁以上人口 100415 万人，其中未婚 19672 万人，占 19.6%；初婚有配偶 72185 万人，占 71.9%；再婚有配偶 1729 万人，占 1.7%；离婚 1081 万人，占 1.1%；丧偶 5749 万人，占 5.7%[①]。可见，目前初婚有配偶生育仍占绝对优势，其余 4 项加总尚不足 29%；然而作一下历史比较，则可看出，未婚生育和离婚生育所占比例均有明显上升，说明人们在生育观念上的变化。

在婚姻形式生育文化考察中，还要注意到婚姻的血缘关系。世界上多数国家和民族、种族，都有限制某种血亲结婚和生育的规定。我国自古就有

---

① 依据《中国统计年鉴 2004》，中国统计出版社，2004，第 10～106 页数据计算。

"同姓不婚"的说法，后来发展到几代人之内不得结婚和生育。不同民族、种族的婚育习俗更是五花八门，有的将通婚圈限制得很小，提倡本民族、本种族内的通婚和生育；有的则限制本民族、本种族一定范围内的通婚和生育。随着时代的前进，趋势是扩大通婚圈和不同民族、种族的婚育，这样有利于生育质量的提高。

（2）家庭形式生育文化。家庭作为人口再生产的基本单位，同生育有着千丝万缕的联系，家庭环境怎么样，决定着人们预期生育的数量和质量，决定着人们的生育意愿。以自然经济为基础的农业社会，"四世同堂"、"五世其昌"的联合大家庭，与多生多育的生育观联系在一起；以商品经济为基础的工业社会，以夫妇与未婚子女一起的核心家庭为主体，少生优育的现代生育观占据支配地位。家庭随着社会经济生活和文化生活的改变而改变，家庭形式生育文化也是不断发展的。虽然当今社会普遍以夫妇自己家庭生育为主，但是母系氏族社会在母亲家庭生育的传统仍在许多地方保留下来，我国一些地方至今有着结婚女子在原来母亲家中生了孩子以后，才抱着孩子回到丈夫家一起生活的习惯。随着社会经济和科学技术的发展，生育技术上的进步改变着生育的形式，在时间和空间上表现出来，生育间隔的延长就是一例。生育间隔的长短，表明一代人的生育周期，对于生育率的变动有着现实的意义。历史上随着社会习俗的改变，不同民族、种族生育习俗的改变令人眼花缭乱，而每一个改变背后，都渗透着五光十色的家庭形式生育文化。其中最值得关注的，是家庭小型化在文化上的表现。根据历次人口普查得到的资料，中国在家庭小型化方面进展显著，1953 年普查全国家庭户平均 4.33人，1964 年平均 4.43 人，1982 年平均 4.41 人，1990 年平均 3.96 人，2000年平均 3.44 人，到 2002 年进一步缩减到 3.39 人[①]。家庭小型化趋势同生育率的下降息息相关，同家庭形式生育文化的悄然改变密切相关。

以上立足人口学以及人口学与相关交叉学科视野，提出数量生育文化、质量生育文化、结构生育文化和形式生育文化 4 种生育文化，构建起生育文化基本理论框架结构。在这 4 种生育文化结构中，结构生育文化和形式生育文化只是重点考证了其中的主要领域，并未全部展开。本书的一个特点是，在阐发某个领域生育文化的时候，除了考证该生育文化的产生、表现、主要特征和发展趋势外，特别注重理论上的分析，分析该生育文化在什么样的社

---

① 庄亚儿、张丽萍编著《1990 年以来中国常用人口数据集》，中国人口出版社，2003，第 16、17 页。《中国人口统计年鉴 2003》，中国统计出版社，2003，第 21 页。

会背景下发生和发展，在广泛吸取国内外人口学、社会学、人类学、生物学、遗传学、医学等科学成分基础上，结合我国实际，作出理论与实际相结合的阐释，努力创建和发展具有我们自己特点的生育文化科学。

## 参考文献

［1］张忠利、宗文举：《中西文化概论》，天津大学出版社，2002。

［2］潘贵玉主编《中华生育文化导论》，中国人口出版社，2001。

［3］田雪原：《跨世纪的人口与发展——田雪原文集》（三），中国经济出版社，2000。

［4］国家人口和计划生育委员会宣教司编《全国生育文化理论与实践研讨会论文集》，中国人口出版社，2003。

［5］孙熙国等：《中国传统文化与社会主义文化建设》，兰州大学出版社，2002。

［6］国际人口科学联盟编《人口学词典》，杨魁信、邵宁译，商务印书馆，1992。

［7］《辞海》（修订稿），上海人民出版社，1977。

［8］中国社会科学院语言研究所词典编辑室编《现代汉语词典》（修订本），商务印书馆，1997。

［9］United Nations, *Population and Development*, New York, 2001.

［10］United Nations, *Population Newsleter*, December 2002, New York, 2002.

# 生育文化：人口科学研究的新领域<sup>*</sup>

近年来，国内外掀起一股"文化研究热"。国内，由"先进文化"波及传统文化、中西文化比较；国际则以"文化冲突"论引起纷争，影响涉及政治、经济、军事、外交、社会生活诸多方面。人口的变动和发展也被纳入文化视野，特别是生育文化、人口文化等的研究，有形成新的分支学科之势，成为人口学关注的新领域。

## 一　生育文化概念

人口学之所以将"生育文化"作为一个新的研究领域，是因为生育在人口再生产中有着决定性的作用。文化与经济、政治一起构成支撑社会运转的"三大支柱"，由二者交叉而形成的"生育文化"概念是一种创新，能够给人口科学发展注入新的生机和活力。"生育文化"由"生育"与"文化"两个概念合成，因而首先要在界定生育、文化两个概念基础上，再来界定生育文化。

界定生育概念，自然是指人口变动中的生育概念。据科学家考证，地球的存在有了47亿年的历史，地球上有生物的历史也已有了23亿年以上，最早的人类可能出现在距今400万年以前。人类在漫长的历史长河中走过来，高生育率曾经帮过人类的大忙，如果生育率过低，说不定人类早被自然淘汰了；到了20世纪特别是近半个世纪以来，由于人口数量的巨大增长人们才意识到高生育率的威胁。关于生育，国际人口科学联盟编著的《人口学词典》解释为："人口学对生育的研究，系考察同人类生育或再生产有关的某

* 参见国家人口计生委宣传司编《全国生育文化理论与实践研讨会论文集》（上），中国人口出版社，2003。

些现象"，"系指生育行为，而不是指生育能力"①。《现代汉语词典》解释很简单："生孩子"②。《辞海》有两种解释：一为"生长，养育"；一为"生孩子"③。还可再推敲一步，"生育"原本由"生"和"育"两个词组成，每个词都有多个层次意义。《辞海》列举"生"有"生长"、"出生"、"活"、"性"等 12 种含义；"育"有"生育"、"生存"、"培育"、"抚养"等含义④；《现代汉语词典》大都吸纳了这些含义，并对"育"增加了包括德育、智育、体育在内的教育的含义⑤。笔者以为，我们探讨的生育文化中的"生育"，不仅限于狭义的"生孩子"，还应包括广义一些的养育、教育方面的含义。

界定"文化"概念，学术界可谓见智见仁，五花八门的定义应有尽有。一是由于人们立足的学科不同，站在历史、哲学、文学、艺术、宗教、经济、政治、法律等不同学科给出不同的定义；二是由于人们所下定义方法不同，或倾向内在性、心理性，或倾向外部性、生成性，从而给出不同定义；三是由于时代感不同，有的定义偏重过去、偏重历史，有的定义注重现实，有的注重未来。目前搜集到的关于文化的定义，已达 100 种以上。总起来看，关于文化的界定，可从如下三个层面上去把握。

第一个层次是广义上的文化。古埃及人建造了金字塔，金字塔既是古代人类社会建筑的伟大创举，又是埃及科学和文化发展的象征，代表着尼罗河文化；中国的长城，北京的故宫、颐和园等被联合国列入世界文化遗产，因为这些建筑代表着历史发展时代的物质文明和精神文明财富，是文化；同样，14～16 世纪意大利留下来的大批建筑，显示着以人为中心反对宗教和中古时期经院哲学，倡导科学研究的文艺复兴精神，也是一个时代的文化。类似这样的广义的文化，是指一定历史时期所创造的物质财富和精神财富的总和。

第二个层次是一般意义上的文化。希腊作为文明古国，其文明发祥地——爱琴海中的克里特岛，那里的居民很早便与居住在地中海沿岸的部落

① 国际人口科学联盟编著《人口学词典》，杨魁信、邵宁译，商务印书馆，1992，第 71、78 页。
② 中国社会科学院语言研究所词典编辑室编《现代汉语词典》（修订本）商务印书馆，1997，第 1131 页。
③ 《辞海》（修订稿）词语分册，上海人民出版社，1977，第 1852 页。
④ 《辞海》（修订稿）词语分册，上海人民出版社，1977，第 338 页。
⑤ 《现代汉语词典》，商务印书馆，1997，第 1541 页。

发生商业往来，正是这种公平的商业往来铸造了早期的一般意义上的文化，即一定社会的意识形态。包括思想、观念、传统、信仰、宗教、道德、伦理、习俗以及政策、法律等的"平等"观念和"民主"思想。中国受三面环山和沙漠阻碍，加上根深蒂固的封建思想的影响，虽然也有丝绸之路、郑和航海下西洋等发展商品贸易的壮举，一时间传为佳话；但是封闭环境和封闭式的文化则占据绝对优势。长期以来，形成孝、悌、忠、信、礼、仪、廉、耻一整套君臣父子封建社会特有的文化，即一般意识形态意义的文化。

第三个层次是狭义的文化。狭义的文化，指人所具有的科学知识和人文教育水平。如人们填写履历表时，常常要填写"文化程度"一栏，指的是所受的大学、中学、小学教育程度或文盲半文盲。

在界定上述生育概念和文化概念基础上，便可以来讨论生育文化概念了。笔者认为，生育文化就是在生育变动和发展中形成的观念、伦理、道德和行为规范，即反映生育变动和发展的意识形态，以及这种意识形态变换的物质形态。这样的定义包含以下几层含义。

第一，"生育文化"立足于"生育"的变动和发展。考察 400 多万年人类发展的历史，"生育"同其他事物一样，也是不断变动和发展的。如随着社会经济的发展和生活水平的提高，妇女的育龄期在延长；目前国际上规定 15～49 岁为育龄期，但是随着预期寿命的延长超过 49 岁还能生育者在增多，我国发现河南一位 62 岁妇女还生下一个"千金"。与此相反的是，受孩子成本—效益变动驱使，人们的选择偏好由追求孩子的数量转变到追求孩子的质量，遂使家庭生育的孩子数减少；生育观念则由原来的多生多育，逐渐转变到少生优育。在历史推进到 21 世纪以后，生育的变动和发展更值得重视。因为以生命科学为主导学科的新技术革命的兴起，正推动着生育革命向前发展。试管婴儿的诞生对于传统的生育方式来说是一场革命，闹得沸沸扬扬的"克隆人"的争论，这样的无性繁殖算不算生育？即使算做生育，也不是原来意义上的生育了。需要提及的一点是，"生育文化"中的"生育"，应当纳入人口变动和发展之中考察，而不仅仅是个人的行为。人的生育与一般动物的繁殖不同，它不仅是生物行为，更主要的是社会行为，被纳入社会范畴，同人口的变动和发展紧密联系在一起。

第二，"生育文化"中的"文化"定位在观念形态上的文化。即在生育变动和发展过程中形成的相关思想、道德、传统、观念、宗教、伦理和行为规范，取"意识形态"一般意义上的文化。如果取狭义的人文和自然科学知识意义上的文化，显然过于窄了一些，难以反映人口变动和发展中形成的观念形态上文化的本质。当前值得注意的一个倾向是，在论述生育文化时有将"文化"越展越宽、"越线"之嫌，应准确地把握它的内涵与外延。上述定义也包括"这种意识形态变换的物质形态"，不过这样的"物质形态"仅限于：一是在生育的变动和发展中形成的，而不是不着边际的硬"联系"上的"物质形态"；二是生育变动和发展形成的意识形态的物质结晶，即从生育变动和发展形成的意识形态中凝固出来的物质形态，能够代表特定时代生育变动和发展的思想、观念、伦理、道德、传统和行为规范的物质形态。这样的"物质形态"是大量存在的，国内外都可找到诸多原始人崇拜生育的图腾、壁画和石刻等。

第三，"生育文化"是生育与文化之间相互作用、相互影响中形成的文化。生育文化不等于生育加文化，不是二者简单相加的结果；生育文化的本质在于生育变动、发展与文化变动、发展之间形成的内在联系，即生育变动与发展的文化的本质，文化发展中受到的来自生育变动与发展的影响，二者交互作用形成的某种相对稳定的意识形态。这种意识形态在生育变动和发展中不断重复出现，逐渐形成某种带有规律性的运动，从中抽象出事物的本质，集合成一种观念，一种足以支配生育行为并且对生育变动和发展产生足够影响的意识形态。"生育文化"不能理解为"生育的"文化，生育不是文化的定语；"生育文化"是一个不可分割的词组和概念，一个表达完整意义的词组概念。

## 二　生育文化特征

人口学关注生育文化，是因为生育文化在生育变动和发展中有着不可替代的作用，是对人口再生产起支配作用的要素。要充分发挥生育文化的作用，还必须对生育文化的特征和作用的特点加以研究，掌握生育文化运动的规律。笔者以为，生育文化的基本特征可归结为两条：一是它的规范性，二是它的历史性。

### （一）规范性

即任何生育文化或生育文化中的任何一个组成部分，都有着特定的内涵和外延，规定着应该还是不应该，提倡还是反对，善与恶、美与丑的界限，起到预规和胁迫的作用。观念、伦理、道德具有概括和综合的意义，宗教则把这种概括和综合神化起来，因而表现得更为强烈。以中国传统文化而论，从孔子"庶矣哉"众民思想、宣扬多子多福，孟子"不孝有三，无后为大"、宣扬"男尊女卑"，到程朱理学"三纲五常"、"三从四德"等文化定式，无形之中形成一条思想的锁链，规范着人们的生育行为，千百年来人们在这种规范范围之内进行着人口的生产和再生产。"多子多福"、"多生多育"对上策动着统治阶级的人口政策，即使没有明确的人口政策，也会在相关的土地、税收政策中得到体现；对下左右着广大民众的生育实践，铸成追求人丁兴旺的经久不衰的传统生育文化。与这种东方生育文化观相反，西方将生育行为纳入商品和市场经济分析，论证了生产孩子同生产其他商品类似，先要支付一定的成本，包括可变成本和不变成本，或者数量成本和质量成本；然后才有可能从孩子身上获得经济、精神等方面的效益，通行的是商品交换和市场经济原则下的生育文化，受经济利益支配的自主型的生育文化。

生育文化规范性的实现，主要依靠社会舆论的力量和行政胁迫的力量。舆论的一大特点是民众性，造成一种思想氛围，形成一种无形的网，规范人们的行为准则，俗话说"舌头底下压死人"。如在传统生育文化中，女子未婚先孕不可宽容，被视为伤风败俗遭到谴责；在包办婚姻制度下，女子只能"嫁鸡随鸡，嫁狗随狗"的从一而终，没有离婚的权利，只有扮演被遗弃的角色。如今有了根本的改观，许多国家专门制定法律保护未婚母亲、单身母亲；妇女同男子一样，享有婚姻自主的权利，结婚和离婚享有自由。舆论对于作为观念上的文化的传播来说，起着导向和监督的作用，维系着某种特定的文化。思想、观念、道德等意识形态方面的东西，只能靠正确的导向作引导，靠舆论监督使之规范化。生育文化也是这样，特定历史条件下的占统治地位的生育文化，有着鲜明的导向性，崇尚特定的生育观念；同时形成一定的舆论氛围，对有悖于占统治地位生育文化的思想、道德、观念及其做法，进行舆论监督，保证主流生育文化的支配地位。

行政胁迫力量在维系生育文化方面的作用，同样不可忽视。生育文化作为观念上的文化，前已述及，属于意识形态范畴。对于意识形态范畴内的事情，首先应当运用宣传的、教育的、批评的、规劝的等方法维系，宣传规范化的生育文化，摒弃同规范化的生育文化相抵触的生育文化。社会也可根据需要，用行政手段维系某种生育文化。如中国历史上许多朝代为了休养生息、增强国力和应付战争需要，都实行过鼓励人口增长的政策，规定到了结婚年龄必须结婚，不结婚就要受到处罚，甚至重奖多生多育的政策。当前，我们为了推行计划生育基本国策，一方面进行宣传教育，宣传控制人口增长和实行计划生育的道理，提高人们的认识，坚持"三为主"；同时国家颁布了《中华人民共和国人口与计划生育法》，各省、自治区、直辖市制定了贯彻实施的具体办法，通过法律法规的形式培育新型生育文化。西欧、北欧、日本等发达国家为了克服少子高龄化带来的种种问题，实行了旨在提高生育率和鼓励人口增长的政策，维系的是体现商品市场经济的生育文化。

## （二）历史性

即任何一种生育文化的形成，都是特定历史条件下生产力发展、社会进步的必然结果，适应不同社会生产力发展水平就会产生不同的生育文化。当前，对于社会发展时代的划分不尽相同；本着经济时代的划分"不是按照生产什么，而是按照怎样生产"标准，结合生育文化基本特征，划分成原始社会、农业社会、工业社会、现代社会四个基本的时代，每个时代有着明显的属于本时代的生育文化。不同时代生育文化区分的标准和标志是什么，则是需要讨论清楚的；只有将这个问题讨论清楚，才能比较科学地区分不同历史时代的生育文化。笔者以为，区分不同历史时代生育文化的标准只有一个，即生育文化变动和发展的本质特征；这个本质特征的表现，即生育的目的、形式和调解的方式，构成区分不同历史时代生育文化的标志。按照这样的划分标准和标志判断历史上的生育文化变迁，可以大致概括如下。

### 1. 原始社会生育文化

按照传统的进化论观点，400多万年以前最早的人类从动物界脱颖而出，从他们能够直立行走和拿起第一根木棒、石块时候起，便创造了最初的文化。不过在生育上，这种最早文化的影响却姗姗来迟，最早跨进人类大门的人们在生育上与其他动物没有多少差别。建立在群婚制基础上的杂乱性交，谈不上生育的明确目的性，更谈不上对生育的调解，就其实质来说，生育主要表现为种的延续，原始人的生育文化是自然的生物文化。不过原始人的生育在不断地进化着，由于劳动和大脑的慢慢发达，人类有意识活动的不断增强，在实践中人类逐渐选择能够带来较强体力和智力后代的生育方式。从母系氏族过渡到父系氏族，从群婚的初级形式血婚制过渡到高级形式"普那路亚"伙婚制，记录着原始人类在生育上走过的漫长道路，留下简单但却是异常生动的文化色彩。至于生殖崇拜，那是原始人对生育现象无法解释而产生的神秘感的一种偶像，毫无疑问属于原始人类生育文化表现之一，甚至是很重要的表现；但是生殖崇拜不能说明原始人对生育渐渐萌发的目的性的认识和婚姻生育方式的选择，因而不能概括生育的本质。从原始社会作为人类发展史中最长的一个时代观察，人类生育本质是由自然生物行为向有目的生育行为的过渡，由自然婚育方式向进步婚育方式的过渡。

2. 农业社会生育文化

这一时代的生育文化可用一句话概括：多子多福生育文化。多福是目的，多子是手段，多子与多福紧密相连。在农耕时代，作为整个社会经济支柱的农业，是建立在自给自足自然经济基础之上的，基本的生产工具是手工工具。虽然手工工具的使用也有技术，但是手工工具条件下的技术实为技巧而已，与机器大工业条件下的技术不能同日而语。由于劳动工具简陋，生产主要依靠劳动者的体力就是顺理成章的事情，多子也就有了充足的理由。此外，以家庭为基本生产单位的农业社会的老年赡养，多子具有明显的优越性，是谋求老有所养、老有所终的必然选择。由于在劳动和父系家族传统中男性具有的天然优势，多子一般专指男子，女子不在其列，在中国等东方国家尤其如此。多子多福也包括追求多子生育的方式在内，尽管农业社会科学技术水平低下，但是仍有从交媾到保胎，从分娩到养育的一套生育技术。

3. 工业社会生育文化

18世纪产业革命发生后，揭开人类历史发展的新纪元。从最初的蒸汽磨取代手推磨、纺纱机取代手摇纺车到机器大工业占据支配地位，传统工业化的最后完成，社会经济发展由以自然资本为主转变到以产出（生产）资本为主，对劳动力的要求也由以体力为主，转变到体力与智力并重，生育中的"育"得到价值增值。工业社会是商品经济高度发展的社会，通行的是商品交换的等价原则，交换价值升值也升华到生育文化领域。人们自觉不自觉地用商品经济一套原则来权衡生育，生育孩子的数量、质量最终取决于孩子成本—效益。在工业化初期，由于技术构成不高，需要较多数量的劳动者，刺激了生育率的上升；随后由于技术构成的不断提高，机器排斥工人作用力的增强，受孩子成本—效益作用影响，遂使生育率下降，发生由高出生、低死亡、高增长向着低出生、低死亡、低增长人口再生产类型的转变。此外，社会保障事业发展起来，孩子养老保障功能削弱，农业社会子嗣观念削弱等，都导致家庭由追求孩子的数量转变到追求孩子的质量。社会对生育的调节，主要的也是通过利益导向影响孩子成本—效益，影响家庭生育决策选择。因此，工业社会生育的目的、方式和调节的办法，通行的是利益选择和商品交换原则，是商品交换型生育文化。

4. 现代社会生育文化

传统工业社会经过二百年左右的发展达到高潮，开始步入后工业化时代。标志是以微电子技术为前导，包括新材料、新能源、宇航、海洋等新技术。20 世纪末，这一技术革命发展到以生命科学为主导包括基因 、纳米 、生物等技术在内的更新的技术革命。这一革命对生育文化的冲击要强烈得多、深刻得多，很可能形成新技术革命时代全新的生育文化。在英语中，生育 Fertility（名词）与受精 Fertilization（名词）、使受精 Fertilize（动词）本属同一词根，前提是受精和母亲从怀胎到分娩、养育的过程。但是在生命科学发展起来之后，试管婴儿的诞生改变了原来生育的条件，克隆技术的发展为克隆人提供了技术支持，试想，如果试管婴儿、克隆技术都加入人口再生产之中，那么原来意义上的生育概念还能不改变嘛！而生育观念要随着生育概念内涵和外延的改变而改变，生育文化也要随着改变。在历史发展到 21 世纪，经济、科技、社会达到高度现代化的情况下，生育的目的是促进人口与经济、社会更快发展，谋求人口与资源、环境的可持续发展已形成普遍的共识。可持续发展观的核心是以人为本，以满足人的全面发展需要为根本目的，包括满足生理、心理和发展等不同层次的需要；发展以人力资本为主要驱动力，在自然资本、产出资本、人力资本、社会资本"四大资本"中，人力资本具有决定的意义；以人为本的可持续发展理论体系，包括全方位的适度人口论、稀缺资源论、生态系统论、总体经济效益论、社会协调发展论，把人口的生产和再生产纳入可持续发展战略之中。在这种可持续发展总体框架下，现代社会生育文化呼之欲出，那就是还人类本原意义的以人为本的生育文化。

## 三　生育文化范畴

立足于人口学立场看待生育文化，需要对生育文化研究的范畴加以规范。既然生育文化是在生育变动和发展与文化变动和发展中交叉形成的文化，那么就可以粗略地将其划分为生育变动文化、生育发展文化和生育边缘文化三大类别。

其一，生育变动文化。生育变动，无论是生育率由高向低还是由低向高的变动，都意味着人口数量增长的变动，是人口数量变动的决定性因素。最早的人口学，产生于对死亡登记的统计学分析，同统计学的发展密切相关。人口（population）是总体（universe）的意思，是总体的同义语；尽管有时指部分居民，如老年人口、劳动年龄人口等，也是指特定范围内的总体人口。人口一般用来表示具体的规模（size），即一定地域、一定时间的个体的总数（total number），与不具备数量意义一般概念上的人（person）、人类（human）不同。因此人口学历来十分重视人口数量和生育率变动研究，生育变动文化在全部生育文化中起着主导的作用。生育变动文化研究的，主要是关于生育的目的、生育的数量、生育的方式等的观念形态的文化，是在生育变动中形成的思想、观念、传统、信仰、宗教、道德、伦理、习俗以及这些意识形态转换而来的物质形态。可分为如下方面。

生育目标文化。即生育的动机是什么，生育的数量和目标是什么，回答人们为什么要生育、生育多少孩子为宜这一关系生育缘起的基本问题。前已述及，在农业社会，由于社会生产力不发达，手工工具生产条件下劳动者数量具有决定的意义，家庭希望多生多育是很自然的事情；社会则把人口和劳动力数量视为基本的国力，是关乎国家强盛与否的决定性要素，客观上众民众义存在着滋生的土壤。于是上自国家下至平民百姓，上下结合衍生出多子多福、人丁兴旺、国富民强一幅幅人人皆大欢喜的"多子富贵图"。在科学技术高度发达的当代，经济的发展由主要依靠劳动者的体力转变到依靠劳动者的智力，主要依靠人力资本以及与人力资本相关联的社会资本，少育少生也就成了从国到民寻求发展的合理选择。从多子多福到少育少生是生育观转变中的根本性转变，也是生育变动文化中的深刻的革命。

生育形式文化。在生育形式上，虽然当今社会普遍以夫妇自己家庭生育为主，但是母系氏族社会在母亲家庭生育的传统仍在许多地方保留下来，我国一些地方至今有着结婚女子在原来母亲家中生了孩子以后，才抱着孩子回到丈夫家一起生活的习惯。随着社会经济和科学技术的发展，生育技术上的进步改变着生育的形式，在时间和空间上表现出来，生育间隔的延长就是一例。生育间隔的长短，表明一代人的生育周期，对于生育率的变动有着现实的意义。历史上随着社会习俗的改变，不同民族、种族生育习俗的改变令人眼花缭乱，而每一个改变背后，都渗透着五光十色的生育文化。

其二，生育发展文化。生育发展文化是生育发展和文化发展过程中形成的意识形态。生育同其他事物一样，也有一个不断发展的过程，特别是由多生多育向少生少育、由性别选择向性别平等、由追求孩子数量向追求孩子质量、由生理自然间隔向计划生育间隔等的发展。文化的发展与历史的进程大致相一致，按照上面的历史时代的划分，可分成原始文化、农耕文化、工业文化和现代文化，塑造了不同时代的物质文明和精神文明。立足于人口学视野，生育发展文化研究的主要领域如下。

生育素质文化。即围绕出生和养育而形成的意识形态。古今中外人人都期望生育健康活泼的孩子，并且希望培育孩子成才；但是不同的民族、种族，或者同一个民族、种族在不同的历史阶段，有着不尽相同的观念。信奉种族论者，认定有的民族天生聪明，有的民族生来愚昧，是天生种族优生主义者；期望孩子长大成才也有不同表现，农业社会生育素质文化的"望子成龙"观，对于广大民众来说，是改换门庭、光宗耀祖，寄予厚望；工业社会生育素质文化，虽然很多人"望子成龙"观没有多少改变，但是更多考虑的是孩子自身的发展，"改换门庭"淡出，谋求发展增值。在培养后代人成才的方式上，东西方之间存在很大差异，西方社会更强调自身的发展。

生育性别文化。即对待生育性别所持的观点、态度和行为。如前所述，对于像中国这样长达几千年农业文明占优势的国家来说，长期形成的性别偏好至今犹存，生育男孩子欲望强烈。1949 年新中国成立以来，由于妇女在经济、政治、文化、社会生活和家庭生活中享有同男子一样的权利，妇女地位显著提高，致使 20 世纪 50 ~ 70 年代出生性别比降低许多；80 年代以来出生性别比出现攀升，2000 年全国人口普查达到 116.9，高出正常值一大截，值得高度重视，需要下大力气研究解决。而且新的出生性别比升高有着某些新的特点，如东部沿海经济、科技、文化比较发达地区比内地为高，人口控制较好地区比较差地区为高等，表明在目前生育政策下，生育性别文化的反向思维走向。而在西方某些国家就没有这种性别偏好，甚至出现相反的性别偏好，体现着男女平等的生育文化观。

其三，生育边缘文化。顾名思义，指同生育相关的边缘与文化相关的边缘交叉演生的意识形态。所谓同生育相关的边缘，是指生育行为发生的条件和环境；所谓与文化相关的边缘，是指特定文化生成的背景和条件。亦即非生育行为本身所固有，而与生育、文化相关因素相互作用和影响形成的观念、伦理、道德、行为规范等的意识形态。主要的生育边缘文化有以下几种。

生育婚姻文化。一般的生育，总是在一定的婚姻形式下进行的。不过，从人类诞生的第一天起，非婚生育就一直存在，婚姻与生育并不是一成不变地结合在一起的。然而就总体上观察，婚姻与生育的关系再密切不过了。可以说，有什么样的婚姻，就有什么样的生育文化；反之，有什么样的生育文化，也就必然伴随什么样的婚姻。母系氏族的群婚制，生下来的孩子找不到自己的生身父亲；现代社会的一夫一妻制，生育的子女从属于夫妇双方；而非婚生育的子女，从属关系为父还是为母，没有明确的定式。

生育家庭文化。家庭作为人口再生产的基本单位，同生育有着千丝万缕的联系，家庭环境怎么样，决定着人们预期生育的数量和质量，决定着人们的生育意愿。以自然经济为基础的农业社会，"四世同堂"、"五世其昌"的联合大家庭，与多生多育的生育观联系在一起；以商品经济为基础的工业社会，以夫妇与未婚子女一起的核心家庭为主体，少育少生的现代生育观占据支配地位。家庭随着社会经济生活和文化生活的改变而改变，生育家庭文化也在不断发展。目前我国各地普遍开展的"婚育新风进万家"活动，实际上在创造一种适合中国国情的生育家庭文化。

生育亲族文化。包括生育的血亲文化，生育的民族、种族文化。世界上多数国家和民族、种族，都有限制某种血亲结婚和生育的规定。我国自古就有"同姓不婚"的说法，后来发展到几代人之内不得结婚和生育。不同民族、种族的婚育习俗更是五花八门，有的将通婚圈限制得很小，提倡本民族、本种族内的通婚和生育；有的则限制本民族、本种族一定范围内的通婚和生育。随着时代的发展，趋势是扩大通婚圈和不同民族、种族的婚育，这样有利于生育质量的提高。

以上立足人口学角度，提出三类生育文化并且列举了 7 种主要的子生育文化。无疑这 7 种生育文化尚不能概括生育文化全部，只是列出比较主要的而已。考证生育文化研究的范畴，既不应将本来属于生育文化部分的意识形态排斥在外；也不应将不属于生育文化的意识形态盲目网罗进来，把生育文化范畴搞得过于宽泛。不过，由于生育文化是广大人口和计生工作者在实践中的一个创造，可以广开言路，通过从实践到理论，再从理论到实践的反复研究，还要广泛吸取国内外人口学、社会学、人类学、生物学、遗传学、医学等科学成分，进行科学的抽象，创立和发展具有我们自己特点的生育文化科学。

## 参考文献

［1］张忠利、宗文举：《中西文化概论》，天津大学出版社，2002。

［2］潘贵玉主编《中华生育文化导论》，中国人口出版社，2001。

［3］田雪原：《跨世纪的人口与发展——田雪原文集》（三），中国经济出版社，2000。

［4］孙熙国等：《中国传统文化与社会主义文化建设》，兰州大学出版社，2002。

［5］国际人口科学联盟编《人口学词典》，杨魁信、邵宁译，商务印书馆出版，1992。

［6］《辞海》（修订稿），上海人民出版社，1977。

［7］中国社会科学院语言研究所词典编辑室编《现代汉语词典》（修订本），商务印书馆，1997。

［8］United Nations, *Population and Development*, New York, 2001.

［9］United Nations, *Population Newsleter*, December 2002, New York, 2002.

# 人口流动与城市化

# 西部开发重在人力资本积聚<sup>*</sup>

实施西部开发战略，给经济、科技、社会发展相对滞后的大西南、大西北注入新的生机和活力，人们纷纷提项目、造规则，绘制出 21 世纪发展蓝图。然而要绘制好这张蓝图，必须对西部发展的基础作出恰当分析，明确有哪些比较充裕的资本，缺少哪些资本，通过开发注入缺少的资本而带动发展。

## 资本结构现状

当今国际社会，流行用自然资本、产出资本、人力资本、社会资本评价财富理论方法。目前西部 10 省、区、市"四大资本"状况，概要如下。

自然资本。土地面积 546.2 万平方公里，占全国陆地面积 960 万平方公里的 56.9%；人均耕地 20 世纪 90 年代中期全国平均 1.7 亩，西部仅四川、贵州 2 省略低于这一水平，其余则高出这一水平许多；人均水资源西南除重庆市外，均大大高出全国人均 2221.2 立方米水平，最高的西藏高出全国人均水平 80 倍，居全国之冠；人均生物量仅重庆、宁夏、贵州 3 市、区、省低于全国水平，其余高于全国水平，尤以西藏、青海、新疆、云南等省区为高；45 种矿产资源潜在价值达 22723 亿元，占全国 57288.9 亿元的 39.7%，四川、云南、贵州 3 省名列前茅。从总体上看，西部自然资本积聚较多，蓄势较强，开发潜力较大。不过也要作具体分析。如耕地中质量较好的一、二等耕地所占比例较低，目前只有云南、新疆 2 省区高于全国，占 76% 的水平，其余均低于这一水平，甘肃、青海、宁夏、陕西和重庆等省市区仅占 50% 或 50% 以下，高山、高寒和干旱、半干旱耕地居多，耕地的利用率和

\* 本文为提供 2000 年召开的《中国西部开发论坛》论文。参见《中国社会科学文摘》2001 年第 5 期，《贵州大学学报》2001 年第 3 期。

效率不够高；人均水资源西南与西北一多一少，严重"苦乐不均"，宁夏、甘肃、陕西等省区成为我国严重缺水地区（参见表1)[①]。

**表1　1998年西部地区自然资本状况**

| 地域＼指标 | 土地面积（万 km²） | 人均耕地（亩） | 人均水资源（m²） | 人均生物量（吨） | 45 种矿产资源潜在价值（亿元） |
|---|---|---|---|---|---|
| 全　国 | 960.00 | 1.7 | 2221.2 | 10.6 | 57288.9 |
| 西　部 | 546.19 | | | | 22723.0 |
| 重　庆 | 8.24 | | 1489.2 | 6.3 | |
| 四　川 | 48.76 | 1.5 | 3180.1 | 13.5 | 13239.4 |
| 贵　州 | 17.61 | 1.4 | 2870.2 | 9.4 | 1736.9 |
| 云　南 | 39.40 | 2.3 | 5425.0 | 29.3 | 2648.7 |
| 西　藏 | 122.84 | 2.3 | 180725.8 | 263.8 | 43.6 |
| 陕　西 | 20.56 | 2.3 | 1237.8 | 12.4 | 1443.5 |
| 甘　肃 | 45.44 | 3.5 | 1099.8 | 14.3 | 1048.1 |
| 青　海 | 72.12 | 2.2 | 12625.0 | 65.8 | 748.2 |
| 宁　夏 | 5.18 | 3.8 | 186.8 | 7.0 | 802.3 |
| 新　疆 | 166.04 | 3.7 | 5138.5 | 41.7 | 1012.3 |

注：其中人均耕地面积为1995年数，人均水资源为1996年数，其余为1998年数。
资料来源：《中国统计年鉴1999》；《2000年中国可持续发展战略报告》。

产出资本。1998年西部10省区市国内生产总值11552.1亿元，占全国79395.7亿元的14.6%；人均4051.9元，占全国人均6361.3元的63.7%。资本形成总额5153.9亿元，占全国30396.0亿元的17.0%；人均1807.8元，占全国人均2435.4元的74.2%。非农产值占国内生产总值比例为75.7%，比全国占81.6%低5.9个百分点[②]。西部除新疆维尔族自治区人均资本形成总额、人均国内生产总值高于或略高于全国水平外，其余均低于全国水平，有1/3省区仅及全国水平的一半左右。总体水平低、蓄势较弱、与东部地区比较差距拉大是西部产出资本的显著特点（参见表2）。

---

① 《中国统计年鉴1999》；《2000年中国可持续发展战略报告》。

② 《中国统计年鉴1999》；《2000年中国可持续发展战略报告》。

表 2  1998 年西部地区产出资本状况

| | 国内生产总值 | | 资本形成总额 | | 非农产值占 GDP（%） | 劳动生产率 |
|---|---|---|---|---|---|---|
| | （亿元） | （元/人） | （亿元） | （元/人） | | （元/人） |
| 全　国 | 79395.7 | 6361.3 | 30396.0 | 2435.4 | 81.6 | 11349 |
| 西　部 | 11552.1 | 4051.9 | 5153.9 | 1807.8 | 75.7 | 7880 |
| 重　庆 | 1429.3 | 4670.9 | 599.1 | 1957.8 | 79.1 | 8688 |
| 四　川 | 3580.3 | 4215.6 | 1425.8 | 1689.8 | 73.7 | 7985 |
| 贵　州 | 841.9 | 2301.5 | 369.0 | 1008.7 | 68.5 | 4326 |
| 云　南 | 1793.9 | 4328.9 | 770.1 | 1858.3 | 77.2 | 7902 |
| 西　藏 | 91.2 | 3619.0 | 35.8 | 1420.6 | 65.7 | 7701 |
| 陕　西 | 1381.5 | 3841.8 | 641.8 | 1784.8 | 79.5 | 7667 |
| 甘　肃 | 869.8 | 3453.0 | 369.5 | 1466.9 | 76.8 | 7398 |
| 青　海 | 220.2 | 4377.7 | 129.5 | 2574.6 | 81.1 | 9556 |
| 宁　夏 | 227.5 | 4228.6 | 127.5 | 2369.9 | 78.6 | 8765 |
| 新　疆 | 1116.7 | 6392.1 | 685.8 | 3925.6 | 73.9 | 16462 |

资料来源：《中国统计年鉴 1999》；《2000 年中国可持续发展战略报告》。

人力资本。所谓人力资本是指相对于物化资本而存在，表现为人所具有的知识、技能、经验、健康等人口质量素质总和，具有经济价值的资本。1998 年西部地区人口 28510 万人，占全国 124810 万人的 22.8%。6 岁以上人口中不识字或识字很少的占 18.0%，比全国占 13.7% 高出 4.3 个百分点；小学占 44.5%，比全国占 39.8% 高出 4.7 个百分点；初中占 26.7%，比全国 33.0% 低 6.3 个百分点；高中占 8.6%，比全国 10.7% 低 2.1 个百分点；大专以上占 2.2%，比全国 2.8% 低 0.6 个百分点[1]。以平均所受教育年限计算的人口文化教育指数，西部地区为 5.66，比全国 6.29 低 0.63。总起来看，如以 $E$ 代表人力资本积聚量，$T$ 代表人口数量，$Q$ 代表人口质量（$Q$ 可分解为：$i$ 人口的知识，$t$ 人的技能，$e$ 人的经验，$h$ 人的健康水平），则：

$$E = T \cdot Q = T \cdot (i + t + e + h)$$

若暂不考虑 $h$ 健康因素，$i$、$t$、$e$ 集中反映在人口所受教育程度上，将上面人口文化教育指数代入 1998 年西部 10 省区市人力资本积聚量为 161181 万

---

[1]　《中国统计年鉴 1999》；《2000 年中国可持续发展战略报告》。

人/年，占全国人力资本积聚量785055万人年的20.6%。这一比例比人口数量所占比例低2.2个百分点，原因在于平均所受教育年限较低（参见表3）。

表3　1998年西部地区人力资本状况

| | 总人口<br>（万人） | 6岁以上人口<br>（万人） | 文化教育<br>指　　数 | 人力资本积聚<br>（万人/年） |
|---|---|---|---|---|
| 全　国 | 124810 | 115037 | 6.29 | 785055 |
| 西　部 | 28510 | 261166 | 5.66 | 161481 |
| 重　庆 | 3060 | 2825 | 5.85 | 17901 |
| 四　川 | 8493 | 7893 | 5.94 | 50448 |
| 贵　州 | 3658 | 3294 | 5.05 | 18473 |
| 云　南 | 4144 | 3769 | 5.07 | 20858 |
| 西　藏 | 252 | 229 | 2.95 | 743 |
| 陕　西 | 3596 | 3317 | 6.24 | 22439 |
| 甘　肃 | 2519 | 2315 | 5.40 | 13603 |
| 青　海 | 503 | 455 | 4.43 | 2228 |
| 宁　夏 | 538 | 484 | 5.8 | 63153 |
| 新　疆 | 1747 | 1585 | 6.66 | 11635 |

资料来源：《中国统计年鉴1999》；《2000年中国可持续发展报告》。

将上述主要数据汇成表4，西部地区的资本结构便可比较清晰地显现出来。

表4　1998年西部地区资本结构

| 指标<br>范围 | 土地<br>（万 km²） | 人口<br>（亿） | 45种矿产资源<br>（亿元） | 资本形成额<br>（亿元） | GDP<br>（亿元） | 文化教育<br>指　　数 | 人力资本积聚<br>（万人/年） |
|---|---|---|---|---|---|---|---|
| 西　部 | 546.2 | 2.85 | 22723 | 5154 | 11552 | -5.66 | 161181 |
| 全　国 | 960.0 | 12.48 | 57289 | 30396 | 79396 | 6.29 | 785055 |
| 西部占全国（%） | 56.9 | 22.8 | 39.7 | 17.0 | 14.5 | 90.00 | 20.5 |

表4表明，从总体上观察，西部地区自然资本蓄势较强，不过不要忘记，一是较强只能是相对而言，而且强中有弱；二是自然资本在西部各省区市之间，分布也很不平衡。产出资本和人力资本较弱，同自然资本不相匹

配，阻碍着西部的发展。至于市场化程度、管理水平、改革开放力度等社会资本相对滞后，已是人们公认的不争事实。笔者以为，弄清西部地区资本结构现状非常必要，它是开发的客观基础和如何开发的基本立足点。

## 人力资本"瓶颈"

出于经济、政治、军事等的需要，国家组织区域性经济开发，古今中外早已有之。从中国古代的戍边屯田，到近代美国的西部开发，苏联的远东开发就是例证。新中国成立以来的西部开发也已有过两次，即"一五"时期和后来的"三线"建设。这些区域性经济开发有成功的经验，也有失败的教训，根本在于能否形成融资金、人才、物资、技术、信息于一体的"能量流"。所谓开发，开垦发展之谓也，即通过外界注入该"能量流"启动当地资源而造成持续发展的态势。就当前我国的西部开发而言，就是要通过产出资本、人力资本、社会资本的积聚，启动蓄势较强的自然资本，形成一个强有力的发展态势。毫无疑问，任何一种资本的注入和积聚都是必要的。以产出资本价值形态出现的货币资本的注入和积聚是必要的，市场经济条件下舍此则自然资本难以启动；深化改革、扩大开放和提高市场化程度，实行必要的政策倾斜等社会资本的注入和积聚是必需的，无此也不能创造有利于开发的社会环境；但是这两种资本都不能同人力资本并驾齐驱，人力资本是西部开发战略"能量流"中的主流资本，制约开发"瓶颈"的资本。

要认识这一点，需对当前西部开发所处的背景和环境，尤其是同"一五"和"三线"建设时的不同情况，作一比较分析。首先，当前的西部开发同前两次开发社会经济环境有很大不同，人力资本的作用进一步增强了。前两次开发，是在高度集中统一的计划经济体制下进行的，从建设项目的确立到投产后的生产、交换、分配、消费各个环节均纳入严格的计划，加上当时又处于短缺经济状态，生产多少国家收购多少，没有销售不了的后顾之忧。在这种情况下，能否争来项目和投资，成为能否开发和开发力度大小的标志。现在的情况则有原则上的不同：一是经过20多年的经济体制改革，原来高度集中统一的计划经济体制已经不复存在，让位于以市场主体法人化、要素流动市场化、宏观调控间接化、经济运行法制化为基本特征的市场经济；二是经过二三十年、三四十年的建设和发展，特别是改革开放以来国民经济长期持续的快速发展，经济运行有了明显改观，短缺经济也已不复存在，如今主要消费品已经形成买方市场。经济大环境这样两点带有根本性的改变，决定了当前的西部开发不能走"一五"和"三线"建设的老路，不能把开发视为就是争来项目和投资。应当承认，开发离不开一定的建设项目和投资；但是建设项目和投资不仅要立足于当地的自然资本优势，还必须立足于市场经济，立足于建设项目投产后有无充足的市场销路。而且还要考虑到开发建设项目的成本与效益，在同类产品中的市场竞争能力。如果上马的开发建设项目生产的产品市场上没有多少销路，或者虽有销路但生产成本很高或质量较差，因而缺乏市场竞争力，这样的项目上马后短期内可能显现"开发效益"（实施开发的"政绩"）；时间一长因经济效益不济或亏损日益严重而被市场淘汰，弄得不好还要破产，反倒成了继续开发建设的包袱，转化成"负开发效益"。如何避免这种负效益并提高开发的正效益呢？除了在选择开发项目上要做好市场调查和科学论证外，必须明确，提高开发项目建设和投产后的效益，关键在人力资本的积聚。只有具备项目建设和生产所需要的专门人才和熟练劳动者，才能提高劳动生产率，才能有效降低成本，才能不断提高市场竞争能力。这一点甚至在计划经济下的"一五"和"三线"建设西部开发中，也有所体现。这两次开发投资建设不少项目，有些项目已经发挥良好作用；但是确有不少项目上马不久即成为"下马工程"、"胡子工程"和人去厂空的"留守工程"，造成严重浪费。究其原因，除立项本身缺乏科学论证和存在交通不便、保障不力、后续资金投入不足等客观原因外，没有相应的机制引进和留住人才，更缺乏培养当地人才人力资本积聚的战略举措，造成人力资本积聚始终不能同自然资本、产出资本相匹配是根本原因。我们应当汲取这一经验教训，今天人力资本的作用更为重要。

其次，当前的西部开发与前两次开发技术背景有很大不同，人力资本积聚紧密同技术进步结合在一起。前两次的西部开发发生在20世纪50年代和六七十年代，可视为我国工业化起始阶段，经济技术基础相当落后。当今世界已进入以微电子技术为前导的新技术革命高潮期，并开始向以生命科学为主导学科的更新的技术革命过渡，基因工程、克隆技术叩响21世纪大门，知识经济正向我们走来。在这种情况下，包括西部开发在内的任何较大规模的经济建设，都要选择相适应的经济技术结构。所谓"相适应"，一是同本地区的实际经济技术水平相适应，以我国西部而论，不能盲目追高，各地都要大量发展高新技术产业；二是同新技术革命潮流相适应，不可视新技术革命、知识经济于不顾，固守陈旧落后的技术。发展高新技术产业靠什么？人才是关键成为共识，而人才只能从人力资本不断积聚中来。然而实事求是地估量，高新技术产业西部除少数地区可成长为主导产业外，多数则难以做到，只能发展以中间技术为主体的传统产业，或传统产业与现代产业相结合的较先进的技术产业。无论发展哪种产业，有一个基本的观点是必须明确的，科学技术的贡献率在不断提高。据估计，科学技术在经济成长中的贡献率，已从20世纪初的20%左右上升到中期的40%左右，目前已上升到80%左右。西部开发建设要想在激烈的市场竞争中站住脚和不断发展壮大，必须提高科技的含量和贡献率。这就不能不求助于人口所受教育水平的提高，求助于人力资本的积聚。一个有胆识的领导者和决策者，应当在西部开发中树起优先发展科学和教育的旗帜。这样做表面上暂时发展慢一些，经济建设项目上得不够多，实际上通过不断增加人力资本积聚而增强发展后劲儿，从长期观察将持续推动开发的不断深入，发展反而要更快一些。在这方面，改革开放总设计师邓小平同志为我们树立了榜样。1976年粉碎林彪、江青反革命集团邓小平同志复出后，在国家百废待兴、百业待举的严峻形势下，他毅然决然地首先抓恢复高考，召开全国科学大会和教育大会，将人才培养和人力资本积聚放在首位。实践证明，这一战略决策保证了改革开放20多年来经济高速成长对人力资本追加的需要，如今将科教兴国作为一项基本的发展战略确定下来。"西部大开发，人才是关键"，谁能从本质上真正认识这一点并能在实践中卓有成效地解决，确保人力资本积聚的不断增长，谁就能在未来的开发建设中赢得主动权，不断将开发引向深入；谁仅仅将其视为一句时髦的口号，实践中只是抓住项目和投资不放，谁就会在未来的开发建设中暴露出后劲儿不足，甚至受某些效益不佳项目拖累而举步维艰，难以赢得继续发展的主动权。

## 人口决策选择

人力资本在西部开发中有着举足轻重的作用，如何加速人力资本积聚也就成了西部开发战略中的关键。如前所述，总体人力资本积聚量等于人口数量与质量的乘积，由此提出西部开发要不要伴随大量的人口增长，包括当地人口自然增长和外来流动人口的机械增长，数量和质量的矛盾如何处理，等等。故本文从人口变动角度，探讨西部加快人力资本积聚的人口学思路。这一思路的基本点是，西部开发不需要伴随人口数量的大幅度增长，相反还要有效地控制人口增长；同时要大力提高人口素质和调整人口的结构，实行"控制"、"提高"、"调整"相结合，当前以数量控制为重点的方略。

控制人口数量增长是西部开发的必要前提和推进器，开发与控制是相辅相成的两个方面。从人口与资源、环境关系角度观察，控制人口增长是维护和发挥西部人均自然资本优势的需要。西部地区作为一个总体自然资源比较丰富，环境破坏相对较轻，同"地广人稀"密切相关。1998 年全国人口密度（人/km²）为 130，西部地区为 52，其中新疆 10，青海 7，西藏 2[①]，因此西部地区耕地、淡水、生物量、矿产资源等的人均占有量保持在较高水平，土壤、河湖、空气质量较高，没有或较少受到人工破坏的自然环境所占比例较高。要保持西部地区自然资本的这种优势，控制人口的数量增长无疑是必要的前提条件。值得指出的是，我国地势西高东低，西部位于长江、黄河等主要河流源头，环境怎样不仅关系到西部开发和居民的生存与发展，而且关系到中部和东部的生存与发展，甚至对全球大气质量也将产生很大影响，应予特别关注。尽管西部环境受破坏的程度轻一些，但是自然植被的损坏，高山积雪退却和消失，沙漠化、石漠化等的加剧也已向我们发出警告。环境的破坏有认识不高、重视不够、抓得不力等社会方面的原因，有"二元经济"下建设与治理矛盾客观方面的原因，毋庸置疑也有人口增长方面的原因。西部地区自 1949 年以来人口增长 1.4 倍有余，即使出于"土里刨食"需要而毁材开荒、变牧为农、围湖造田也要同倍增长，更不要说工业化的推进使资源"加权"消耗带来的环境效应，遂使西部地区的环境也日益变得脆弱起来。

从人口自身再生产角度观察，控制人口增长有利于素质的提高和结构的调整，有利于人力资本积聚的增进。如果生育率受到有效控制，社会则可因出生率的下降和出生人数的减少，每年节约相当一笔未成年人口抚养费用而增加积累，支持经济建设和科教事业的发展。个人和家庭也因少生子女而减轻负担，供养已有子女上学深造；父母也赢得相对多一些的学习进修时间，双重有利于人口文化教育素质的提高。西部新生儿出生缺陷率和地方病发病率较高，控制人口增长和加强计划生育工作，开展少生优生服务等有助于人口健康素质的提高，有效增加人力资本的积聚。控制人口增长有助于人口结构的调整。人口年龄结构的调整，主要取决于出生率。目前全国人口年龄结

---

① 《中国统计年鉴 1999》。

构开始进入老年型，西部仅重庆、四川老年人口比例稍高于全国水平，其余低于全国水平，多数处在由成年型向老年型过渡阶段，有的自治区还处在年轻型后期，有着较强的人口增长势能。西部人口要完成向老年型的转变并最终消除人口增长的势能，只有求助于出生率的持续下降，少年人口比例的逐步减少和老年人口比例的缓慢增大来完成。人口城乡结构和地区分布结构的调整，主要依靠迁移人口机械变动实现，似与控制人口增长没有多少直接的关系；但是由于西部的某些特殊情况，对居住在高山、高寒或严重干旱地带不适合人类生存和发展的居民组织并村移民，在新的移民居住区开展计划生育和优生优育服务，腾出原来的荒山荒漠植树种草，实为控制人口增长、保护生态环境与开发相结合的一项综合治理措施，是增进人力资本积聚的一条途径。

控制人口数量增长有利于人口素质的提高和结构的调整，但是不能代替素质的提高和结构的调整，增强人力资本积聚要在这两个方面另辟蹊径。前已述及，西部高山、高寒地带占据很大比例，少数民族人口多，全国 55 个少数民族世居西部的有 42 个，大都居住生活在地势较高地区。交通不便，医疗保健事业不发达，地方病发病率较高，通婚圈较小等造成新生儿伤残和死亡率较高，影响到总体人口健康素质不够高。因此要大力发展医疗卫生保健事业，开展优生优育教育，扩大通婚圈和禁止近亲结婚，努力提高居民的健康素质。教育事业的发展也要适合人口的分布和居住状况，合理地并村移民不仅是保护生态环境的需要，也是发展教育和提高教育层次的需要。针对西部地区教育现状，要认真普及九年义务教育，扫除文盲半文盲的工作要加快步伐。同时也要加快中等和高等教育的发展，特别是民族高等和中等专业学校的发展。发展西部教育国家和地方政府义不容辞，要着眼于人力资本投资——比产出资本投资更具潜力、更有效益的战略投资高度来认识。提倡"少盖一栋办公楼，多修一所小学校"。义务教育部分政府投资必须保证兑现，也要提倡运用市场机制办学，鼓励个人、合资办学，以优惠条件鼓励国外和东部地区投资西部办学，把义务教育外的教育事业的发展纳入产业经营轨道，有力促进西部人力资本积聚的增强。

必要的高山高寒地带居民点的并村移民，有限度的人口分布结构调整利于人口控制和发展教育已如前述。人口结构调整的另一项重要方面是城乡结构，西部地区应因地制宜地适当加快城市化进程。人口城市化是世界也是中国人口发展的一大趋势，1998 年世界城市人口比例为 46.5%，预计 2025 年可达

58.9%。我国人口城市化水平落后许多，1998 年为 30.4%，预计 2025 年可超过 60%，赶上并略高于世界总体水平[①]。西部地区人口城市化水平相对更低一些，1995 年为 24.1%，比全国低 4.8 个百分点；近年来差距有拉大的趋势，即使按照原来的差距不变计算，1998 年西部的人口城市化水平也只有 25.6%[②]。适当加快西部地区人口城市化进程，不仅是发挥大城市中心、辐射、调控功能，中小城市城乡结合功能加大开发步伐的需要，城市多吸纳一些农村人口利于环境保护的需要，而且也是提高人口素质特别是提高人口文化教育素质的关键之举，人口城市化的推进就是人力资本积聚的增进。

## 参考文献

［1］中共中央、国务院关于加强人口与计划生育工作稳定低生育水平的《决定》，2000 年 5 月 8 日《人民日报》。

［2］朱镕基：《政府工作报告》，2000 年 3 月 17 日《人民日报》。

［3］张维庆：《西部大开发中的人口与发展问题》，2000 年 6 月 27 日《光明日报》。

［4］杨宜勇：《坚持走人口、资源、环境协调发展之路》，2000 年 6 月 27 日《光明日报》。

［5］田雪原：《西部应当加速人力资本积聚，当前重点仍是控制人口数量》，2000 年 6 月 20 日《科学时报》。

［6］田雪原：《跨世界的人口与发展》，中国经济出版社，2000。

［7］郑晓瑛：《西部大开发中的 EPD 教育》，2000 年 6 月 27 日《光明日报》。

［8］于学军：《中国西部大开发——人口与计划生育要先行》，《人口与计划生育》，2000 年 2 月版。

［9］原新：《我国西部人口转变及未来人口控制方略》，《市场与人口分析》，2000。

［10］U. N. Population Division, *Department of Economic and Social Affairs*, United Nations Secretaria The World at Six Billion, U. N. 1999.

［11］United Nations, *Population Grouth Structure and Distribution*, The Concise Report, U. N. New York, 1999.

［12］United Ntions, *Charting the Progress of Populations*, U. N. Now York. 2000.

---

① United Nations, *World Urbanization Prospects*, *The 1996 Revision*, New York. 1998. 中国部分参见田雪原《大国之难》，今日中国出版社，1999。

② 根据国家统计局 1995 年全国 1% 人口抽样调查数据计算。参见国家计生委计财司和中国人口信息中心编《人口与计划生育常用数据手册》第 33、43 页。

# 警惕人口城市化"拉美陷阱"*

进入 21 世纪以后，由于信息化、经济全球化的加速推进，也由于目前世界城镇人口比例接近 50%，使得越来越多的国家和地区的人口城市化推进到以大城市为主导的第二阶段。从总体上看，目前我国人口城市化也已开始了由第一阶段向第二阶段的过渡，即由以发展小城镇为主过渡到以发展大城市和超大城市为主导的发展阶段。但是，以大城市和超大城市为主导的城市化道路怎么走，则是一个需要认真总结自己的经验，研究和吸取国际人口城市化正反两方面的经验和教训，尤其要研究和吸取过度人口城市化"拉美陷阱"教训的问题。这是中国人口城市化发展到第二阶段，能否取得成功的关键。

## 一　总体判断：中国人口城市化步入第二阶段

人口城市化是经济发展和社会进步在人口地理分布上的体现，当前世界人口城市化趋势仍在继续，中国作为世界人口最多和发展最快的发展中国家，正驶入人口城市化快车道。一般认为，人口城市化可粗略地分为三个阶段：第一阶段，农村人口主要向中小城镇转移和集中，亦称为乡村城市化；第二阶段，乡村和中小城镇人口主要向大城市转移和集中，形成以超大城市组带为主导的人口城市化；第三阶段，大城市中心区人口向郊区和其他乡村迁居，称为逆城市化。从总体上观察，目前中国人口城市化已步入第二阶段，超大城市的发展主导着人口城市化的性质和进程。

第二次世界大战后，由于以微电子技术为前导的新技术革命的兴起，发达国家开创了后工业化时代，发展中国家工业化采取传统工业与现代工业并

---

\*　参见中国社会科学院经济学部《学部委员与荣誉学部委员文集》（2007），经济管理出版社，2008。

行发展的方针，大大加快了人口城市化进程。据联合国人口司估计，1950年世界城镇人口所占比例为29.8％，1980年上升到占39.6％，2005年上升到占49.3％①，城乡人口差不多平分秋色。中国人口城市化经过20世纪50年代的较快发展，60和70年代的徘徊不前，改革开放以来的快速推进，城镇人口比例已由1950年的11.2％，上升到1980年的19.4％、1990年的26.4％、2005年的43％左右②，达到发展中国家的平均水平。半个多世纪以来，中国和世界、发展中国家人口城市化比较，如图1所示。

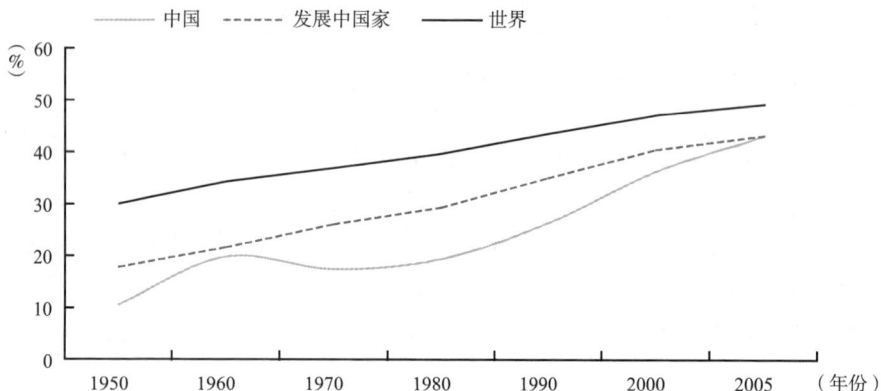

图1　中国与世界、发展中国家城市化比较

图1显示，中国1950～2005年人口城市化变动与世界、发展中国家比较，最大的不同在于世界和发展中国家呈斜线平稳上升，中国则经历了1960至1980年20年的徘徊之后，才呈加速上升的趋势。分析当前中国人口城市化态势，最值得重视的有如下两点。

一为改革开放以来，人口城市化驶入"快车道"。城镇人口比例由改革开放初的18％提高到目前的43％左右，27年提升25个百分点，年平均提升0.93个百分点，目前驶入加速发展轨道。这是因为，一方面农村尚有3亿人左右剩余劳动力，需要在半个世纪内转移出去，转移到城镇为主渠道；另一方面，实现"新三步走"发展战略，城镇也需要相当数量的劳动力投入

① 参见 United Nations, *World Urbanization Prospects*, *The 2001 Revision* Data Tablesand Highlights, pp. 26 - 27, New York, 2002。

② 《中国人口统计年鉴2001》第200页，《中国统计年鉴2005》，中国统计出版社，2001、2005，第93页。

工商业中来。因此在经济持续较快增长和社会不断进步的条件下，全面建设小康社会历史阶段上述人口城市化速度有望保持下去，国际社会人口城市化发展的历程也证明了这一点。

二为当前人口城市化正处在历史的转折关口，步入以大城市和超大城市为主导的发展阶段。20 世纪 90 年代以前，总体上中国人口城市化走的是积极发展小城镇、适当发展中等城市、严格限制大城市规模"重小轻大"的城市化道路。强调农民工进城"离土不离乡"，对"小城镇，大问题"的诠释是：发展小城镇解决了城乡经济发展和农业剩余劳动力转移的"大问题"。20 世纪 80 年代乡镇企业异军突起，乡村城市化成为人口城市化的突出特点。但是随着资源、环境问题的日趋严重，高耗低效的乡镇企业难以继续飙升下去，对"小城镇，大问题"的诠释变为：小城镇的发展真的成了"大问题"。代之而起的，是向以大城市为主导的城市化道路的转变。参见图 2。[①]

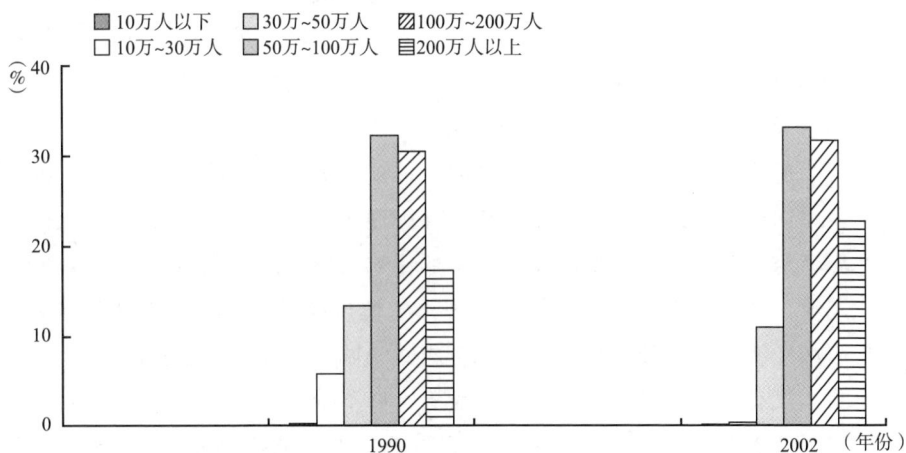

图 2　1990～2002 年中国城市人口规模结构变动

图 2 显示，1990 与 2002 年比较，50 万人以下城市人口比例均有较大幅度下降，尤以 10 万～30 万人下降 5.5 个百分点为最大，30 万～50 万人下降 2.42 个百分点；50 万人以上人口城市均有较大幅度增长，以 200 万人以上

---

① 《中国人口统计年鉴 2004》第 255～262 页；《中国统计年鉴 1991》，中国统计出版社，2004、1991，第 653 页。

增加 5.74 个百分点为最大，100 万～200 万人增加 1.2 个百分点次之，50 万～100 万人增加不足 1 个百分点。这种情况说明，在人口城市化率超过 40% 以后，中国迎来以大城市为主导的人口城市化第二阶段新的发展时期。2002 年以后的情况，沿着这样的城市化格局走下来，以大城市为主导更为明显。我国城市化方针政策的制定，必须适应这一新阶段的发展规律，把发展大城市放在"领头羊"的位置，充分发挥大城市应有的作用。

## 二 "拉美陷阱：当前人口城市化面临的主要危险

考察世界人口城市化发展的历史，以大城市和超大城市组带为主导的城市化，大致有四种类型。

一为欧洲文化型，以巴黎、巴塞罗那为代表。这类超大城市发展以欧洲文艺复兴为文化底蕴，以 18 世纪中叶产业革命的兴起为经济和科技背景，形成既有欧洲民主、平等文化色彩，又有先进科技、产业支撑的大城市圈。

二为经济集约型，以纽约、东京为代表。即在科技进步和产业结构升级中形成的以制造业、金融和商业等为支柱产业的超大城市组群，具有很强的中心、主导、辐射功能。

三为美国中西部散落型，以洛杉矶、盐湖城为代表。这是在美国西部开发和大举向西部移民过程中，随着东部移民逐步向西部推移而形成的松散型超大城市组群。这三种类型的超大城市群，或以特定的文化为凝聚力，或以现代产业、现代科技为核心，尽管出现不少城市问题，但是从总体上考察，则是市场经济和人文理念相结合、城乡之间和城市内部结构比较协调的城市化道路，没有因此而产生更多的社会矛盾，有不少值得借鉴的成功经验。

四为拉美畸形型，以墨西哥城、里约热内卢、布宜诺斯艾利斯以及孟买、（旧）德里等为代表。这些城市主要集中在发展中国家，残留着殖民地或半殖民地烙印，以拉丁美洲国家最为突出，故称之为"拉美畸形型"的过度城市化。其基本特征可用"三个畸形型"并存概括：一为畸形型先进与畸形型落后并存。这些超大城市，有先进的科学技术、现代化的产业、高档住宅和相应的现代化设施；同时存在着原始手工作坊式的生产、贫民居住区缺少最基本的公共设施、被边缘化到城乡结合部的大量贫民窟。二为畸形型富裕与畸形型贫困并存。大企业家、银行家、高级职员等收入丰厚，可谓腰缠万贯；而生活在贫困特别是生活在贫民窟内的居民，几乎是一贫如洗，相当多的贫民不得不以乞讨为生。三为畸形型文明与畸形型愚昧并存。教育、卫生、文化等资源主要被富人占有，他们的现代文明与发达国家没有什么两样；穷人却与这些资源无缘，上不起学、看不起病、不能享受这个时代应当享受的文明生活。拉美国家的人口城市化是贫富高度两极分化的城市化，目前10%的富人占总收入的60%以上，贫困人口占总人口的40%以上，其中60%以上居住在城市特别是超大城市中。这就形成了城市中大量无业和失业的人口群体，城市失业率超过10%，为全球各洲之冠；社会冲突加剧，治安等社会问题成为影响政局稳定的重要因素；政府财政拮据，城市治理不得不在很大程度上依赖国外援助，造成国家债台高筑；城市公共设施严重不足，交通运输和水、煤气等的供给紧张，环境污染加剧；城区地价大幅度上涨，失业人口和流入的农民纷纷向郊外转移，逐渐形成大面积的"农村包围城市"的贫民窟，与现代化的城市中心区形成鲜明的对照。拉美国家人口城市化的畸形发展，不仅没有给城市的健康发展注入活力，也没有给农村和农业经济的发展创造新的生机，而且成为整个城乡经济发展的绊脚石，国家财政的累赘，社会发展的障碍。因此，各国在推进人口城市化过程中，都十分警惕"拉美陷阱"；然而由于经济发展水平、政府调控能力、国民价值取向等多种因素影响，许多城市发展还是不同程度地跌入"拉美陷阱"，最终制约着经济的发展和社会的进步。

中国与拉美国家情况不同，迄今为止中国人口城市化并没有落入"拉美陷阱"，这是一件颇得国际社会称赞的了不起的成就，有学者称之为可同美国科技进步并论的21世纪最伟大的两项成就。然而仔细研究一下世纪之交转入第二阶段的中国人口城市化发展，发现情况正在发生变化，如不采取科学的城市化发展战略和得力的措施，则有落入"拉美陷阱"的危险。

人口城市化都市圈理论，源于20世纪中期法国和意大利地理学家和经济学家，尤以戈特曼的"大都市圈"理论和佩鲁的"增长极"理论为代表，提出并论证了像美国东部纽约经济中心圈、中部芝加哥五大湖经济中心圈、日本东京东海道经济中心圈、英国伦敦经济中心圈、法国巴黎经济中心圈，这些由超大城市主导同时吸纳了相当数量的大城市、中等城市组成的城市产业链经济带，一般占本国GDP的65%~80%，成为最重要的经济"增长极"，称之为"都市圈"式城市化。然而由于该理论被看做对发达国家经济发展过程中的一种区域性解说，并没有引起更多的注意；20多年过后正当我国"乡村城市化"诸多问题暴露出来、寻求新的城市化理论的时候，这一理论迅速在学术界升温并作为"重大轻小"城市化道路的理论依据，获得广泛传播。在这一理论和思想指导下，开始了小城镇向中等城市、中等城市向大城市和超大城市的过渡和升级，造成大城市和超大城市人口所占比例迅速提升的情况。大城市特别是超大城市一圈又一圈"摊大饼"式地向外扩张，急于圈土地、造草坪、盖高楼、修广场、拓宽道路等，一个个亮丽工程纷纷登场，凸现发展"政绩"效果。结果违法圈占农村土地屡有发生，失地农民大量增加。这些因城市圈地而失去土地的农民与第一阶段乡村城市化进城农民不同，他们断了回到农村重新种地当农民的退路，变成只能在城市求职的边缘化市民。如果不能得到相应的职业和较稳定的住所，就只能聚集在公共用地、山头、河滩或更远郊区居住，形成"新疆村"、"浙江村"等农民工集居住区。虽然这些农民工聚集区与拉美贫民窟有本质差别，我们的农民工多是城市市场经济的积极参与者；但就住房条件、生产性质、卫生状况、本人和子女教育等来说，则有颇大相近之处，有些已发展为具有较大规模的棚户区。还要注意到，大城市旧城改造、基础设施建设和各种广场、草地一类形象工程大量占地，拆迁户居民得不到应有补偿，引发不少新的矛盾和问题；城市下岗和失业人口收入和生活水平低下，城市中一批新的贫困阶层有可能被边缘化为失地农民的同盟军。恰在此时，在降低农民工进城门槛、打破城乡二元结构等压力下，原有的一套城市管理制度和办法削弱甚至取消了，新制度和办法建立的原则又理不清楚，使得政府调控和管理的职能大大弱化了。所以当目前城市化进展到以发展大城市和超大城市为主导的第二阶段时，堕入"拉美陷阱"的危险性增大了。而这与保持经济持续、快速、健康的发展，与全面建设小康社会和构建社会主义和谐社会是不相容的，必须拿出治本的方略和行之有效的解决办法。

## 三　决策选择：变农民为市民的基本思路

防止人口城市化"拉美陷阱"，最根本的一条是使进城务工经商的农民真正成为城市市民；而变农民为市民是因为进城农民已经成为事实上的市民，不是不加任何区分地一律将进城农民转变为市民。因此，首先要对我国当前人口城市化进程有一个清醒的估计，然后再在这一大的发展趋势下，确定相应的决策选择。

其一，准确定位城市化内涵，适当加快人口城市化进程。从人口学角度观察城市化，是农村人口向城镇转移的一种过程，是人口的城乡结构问题；从劳动学角度观察，是就业在一、二、三次产业之间的分布，是就业结构问题；从经济学角度观察，是农业、加工业、服务业等三次产业结构的变动问题；从社会学角度观察，是工业社会取代农业社会的生产和生活方式，用工业文明取代农业文明的问题。因此，城市化不仅是变农村人口为城镇人口纯人口地理迁移的过程，而且是人口转变、产业结构升级、现代社会文明进步的本质体现，城市化进程要同这种转变、升级和进步的步伐相适应，城市化水平要同社会经济发展水平相适应。如果城市化发展滞后，就会拖经济、社会发展的后腿；相反，如果超前也会造成这样那样的社会问题，二者均不利于人口、经济、社会的协调发展。就总体上观察，当前我国矛盾的主导方面，还是人口的城乡结构落后于三次产业就业结构，三次产业就业结构落后于按产值计算的三次产业结构。参见图3、图4、图5①。

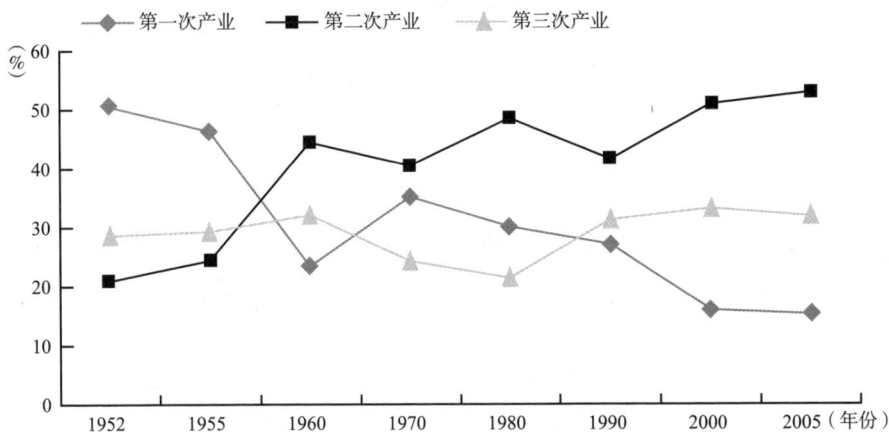

图3 中国三次产业结构变动

按照赛尔奎因—钱纳里理论模型，在2004年我国GDP三次产业结构达到15：53：32情况下，三次产业就业结构应为40：25：35，人口城乡结构应在60：40上下；而实际上，三次产业就业结构和人口城乡结构都要落后许多。所以，至少在全面建设小康社会的20年间，要继续适当加快农村人口向城镇转移的步伐，推进人口城市化进程。但是要吸取拉美国家人口过度城市化

_____

① 《中国统计年鉴2005》，其中三次产业结构和三次产业就业结构为2004年数，中国统计出版社，2005，第34页。

的教训，人口城市化速度要同经济、社会发展相适应，同构建社会主义和谐社会相协调。既不能一提"拉美陷阱"就放慢脚步，推迟人口城市化进程；也不能置拉美过度城市化的苦果于不顾，把握好加快人口城市化步伐的速度和节奏。

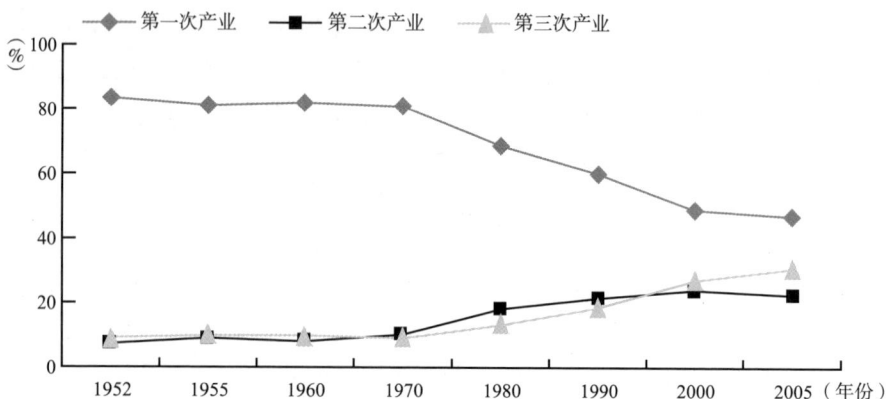

图4　中国三次产业就业结构变动

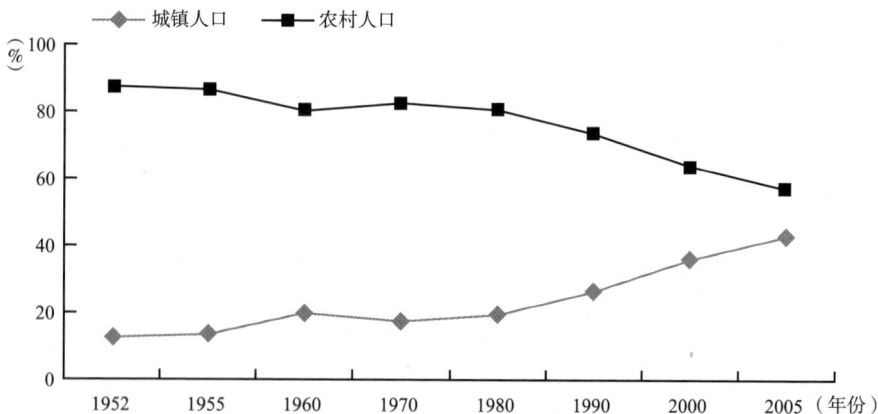

图5　中国人口城乡结构变动

其二，准确定位城市化方针，谋求大、中、小城市和乡村的协调发展。如前所述，20世纪90年代中期以前奉行的是"重小轻大"以发展小城镇为主的城市化方针；世纪之交发展大城市呼声日高，逐渐走上"重大轻小"和以超大城市为主导的"都市圈"式城市化道路。从我国人口多、耕地少的基本国情和工业化处于由重化阶段向现代工业转型，以及城镇人口超过

40%的实际出发,21世纪走以超大城市为龙头的"都市圈"式城市化道路,是发展的必然选择。据测算,同样城市化水平小城镇占地面积大约是大城市的1倍,大城市具有的中心、主导、辐射等功能是中小城镇所不具备的,积聚效应更是中小城镇无法比拟的,目前珠三角、长三角、海三角(笔者称谓,因为河北省的主要河流都汇集到海河注入渤海,一般称为京津冀或环渤海)三大都市圈面积占不到全国的5%,人口约占12%,GDP已经占到40%以上。在信息化和经济全球化过程中,大城市在科学、教育、信息、文化方面显示出来的比较优势,更是多少中小城市相加所不能取代的。但是要明确,一是我国是世界人口最多的发展中国家,未来全国人口还要增加2亿左右才能达到零增长,在全面建设小康社会近20年时间里,笔者仍然坚持农村人口"三三制"转移方略:以农业种植业为主的农村人口向城市转移1/3,向包括乡镇企业在内的林、牧、副、渔业转移1/3,农业种植业留下1/3。如能较好地推进这样的转移,到2010年城镇人口所占比例可达50%左右,2020年可达60%左右,达到世界平均水平。当前在加速城市化和"都市圈"式城市化升温的情况下,切忌人为炒作的"加速",一哄而起地打起城市"升级战"。即使是走以大城市为主导的"都市圈"式城市化道路,也不意味着城市规模越大越好,而是要有大有小,大、中、小城市要有一个合理的结构。不错,从发展上看,珠三角经济最具活力,长三角经济最具实力,海三角经济最具高科技潜力,可以认定三大三角洲经济将有一个相当巨大的发展;然而受自然的、经济的、政治的、文化的、民族的等多种因素限制,三大三角洲"都市圈"经济发展再快,也难以达到像发达国家大"都市圈"那样GDP占到全国2/3以上。而且由于中国经济、社会发展不平衡,走以超大城市为主导的城市化道路,除三大三角洲外,还有多种形式:两座中心城市如济(南)—青(岛)、沈(阳)—大(连)、成(都)—渝(重庆)构成的双向"增长极"式,一座中心城市(主要为省会)带动下的区域经济增长等。不管哪种形式,都有一定数量的中小城市和若干乡镇囊括其中,寻求大、中、小城市的合理结构和城乡一体化的经济社会结构,盲目地发展特大城市并不可取。

其三,准确定位农民工地位,谋求城市建设和发展新思路。"拉美陷阱"是发展中国家"大城市病"的一种典型,直接的原因是没有给进城以后的农民以应有的地位和待遇,没有成为真正的市民。结合我国实际,对已经取得城市常住人口资格的农民,需要解决的主要问题如下。

一为给农民工同城市居民一样的地位和权利。目前农民工进城务工经商所受限制有所减少，但是许多城市尤其是大城市和特大城市，还是设置着一道道门槛。如一些招工限于本市户口，将农民工拒之门外；买房尤其是经济适用房要职工单位出具证明，农民工被排斥在外；青少年入学限于本街道常住人口，农民工子女被剥夺进入城市国民教育的权利等。然而居住、劳动就业、上学等是人人应当享有的基本权利，进城务工农民不能享有这些权利，很容易被边缘化。

二为给农民工更多居住和就业的机会。居住和劳动是农民工进城最基本的两大需求，也是维持劳动力再生产的基本条件。拉美国家城市化"陷阱"的一个最主要的教训，就是农民进城后，由于收入低或者长期失业，租用不起城市一般的住宅，只好强占山头或公共用地，用废旧砖瓦搭建起简易住房，形成缺少安全用水、缺少公共卫生设施、缺少必要的通信设备封闭或半封闭式的贫民窟，成为犯罪高发地带甚至成为黑社会窝点，对社会治安构成严重威胁。我们要防止拉美式贫民窟现象发生，就要运用"看不见的手"和"看得见的手"，即市场和政府两种力量、两种机制，帮助农民工解决居住问题。居住同就业密切相关，就业问题解决得好就可以为居住问题的解决创造必要的条件，解决不好就很难保证居住问题。当前尤为突出的是，由于一般农民工文化教育素质较低，没有受过专门的技术训练，一个时期以来城市里在出现有活无人干"民工荒"的同时，也出现农民工进城无活可干的尴尬局面。避免城市化"拉美陷阱"，必须把吸纳农民工就业放在首位，要通过职业培训等方式，尽力为农民工就业多创造一些机会。

三为农民工来去自由开辟绿色通道。拉美贫民窟形成和扩大的一个带有根本性的原因，是农民进城后彻底失去了土地，断了他们的归路。我国城市尤其是大城市的急剧扩张，已经造成不小数量的失地农民，这些人成了必须依靠城市为生的准城市市民。因此，在城市化过程中，要尽量少占用农村耕地，进了城的农民依然为他们保留一定时间的责任田，一旦他们在城里无法生存下去，还可以打道回府，返回故乡重新种田，保持一定期间内的来去自由。在城市征用土地过程中，对那些失地的农民，一要给予合理的补偿，不能采取不等价交换剥夺农民；二要安排好失地农民的就业，要签订劳动就业合同，确保失地农民在城里有较稳定的劳动就业岗位和相对稳定的收入。

四为把农民工生产生活纳入城市发展规划。要想实现城市人口与经济的可持续发展，就要从长计议，将农民工在城市的劳动就业、住房建设、学校教育、文化生活、社区管理等纳入城市建设规划。政府在组织规划实施时，在力所能及的范围内还应向进城农民工及其家属作必要的政策倾斜，使他们分享城市建设的成果，坚定他们融入城市政治生活、经济生活、文化生活的信心，努力提升他们成为合格的市民。

其四，准确区分管理与歧视的界限，打造防止落入"拉美陷阱"的安全阀门。过去对进城农民存在设置门槛过高、要求过严和不同程度的歧视问题，现在许多已经得到解决或正在解决。当前，一方面要继续研究和解决没有解决的问题，给符合条件的进城农民以一视同仁的市民待遇；另一方面，应该加强管理的地方，政府要实事求是、科学大胆地管理，为避免"拉美陷阱"打造保险系数颇高的安全阀门。农民进城变市民应有一定的条件，如果没有任何条件进城农民一律变为市民，农民进城后就要有房子、有工作、有社会保障，这在我国人口和劳动力过剩、农民占人口多数情况下，是根本没有可能做到、做到也会引发严重社会问题的。这个限制条件，主要是进城农民要在一定时间内（例如半年），有相对稳定的工作和收入、相对固定的住房和没有刑事犯罪三条。满足这三个条件，即可取得市民待遇，确定为该城市的常住人口。超过限定时间又不具备上述三项条件者，就要进行收容和清理整顿，请他们回到流出地从事农业生产劳动。要打造不落入"拉美陷阱"的可靠安全阀门，就不能让长期没有工作、没有住房和扰乱社会秩序者继续留在城市之中，因为这样的流民最容易聚集起来，发展成为类似拉美贫民窟式的棚户区。这样的处理是公平和公正的，留出半年时间使进城农民在劳动、居住、收入等方面融入城市生活，也是合理的；长期流入城市的农民找不到适当的劳动岗位和比较固定的住所，就连西方发达国家也是要对这样的流民进行必要的处置的。这里没有歧视之意，一个城市特别是超大城市，不可能长期保留较大数量的无所事事的流民。对他们进行规范化的处置，不仅是城市建设和发展的需要，是避免"拉美陷阱"所要打造的安全阀门；同时也是这部分盲目流入城市的农民未来自身发展的需要，是对他们负责任的表现。

**参考文献**

［1］《21 世纪议程》，联合国环境与发展会议（1992），国家环保局译，中国环境科学出版社。

［2］《中国21世纪议程——中国21世纪人口、环境与发展白皮书》，中国环境科学出版社，1994。

［3］邓楠主编《可持续发展：人类生存环境》，电子工业出版社，1999。

［4］科技部农村与社会发展司、中国21世纪议程管理中心：《中国可持续发展科技报告2002》，中国农业出版社，2003。

［5］中国现代化战略研究课题组、中国科学院现代化研究中心：《中国现代化报告2003》，北京大学出版社，2003。

［6］田雪原、王国强主编《全面建设小康社会中的人口与发展》，中国人口出版社，2004。

［7］〔美〕赫尔曼·E. 戴利：《超越增长——可持续发展的经济学》（中译本），上海译文出版社，2001。

［8］〔美〕莱斯特·R. 布朗：《B模式：拯救地球，延续文明》（中译本），东方出版社，2003。

［9］World Resources Institute, 1992. *World Resources 1992 - 1993*. New York: Oxford University Press.

［10］United Nations, *World Population Prospects*, *The 2003 Revision*, New York, 2003.

# 统筹城乡发展的人口城市化[*]

## ——区域人口与经济发展新思路

考察当今国内外区域经济和社会发展，可以发现，任何区域的发展总是同那里的人口城市化进程密切相关。长期以来，虽然对中国城市化道路存在不同观点的争论，但是大多就城市自身的发展论证城市化，没有或很少涉及乡村的发展，使城市化建立在城乡分割基础之上，结果导致城乡和区域差距的进一步拉大，不利于和谐社会的构建和可持续发展战略的实施。要想走出一条城乡和区域可持续发展之路，就要跳出以往城市化理念的束缚，代之以统筹城乡发展的新的思路。

## 一 区域发展 城市化拉动

区域经济和社会发展靠什么拉动？人口不断向城镇集中的人口城市化效应，是强劲的引擎之一。尤其是进入 21 世纪以后，在信息化和经济全球化加速进行，全面建设小康社会业已启动，目前城市化率已达 43% 左右的情况下，任何构成一定规模的区域发展，都离不开城市化的推动。不管人们对于城市化的道路、方针和政策有多少分歧，当前以超大城市为龙头 "都市圈" 式城市化拉动经济的增长和产业结构的升级，是谁也无法改变的现实。2003 年全国 31 个省、自治区、直辖市国内生产总值达到 117252 亿元，其中广东省达到 13626 亿元，位居第一，形成以香港特区为龙头，深圳、广州以及惠州、东莞、佛山、珠海等为 "增长极" 的泛珠江三角洲经济带。在长江三角洲，以上海为 "龙头"，以南京、苏州、无锡、常州、杭州、宁波等15 个城市为 "增长极" 的经济带，面积达到 10 万平方公里，人口超过 7200

---

* 参见田雪原、王国强、王胜今主编《区域人口与发展》（文集），吉林人民出版社，2006。

万人，成为被国内外普遍看好的世界第六大经济圈①。以北京为龙头的京、津、冀（包括保定、沧州、唐山、承德、张家口等城市）的海河三角洲经济带，以厚重的文化底蕴和文化产业，高度积聚的人才和人力资本跻身高科技领域和高技术市场，显示出特有的优势。这三大三角洲吸纳了国内外大量的资金、技术和人才，网罗了以中心城市为龙头和数十个"增长极"城市，形成以市场为纽带、周边和上下游一体化的城市产业群体，力求融入国际大循环，使城市化拉动区域经济发展得到充分的体现。此外，还有以两座城市为轴心、以一座城市为中心的不同城市化类型，显露出城市化对区域经济增长的强劲拉动力。在中国经济越过人均 GDP 1000 美元进入快速增长期，同时在城市化也驶入快车道的情况下，城市化带动区域人口与经济的发展，城市化快一些、经济发展和人口结构变动就快一些；城市化慢一些、经济发展和人口结构变动就慢一些。这已是不争的事实和带有普遍规律的现象。

城市化拉动区域经济发展，还表现在打破二元体制分割、生产方式和人们生活方式的改变上。中国的城市化进程走过曲折的道路，这点在下面将另作阐述；但是不管人们对此作何评价，城市化吸纳了众多的农村劳动力，城市里来了一批又一批乡下人，从而打破了二元户籍管理制度的束缚；农民工进城冲破旧有的劳动用工制度，拓宽了就业渠道，推动着劳动力市场的建立和完善；"乡村城市化"提法和实践存在不少问题，不过城乡结合部发展起来，在城市与乡村之间架起一座座桥梁，对改变乡村生产和生活方式起了莫大的作用；部分进城务工经商的农民工重新回到乡村以后，把在城市里学到的新观念、知识和技能运用到农业生产和经营中去，对推动农业科技进步和农业生产的发展，推动乡村新的生产和生活方式的建立，从而对区域经济和社会发展产生的作用，则是有目共睹的。因此，研究包括人口与经济可持续发展在内的区域发展，离不开城市化的推动；问题在于，用什么样的思路和方式推进城市化，对于区域人口与经济可持续发展产生的作用和影响是有很大不同的。

## 二 两种模式 相同的本质

1949 年新中国成立以后，随着工业化的启动，人口城市化的序幕便拉

---

① 《中国统计年鉴2004》，中国统计出版社，2004。

开了。然而受经济发展几起几落影响，20 世纪六七十年代的城市化总体上处于徘徊状态，1978 年改革开放前夕还停留在 50 年代末的水平。进入 80 年代城市化步伐开始加快，80 至 90 年代前期，延续积极发展小城镇、适当发展中等城市、严格限制大城市规模"重小轻大"的城市化方针，走的是以"乡村城市化"为主的道路。即大力发展乡镇企业，农民大多离土不离乡（离土又离乡者居少），这在很大程度上解决了农业剩余劳动力的就业问题；农民的收入增加了，生活水平提高了，创造了苏南模式、温州模式等不同形式，"小城镇，大问题"是说小城镇的快速发展，解决了当时农村发展的大问题。然而到了 90 年代中后期，由于一般乡镇企业处于高消耗、低产出、低效益粗放型经济，能源和其他原材料浪费严重，产品质量得不到应有的保证；环境保护意识差，废水、废气、固体废物大量排放，造成某些地区的污染由点源式向面源式扩散，导致环境质量迅速下降；加上相当多数的乡镇企业产权不明、经营管理不善等，遂走到难以为继的地步。这时对"小城镇，大问题"的诠释是：小城镇的膨胀真的成了大问题——面对能源和其他资源的日益短缺，空气、土壤和大面积江河湖海污染的日益严重，如此高耗、低效的乡镇企业再也不能继续下去了，"乡村城市化"道路很难再向前走动了。

在这种背景下，世纪之交强调发展大城市的"重大轻小"的城市化理论逐渐抬头。该理论源于 20 世纪中期法国和意大利地理学家和经济学家，尤以戈特曼的"大都市圈"理论和佩鲁的"增长极"理论为代表，提出并论证了像美国东部纽约经济中心圈，中部芝加哥五大湖经济中心圈，日本东京北海道经济中心圈，英国伦敦经济中心圈，法国巴黎经济中心圈，这些由超大城市主导同时吸纳了相当数量的大城市、中等城市组成的城市产业链经济带，一般占本国 GDP 的 65% ~ 80%，成为最重要的经济"增长极"，可称之为"都市圈"式城市化。然而由于该理论被看做对发达国家经济发展过程中的一种区域性解说，并没有引起更多的注意；20 多年过后正当我国"乡村城市化"诸多问题暴露出来、寻求新的城市化道路的时候，这一理论迅速在学术界升温并作为"重大轻小"城市化道路的理论依据，获得广泛传播。在这一理论和思想指导下，开始了小城镇向中等城市、中等城市向大城市和超大城市的过渡和升级。大城市特别是超大城市一圈又一圈"摊大饼"式地向外扩张，急于圈土地、造草坪、盖高楼、修广场、拓宽道路等，一个个亮丽工程纷纷登场，凸现发展"政绩"效果。结果违法圈占农村土地屡有发生，失地农民大量增加；市区内各种工程尤其是广场、草地一类形象工程大量占地，拆迁户居民得不到应有补偿，引发不少新的矛盾和问题。

上述两种不同的城市化模式，是特定历史发展阶段的产物，有其产生的必然性并且都曾起到过一定的积极作用。虽然这两种模式表现形式截然不同，但在实质上却有一个共同点：即都将城市与乡村割裂开来，仅就城市自身的发展进行城市化。"乡村城市化"的重点是在乡村发展小城镇，如前所述，这在 20 世纪 80 年代曾经起到过不小的作用；但是终因人、财、物资源的浪费，"三废"污染的加剧，技术和管理的滞后而不能使乡村农民变成真正的城市市民，农民、农业、农村"三农"问题不能得到有效解决，难以担当起城市化的重任。片面追求超大城市发展的"重大轻小"的城市化，由于侵害到农民的根本利益，特别是"圈地运动"造成数量相当可观的失地农民，他们种田无地，进城难以做工，同样不能解决"三农"问题。而且，随着城市"摊大饼"式的不断扩大，失地农民越来越多，谁能保证他们不沦为城市中的贫民，城市化不重蹈"拉美陷阱"的覆辙呢?！因此，将城市发展与农村发展割裂开来，甚至用牺牲农村、农业的发展和农民的利益换取的城市化，不管是"乡村城市化"还是超大城市为主的"都市圈"式城市化，尽管一定时期可能带来一定区域的产值的增长；但是其对土地等资源的破坏，环境污染的加剧，农业劳动力不能顺利转入城镇工商业等人力资源的浪费，总体上看，付出的代价和成本是相当昂贵的，是同区域人口与经济可持续发展要求背道而驰的。

## 三 城乡统筹 可持续发展

以上的分析表明，无论"重小轻大"的"乡村城市化"，还是"重大轻小"超大城市主导的"都市圈"式城市化，根本的缺陷在于将城乡割裂开来，因而不能从根本上解决"三农"问题，造成城乡差距拉大，城市失业增加、出现新的贫困阶层、社会犯罪和黑势力抬头等问题。总结国际社会正反两方面的经验和教训，从我国人口、经济、社会发展实际出发，谋求区域发展重点是区域人口与经济的可持续发展，主要的治本方略如下。

第一，准确定位城市化内涵，谋求城市化进程同社会经济发展水平相适应。从人口学角度看待城市化，是农村人口向城镇转移的一种过程，是人口的城乡结构问题；从劳动学角度看待，是就业在一、二、三次产业之间的分布，是就业结构问题；从经济学角度看待，是农业、加工业、服务业等三次产业结构变动问题；从社会学角度看待，是工业社会取代农业社会的生产和生活方式，用工业文明取代农业文明的问题。因此，城市化绝不仅仅是变农村人口为城镇人口纯人口地域迁移的问题，而是人口转变、产业结构升级、现代社会文明进步的本质体现，城市化进程要同这种转变、升级和进步的步伐相适应，城市化水平要同社会经济发展水平相适应。如果城市化发展滞后，就会拖住经济、社会发展的后腿；相反，如果超前也会造成这样那样的社会问题，二者均不利于人口、经济、社会的协调发展。就总体上观察，当前我国矛盾的主导方面，还是人口的城乡结构落后于三次产业就业结构，三次产业就业结构落后于按产值计算的三次产业结构，因而要适当加快城市化的步伐。不过不能盲目地加快，加快的节奏要同经济、社会发展的速度和程度相协调；而且总体上滞后不等于每个区域都滞后，对于区域发展而言，是否滞后要作出具体的分析，且不可一说滞后就大干快上，搞高指标式的城市化。

第二，准确定位城市化方针，谋求大、中、小城市和乡村的协调发展。如前所述，20 世纪 90 年代中期以前奉行的是"重小轻大"以发展小城镇为主的城市化方针；世纪之交发展大城市呼声日高，逐渐走上"重大轻小"超大城市主导的"都市圈"式城市化道路。从我国人口多、耕地少的基本国情，幅员辽阔、资源分布畸形和工业化处于由重化向现代工业转型阶段的实际出发，笔者赞同 21 世纪走以超大城市为龙头的"都市圈"式城市化道路。据测算，同样城市化水平小城镇占地面积大约是大城市的 1 倍，大城市具有的中心、主导、辐射等功能是中小城镇所不具备的，积聚效应更是中小城镇无法比拟的，目前大珠三角、大长三角、大海三角三大都市圈面积占不到全国的 5%，人口约占 12%，GDP 已经占到 1/3 左右；在信息化和经济全球化过程中，大城市在科学、教育、信息、文化方面显示出来的优势，更不是多少中小城市相加所能取代的。但是要明确，一是我国是世界人口最多的发展中国家，未来 20 多年全国人口还要增加到接近 15 亿时才能达到零增长，在全面建设小康社会近 20 年时间里，笔者仍然坚持农村人口"三三制"转移方略：以农业种植业为主的农村人口向城市转移 1/3，向包括乡镇企业在内的林、牧、副、渔业转移 1/3，农业种植业留下 1/3。如能实现这样的人口转移，到 2010 年城市人口所占比例可达 50% 左右，2020 年可达 60% 左右，城市化水平可谓不低。当前在加速城市化和"都市圈"式城市化升温的情况下，切忌人为炒作的"加速"，一哄而起地打起城市"升级战"。即使是走以大城市为主的"都市圈"式城市化道路，也不意味着城市规模越大越好，而是要有大有小，大、中、小城市要有一个合理的结构，谨防感染"大城市病"。当前三大三角洲被炒得很热，从发展上看珠三角经济最具活力，长三角经济最具实力，海三角经济最具高科技潜力，可以认定三大三角洲经济将有一个相当巨大的发展；然而受自然的、经济的、政治的、文化的、民族的等多种因素限制，三大三角洲"都市圈"经济发展再快，也难达到像纽约、芝加哥、伦敦、巴黎、东京五大"都市圈"GDP占到全国2/3以上的比例。在全面建设小康社会和21世纪中叶初步实现现代化过程中，中国的区域人口与经济可持续发展格局将是立体层次的：第一层次为三大三角洲超大城市"都市圈"人口经济区，情况如前所述；第二层次为双向"增长极"式经济带，主要是以济南—青岛为轴心，包括泰安、淄博、潍坊、烟台、威海等城市组成的山东经济带；以沈阳—大连为轴心，包括鞍山、本溪、抚顺、丹东、辽阳等城市组成的辽东经济带；以福州—厦门为轴心，包括彰州、泉州、晋江等城市组成的闽江三角洲经济带；以重庆—成都为轴心，包括绵阳、德阳、内江、泸州、达州等城市组成的四川盆地经济带。第三层次为一个中心城市带动的区域人口经济区，行政与经济相结合是其基本的特征，中西部绝大多数省、自治区都属于这类人口经济区。这类人口经济区不宜人为地再划分为几个区域，事实上这样的划分并没有多少实际意义。如1996年7个跨省经济区划分中，将江西划入中部五省区，而实际上江西与河南、湖北、湖南、安徽四省之间并没有很多人口经济上的往来：人口主要流向浙江、福建和上海，经济北部凭借长江水道进入长三角，东部同比邻的浙江和福建、南部同一岭相隔的广东往来更多一些，人口经济更多地融入长三角、珠三角和闽三角。人口与经济可持续发展的区域发展战略，应建立在人口、资源、环境和经济发展基础之上，选择合理的大、中、小城市结构和城乡一体化的经济、社会结构，盲目地发展特大城市和大城市并不可取。

第三，准确定位农民工地位，谋求城市建设新思路。无论是发达国家还是发展中国家出现的"大城市病"，根本的一条是没有给农民工进城以应有的地位和待遇。结合当前实际，需要认真解决的重要问题如下。

一是给农民工同城市居民一样的地位和权利。目前农民工进城务工经商所受限制有所减少，但是许多城市尤其是大城市和特大城市，还是设置了一道道门槛。如一些招工限于本市户口，将农民工拒之门外；买房尤其是经济适用房要职工单位出具证明，农民工被排斥在外；青少年入学限于本街道常住人口，农民工子女被剥夺了进入城市国民教育的权利等。然而居住、劳动就业、上学等是人人应当享有的基本权利，进城务工农民不能享有这些权利，与统筹城乡发展的城市化背道而驰。

二是给农民工更多的居住和就业的机会。居住和劳动是农民工进城最基本的两大需求，也是维持劳动力再生产的基本条件。拉美国家城市化"陷阱"的一个最主要的教训，就是农民进城后，由于收入低或者长期失业，租用不起城市一般的住宅，只好强占山头或公共用地，用废旧砖瓦搭建起简易住房，形成缺少安全用水、缺少公共卫生设施、缺少必要的通信设备，封闭和半封闭的贫民窟，成为犯罪率高甚至成为黑社会窝点，对社会治安构成严重威胁。我们要防止拉美式贫民窟现象发生，就要运用"看不见的手"和"看得见的手"，即市场和政府两种力量、两种机制，帮助农民工解决居住问题。居住同就业密切相关，就业问题解决得好就可以为居住问题的解决创造必要的条件，解决不好就很难保证居住问题。当前尤为突出的是，由于一般农民工文化教育素质较低，没有受过专门的技术训练，一个时期以来城市里在出现有活无人干"民工荒"的同时，也出现农民工进城无活可干的尴尬局面。统筹城乡发展的城市化，必须把吸纳农民工就业放在首位，要通过职业培训等形式，尽力为农民工就业多创造一些机会。

三是为农民工来去自由开辟绿色通道。拉美贫民窟形成和扩大的一个带有根本性的原因，是农民进城后彻底失去了土地，断了他们的归路。我国城市尤其是大城市的急剧扩张，已经造成不小数量的失地农民，成了必须依靠城市为生的准城市市民。因此，在城市化过程中，要尽量少占用农村耕地，进了城的农民依然为他们保留一定时间的责任田，一旦他们在城里无法生存下去，还可以打道回府，返回故乡重新种田，保持一定期间内的来去自由。在城市征用土地过程中，对那些失地的农民一要给予合理的补偿，不能采取不等价交换剥夺农民；二要安排好失地农民的就业，要签订劳动就业合同，确保失地农民在城里有较稳定的劳动就业岗位和相对稳定的收入。

四是将农民工生产生活纳入城市规划视野。要想实现区域人口与经济的可持续发展，就要从长计议，将农民工在城市的劳动就业、住房建设、学校教育、文化生活、社区管理等纳入城市建设规划，使进城务工农民及其家属真正享受到同其他市民一样的待遇。政府在组织规划实施时，在力所能及范围内还应向进城农民工及其家属作必要的政策倾斜，使他们分享城市建设的成果，坚定他们融入城市政治生活、经济生活和社会生活的信心，努力提升自己以成为合格的新市民。

## 参考文献

［1］《21 世纪议程》，联合国环境与发展会议（1992），国家环保局译，中国环境科学出版社。

［2］《中国 21 世纪议程——中国 21 世纪人口、环境与发展白皮书》，中国环境科学出版社，1994。

［3］邓楠主编《可持续发展：人类生存环境》，电子工业出版社，1999。

［4］科技部农村与社会发展司、中国 21 世纪议程管理中心：《中国可持续发展科技报告 2002》，中国农业出版社，2003。

［5］中国现代化战略研究课题组、中国科学院现代化研究中心：《中国现代化报告 2003》，北京大学出版社，2003。

［6］田雪原、王国强主编《全面建设小康社会中的人口与发展》，中国人口出版社，2004。

［7］〔美〕赫尔曼·E. 戴利：《超越增长——可持续发展的经济学》（中译本），上海译文出版社，2001。

［8］〔美〕莱斯特·R. 布朗：《B 模式：拯救地球，延续文明》（中译本），东方出版社，2003。

［9］World Resources Institute, 1992. *World Resources 1992 – 1993.* New York: Oxford University Press.

［10］United Nations, *World Population Prospects*, *The 2003 Revision*, New York, 2003.

# 推进人口城市化要有新思路[*]

人口城市化作为拉动中国经济增长和社会进步的强有力的"引擎",正在发挥着不可替代的、越来越大的作用。但是,对人口城市化推进的速度、模式和应当遵循的方针等问题,还有颇大的争议,在某种意义上还是一桩"悬案"。笔者以为,破解"悬案"要有新的思路,立足于促进现代化建设和城乡协调发展的新的思路。

## 速度:驶入城市化"快车道"

改革开放以来中国人口城市化经历了空前的"大提速"过程,未来一个时期内能否继续在这样的"快车道"上运行,对此应有一个明确的认识,此点也是确定人口城市化新思路的前提。按照国家统计局公布的数据,全国城镇人口由 1978 年的 17245 万人,增加到 2005 年的 56212 万人,增长 2.26 倍,年平均增长 4.47%,为同期全国人口年平均增长 1.14% 的 3.92 倍;所占比例由 17.92% 提高到 42.99%,年平均升高 0.93 个百分点。无论升高幅度之大还是持续时间之长,都书写了中国人口城市化发展历史上新的篇章。然而对这一统计数据坚信者有之,怀疑和反对者有之,到底数据资料可靠与否,人口城市化是否真的驶入"快车道",是首先需要讨论清楚的问题。

要对目前的人口城市化数据作出评价,牵涉如何科学地界定人口城市化的含义。现代城市包括市和镇两个组成部分,其实镇即是小一些的城市而已。按照事物由小及大发展原理,城市当起源于镇这种小城市。在英语中,镇(town)的原意含有"围子"的意思,指集交换贸易、王权统治、军事堡垒于一体的围圈起来的地域和地域内的居民。汉语中,城市是集合名词,

---

\* 原载中国社会科学院学术咨询委员会《集刊》(3),2007。

城原义为都邑四周为防御而修筑的墙垣，后发展为泛指都邑本身；市指集中做买卖进行商品交易的场所，《易·系辞下》中说"日中而市"，市罢即自行散去，那时并没有全日制的市场。城与市合起来，即指都邑和经常做买卖交易的地方，此便是最早城市的含义了。由于人口和活动的相对集中，城市日益演变为国家和地方政治、经济、文化、军事等的不同层次的中心，演变为现代的城市。在这种演变过程中，值得提及的是 18 世纪中叶产业革命发生后，城市功能大为提升，城乡之间的关系也发生了农业及农业社会以前未曾有过的变化。20 世纪特别是 20 世纪后半叶随着农村人口向城市流动速度加快，以微电子技术为前导，包括新材料、新能源、宇航技术、海洋工程等新技术革命的兴起，当前又发展到以生命科学为主导学科，包括基因工程、克隆技术、纳米技术等在内的新的阶段，促使世界人口城市化再次提速，并且丰富和发展了现代城市化的内涵，城市化道路和城市化格局也发生了新的变化，城市化演变成为一个综合的概念。从人口学角度观察，城市化是农村人口向城镇转移的一种过程，是人口的城乡结构问题；从劳动学角度观察，是就业在一、二、三次产业之间的分布和结构问题；从经济学角度观察，是农业、加工业、服务业为主的三次产业结构的变动问题；从社会学角度观察，是工业社会取代农业社会的生产和生活方式，工业文明取代农业文明、现代文明取代传统文明的问题。因此，城市化不仅是变农村人口为城镇人口纯属人口地理迁移的过程，而且是人口转变、产业结构升级、现代社会文明进步的本质的体现。既然如此，人口城市化速度和水平随着社会经济发展共同推进，改革开放以来我国经济以年平均 9.7% 的速度递增，那么人口城市化提速驶入"快车道"当在情理之中。对此提出质疑的主要依据，是统计公布的城镇人口及其占总人口的比例为按行政区划即市镇所辖区内的全部人口，其中包含着过多的农业人口。笔者以为，某些市镇确有这方面的问题；但是就总体上考察，当前城镇人口的划分还是基本上反映客观实际的。众所周知，长期以来我国城乡人口划分存在宽口径与窄口径的区分：宽口径，指市镇辖区内全部人口均为城镇人口；窄口径，指市镇辖区内非农业人口为城镇人口。虽然目前 43% 左右的城市化率是按照宽口径计算的，相对窄口径说来有些偏高，可以挤出不少"水分"；然而过去那种以农业人口与非农业人口的划分还有多少意义，是否还能继续下去呢？不错，从 20 世纪 50 年代开始将人口区分为农业人口和非农业人口，是计划经济发展、加强人口管理和社会管理的需要。半个多世纪以来中国人口城市化进程受到行政区划变更的影响颇大，其至有时候为了缩减城镇人口规模而撤销某些市镇建制、压缩城市郊区，对城乡人口结构进行纯行政手段式调整，在减少城镇按定量供应商品粮等方面发挥了不小的作用。典型的例子是1958年"大跃进"后，出现城镇人口总数、职工工资总额、按定量供应商品粮"三突破"，不得不运用行政手段撤市并县、压缩城市郊区，以缩减城镇规模和城镇人口，对渡过三年经济困难时期起过重要作用。但是必须明确，这是在国家主要依靠农业支持工业化、城市化超前发展的情况下，一种迫不得已、逆城市化而动的选择。改革开放以后情况发生了变化，随着农业粮食生产的稳步增长，按定量供应商品粮率先取消，目前部分省市甚至取消了农业和非农业人口的划分，一律统称为居民，农业人口与非农业人口行将成为历史的"遗产"，再以此作为划分城镇与非城镇人口的标准，岂不同手摇纺车一样的古老了！前已论及，人口城市化可以从经济学、社会学等不同视角作出相应的诠释；但是必须明确，人口聚集的程度是最主要、最基本的指标。在人口与经济发展关系中，人口集中程度概括了生产力发展的水平和商品化的程度，反映着三次产业的就业结构和按产值计算的三次产业结构；在人口与社会发展关系中，人口向城市聚集反映着人才、科技、文化、交往的日益集中，社会生活方式、管理方式整合力度和社会化集中程度的加强。所以，人口向城镇集中代表着城镇工商业的发展，城市生活方式的扩张，社会化管理职能的增强，现代化水平的提高，在较大的程度上代表着城市化水平的提升。正因为如此，有的国家完全以人口聚居的程度作为划分城市的标准，如美国规定每平方公里聚居人口在400人以上，还不包括农地、铁路站场、大型公园、工厂、飞机场、公墓、湖海等，均视为城市；有的国家尽管附加若干条件，主要是农业人口比例不能过高，但是也要以人口聚居的程度作为主要的标准。我国历次对建制市镇的调整，除规定聚居人口的规模之外，都明确地规定了农业人口所占的比例。如1963年以前一般规定聚居人口在2000人以上，农业人口占50%以下可以建镇；1964年调整为聚居人口在3000人以上，农业人口占30%以下；1984年调整加进县、乡政府驻地行政因素，但仍然规定聚居人口规模并限定农业人口不得超过规定的比例，保证非农业人口在城镇人口中的主体地位。一般地说，任何一个国家的城镇人口中都不可能不包括一定数量和比例的农业人口，城镇人口并非全部为非农业人口。改革开放以来我国城镇人口数量大增、比例持续攀升，农业人口比例有所增加；但是并没有改变非农业人口的主体地位和主导作用，保持适当数量和比例的农业人口"水分"不仅是必要的，甚至是必须的。

在确认目前人口城市化水平基本反映了客观实际，改革开放以来确实驶入"快车道"以后，接下来便是在"快车道"上还能行驶多久，是很快终止还是继续较长时间的问题。按照人口城市化 S 曲线走势理论，全部人口城市化进程可以分为三个发展时期：城市人口所占比例在 25% 以下，即处在 S 曲线底部时为起步时期，一般发展速度较慢；25% ~65% 处在 S 曲线中部挺起上升时期，发展驶入"快车道"；65% 以上为处在 S 曲线顶部徘徊期，即使城市人口比例仍有一定程度的增长，也改变不了类似股市 K 线图的"头尖顶"形态。按照这样的理论，目前我国正处在 S 曲线中部挺起上升时期中段，人口城市化将在"快车道"上继续运行下去。

特殊地说，由于中国人口城市化在经历了曲折的发展道路之后，反弹的势能比较强劲，"快车道"上还有较大的运行空间。联合国人口司提供的数据表明，1950 年世界城镇人口所占比例为 29.8%，1980 年上升到 39.6%，2005 年上升到 49.0%[①]，城乡人口差不多平分秋色。中国人口城市化经过20 世纪 50 年代的较快发展、60 和 70 年代的徘徊不前，改革开放以来的快速推进，城镇人口比例由 1950 年的 11.2%，上升到 1980 年的 19.4%、1990年的 26.4%、2005 年的 43% 左右[②]，达到发展中国家的平均水平。半个多世纪以来，中国和世界、发展中国家人口城市化比较，如图 1 所示。

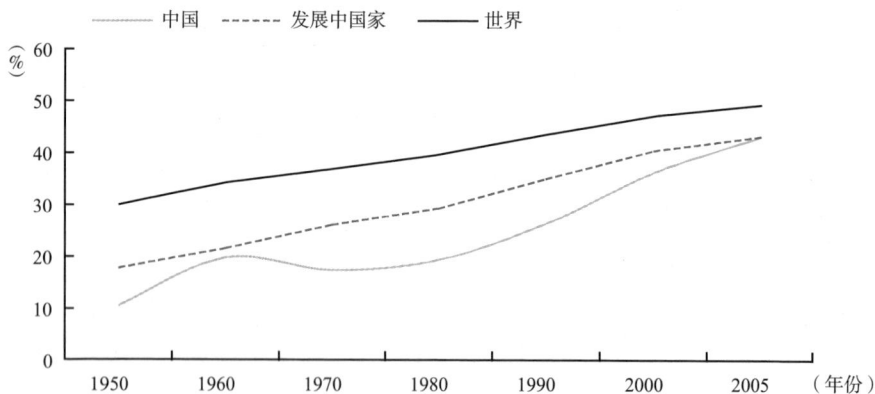

图 1　中国与世界、发展中国家城市化比较

---

① 参见 United Nations, *Department of Economic and Social Affairs. Population Division*：*World Population 2004*。

② 《中国人口统计年鉴2001》，《中国统计年鉴2006》，中国统计出版社，2001、2006，第200、99 页。

图 1 显示，中国 1950 至 2005 年人口城市化变动与世界、发展中国家比较，最大的不同在于世界和发展中国家呈斜线平稳上升，中国则经历了1960~1980 年 20 年的徘徊之后，才呈加速上升的趋势。目前这种补偿性上升还没有完全消化掉过去积攒起来的势能，而近二三十年社会经济的高速增长又给人口城市化增添了新的势能，因此未来一定时期内人口城市化保持比较快的增长速度，是可以做得到的。按照赛尔奎因—钱纳里理论模型，在2005 年我国三次产业结构达到 12.6∶47.5∶39.9 情况下，三次产业就业结构应为 40∶25∶35，人口城乡结构应在 60∶40 上下；实际上，我国人口城乡结构要落后于三次产业就业结构许多，落后于按产值计算的三次产业结构更多①。所以，在全面建设小康社会的 20 年时间里，人口城市化将继续以比较快的速度推进应当没有异议。

## 模式：以大城市为主导

中国人口城市化驶入"快车道"，那么采取哪种模式运行呢？一般认为，人口城市化可粗略地分为三个阶段：第一阶段，农村人口主要向中小城镇转移和集中，亦称之为乡村城市化；第二阶段，乡村和中小城镇人口主要向大城市、超大城市转移和集中，进而形成以大城市圈为主导的人口城市化；第三阶段，大城市特别是超大城市中心区人口向郊区和其他乡村迁移，称之为逆城市化。发达国家人口城市化走过的道路证明，这三个发展阶段大体上同城市化 S 曲线走势底部、中部、顶部三个时期相对应。世纪之交我国人口城市化在挺进到城市化 S 曲线中部以后，已经处在历史的转折关口，必然顺理成章地转变到以大城市和超大城市为主导的第二阶段。关于这一点，从 1990 与 2002 年大、中、小城市所占比例的变化中，便可以清楚地看出来。参见图 2②。

图 2 显示，1990 与 2002 年比较，50 万人以下城市人口比例均有较大幅度下降，尤以 10 万~30 万人下降 5.5 个百分点为最大，30 万~50 万人下降2.42 个百分点；50 万人以上人口城市均有较大幅度增长，以 200 万人以上增加 5.74 个百分点为最大，100 万~200 万人增加 1.2 个百分点次之，50 万~

---

① 参见《中国统计年鉴 2006》第 40 页。
② 《中国人口统计年鉴 2004》，《中国统计年鉴 1991》，中国统计出版社，2004、1991，第 255~262、653 页。

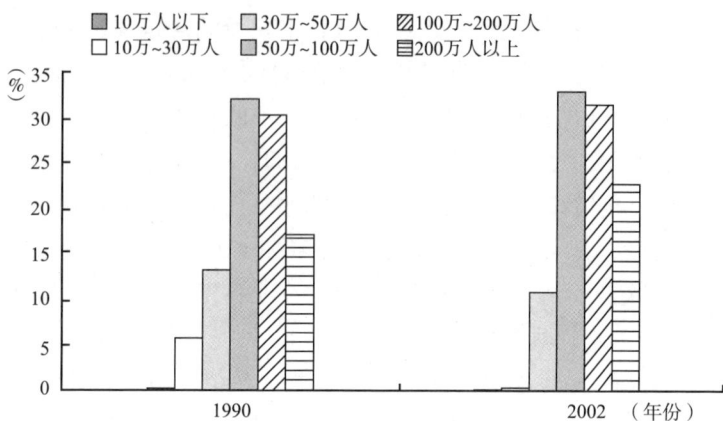

图2　1990与2002年城市规模结构变动比较

100万人增加不足1个百分点。如以A代表50万人以下人口中小城市，B代表50万~100万人大城市，C代表100万~200万人特大城市，D代表200万人以上超大城市，并设1990年A：B：C：D＝1：1：1：1，则2002年A：B：C：D＝0.59：1.03：1.04：1.30。如果粗略地将城市规模以100万人口为界分成较小城市与较大城市两部分，二者相比则由1990年的59.74：40.26，变动到2002年的44.79：55.21，较大城市由占不足一半上升到一多半，说明大城市、超大城市已经占据了城市结构的主体。近几年来，这种情况还在继续发展，大城市、特大城市、超大城市人口所占比例还在不断上升，特别是珠三角、长三角、海三角（京津冀）三大都市圈特大城市的加速发展，东南沿海其他城市组带、内地以省会中心城市和双向增长极型城市的迅速崛起，使以都市圈为主导的城市化特点更为突出。长期以来，我国人口城市化采取的是"重小轻大"的方针，走的是积极发展小城镇、适当发展中等城市、严格限制大城市规模的道路。强调农民工进城"离土不离乡"，对"小城镇，大问题"的诠释是：发展小城镇解决了城乡发展和农业剩余劳动力转移的"大问题"。20世纪80年代乡镇企业异军突起，乡村城市化成为人口城市化的主旋律，对社会经济发展起到过巨大作用，作出过重要的贡献。但是随着人口转变，相应的生育率、出生率的下降和新增人口就业压力的相对减轻；经济转轨，包括市场经济体制的初步建立和经济增长方式的转变；社会转型，由政府主导型向公共服务型转变等的良好开端和初见成效，使"重小轻大"的城市化变得越来越不能适应发展的需要，必须寻求新的发展思路。

其实关于城市规模与效益的关系早有比较成熟的理论，即城市规模与经济效益大致上成正相关变动的结论。但是由于不同规模城市在成本上表现出的差异，在城市规模与成本—效益的决策上，各国在不同历史发展时期会作出不同的抉择。就当前我国而论，集经济效益、社会效益、人口效益、资源效益、环境效益于一体的城市规模综合效益，随着城市规模的扩大而增加正相关效益是十分明显的。它同科学发展观、构建和谐社会、实施科教兴国战略和可持续发展战略一脉相承，反映了人口城市化健康、快速发展的需要。

首先，同科学发展观一脉相承，是转变经济增长方式的需要。以人为本的科学发展观，一要明确发展的目的是为了满足人的生理、心理、交往、文化等全面发展的需要；二要认识在自然资本、产出资本、人力资本、社会资本"四大资本"中，当今发展的主要驱动力来自于人力资本；三要摆正人类在自然界的位置，处理好人与自然、人与人之间的关系，创造有利于人的生存和发展的自然环境和社会环境。打造这样的环境，无疑经济的发展是基础；然而不同的经济发展方式，可能打造出不同的环境。前已述及，改革开放以来 GDP 年平均增长率达到 9.7%，1989 年以来更上升到 9.8% 的高率；然而统计资料显示，1989 年以来全社会固定资产投资年平均增长率达到 20.6%，为 GDP 增长速度的 2.1 倍。目前我国单位 GDP 能源和其他资源的消耗，大约是发达国家平均水平的 2 倍以上，美国的 2.7 倍，日本的 3.4 倍。我国 GDP 总量占到将近世界的 5%，但是原油消耗量却占到 8%、电力占 9%、煤炭占 31%，高耗低效始终是困扰我国经济发展的"老大难"问题[①]。这种外延式、粗放型的经济增长，同人口城市化道路和方针密切相关。前面提到，20 世纪 80 年代乡镇企业异军突起，由于乡镇企业和小城镇发展具有投资少、见效快的"短平快"效应，既拉动了 GDP 的增长，又在颇大程度上解决了农村剩余劳动力的转移和就业问题，促使人口城镇化的步伐加快起来，在当时不失为人口城镇化的一条有效之路；然而到 20 世纪末 21 世纪初，以高耗、低效乡镇企业作支撑的小城镇的迅速发展，资源浪费、效率不高、环境破坏到了再也继续不下去的地步，这时对"小城镇，大问题"的诠释，变成了小城镇的发展真的成了"大问题"。我们扬弃经济增长等于 GDP 增长、GDP 增长等于发展的传统发展观，树立全面、协调、可持续的科学发展观，经济增长方式的转变是基础，城市化模式的转变提供了方

---

① 《中国统计年鉴 2006》，中国统计出版社，2006，第 27 页。

针和政策上的保证，我们要不失时机地推进城市化道路向以大城市为主导、大中小城市协调发展模式的转变。

其次，同构建和谐社会一脉相承，是加强社会事业建设、保持社会安定的需要。党的十六届六中全会作出关于构建社会主义和谐社会若干重大问题的决定，指出："新世纪新阶段，我们面临的发展机遇前所未有，面对的挑战也前所未有"；"我国已进入改革发展的关键时期，经济体制深刻变革，社会结构深刻变动，利益格局深刻调整，思想观念深刻变化。这种空前的社会变革，给我国发展进步带来巨大活力，也必然带来这样那样的矛盾和问题。"[①] 上述关于城市规模综合效益实证分析说明，由于不同规模城市创造的工业文明不同，现代生活方式和活动方式能力不同，因而得到的社会综合效益也不同。包括就业、医疗、养老等在内的总体社会保障水平，同城市规模成正相关变动；包括健康、教育、文化等在内的人口素质指数，也同城市规模成正相关变动；而包括人口自然增长率、城镇登记失业率以及单位 GDP 能耗、水耗等反向指标，均同城市规模成逆相关变动。这表明，城市规模越大社会综合效益越高，人口素质、社会保障和安全稳定程度越高，构建社会主义和谐社会的社会基础越好。坚持走以大城市为主导的人口城市化道路，充分发挥大、特大、超大城市在人口变动、经济发展、资源消耗、环境保护、社会稳定中的积极作用，对建设节约型、创新型和谐社会，是实际的有力推动。

再次，同适当加快人口城市化步伐一脉相承，是实施可持续发展战略的需要。城市化在变农村人口为城镇人口过程中，起着推动人口转变、产业结构升级、现代社会文明进步等不可替代的作用，是带动现代社会发展的动力。从理论上说，城市化滞后或超前均不利于这种带动作用的充分发挥。就实际情况而论，虽然改革开放以来人口城市化"大提速"缩短了同世界的差距；但是目前仍落后于世界平均水平约 6 个百分点，落后于发达国家约 30 多个百分点，带动作用还受制于城市化水平滞后影响而不能得以充分发挥。立足于当前我国发展实际，主要是人口城市化挺进到 S 曲线中部却又明显落后于三次产业就业结构和按产值计算的三次产业结构实际，加快人口城市化进程，走以大城市为主导的人口城市化道路，是历史发展到现阶段的必然选择。

---

① 参见《中共中央关于构建社会主义和谐社会若干重大问题的决定》，人民出版社，2006。

# 定位：促进城乡协调发展

我国人口城市化发展到今天，速度驶入"快车道"，模式挺进到以大城市为主导，但这并不意味着速度越快越好、城市规模越大越好，而是要寻求适当、较快的发展速度和大、中、小城市规模比较合理的结构，遵循城乡人口、经济、社会以及资源、环境协调发展的原则。考察世界人口城市化发展的历史，步入以大城市、特大城市和超大城市组带为主导的城市化，或者称之为都市圈式城市化，大致有四种类型：一为欧洲文化型，以巴黎、巴塞罗那为代表。这些超大城市发展以欧洲文艺复兴为文化底蕴，以 18 世纪中叶产业革命的兴起为经济和科技背景，形成既有欧洲民主、平等文化色彩，又有先进科技、产业支撑的都市圈；二为经济集约型，以纽约、东京为代表。即在科技进步和产业结构升级中形成的以制造业、金融和商业等为支柱产业的超大城市组群，具有很强的中心、主导、辐射功能；三为美国中西部散落型，以洛杉矶、盐湖城为代表，是在美国西部开发中，随着东部移民向西部迁移而形成的松散型超大城市组群。这三种类型的超大城市，或以特定的文化为凝聚力，或以现代产业、现代科技为核心，走出市场经济和人文理念相结合、城乡之间和城市内部结构比较协调的城市化发展模式，没有因此而产生更多的社会矛盾，有不少值得总结和借鉴的经验。

第四种为拉美畸形，以墨西哥城、里约热内卢、布宜诺斯艾利斯以及印度的孟买、德里（旧德里）等为代表。这些城市主要集中在发展中国家，残留着殖民地、半殖民地烙印，以拉丁美洲国家最为突出，故称之为"拉美畸形"的城市化。其基本特征可用"三个畸形"并存概括：一为畸形先进与畸形落后并存。一方面，这些大都市拥有先进的科学技术、现代化的产业、高档的住宅和相应的现代化设施；另一方面，存在着原始手工作坊式的生产、贫民居住区缺少最基本的公共设施、被边缘化到城乡结合部的大量贫民窟。二为畸形富裕与畸形贫困并存。大企业家、银行家、高级职员等收入丰厚，可谓腰缠万贯；而生活在贫困特别是生活在贫民窟内的居民，几乎是一贫如洗，相当多的贫民不得不以乞讨为生。三为畸形文明与畸形愚昧并存。教育、卫生、文化等资源主要被少数富人占有，他们的现代文明与发达国家没有什么两样；而穷人却与这些资源无缘，上不起学、看不起病、不能享受这个时代应当享受的文明生活。拉美国家的人口城市化是贫富高度两极分化的城市化，目前 10% 的富人占总收入的 60% 以上，贫困人口占总人口的 40% 以上，其中 60% 以上居住在城市特别是超大城市中。这就形成了城市中大量无业和失业的人口群体，城市失业率超过 10%，为全球各洲之冠；社会冲突加剧，治安等社会问题成为影响政局稳定的重要因素；政府财政拮据，城市治理不得不在很大程度上依赖国外援助，造成国家债台高筑；城市公共设施严重不足，交通运输和水、煤气等的供给紧张，环境污染加剧；城区地价大幅度上涨，失业人口和流入的农民纷纷向郊外转移，逐渐形成大面积的"农村包围城市"的贫民窟，与现代化的城市中心区形成鲜明的对照。拉美国家人口城市化的畸形发展，不仅没有给城市的健康发展注入活力，也没有给农村和农业经济的发展创造新的生机，而且成为整个城乡经济发展的绊脚石，国家财政的累赘，社会发展的障碍。因此，各国在推进人口城市化过程中，都十分警惕"拉美陷阱"；然而由于经济发展水平、政府调控能力、国民价值取向等多种因素影响，还是不同程度地跌入"拉美陷阱"，最终制约着经济的发展和社会的进步。

中国与拉美国家情况不同，迄今为止中国人口城市化并没有落入"拉美陷阱"，这是一件颇得国际社会称赞的了不起的成就，有学者称之为可同美国科技进步并论的 21 世纪最伟大的两项成就。然而仔细研究一下跨入第二阶段的中国人口城市化发展，发现情况正在发生变化，如不采取科学的城市化发展战略和得力的措施，仍有落入"拉美陷阱"的危险。

人口城市化都市圈理论，源于 20 世纪中期法国和意大利地理学家和经济学家，尤以戈特曼的"大都市圈"理论和佩鲁的"增长极"理论为代表，提出并论证了像美国东部纽约经济中心圈，中部芝加哥五大湖经济中心圈，日本东京东海道经济中心圈，英国伦敦经济中心圈，法国巴黎经济中心圈，这些由超大城市主导同时吸纳了相当数量的大城市、中等城市组成的城市产业链经济带，一般占本国 GDP 的 65% ~ 80%，成为最重要的经济"增长极"，称之为"都市圈"式城市化。然而由于该理论被看做对发达国家经济发展过程中的一种区域性解说，并没有引起更多的注意。20 多年过后正当我国"乡村城市化"诸多问题暴露出来、寻求新的城市化理论支持的时候，这一理论迅速在学术界升温并作为"重大轻小"城市化道路的理论依据，获得广泛传播。在这一理论和思想指导下，开始了小城镇向中等城市、中等城市向大城市和超大城市的过渡和升级，造成 1990 与 2002 年相比大城市和超大城市人口所占比例迅速提升的情况。大城市特别是超大城市一圈又一圈

"摊大饼"式地向外扩张,结果违法圈占农村土地屡有发生,失地农民大量增加。这些因城市圈地而失去土地的农民与第一阶段乡村城市化进城农民不同,他们断了回到农村重新种地当农民的退路,变成只能在城市求职的边缘化市民。如果不能得到相应的职业和较稳定的住所,就只能聚集在公共用地、山头、河滩或更远郊区居住,形成北京市的"新疆村"、"浙江村"等农民工集中居住区。虽然这些农民工聚集区与拉美贫民窟有本质区别,我们的农民工多是城市市场经济的积极参与者;但就住房条件、生产性质、卫生状况、本人和子女教育等说来,则有颇大相近之处,有些已发展为具有较大规模的棚户区。还要注意到,大城市旧城改造、基础设施建设和各种广场、草地一类形象工程大量占地,拆迁户居民得不到应有补偿,引发不少新的矛盾和问题;城市下岗和失业人口收入和生活水平较低,城市中一批新的贫困阶层有可能被边缘化为失地农民的同盟军。恰在此时,在降低农民工进城门槛、打破城乡二元结构等压力下,原有的一套城市管理制度和办法削弱甚至取消了,新制度和办法建立的原则又理不清楚,使得政府调控和管理的职能大大弱化。所以当目前城市化进展到以发展大城市和超大城市为主导的第二阶段时,堕入"拉美陷阱"的危险性增大了。而这与保持经济持续、快速、健康地发展,与全面建设小康社会和构建和谐社会是不相容的,必须拿出治本的方略和行之有效的解决办法。而这些方略和办法的总指导原则,即是协调城乡发展的城市化。

坚持城乡协调发展的城市化,防止落入人口城市化"拉美陷阱",最根本的一条是使进城务工经商的农民真正成为城市市民。之所以要变农民为市民,是因他们已经成为事实上的市民,而不是不加任何区分地一律将进城农民转变为市民。为此,提出以下几点建议。

一要给农民工同城市居民一样的地位和权利。目前农民工进城务工经商所受限制有所减少,但是许多城市尤其是大城市和特大城市,还是设置着一道道门槛。如一些招工限于本市户口,将农民工拒之门外;买房尤其是经济适用房要职工单位出具证明,农民工被排斥在外;青少年入学限于本街道常住人口,农民工子女被剥夺进入城市国民教育的权利等。然而居住、劳动就业、上学等是人人应当享有的基本权利,进城务工农民不能享有这些权利,很容易被边缘化。

二要给农民工更多的居住和就业的机会。居住和劳动是农民工进城最基本的两大需求,也是维持劳动力再生产的基本条件。拉美国家城市化"陷阱"的一个最主要的教训，就是农民进城后，由于收入低或者长期失业，租用不起城市一般的住宅，只好强占山头或公共用地，用废旧砖瓦搭建起简易住房，形成缺少安全用水、缺少公共卫生设施、缺少必要的通信设备封闭和半封闭式的贫民窟，成为犯罪率高甚至成为黑社会窝点，对社会治安构成严重威胁。我们要防止拉美式贫民窟现象发生，就要运用"看不见的手"和"看得见的手"，即市场和政府两种力量、两种机制，帮助农民工解决居住问题。居住同就业密切相关，就业问题解决得好就可以为居住问题的解决创造必要的条件，解决不好就很难保证居住问题。当前尤为突出的是，由于一般农民工文化教育素质较低，没有受过专门的技术训练，一个时期以来城市里在出现有活无人干"民工荒"的同时，也出现农民工进城无活可干的尴尬局面。避免"拉美陷阱"，必须把吸纳农民工就业放在首位，要通过职业培训等方式，尽力为农民工就业多创造一些机会。

三要为农民工来去自由开辟绿色通道。拉美贫民窟形成和扩大的一个带有根本性的原因，是农民进城后彻底失去了土地，断了他们的归路。我国城市尤其是大城市的急剧扩张，已经造成不小数量的失地农民，成了必须依靠城市为生的准城市市民。因此，在城市化过程中，要尽量少占用农村耕地，进了城的农民依然为他们保留一定时间的责任田，一旦他们在城里无法生存下去，还可以打道回府，返回故乡重新种田，保持一定期间内的来去自由。在城市征用土地过程中，对那些失地的农民，一要给予合理的补偿，不能采取不等价交换剥夺农民；二要安排好失地农民的就业，要签订劳动就业合同，确保失地农民在城里有比较稳定的劳动就业岗位和相对稳定的收入。

四要把农民工生产生活纳入城市发展规划。要想实现城市人口与经济的可持续发展，就要从长计议，将农民工在城市的劳动就业、住房建设、学校教育、文化生活、社区管理等纳入城市建设规划。政府在组织规划实施时，在力所能及范围内还应向进城农民工及其家属作必要的政策倾斜，使他们分享城市建设的成果，坚定他们融入城市政治生活、经济生活、文化生活的信心，努力提升他们成为合格的市民。

过去对进城农民存在设置门槛过高、要求过严和不同程度的歧视问题，现在这些问题许多已经得到解决和正在解决。当前，一方面要继续研究和解决没有解决的问题，给符合条件的进城农民以一视同仁的市民待遇；另一方面，应该加强管理的地方，政府要实事求是、科学大胆地管理，为避免"拉美陷阱"打造保险系数颇高的安全阀门。农民进城变市民应有一定的条件，如果没有任何条件进城农民一律变为市民，农民进城后就要有房子、有工作、有社会保障，这在我国人口和劳动力过剩、农民占全国总人口多数的情况下，是根本没有可能做到、做到也会引发严重社会问题的。这个限制条件，主要是进城农民要在一定时间内（例如半年），有相对稳定的工作和收入、相对固定的住房和没有刑事犯罪三条。满足这三个条件，即可取得市民待遇，确定为该城市的常住人口。超过限定时间又不具备上述三项条件者，就要进行收容和清理整顿，请他们回到流出地从事农业生产劳动。要打造不落入"拉美陷阱"的可靠安全阀门，就不能让长期没有工作、没有住房和扰乱社会秩序者继续留在城市之中，因为这样的流民最容易聚集起来，发展成为类似拉美贫民窟式的棚户区。这样的处理是公平和公正的，留出半年时间使进城农民在劳动、居住、收入等方面融入城市生活，也是合理的。长期流入城市的农民找不到适当的劳动岗位和比较固定的住所，就连西方发达国家也是要对这样的流民进行必要的处置的。这里没有歧视之意，一个城市特别是超大城市，不可能长期保留较大数量的无所事事的流民。对他们进行规范化的处置，不仅是城市建设和发展的需要，为避免堕入"拉美陷阱"而打造的安全阀门；同时也是这部分盲目流入城市农民自身发展的需要，使他们真正成为城市市民。

## 参考文献

［1］《21 世纪议程》，《联合国环境与发展会议（1992）》，国家环保局译，中国环境科学出版社，1993。

［2］《中国 21 世纪议程——中国 21 世纪人口、环境与发展白皮书》，中国环境科学出版社，1994。

［3］邓楠主编《可持续发展：人类生存环境》，电子工业出版社，1999。

［4］科技部农村与社会发展司、中国 21 世纪议程管理中心：《中国可持续发展科技报告 2002》，中国农业出版社，2003。

［5］中国现代化战略研究课题组、中国科学院：《中国现代化报告 2006——社会现代化研究》，北京大学出版社，2005。

［6］田雪原、王国强主编《全面建设小康社会中的人口与发展》，中国人口出版社，2004。

［7］仇保兴：《关于城市化的若干问题》，《宏观经济研究》1999 年第 4 期。

［8］〔美〕赫尔曼·E. 戴利：《超越增长——可持续发展的经济学》（中译本），上

海译文出版社，2001。

[9]〔美〕莱斯特·R. 布朗：《B 模式：拯救地球，延续文明》（中译本），东方出版社，2003。

[10] World Resources Institute, 1992. *World Resources 1992 – 1993*. New York: Oxford University Press.

[11] United Nations, *Department of Economic and Social Affairs. Population Division：World Population 2004.*

# 人口发展战略与人口政策

# 21 世纪中国人口发展战略[*]

人口发展战略研究，首先必须把握人口的现状和未来变动发展的趋势。然而人口变动（population movement）与人口发展（population development）是两个既有联系又有区别的概念。人口变动一般指人口的数量变动，即由出生、死亡引起的自然变动和由迁移、流动引起的机械变动；发展指事物由小到大、由简单到复杂、由低级到高级的演变过程，人口发展除涉及总体人口、不同质量和结构人口的数量变动外，颇大程度上属于人口的质量和结构范畴。故将人口变动和人口发展放到一起，研究其未来的发展战略。

上述人口预测应用的数据资料的调整和预测结果，为人口发展战略研究奠定了选择不同方案的基础。但是人口发展战略研究，首先要立足于人口以及人口与经济、社会发展，资源、环境状况基本国情，从实际出发提出和阐发人口发展战略宏观思路、战略要点、决策选择。

所谓发展战略，是事关发展全局的计划和策略，具有长期、全局、宏观性质。中国人口发展战略，着重阐明的是关系中国人口发展长期的、全局的、宏观的计划和策略。21 世纪的中国人口发展战略基本点可概括为：立足以人为本，以科学发展观为指导；继续控制人口的数量增长，在达到零增长后寻求理想适度人口规模；努力提高人口素质，实现由人口和人力资源大国向人力资本强国的转变；加大人口结构调整力度，将劳动年龄人口比例、老年人口比例保持在合理水平；最终实现人口数量、素质、结构的协调发展，人口与资源、环境、经济、社会的可持续发展。

## 一 以科学发展观为指导

人口发展战略同其他经济、社会发展战略一样，必须有一个总揽全局的

---

[*] 参见田雪原等著《21 世纪中国人口发展战略研究》，社会科学文献出版社，2007。

指导思想。这就是立足于以人为本，以全面、协调、可持续科学发展观为指导的思想。本专著第一部分《总论》中，曾经阐述过从1949年新中国成立后的30年，是以阶级斗争为纲和计划经济主宰国家经济命脉的30年。其间谈到人，一定是具体的、哪个阶级的人，抽象的人、人性是不存在的，是要受到批判的。以人为本发展观涉及的一个理论问题，是哲学中的人本主义学说。按照罗森塔尔、尤金编著的《哲学辞典》的观点，人本主义是一种"离开具体的历史的社会关系而把人主要看做生物学上的生物的哲学原则"，但同时也承认人本主义属于唯物主义。如果说以人为本的发展观是一种人本理论的话，无疑包含原人本主义唯物论的成分，但不是脱离社会生产活动等的抽象的"一般人"，相反是处在具体时代、具体经济和社会发展阶段的人。1978年党的十一届三中全会重新确立实事求是思想路线，理论上的拨乱反正也使这一命题重见天日，以人为本得以堂而皇之地树立起来，并成为各项事业、各方面工作应当遵循的基本准则，这不能不是一个巨大的进步。以人为本与科学发展观紧密相联，前者是审视和处理问题的立场，后者则是这种立场的具体体现、基本的观点和方法。故合并起来，可称之为以人为本全面、协调、可持续的科学发展观。

什么是以人为本全面、协调、可持续的科学发展观呢？我们认为，至少应包含以下几方面的涵义。

其一，发展的目的是为了满足人的全面发展需要。发展是为了满足人的需要本属天经地义，然而随着社会生产力的发展，特别是工业革命后竞争日趋激烈，空前积聚起来的资本强烈地表现出自我增殖的本性，国家、企业无不追求发展的速度和规模，很难保证不脱离满足人的需要轨道，甚至走上为发展而发展的道路。这种传统的经济增长等于发展的模式，即使不偏离满足人的需要轨道，它所满足的也仅是某些方面的需要，没有或很少顾及其他方面的需要。以满足人的全面发展需要为根本目的，首先注重的是需要的全面性，包括满足人的生理、心理、交往、文化等的全面发展需要。在各种需要中，无疑满足人的生理需要是基础，只有满足人的生理需要，人口的生产和再生产才能不间断地进行，物质资料的生产和再生产才能正常运转；满足人的心理需要，在现代社会中变得越来越重要，因为随着社会运行节奏的加快，人的心理负担的加重，心理健康成为普遍关心的社会问题。按照世界卫生组织的定义，健康不仅是没有疾病，还包括生理、心理健康和社会状态的完好；交往的加强也是现代社会的特征，信息化和经济全球化使交往空前扩大，现代化大大拉近了时间和空间的距离，人们对交往的需要增长很快；而满足文化的需要，更为当今社会所重视。站在人类发展历史长河的立场观察，经济的发展是早一些、晚一些，领先一些、落后一些的事情，迟早总是要发展的，好比马拉松赛跑一样，不同赛程彼此交替领跑。而文化则具有历史积淀和相对稳定的性质，很难从根本上融和，常常表现为文化冲突。因此，要满足人们文化特别是先进文化发展的需要，则是更高层次的需要。其次要注意的，是满足需要后果的全面性，不能因为满足了一个方面的需要而损害其他方面的需要。正是在这个意义上说，1994 年开罗国际人口与发展大会《行动纲领》提出的"可持续发展问题的中心是人"，这里的人指的就是人的全面发展，发展是为了满足人的全面发展的需要。

其二，发展不能损害到后代人满足其需要的能力。以人为本的科学发展观，强调发展的连续性，强调人口与经济、社会发展的代际公平，充分体现出人本主义的特点。传统的发展等于经济增长的发展观，拼命追求高经济增长率，结果导致环境污染加剧，资源浪费严重，有些已临近枯竭，给满足后代人需求能力的发展设置了障碍。包括大气在内的地球资源本属于全人类，不仅包括当代人也包括陆续涌来的后代人。以人为本的科学发展观立足于代际公平，是一条最基本的原则。如果当代人的发展建立在牺牲后代人利益基础上，给后代人的发展留下障碍，便破坏了代际公平原则，也就无科学发展可言。

其三，发展的根本驱动力在人力资本。纵观人类社会发展的不同时代，自然资本、产出资本或生产资本、人力资本、社会资本的作用不断更替。大体上说来，农业及农业以前诸社会形态，经济和社会发展以自然资本为主。考察世界文明古国和农牧业发达较早国家，大都平原广阔，土质肥沃，灌溉便利，天然自然资本丰厚。18 世纪中叶产业革命发生后，产出资本或生产资本地位提升，首先是资本的原始积累成为工业化的条件，传统工业化借助产出资本的不断积累而推广开来。以自然资本、产出资本为主的经济和社会的发展，大都伴有对资源的掠夺性开采和利用，造成资源的严重破坏和环境的污染，尤其是传统工业化最为严重。第二次世界大战结束后，发生以微电子技术为前导，包括新材料、新能源、宇航、激光、海洋、生物工程等在内的新的技术革命，使传统工业化升级，并且为过渡到更新的现代技术革命奠定基础。当前以基因技术、生命科学、纳米技术为标志的现代技术革命已经拉开序幕，人类基因组图的提前绘制完成，将揭开生命的奥秘；基因技术、克隆技术的新发展，生命科学的带头作用将开辟一个科学和技术发展的新时代。在这种情况下，人的知识、技能、经验和健康具有的价值，即人力资本以及同人力资本相关联的组织、管理、市场化程度等社会资本的作用，将充分展现，构成发展的决定性要素。人所共知，当今世界财富日益向知识集中，微软总裁盖茨多年蝉联世界首富，传统工业化时期的钢铁大王、煤炭大王等从最富有者的宝座上跌落下来，知识就是财富的时代已经来临。以人为本的科学发展观认为，在当代只有实现以自然资本、产出资本向人力资本以及同人力资本紧密相关的社会资本为主的转变，才能充分利用自然资源，提高资源利用率，有效地节约资源和保护环境。发展以人力资本为主要推动力，是具有原动力性质的发展观的一大转变。

其四，人与自然的和谐发展。以人为本全面、协调、可持续的科学发展观，从根本上说，就是要谋求人口、资源、环境之间的协调，树立人与自然和谐的发展观。我们强调经济的协调发展和社会的全面进步，最终的目的是为了更好地解决人口、资源、环境问题，促进三者之间的和谐和人与自然的和谐。要摆正人类在自然界的位置，人类来自自然，也要回归到自然界中去。任何藐视自然的观点，任意践踏自然的做法，包括"战胜自然"一类不恰当的口号，都是错误的和有害的。早在一个半世纪以前，恩格斯就告诫过我们，人类不要过分陶醉于对自然界的胜利，因为每一次这样的胜利，大自然都以同样的手段报复了我们。不是吗？我们开垦了荒山、荒原，大自然就以水土流失、水旱灾害频繁和气候变得干燥恶劣报复了我们；我们追求高生活质量欲望无限，肆无忌惮地掠夺自然资源，大自然就以资源枯竭、地下水位下降和废水、废气、固体废物环境污染严重报复了我们。作用力与反作用力相等，是存在于自然界和人类社会的普遍规律，人类只有把大自然当做朋友，与自然和睦相处，才能迎来人与自然和谐的发展。

其五，人与人之间的和谐发展。立足于人口学视野，社会和谐归根到底体现在人与人之间的和谐上。前面《总论》中阐发了这样的思想：从新中国成立前"三十年河东""以阶级斗争为纲"，转变到以后将近"三十年河西""和谐社会"，很不容易。中共中央关于构建社会主义和谐社会若干重大问题的《决定》指出："社会和谐是中国特色社会主义的本质属性，是国家富强、民族振兴、人民幸福的重要保证"。《决定》指出的解决城乡、区域、经济社会发展不平衡、人口资源环境压力加大问题，解决就业、社会保障、收入分配、教育、医疗、住房、安全生产、社会治安问题，解决民主法制不健全、体制机制不完善问题，社会成员诚信缺失、道德失范、一些领导干部的素质、能力和作风与新形势新任务的要求不适应问题，一些领域的腐败现象仍然比较严重的问题，敌对势力的渗透破坏活动危及国家安全和社会稳定的问题等，在一定意义上说，这些问题都关系到人与人之间的关系是否协调，制度建设也是为了人与人之间的和谐发展。

## 二　控制人口数量增长

21 世纪人口发展战略的一个基本点，是要继续控制人口的数量增长，在达到零增长以后，再寻求理想的适度人口规模。前已论及，当前处在人口发展战略的第二阶段，应坚定不移地实现人口零增长战略目标；零增长以后，再依据届时经济、社会发展状况以及资源、环境状况，确立将来全方位的理想适度人口。为实现这一目标，就要从实际出发，首先是从人口实际出发。虽然经过 30 年生育率和出生率长期持续的下降，人口增长的势能大为减弱；但是由于惯性作用，仍然具有一定增长势能。在多种预测方案中，我们选取低位、中位、高位三种方案，明确地展示了未来我国人口变动的基本趋势。参见图 1。

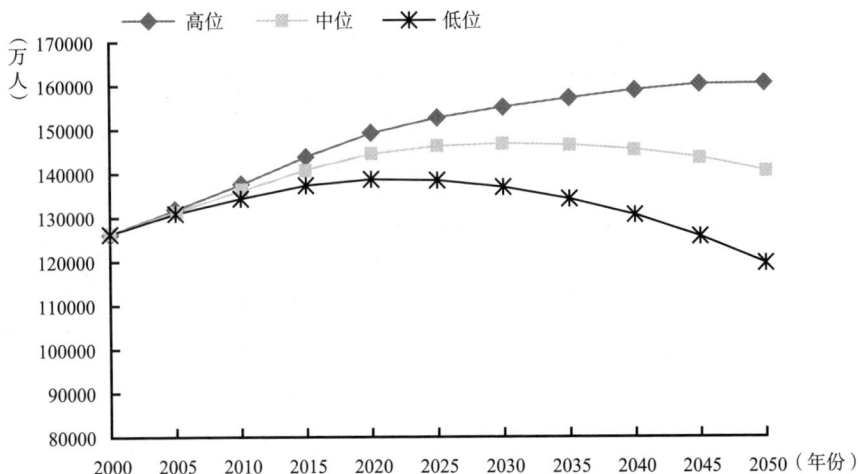

**图 1　2000～2050 年低、中、高三种方案人口预测**

上述低、中、高三种预测，实现人口零增长的时间和人口数量是：低方案 2021 年，总人口 13.87 亿；中方案 2030 年，总人口 14.65 亿；高方案

2050 年接近零增长，总人口 16.0 亿。三种方案 2050 年、2100 年的人口数量是：低方案 11.92 亿、5.56 亿，中方案 14.02 亿、10.24 亿，高方案 16.0亿、16.05 亿。从解决中国人口过剩性质、控制人口数量增长有效性来说，无疑低方案当列首选；然而由于该方案生育率下降幅度过大，人口老龄化过高等人口结构方面问题突出，故该方案只能舍弃，对此本书后面还要作进一步的论述。高方案 2050 年全国人口达到 16 亿人时还不能完全实现零增长，只能接近零增长，直至 2100 年还有微弱的增长，故该方案也不多加考虑。如此，中方案比较符合我们的要求。该方案总和生育率的假设是：2000 ~2005 年为 1.75，2005 ~ 2010 年为 1.80，2010 ~ 2020 年为 1.83，2020 ~ 2050年为 1.80。总人口变动情况是：2010 年 13.60 亿，2020 年 14.44 亿，2030年 14.65 亿，2050 年减少至 14.02 亿。该方案建立在现实生育水平之上，实施起来有实际基础；但是考虑到目前生育水平与多数居民生育意愿之间仍有一定差距，也并非没有难度。除了要发展经济、推动社会进步等外部条件外，就人口自身说来，最重要的，一是要继续稳定低生育水平，二是要在恰当的时候，对生育率进行一定程度的调整。

继续稳定低生育水平。所谓低生育水平，是指总和生育率低于 2.1 或母亲的净再生产率低于 1.0 更替水平的生育率。上述中方案预测，总和生育率2000 ~ 2020 年间保持在 1.75 ~ 1.83 之间波动，2020 年以后保持在 1.80 水平，总体上是一个稳定低生育水平的方案。如果生育率高于更替水平，例如高方案预测 2000 ~ 2005 年总和生育率为 1.90，2005 ~ 2010 年为 2.00，2010 ~ 2020 年为 2.13，2020 ~ 2050 年为 2.16，虽然总和生育率在 2020 年以后才略高出更替水平，总人口在 2050 年前后接近零增长；但是仍有微弱的增长势能，直至 2100 年还不能完全休止下来。应当看到，中国总和生育率下降到目前的 1.80 左右来之不易，如能继续基本稳定在这一水平，就能将我们看到的零增长一天的到来变为现实；如果不能稳定低生育水平，人口零增长就会成为可望不可即的画饼，丧失从根本上解决人口过剩问题的良机。

适当时机的生育率调整。实现上述第二步人口发展战略目标必须稳定低生育水平，但是并非生育率越低越好，低生育水平也不是一成不变的。上述软着陆中方案预测，2020 年以前由 1.75 回升到 1.83、1.80，以后稳定在1.80，是有升有降的相对稳定。为什么前期有小幅回升？一是 20 世纪 80 年代中期曾经有过一个短暂的生育率回升时期，如今这一时期出生的人到了为人父母的年龄，生育率会有一个小幅的反弹。二是自 20 世纪 80 年代国家大力提倡一对夫妇生育一个孩子以来，第一代独生子女也已达到为人父母的年龄，各地生育政策规定双方均为独生子女者结婚可以生育二个孩子；有的省、自治区还规定，农村一方独生子女者结婚也可以生育二个孩子。因此，2020 年之前生育率小幅回升在意料之中；2020 年之后，符合实际的生育率应保持稳定，为将来全方位的理想适度人口创造条件。因此，适当时机、一定限度内的生育率调整，是经过一代独生子女之后的客观要求，它与稳定低生育水平非但没有矛盾，而且是必需的、相辅相成的。

## 三　提高人口素质

努力提高人口素质，实现由人口和人力资源大国向人力资本强国的转变，是 21 世纪中国人口发展战略的重要组成部分。关于人口素质，学术界有身体素质、教育素质、思想素质或政治素质、道德素质"三分法"，与仅包括前二项"二分法"的不同观点。笔者赞同"三分法"，但不赞同将后者归之为思想或政治、道德素质。素质要有具体考核指标，是可度量、可比较的。思想、政治、道德更主要体现在观念上，现实生活中不乏被认为思想、政治、道德很高的人，口号也喊得震天响的人，实际表现却很差，属于素质层次很低的人；而另有一些不声不响、默默奉献的人，到了紧要关节处，却能挺身而出，用行动证明是一个高尚的人、有道德的人。笔者提出，可用文明素质概括。人口文明素质，指一个国家、地区人口反映出的该国家、地区社会进步的状态和程度。它包括该总体人口具有的政治觉悟、思想境界、道德水准、法治观念、文化素养等，但它是通过社会进步文明程度表现出来的，因而是可以度量的。比如，社会成员仁爱之心、助人为乐文明程度怎样，可以通过捐助、义卖、亲情关怀等形式表现出来；遵守公德、环保意识、文明程度怎样，可以通过排队候车、是否随意乱丢废弃物等表现出来；社会是否和谐、法治观念怎样，可以通过社会犯罪率、恶性案件发生率等的变动表现出来等。提出人口文明素质，在我国人均 GDP 接近 2000 美元新的历史发展时期非常重要。它不仅反映了一个方面的人口素质本质，而且对构建社会主义和谐社会和全面建设小康社会，有着不可替代的现实意义。

1. 提高身体素质是基础

半个多世纪特别是改革开放以来，我国人口身体素质有一巨大的提高，这是有目共睹的。婴儿死亡率由 20 世纪 40 年代接近 150‰，下降到 1990 年的 50.2‰、2000 年的 32.2‰、目前的 20‰ 左右；出生时的预期寿命由 20 世纪 40 年代农村 35 岁、城市 40 岁左右，提高到 1990 年的 68.6 岁、2000 年的 71.4 岁、目前的 73 岁左右。其他如出生缺陷发生率、孕产妇死亡率等，也大大降低；而在人生健康期、带病期、伤残期中，健康期所占比例提高许多[①]。然而目前我国人口健康素质还不够高。按照联合国开发计划署公布的 2006 年人文发展指数，中国排在第 81 位，排位比以前有所上升。其中出生时的预期寿命发达国家达到 78.8 岁，中等收入国家 70.3 岁，世界 67.3 岁；虽然我国预期寿命已经提高到超过世界平均水平并略高于中等收入国家水平，但是仍比发达国家低 5.8 岁左右。目前发达国家婴儿死亡率在 7‰ 左右，世界在 52‰ 左右，发展中国家在 57‰ 左右，我国 20‰ 的水平比发展中国家和世界平均水平降低许多，但是仍比发达国家高出 13 个千分点左右[②]。至于出生缺陷发生率、孕产妇死亡率、疾病预防和控制、农村卫生保健等方面的差距，更是比较明显的，需要付出很大的努力。

提高人口身体素质战略目标，以最主要的婴儿死亡率和出生时的预期寿命两项指标而论，婴儿死亡率可由 2000 年的 32‰ 左右，下降到 2010 年的 15‰、2020 年的 10‰ 左右。出生时的预期寿命，可由 2000 年的 71 岁左右，提高到 2010 年的 75 岁、2020 年的 78 岁左右。也就是说，到 2020 年这两项指标达到或接近现在发达国家的水平，届时也将大大缩小同发达国家的差距，而比世界和发展中国家的水平明显高出一截。

面对我国人口身体素质现状和上述战略目标，需要大力提高全体居民的医疗卫生健康水平，特别是覆盖城乡的医疗卫生水平，生殖健康水平，重大疾病防控水平，食品、药品和生物制品的安全水平等。为此，提出三点建议。

第一，加强人口健康科学研究，加快科研成果产业化进程。控制人口数量与提高人口素质是相辅相成的两个方面，少生与优生、优育紧密联系在一起。为此，就要加强生殖健康理论与应用技术研究，发展安全、高效、适宜的避孕节育新技术和新方法；加强出生缺陷干预研究，实施出生缺陷干预工程，降低出生缺陷发生率；加强影响出生人口素质的生物、遗传、环境、不良生活方式等的研究，通过科学宣传和建立健全必要的社会机制，达到优生

---

① 《中国统计年鉴 2006》，第 103 页；庄亚儿、张丽萍：《1990 年以来中国常用人口数据集》，中国人口出版社，2003，第 90 页。

② United Nations, *World Population Prospects*, *The 2004 Revision*, New York, 2005.

目的；加强重大疾病生物医学研究，提高重大疾病早期预测、发现、诊治水平，建立重大疾病高效、快速检测分析和治疗系统等。加强人口健康科学研究是基础，要想使科研成果发挥作用和收到实效，关键在加快科研成果的产业化进程，并在临床实践中予以应用。

第二，加大公共卫生投入，建立覆盖城乡的卫生保障体系。改革开放以来，我国经济获得高速增长，公共卫生事业也获得较大发展，但是无论发展的速度还是发展的规模，后者都不能同前者同日而语，相对要慢得多、小得多。更主要的，是卫生总费用中政府支出部分所占比例大幅度下降，个人支出部分所占比例大幅度上升，形成被广大民众称之为"三座大山"之一的看病贵、看病难问题。统计资料显示，1980 年全国 143.2 亿元卫生总费用中，政府支出 51.9 亿元，占 36.2%；社会支出 61.0 亿元，占 42.6%；个人支出 30.3 亿元，占 21.2%。1990 年 747.4 亿元卫生总费用中，政府支出 187.3 亿元，占 25.1%；社会支出 293.1 亿元，占 39.2%；个人支出 267.0 亿元，占 35.7%；2000 年 4586.6 亿元卫生总费用中，政府支出 709.5 亿元，占 15.5%；社会支出 1171.9 亿元，占 25.5%；个人支出 2705.2 亿元，占 59.0%；2004 年 7590.3 亿元卫生总费用中，政府支出 1293.6 亿元，占 17.0%；社会支出 2225.4 亿元，占 29.3%；个人支出 4071.4 亿元，占 53.6%[1]。如以 1980 与 2004 年比较，按当年价格计算的全国卫生费用增长 52 倍，政府支出增长 24 倍，社会支出增长 35 倍，个人支出增长 133 倍；个人支出增长为政府支出增长的 5.5 倍，为社会支出增长的 3.8 倍。如以政府支出为 1.0，则 1980 年支出之比为政府∶社会∶个人 = 1.0∶1.2∶0.6，2004 年变动到政府∶社会∶个人 = 1.0∶1.7∶3.1，变成了以个人为主的医疗卫生制度。相比之下，农村和不发达地区政府投入力度更小，农民占有的公共卫生资源严重不足。这种状况与提高人口身体素质，尤其是包括广大农民在内的城乡广大居民身体素质极不相称，必须加大政府投入，逐步建立起城乡全覆盖医疗保障制度。"十一五"发展规划和全面建设小康社会发展目标，已经注意到了这一点，需要脚踏实地地认真推进。

第三，适应人口再生产类型转变，把握疾病防治重点的转移。提高人口身体素质，离不开总体人口的变动与发展，特别是人口再生产类型的转变。前已论及，我国用较短时间完成由年轻型向成年型、成年型向老年型的转

---

[1] 《中国人口年鉴 2004》，第 394 页；《中国统计年鉴 2006》，第 882 页。

变，并将以比较快的速度达到老龄化比较高的水平。随着这种转变而来的，是疾病谱的变动。有统计表明，1985 年城市主要疾病死因中居前 5 位的，依次为心脏病、脑血管病、恶性肿瘤、呼吸系病、外伤；农村依次为心脏病、脑血管病、恶性肿瘤、呼吸系病、消化系病，城乡基本类同。20 年后 2005 年的情况是：城市依次为恶性肿瘤、脑血管病、心脏病、呼吸系病、损伤及中毒；农村依次为呼吸系病、脑血管病、恶性肿瘤、心脏病、损伤及中毒①。一个突出的特点是，随着老龄化的推进，慢性病成为影响健康的主要疾病。据卫生部与世界卫生组织联合发布的全球《预防慢性病——一项重要的投资》（中文版）与《中国慢性病报告》披露的信息，2005 年全球死亡人口 5800 万人，其中死于慢性病近 3500 万人，占总死亡人数的 60%。中国慢性病死亡人数达到 750 万人，成为最主要的死因。该报告预言，未来 10 年若不采取有力的干预措施，慢性病死亡人数很可能再上升 19%，其中糖尿病死亡人数甚至可能增长 50%。1991 年我国因慢性病死亡人数占总死亡人数的 73.8%，2000 年上升到 80.9%②，近几年还在继续上升。第二次全国残疾人抽样调查提供的资料显示，2006 年 4 月 1 日全国残疾人总数为 8296 万人，占总人口比例由 1987 年第一次抽样调查时的 4.9%，提高到占 6.3%，其中 60 岁以上老年残疾人口增加占到总增加人数的 75.5%，老龄化是残疾人比例上升的主要原因③。

上述情况表明，随着人口年龄结构老龄化的加深，如支气管肺癌、肝癌、乳腺癌、脑血管病、冠心病、糖尿病等老年慢性病死亡率呈上升趋势，这 6 种老年慢性病死亡人数占总死亡人数的 35.8%④。此外，高血压、高血脂、高血糖发病率普遍上升，老年性疾病构成疾病谱的主旋律。可见，要想提高人口身体素质，必须面对人口老龄化带来的疾病谱改变的挑战，逐步实现活得长又活得健康。

2. 提高教育素质是关键

实现由人口和人力资源大国向人力资本强国的转变，提高人口教育素质是关键。人力资本是人的知识、技能、经验、健康所具有的价值，这些价值的形成，都离不开教育。知识从哪里来？从人口代际角度观察，知识是前人

---

① 《中国统计年鉴 1986》，中国统计出版社，1986，第 767 页；《中国统计年鉴 2006》，第 880 页、881 页。

② 参见《慢性病成影响国人健康首要疾病》，2006 年 5 月 16 日《中国人口报》。

③ 参见《中国残疾人总数达 8596 万》，2006 年 12 月 2 日《北京晨报》。

④ 《中国人口年鉴 2004》，第 394 页；《中国统计年鉴 2006》，第 882 页。

实践经验的总结，我们站在前人的肩膀上，就要吸取前人的精华，最主要的就是通过教育传授。如今科学技术进步一日千里，要使科学技术为更多的人所掌握，使国家站在学科发展前沿，也只有通过教育来实现。技能、经验、健康的增进固然主要依靠实践，然而层次较高的技能、经验、健康的增进，也离不开教育，它们是在"实践——理论——实践"不断反复中提高和取得价值增值的。基于这样的考虑，本书没有采用"人口科学素质"、"人口文化素质"一类理念，而抉取人口教育素质概念。从量的考察上说，归结为教育素质也易于度量，即完成受教育的不同层次的学校和所受教育的年限。

我国人口教育素质提高显著，改革开放以来提高更为引人注目。以几次人口普查为例，每 10 万人口中具有大专以上受教育的人数增加较快：1964年为 416 人，1982 年为 615 人，1990 年为 1422 人，2000 年为 3611 人；具有高中和中专受教育的人数，分别为 1319 人、6779 人、8039 人、11146 人；具有初中受教育的人数，分别为 4680 人、17892 人、23344 人、33961 人；具有小学受教育人数，分别为 28330 人、35237 人、37057 人、35701。而文盲人口绝对数量和所占比例却迅速下降：同期文盲人口分别为 23327 人、22996 人、18003 人、8507 人；所占比例分别下降至 33.58%、22.81%、15.88%、6.72%[①]。各种受教育人口比例变动中，总的趋势是教育程度越高比例上升也越高；1982 年以来具有小学受教育人口比例相对稳定，1990 年以来还出现下降的趋势，2000 年每 10 万人口中具有受小学教育人数比 1990 年减少 1356 万人，进入 21 世纪这种减少的趋势还在继续。统计资料表明，目前我国小学入学率、在学率均处于较高水平，那么减少从何而来呢？主要来自出生率的下降和出生人数的减少，由此造成少年人口数量的减少。据统计，0~14 岁少年人口占总人口的比例，已由 1982 年的 33.59%，下降到1990 年的 27.69%，2000 年的 22.89%；相应的 0~14 岁少年人口绝对数量，则由 33865 万人减少到 31972 万人，净减少 2473 万人；再由 31972 万人减少到 28975 万人，净减少 2417 万人[②]。上述不同层次学校受教育程度人口数量及其比例的变动，不难看出教育的结构变化与发展，为考证人口教育素质提供了重要的依据；然而要进行区域比较就有困难，比如 A 地每 10 万人口中具有大专以上受教育人数高于 B 地，但是具有高中和中专受教育人数却低于B 地，那么 A 地与 B 地的人口教育素质哪一个更高一些呢？为此笔者在担任

---

① 《中国统计年鉴 2006》，第 102 页。

② 《中国统计年鉴 2006》，第 102 页。

全国人口普查专家组成员的时候，曾两次建议普查项目增加一项：6 岁以上人口实际接受教育年限。然而至今这个简单的项目一直不能列上，陷入居民平均所受教育年限数出多门、高低不齐、良莠难辨的困境。笔者根据多项调查和实地观察，曾提出一个简明的计算公式[①]：

$$\frac{U \times Y_1 \times O \times Y_2 + H \times Y_3 + M \times Y_4 + L \times Y_5 + I \times Y_6}{U + O + H + M + I}$$

式中 $U$ 代表受大专教育的人口数量，$Y_1$ 代表该部分人口平均所受教育年限；$O$ 代表受中等专业学校教育人口数量，$Y_2$ 代表该部分人口平均所受教育年限；$H$ 代表受高中教育的人口数量，$Y_3$ 代表该部分人口平均所受教育年限；$M$ 代表受初中教育的人口数量，$Y_4$ 代表该部分人口平均所受教育年限；$L$ 代表受小学教育的人口数量，$Y_5$ 代表该部分人口平均所受教育年限；$I$ 代表受很少教育和没有受教育的人口数量，即文盲和半文盲数量，$Y_6$ 代表该部分人口平均所受教育年限，尽管该年限很低。考虑到 70 多年来中国学制的变动，当今入学率、失学率、在学率的变动等情况，各层次人口受学校教育的平均教育年限，大致确定为 $Y_1 = 16$，$Y_2 = 11$，$Y_3 = 11$，$Y_4 = 8$，$Y_5 = 4$，$Y_6 = 0.25$。为什么文盲半文盲平均 0.25 年？因为过去半文盲以识多少字为标准，半文盲并不等于一天书没有念过；加上自学认识几个字的有一批，所以将文盲半文盲加在一起，定为上学 0.25 年，相当于三个月。近年来，随着改革开放和经济、社会不断发展，教育事业发展迅速，各类学校失学率下降许多，中小学读完全部课时的学生比例有所上升，比例相应调高 0.5 年左右：$Y_1$ 仍为 16，$Y_2 = 11.5$，$Y_3 = 11.5$，$Y_4 = 8.5$，$Y_5 = 5.0$，$Y_6$ 仍为 0.25。则改革开放以来相当于平均所受教育年限的人口教育指数：1982 年为 4.21，1990 年为 5.18，2000 年为 6.81，2005 年为 7.5。

虽然我国人口教育素质有很大提高，平均所受教育年限达到或略高于世界平均水平，但是距发达国家仍有很大差距，甚至赶不上某些发展中国家。世界后进国家追赶先进国家的历史表明，后进国人均 GDP 达到先进国 40% 时，人均所受教育年限应达到先进国的 70% 左右；后进国人均 GDP 相当于先进国 80% 时，人均受教育年限应达到先进国的水平。也就是说，后进国追赶先进国要首先从教育追赶做起。从实际出发，为了实现构建和谐社会和全面建设小康社会发展目标，我国人口教育素质"十一五"基本普及初中

① 参见《田雪原文集》（一），中国经济出版社，1991，第 314 页。

教育，人均受教育年限达到 9 年左右；2020 年基本普及高中教育，人均受教育年限达到 11～12 年，是可能的和比较现实的。为了提升科技创新能力，有效地增强人力资本积聚特别是人的技能和经验的积聚，技术教育和职业教育应有更快一些的发展，劳动年龄人口和劳动力的素质，应明显快于总体人口素质的提高。

实现上述人口发展战略人口素质提高目标，首先要树立人才强国、教育先行理念。人口数量与素质，是一个问题的两个方面。结合我国实际，如果人口素质特别是教育素质不能得到较快提高，人口多的不利方面就会变得突出出来；相反，如果人口素质特别是教育素质能够得到较快提高，人力资源丰富的优势就会变得很明显，对经济增长的作用就会持续地显现出来。"十年树木，百年树人"。发展教育是提高人口科学、教育、文化素质最主要的途径，是实现由人口大国和人力资源大国向人力资本强国转变的关键，是国家长远发展和民族复兴的基础。对此，我们要有深刻的认识，并且持之以恒地坚持下去，坚定不移地沿着科教兴国的路子走下去。

其次，要增加国家教育投资，调动各方面办学的积极性。改革开放以来，国家实施科教兴国战略，财政性教育投资不断增长，促进了教育事业的发展，尤其是高等教育事业的发展。但是国家财政性教育投资占 GDP 的比例，却没有得到有效的提升，长期徘徊在 2%～3% 之间，近一二年来才突破 3%[①]，预计"十一五"达到 4%。而目前美国、法国等发达国家财政性教育经费占到 GDP 的 5%～6%，泰国、印度等发展中国家占到 4%～5%，以色列、马来西亚等对教育情有独钟国家更达到 7% 以上。一个时期以来，主张把教育"推向市场"的论点颇有市场。对此，笔者以为要作具体分析。我国同许多国家一样，教育分做义务教育与非义务教育两种。义务教育不能简单"推向市场"，政府要承担起对居民教育的义务。国民经济和社会发展"十一五"规划明确指出：加大教育投入，保证财政性教育经费的增长幅度明显高于财政性常性收入的增长幅度。就是非义务教育，也要作些具体分析，并非全部都可以"推向市场"。从本质上说，教育属公共事业，始终具有一定的社会再分配的福利性质，不以营利为主要目的，不能完全套用商业运营模式。当然非义务教育要借用市场机制，使社会所有教育投资者都能得到相应的补偿，以调动社会各方面投资办教育的积极性；与此同时，捐赠、

---

[①] 《中国统计年鉴 2006》，第 823 页。

赞助教育事业，则一贯被视为社会的一大善事，历经各种朝代而不衰。因此，我们在强调政府要加大教育投入的同时，还要动员社会各界力量办学，为科教兴国和人才强国贡献力量。

再次，调整教育结构，提高人口技能和经验素质。目前我国教育结构不尽合理。突出的表现，一是高校发展过快，1985～2005年的20年间，普通高等学校由1016所增加到1792所，增长94.0%；同期普通高校专任教师数由34.4万人增加到96.6万人，增长1.81倍；招生人数由61.9万人增加到504.5万人，增长7.15倍；在校大学生数由170.3万人增加到1561.8万人，增长8.17倍；毕业生人数由31.6万人增加到306.8万人，增长8.71倍。这种情况表明，改革开放特别是20世纪90年代中后期以来，高等学校在我国获得前所未有过的巨大发展。而且联合合并之风一浪高过一浪，培养通才式的综合性大学发展最快，这就造成了教育结构失衡中另一方面的问题。与高等教育蓬勃发展相对应，是职业中学教育的严重滞后。20年中，全国职业中学教育经历了1985～1997年的发展，1998年以后则发展缓慢，甚至停滞和萎缩。1985～1997年全国职业中学数由8070所增加到10074所，12年中增长25%，还比较正常；但是其后走向下坡路，2005年减少到6423所，8年中间减少1/3强。其他如职业中学专任教师数、学校招生数、在校学生数、毕业生数等，稍有减少，或稍有增加，总体上处于停滞不前状态。前已论及，小学生人数减少是出生率下降和少年人口数量减少的结果；中学生人数变动同人口年龄结构变动大体相适应，因此教育结构失衡主要表现为高等学校的膨胀和中等专业学校的停滞不前。

这种情况已经影响到人口的素质结构和劳动就业。中等职业教育滞后，国民经济发展需要的技能型、经验型人才得不到满足，具有一定技术水平的熟练劳动者缺乏，势必影响劳动力的市场供给，出现结构性劳动力短缺。一个时期以来，珠三角、长三角、京津冀等部分经济发达地区，曾经出现过招不到足够熟练技术工人的局面，致使该劳动工资率抬得很高，甚至高过当地专业技术人员水平。任何国家的经济技术结构都是立体的，既要高新技术及其产业的带头作用，又要有大批的中间实用技术，还要有部分比较落后的技术，组成资金密集、技术密集、劳动密集相结合的综合技术和产业结构。我国人口和劳动力资源丰富，这个立体式的经济技术结构是总的框架；只是在现代化建设中，高科技及其产业发展更快一些，比重不断提升；但是中间实用技术及其产业居于主体地位，不可能在短期内消失；农村和边远地区比较落后的技术结构及其产业一定时期内的合理存在，也是必不可免的。我们要想实现由人口和人力资源大国向人力资本强国的转变，不仅要大力发展高等教育，提高全民族的科学文化水平；还要着力发展中等职业教育，提高劳动者的技术水平、实际操作能力和增加经验积累。提高人的技能和经验，同样也是提升人力资本不可或缺的方面，而且是直接关系社会经济发展和现代化进程的重要方面。

3. 提高文明素质是保证

鉴于以往政治素质、思想素质、道德素质等提法，表达均不够确切且不易衡量；笔者提出采用人口文明素质概念，主要包括以下三方面内涵：一是核心价值观念。所谓核心价值观念，指一个国家在一定历史时期提出的统领其他社会价值、占据主导地位并被绝大多数居民认可的价值观念。如产业革命发生后，当时资本家阶级针对封建等级制，提出自由、平等、博爱的核心价值观念；18 世纪中叶马克思主义经典作家通过分析个别资本家生产的高度计划性与整个社会生产无政府状态的矛盾，提出资本主义必然灭亡和共产主义必然胜利的核心价值观念；当前我国提出构建社会主义和谐社会，强调以人为本全面、协调、可持续发展的新的价值观念等。站在人的种的繁衍和世代更替角度，人们繁衍子孙后代的核心价值观念，在于寻求人口数量、素质、结构的协调发展——不但寻求当代人的良好发展，而且寻求不对后代人的发展能力构成危害的发展。这种核心价值观念是符合历史发展潮流因而是进步的价值观念，它得到广大居民的认同，因而成为大多数民众的一种理想和抱负，是民众意志的体现。这种核心价值观念至关重要。如果缺少或没有这种核心价值观念，一个国家、一个民族就很难形成较强的凝聚力和向心力，难以自立于世界民族之林。相反，如果这种核心价值观念深入人心，能够成为广大民众自觉的行动，国家和民族的凝聚力就会增强，富国强民就会充满生机和活力。

二是道德规范。如前所述，目前我国进入全面建设小康社会和人均 GDP 向 3000 美元迈进，也是新旧道德发生碰撞和新道德建设需要规范的新的历史发展时期。人们的意识常常落后于客观实际，道德建设也常常落后于社会经济发展。且不说腐败分子贪赃枉法、行贿受贿，也不说不法之徒见利忘义、道德沦丧，就是日常生活中司空见惯的事情，如公共场所接打手机，旁若无人甚至口带脏字地大声喧哗；大家有秩序地排队在城市快速路等候进出，每次总有一两部车子硬是轧着实线加楔进来，你不得不急刹车让他先行；西装革履的情侣谈笑风生，却把吃剩下的果皮、包装袋随意丢在公园的草坪上、树荫下；人行道上踩了别人一脚，却反过来指责别人"没长眼睛"，等等。小事可见精神，细微反映道德。各种社会调查表明，在市场经济和人们价值取向变化了的情况下，尊老敬老、文明礼让、诚信友爱等传统的道德观念受到挑战，把个人得失摆在首位，不能正确地对待公民的权利与义务、公民的参与与资格。必须看到，建设吸取传统道德精华并符合现代发展的先进道德规范，是构建和谐社会和提高人口素质的一个重要方面，一项需要长期坚持奋斗的艰巨任务。

三是法治意识。由于中国经历了漫长的封建社会，虽然封建社会也有法制，并且国有国法、族有族法、家有家法；但都是建立在封建等级制度基础之上，是"君叫臣死、臣不死为不忠"，"父叫子亡、子不亡为不孝"的国法和家法。亦即以天子说一不二、一言九鼎，以及在孝、悌、忠、信、礼、义、廉、耻封建礼教基础上的法制，是典型的人制基础上的法制。又由于没有经历过完整的资本主义阶段，旧民主主义革命不彻底，新民主主义革命面临反帝、反封建、反官僚资本主义三重任务，民主和法治建设长期缺失，反映在人口素质上，就是法治意识淡薄。建立健全市场经济体制，呼唤经济运行法治化；构建社会主义和谐社会，需要大力加强民主法治建设，以促进社会公平正义，使政治生活、经济生活、文化生活、整个社会生活法制化和规范化。要使公民进一步树立在法律面前一律平等，公民的权利和自由受法律保护，以及维护和监督司法公正、廉洁的责任感，不断增强法治意识。

提高人口文明素质是一项长期艰巨的任务，重点是将国家核心价值观教育纳入国民教育体系，坚持德育为先原则。发展商品生产和建立健全市场经济体制，遂使交换价值升值，对传统的人际关系是一个挑战，对原来建立起来的感情、亲情和友情，不能不是一个冲击。同时还要看到，1980年以来国家大力提倡一对夫妇生育一个孩子已经过去一代人，这一代独生子女生长在改革开放大环境下，思想解放，视野开阔，现代化观念强等是明显的优势。但是由于独生子女从小没有兄弟姐妹，缺少以往大家庭具有的更多的亲情培育，许多父母、祖父母疼爱有加，容易滋生孤独和骄、娇二气，因而德育显得更为重要。要总结我们自己的经验，如曾经开展过的德、智、体、美全面发展教育，培养有社会主义觉悟、有文化的劳动者教育方针等，都收到过良好效果。也要面对当前时代发展现实，吸取德国等开展德育的成功经验，将国家核心价值观念精心编入中小学教科书中，培养有理想、爱祖国、爱人民、尊老爱幼、诚信友爱的一代新人。提高人口文明素质坚持德育先行原则，将此列入素质教育的主要内容。

# 四　调整人口结构

人口数量、素质、结构是一个统一的整体，人口发展战略是要协调好三者变动之间的关系。提高人口素质是一个永恒的主题，由我国人口问题过剩性质所决定，必要的人口数量控制于人口素质的提高是有益的、必须的，掌握好人口数量控制与人口结构之间的变动关系，更具有直接的意义。

1. "软着陆"基本思路

关于当前的人口态势及未来变动和发展的趋势，前文已作了概述，并且提出了人口变动和发展战略目标的选择。这一目标选择的基本思路，是"软着陆"方案。下面对这一"软着陆"方案，作出进一步的阐发。

"三步走"人口发展战略以及低、中、高三种不同方案人口变动趋势，已如前述。不管哪一种方案，确定第二步发展战略以人口零增长为主导战略目标，可视为人口发展战略的"着陆"点。但是三种预测方案"着陆"的时间、水平和方式不尽相同，或分别称之为"硬着陆"、"软着陆"和"缓着陆"。

"硬着陆"低位预测方案。生育率在现在基础上略有下降，没有更多顾及生育率的继续下降对人口结构以及对经济、社会发展的影响，故称之为"硬着陆"。分城乡的总和生育率假设：城镇由 2000 年的 1.3 下降到 2005 年的 1.23，其后保持不变；农村由 2000 年的 2.06 降低至 2020 年的 1.62，以后保持不变。全国的总和生育率 2000～2005 年为 1.65，2005～2010 年为 1.56，2010～2020 年为 1.44，2020～2050 年为 1.32。则 2010 年全国人口为 13.43 亿人，2020 年为 13.86 亿人，2021 年达到最高峰值时为 13.87 亿人；其后出现逐步减少趋势，2030 年可减至 13.67 亿人，2040 年可减至 13.02 亿人，2050 年可减至 11.92 亿人。如果 1.32 的总和生育率一直保持下去，2100 年全国人口将可减至 5.56 亿人。

"软着陆"中位预测方案。条件是稳定低生育水平，生育政策保持相对稳定或自然过渡式的微调。总和生育率假设：城镇由 2000 年的 1.31 提高到 2015 年的 1.62，以后保持不变；农村基本保持 2000 年的 2.06～2.08 的水平。全国的总和生育率假定：2000～2005 年为 1.75，2005～2010 年为

1.80，2010～2020 年为 1.83，2020～2050 年为 1.80。则全国人口 2010 年为13.60 亿人，2020 年为 14.44 亿人，2030 年达到峰值时为 14.65 亿人；其后转为缓慢下降，2040 年可降至 14.51 亿人，2050 年可降至 14.02 亿人。如果 1.80 的总和生育率一直保持下去，2100 年全国人口可降至 10.24 亿人。

"缓着陆"高位预测方案。生育率逐步有所回升，达到更替水平后保持在相对稳定状态。总和生育率假设：城镇由 2000 年的 1.31 提高到 2030 年的 2.08，并一直保持下去；农村由 2000 年的 2.06 提高到 2015 年的 2.43，其后稍有降低并保持在略高于更替水平。全国的总和生育率的设定：2000～2005 年为 1.90，2005～2010 年为 2.00，2010～2020 年为 2.13，2020～2050年为 2.16。则全国人口 2010 年可达 13.75 亿人，2020 年可达 14.90 亿人，2030 年可达 15.48 亿人，2040 年可达 15.85 亿人，2050 年达到最高峰值时可达 16.05 亿人。如果 2.15 的总和生育率一直保持下去，总人口将在 16 亿人上下波动，2100 年为 16.00 亿人。

比较上述三种方案，无疑低位预测"硬着陆"方案控制人口数量增长最为有效，达到峰值时的人口数量分别比中、高方案减少 0.78 亿人、2.13亿人，时间也分别提前 9 年、29 年；到 2050 年则分别减少 2.10 亿人、4.08亿人，数量之差很大，优点突出。最大的缺点是人口年龄结构变动过于急速，造成老龄化过于严重：2020 年 65 岁以上老年人口比例将分别高出中、高方案 0.50、0.88 个百分点，2050 年将分别高出 4.07、6.91 个百分点；特别是 2045 年该低方案老年人口比例将上升到 25.62%，高出届时发达国家25.30% 水平 0.32 个百分点，其后还要升高，这对于"未富先老"的我国说来，无论如何也是不能接受的。此外，劳动年龄人口减少过快也值得关注。该低方案 2020 年 15～64 岁劳动年龄人口将分别比中、高方案减少 488 万人、864 万人，2050 年将分别减少 1.21 亿人、2.25 亿人；而且，劳动年龄人口中 50～64 岁占 15～64 岁比例，即劳动年龄人口的相对高龄化也要严重得多。虽然总体上说中国不至于发生劳动力短缺，但是劳动年龄人口减少过快和相对高龄化，则会导致劳动力的结构性短缺和人力资本活力的减退，给经济、社会发展带来不利影响，因而是不宜采纳的。

"缓着陆"高方案预测同"硬着陆"低方案预测相反，最大的优点是人口年龄结构变动比较平缓，老龄化来得比较缓慢，老龄化程度也要低些；劳动年龄人口所占比例较高、从属年龄比较低的人口年龄结构变动的"黄金时代"或"人口盈利"、"人口红利"，可维持较长时间，有利于保持中国劳动力充裕和廉价的优势。最突出的缺点是人口数量控制较差，2020 年将分别比中、低方案多出 0.46 亿人、1.05 亿人，2050 将分别多出 1.97 亿人、4.07 亿人。显然，这对于人口和劳动力过剩的我国说来，是难以接受的。

相比之下，"软着陆"中方案预测兼顾了"硬着陆"低方案人口数量控制比较有效，"缓着陆"高方案人口结构比较合理的优点；同时较好地克服了低方案人口结构不尽合理，高方案人口数量控制较差方面的缺点，人口总量 2030 年达到 14.65 亿人峰值以后出现缓慢下降趋势，人口老龄化 65 岁以上老年比例 2050 年达到 23.07% 峰值以后逐步缓解，劳动年龄人口比例和结构比较适当，是适应我国当前人口态势和未来数量变动与结构合理化，促进人口与经济、社会以及资源、环境协调发展的比较理想的方案。

全面建设小康社会 20 年和更长远一些时间的人口发展战略，应建立在该"软着陆"中方案基础上。这一方案的指导思想和基本点，可表述为以人为本，在科学发展观指导下，实行控制人口数量、提高人口素质、调整人口结构相结合，促进"控制"、"提高"、"调整"三者相协调，人口与资源、环境、经济发展、社会发展相协调的战略。这一人口发展战略与 20 世纪 80 年代初确定的"控制人口数量、提高人口质量、调整人口结构相结合并以数量控制为重点"的战略相比，有表现历史继承性的一面，也有展现当今时代和人口变动新特点不同的一面。一是指导思想不同，那时主要是将高增长的人口尽快降下来，缓解和逐步消除人口和劳动力过剩的压力；现在是要将控制人口增长纳入科学发展观视野，推进人口与可持续发展战略的实施。二是那时突出"以数量控制为重点"，现在是在继续有效控制人口数量增长的同时，还要兼顾其他方面，尤其是人口年龄结构的变动。三是战略目标不同，那时是人口发展战略伊始的"第一步"，以生育率下降到更替水平以下为第一目标；现在是"第二步"的零增长，还要涉及更长远一些的百年理想适度人口目标。继往开来，承上启下，"软着陆"发展战略较好地将人口"控制"、"提高"、"调整"结合起来，将人口与资源、环境、经济发展、社会发展结合起来，是统筹解决 21 世纪人口与发展问题比较理想的人口发展战略。

2. 劳动年龄人口变动与"人口盈利"

以"软着陆"为基本思路的人口发展战略，未来劳动年龄人口变动以及被抚养人口比变动怎样，对社会经济发展将会产生怎样的影响呢？这是人口发展战略不能不考虑的问题。中国大力控制人口增长、切实加强计划生育，迎来自 20 世纪 80 年代以来 15 ~ 64 岁劳动年龄人口急剧上升，老少被抚养人口比持续下降的人口年龄结构变动的"黄金时代"。上述中位预测15～64岁劳动年龄人口绝对数量，可由1980年的6.44亿人、2000年的8.67亿人，增加到2017年峰值时的10.00亿人，分别增长55.28%和15.34%；其后呈减少趋势，2030年可减至9.89亿人，2050年可减至8.62亿人，相当于20世纪初的水平。劳动年龄人口所占比例，可由1980年的64.47%、2000年的68.70%，上升到2009年峰值时的72.30%，分别升高7.9和3.6个百分点。其后转而下降，2020年可下降到68.97%，回落到2000年的水平；2030年可下降到67.36%，相当于20世纪90年代初期水平；2050年可下降到61.29%，相当于20世纪六七十年代的水平。据此，我们可以有把握地说，"软着陆"中方案预测劳动年龄人口以及劳动力数量，21世纪上半叶不会发生大的劳动力供给不足的问题；下半叶的劳动力供给，仍可保持较大的规模。这样说，并不等于劳动力供给方面不存在任何问题，结构性劳动力供给不足是会发生的，当前具有一定技能的熟练工人供不应求，就是例证；同时，即使劳动力供给总量维持在较大规模，基本可以满足需求；然而劳动年龄人口的相对高龄化，由此引发的年轻职工比例下降和活力不足问题，需要引起足够重视。因此，说劳动力供给总量问题不大，并不等于不存在其他问题，结构性短缺劳动年龄人口相对高龄化，就是必须认真对待和研究解决的问题。

与上述劳动年龄人口变动相适应，我国大致可经历40年左右的人口年龄结构变动的"黄金时代"，或曰"人口视窗"、"人口红利"、"人口盈利"期。2000～2050年人口年龄结构变动，如图2所示。

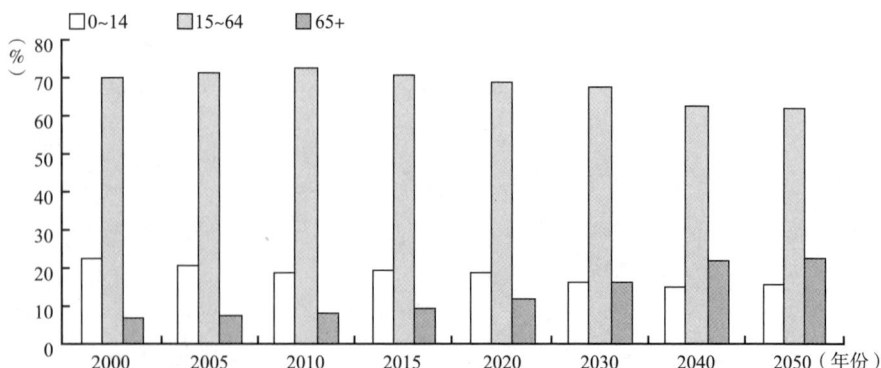

图2　2000～2050年中位预测人口年龄结构变动

如果我们以从属比小于 0.50 为"人口盈利"期,那么可经历 1990 ~ 2030 年长达 40 年左右的"盈利"阶段。从属比最小的峰值年份均为 2009 年,届时可下降到 0.37,相当于 20 世纪 60 年代平均水平的一半,足见中国生育率下降对经济发展作出的贡献之大。同时应当看到,"人口盈利"期以 2010 年为界,分成前后两个时期:前期可追溯到 20 世纪 80 年代,正式开始于 90 年代,到 2010 年结束,是从属比不断降低的时期;后期从 2010 年开始至 2030 年止,尽管从属比值逐步升高,但是一直在 0.5 之下。亚洲日本、韩国、新加坡、中国台湾等经济快速发展的历史表明,差不多都经历了长达 40 年左右的高增长期,我们理应不失时机地抓住这一历史的机遇,加快经济和社会的发展。

3. 老龄化与"人口亏损"

2030 年"人口盈利"期过后,将步入"人口亏损"期。从 2030 ~ 2050 年,从属比将缓慢由 0.5 上升到 0.6,相当于 20 世纪 80 年代初的水平;按照"软着陆"中位预测方案,到 2100 年从属比可能升至 0.7 左右,水平并不很高。我们讨论"人口亏损",是相对"人口盈利"说来,老年和少年人口所占比例较高,从属年龄比一般上升到 0.5 以上而言的。但是应当分清:主要是少年人口比例上升所至,还是老年人口比例上升的结果,因为这两种比例的人口经济涵义是不一样的。虽然在人口学上说来,少年和老年都是被抚养人口,定义为非劳动年龄人口;然而在实际上,却有着不同的意义。少年人口是潜在的劳动年龄人口,随着时间的推移将自然成长为劳动年龄人口,成为劳动力的源泉;老年人口则是退出劳动年龄的人口,随着时间的推移则越来越远离劳动,成为纯被抚养人口。结合 21 世纪中国人口和人口年龄结构变动趋势,从属年龄人口比值的升高则主要是老年人口比例不断攀升的结果,这是特别值得关注的事情。因此,21 世纪中国从属年龄人口比值上升,更具有纯抚养性质,不同于少年人口比值升高将来可以成长为劳动力的特征。正是在这个意义上,"人口亏损"的"亏损"性质鲜明,其对未来经济和社会发展的影响也更为深刻。

4. 出生性别比与性别结构

性别结构属人口自然结构,人口发展战略理应对此给予必要的关注,特别在出生性别比升高的情况下。出生性别比是指一定时间(一般为一年)活产男女婴之比,以活产女婴为 100 活产男婴多少表示,正常值在 103 ~ 107 之间。20 世纪 80 年代以来我国出生性别比持续攀升,90 年代攀升更为显著。依据 2000 年第五次全国人口普查提供的数据回推，1990～2000 年逐年的出生性别比在 111、114、115、115、117、118、119、120、122、123、118 左右[①]。又据国家统计局 2002 年全国人口抽样调查提供的数据，2001 年出生性别比突破 123[②]，近年来仍在高位运行。这样不仅会造成性别失衡问题，而且会影响总体人口的年龄结构。

依据国家统计局 2002 年全国人口变动抽样调查提供的资料，全国 0～19 岁人口中男性多出女性 2377 万人[③]。即在未来的 20 年内，平均每年新进入婚育年龄人口中男性要多出女性 120 万人左右，从而造成较为严重的婚姻性别挤压，以及相关的教育、就业等的性别挤压。性别挤压特别是婚姻性别挤压，对社会安定和精神文明建设是一个巨大的冲击，当前已经到了非解决不可和需要"紧急刹车"的地步。历史上，中国是一个性别偏好较强的国家；然而中华人民共和国成立后，由于大力倡导并实际上较好地解决了男女平等的问题，出现了出生性别比逐步下降，至 20 世纪 70 年代已接近国际公认正常值的可喜变化。那么后来又是怎样转而升高的呢？党和政府依然提倡男女平等，并且采取了行政的、法治的、经济的等多种手段遏制出生性别比升高，结果却收效不大。究其原因，主要是"对症下药"不够，未能针对造成出生性别比升高的主要直接原因有效施政。2000 年人口普查数据显示：在 1999 年 11 月 1 日至 2000 年 10 月 1 日期间出生的活产婴儿中，第一孩出生性别比为 107.1，处于正常值上限；第二孩上升到 151.9，第三孩上升到 160.3，第四孩上升到 161.4，第五孩及以上为 148.8，远远高出正常值[④]。本来按照人的生物因素一孩、二孩、多孩的出生性别比差别不大，一般情况下生育越多性别比还略有下降；我们却反其道而行之，可见二孩及二孩以上高出生性别比是关键。目前城镇总生育率为 1.36，农村为 2.06，农村二孩和二孩以上出生性别比"异峰突起"，是造成出生性别比升高的症结所在。为了有效遏制农村出生性别比升高并提升人口与社会协调发展的水平，促进社会安定和政治文明、精神文明建设，除了要大力加强宣传教育，强化法治管理，做好计划生育各项服务工作以外，必须从根本上摆脱生育子女数量多少受性别因素的影响，堵塞选择性别生育的漏洞。

---

① 《中国 2000 年人口普查资料》，第 570 页。
② 《中国人口统计年鉴 2003》，中国统计出版社，2003，第 4 页。
③ 依据《中国人口统计年鉴 2003》第 4 页提供的数据计算。
④ 《中国 2000 年人口普查资料》，第 1681～1683 页。

# 五　生育政策决策选择

实现第二步以人口零增长为着陆点的"软着陆"发展战略，无疑经济、社会的发展是基础，资源、环境保护是前提。无论人口的数量控制、结构的调整还是素质的提高，都离不开整个社会的发展。所幸的是，中国改革开放20多年来，打造了经济快速发展的基础，发展的良好势头有望继续保持下去，从而为人口发展战略提供一个十分有利的外部环境。就人口自身而言，实现上述"软着陆"目标有一定难度，因为目前人们的生育意愿同生育政策要求还有一定距离，生育率具有一定的反弹势能；但是上述中位预测"软着陆"方案并不要求生育率继续下降，相反，在稍有回升后才保持相对的稳定。这就为实现这一战略目标提供了可靠的保证，只要保持政策的相对稳定甚至略有升高，便可达到。具体的生育政策选择，建议如下。

（1）全国不分城乡，双方均为独生子女者结婚一律允许生育两个孩子。这一步现在即可实施。当前，已婚育龄妇女独生子女领证率在23%左右，主要分布在城镇，实行"双独"结婚生育两个孩子，生育率升高极其有限，可不附加任何条件。

（2）农村一方为独生子女者结婚，允许生育两个孩子，现在也可以开始实施；城镇可暂缓几年，2010年以后组织实施为宜。对于农村说来，由于独生子女率较低，对生育率影响甚微；对于城镇说来，由于独生子女率普遍很高，一方为独生子女结婚者比例不会很高，对生育率影响也不会很大，特别是推延到2010年30岁以下育龄妇女进一步减少以后实施。但是实行"一独生二"的生育政策，对于"一独"方的父母家庭养老和改变家庭人口年龄结构说来，有着现实的、不可替代的意义。

（3）在有效制止三孩及以上多孩生育条件下，农村可不分性别普遍生育两个孩子。目前全国农村实际的总和生育率在2.0左右，如果除人数较少的少数民族外均不得生育三个及以上孩子能够做到，生育水平可大体上维持现在的水平。我们的"软着陆"方案还留了一点儿微升的余地，只要真正做到"限三保二"，是不会造成农村和整个生育率有多大反弹的。

## 参考文献

［1］《中共中央国务院关于加强人口与计划生育工作稳定低生育水平的决定》，中国人口出版社，2000。

［2］国务院新闻办公室：《中国21世纪人口与发展》，2000年12月20日《人民日报》。

［3］《中华人民共和国国民经济和社会发展第十个五年计划纲要》，人民出版社，2001。

［4］彭珮云主编《中国计划生育全书》，中国人口出版社，1997。

［5］张维庆主编《新时期人口和计划生育工作读本》，中国人口出版社，2003。

［6］《田雪原文集》（三）（四），中国经济出版社，2000；红旗出版社，2005。

［7］王金营：《1990～2000年中国生育模式变动及生育水平估计》，《中国人口科学》2003年4月。

［8］李文：《中国土地制度的昨天、今天和明天》，延边大学出版社，1997。

［9］ United Nations, *World Population Prospects*, *The 2002 Revision*, New York, 2003.

［10］ United Nations, *Population and Development*, U. N. New York, 2001.

［11］ United Nations, *National Population Policies 2001*, New York, 2002.

# 三步走：中国人口发展战略的理性选择*

研究人口发展战略，首先要弄清它的含义。人口（population）是总体的同义语，是指一定时间、一定地域人的总体而言；发展（development）指事物由小到大、由简单到复杂、由量变到质变的过程；战略（strategy）为指导战争全局的计划和策略。人口发展战略，是指一定时间、一定地域总体人口变动、发展的计划和策略，具有长期性、宏观性、总体性、全局性的显著特点。

### 1. 宏观思路

中国是世界上人口最多的发展中国家，中国人口问题属人口压迫生产力即人口和劳动力过剩性质。因此从根本上说，中国人口发展战略就是要改变这种过剩状况，促进人口与经济、社会以及资源、环境的可持续发展。重点是大力控制人口的数量和提高人口的素质、调整人口的结构，逐步使人口数量、素质、结构达到比较理想的状态。基于这样的认识，着眼于长期、宏观、总体、全局的人口发展战略，可分"三步走"进行：第一步，把高生育率降下来，降到更替水平以下，实现人口再生产由高出生、低死亡、高增长向低出生、低死亡、低增长类型的转变。第二步，稳定低生育水平，直至实现人口的零增长；同时注重人口素质的提高和结构的调整。第三步，零增长以后，由于人口的惯性作用将呈一定程度的减少趋势，再依据届时的经济、社会发展状况以及资源、环境状况，作出理想的适度人口的抉择。这样理想的适度人口是全方位的，不仅数量是适当的，而且素质是比较高的，年龄、性别等的结构也是合理的。

上述"三步走"人口发展战略目标，第一步已于 20 世纪 90 年代中期达到，生育率下降到更替水平以下，完成向低、低、低再生产类型的转变；第二

---

\* 参见田雪原主编《全面建设小康社会人口与可持续发展报告》，中国财政经济出版社，2006。

步也已经走过 10 年的路程，预计可在 21 世纪 30 年代达到；第三步则是实现人口零增长以后的事情，现在能够做到的，是测算出其后的人口变动和发展趋势，为最终实现全方位的理想适度人口奠定基础。如此，当前的人口发展战略，应锁定在以人口零增长为主要目标，包括人口数量、素质、结构的全面性和合理性上，为下一步全方位的理想适度人口目标的实现创造条件。

要使人口发展战略成为今后主导人口变动发展的行动纲领，既要有宏观的思路，也要从实际出发，从目前的人口态势和特点出发。纵观 21 世纪上半叶我国人口态势和特点，可以概括为"五大人口高峰"的相继到来。

一是人口总量高峰将在 2030 年前后到来。人口学评价一个国家或地区的人口增长势能（population momentum），主要依据该国家或地区人口的年龄结构，将其区分为年轻型（增长型）、成年型（稳定型）和老年型（减少型）三种基本类型。中国近 30 年来生育率长期持续的下降，不仅减少出生人口 3 亿左右，有效地将世界 50 亿人口日向后推迟 2 年，60 亿人口日向后推迟 3 年；而且从根本上改变了人口的年龄结构，完成由年轻型向成年型、成年型向老年型的转变，增长势能或增长惯性大为减弱。1970 与 2000 年比较，全国 0～14 岁少年人口比例由 39.7% 下降到 22.9%，15～64 岁成年人口比例由 56.0% 上升到 70.1%，65 岁以上老年人口比例由 4.3% 上升到 7.0%，人口年龄中位数由 19.7 岁上升到 30.0 岁，标志着人口年龄结构已跨进老年型门槛；总（和）生育率（TFR）由 6.0 下降到 1.72 左右，增长势能削弱许多。我们以 2000 年全国人口普查数据作为基础资料，并对 1.81% 漏报人口作了按年龄分布回填后所作的预测表明，中位预测方案 2030 年全国人口达到 14.65 亿人即可实现零增长[①]。这比国内外以往的预测峰值人口数量减少近 1 亿人左右，时间也提前许多。

二是 10 多年后劳动年龄人口即可达到峰值。从 20 世纪 80 年代开始，15～64 岁劳动年龄人口便急剧上升，进入劳动力增长高峰期。预测劳动年龄人口绝对数量，可由 1980 年的 6.44 亿人、2000 年的 8.67 亿人，增加到 2017 年峰值时的 10.00 亿人，分别增长 55.28% 和 15.34%；其后呈减少趋势，2030 年可减至 9.89 亿人，2050 年可减至 8.62 亿人，相当于 21 世纪初的水平。劳动年龄人口所占比例，可由 1980 年的 64.47%、2000 年的 68.70%，上升到 2009 年峰值时的 72.30%，分别升高 7.9 个和 3.6 个百分

---

① 参见田雪原、王金营、周广庆《老龄化：从"人口盈利"到"人口亏损"》（下同），中国经济出版社，2006。

点。其后转而下降，2020 年可下降到 68.97%，回落到 2000 年的水平；2030 年可下降到 67.36%，相当于 20 世纪 90 年代初期水平；2050 年可下降到 61.29%，相当于 20 世纪六七十年代的水平。中方案预测劳动年龄人口以及总体人口年龄结构变动，如图 1 所示。

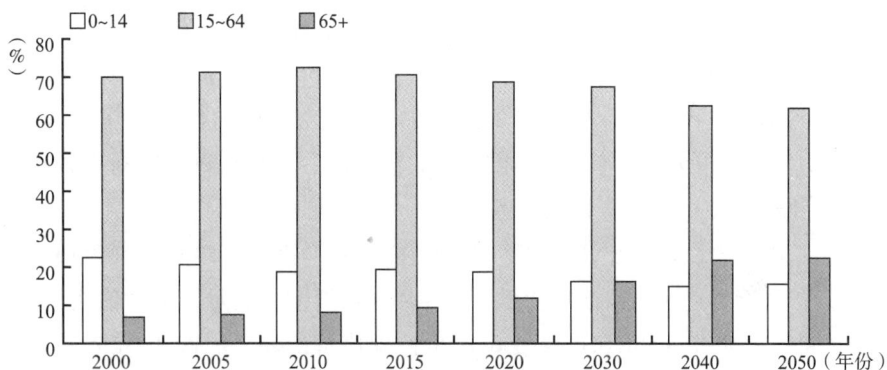

**图 1　2000 ~ 2050 年中位预测人口年龄结构变动**

三是 20 世纪中叶将迎来人口老龄化高峰。目前界定老年人口，发展中国家多采用 60 岁以上标准，发达国家多采用 65 岁以上标准。立足于人口寿命不断延长、经济不断发展和社会不断进步，我们采用 65 岁以上标准。中位预测表明，我国 65 岁以上老年人口数量可由 2000 年的 0.87 亿人，增加到 2010 年的 1.16 亿人，2020 年的 1.74 亿人，2030 年的 2.38 亿人，2050 年的 3.23 亿人。分别比 2000 年增长 33.33%、100.00%、173.56%、271.26%，增长速度较快。与总体人口变动比较，2000 ~ 2030 年间，老年人口年平均增长率达到 3.41%，总体人口仅为 0.51%，老年要高出 2.9 个百分点；2030 ~ 2050 年间，老年人口年平均增长率为 1.54%，总体人口为 -0.21%，老年要高出 1.75 个百分点。老年人口与总体人口增长速度的这种差异，直接导致老年人口比例的上升。图 1 中人口年龄结构变动预测显示，65 岁以上老年人口比例可由 2000 年的 7.00%，上升到 2005 年的 7.85%，2010 年的 8.50%，2020 年的 12.02%，2050 年的 22.97%。虽然这一水平与发达国家 2050 年 25.9% 比较尚有 2.93 个百分点的差距，但是与世界 15.9%、发展中国家 14.3% 水平比较[①]，分别高出 7.07 个百分点和 8.67

---

[①]　参见 United Nations, *World Population Prospects*, *The 2002 Revision*, pp. 38 – 42。

个百分点，居于世界较高水平和发展中国家最高水平。

四是流动人口已临近峰值。改革开放初期，全国有流动人口二三百万。2000 年人口普查，现住地与户口登记地不一致的流动人口为 14439 万人，其中 11732 万人为跨省和省内的流动人口。其中流入市镇的流动人口占78.6%，流入农村的占 21.4%，农村人口流入城镇扮演着流动人口主力军的角色①。随着人口城镇化的加速进行，21 世纪头 10 年将是流动人口增长的高峰期；目前由农村流入城镇的农业人口将近 1.5 亿人，加上在乡镇企业做工的农民 0.5 亿人左右，全国有 2 亿人左右农村流动人口在城镇务工经商。待到 2010 年城市人口比例上升到 50% 以上之后，以农业剩余劳动力转移为主旋律的流动人口高潮，将出现跌落的走势。

五是出生人口性别比达到新的高峰。出生性别比指一定时间（一般为一年）活产男女婴之比，以活产女婴为 100 活产男婴多少表示，正常值在 103 ~107 之间。20 世纪 80 年代以来我国出生性别比持续攀升，90 年代攀升更为显著。依据第五次人口普查结果和近年来的抽样调查提供的数据资料回推，1990 ~ 2000 年逐年的出生性别比在 111、114、115、115、117、118、119、120、122、123、118 左右②。目前 120 左右的出生性别比，在世界各国中属严重偏高国家，成为率先来临表现为人口结构上面的一个高峰。

2. 路径选择

人口发展战略研究可分为两个层次进行：一是就人口数量、素质、结构——立足于人口自身协调发展的战略；二是将人口的变动和发展置于社会经济发展之中，寻求人口与资源、环境、经济、社会可持续发展的战略。这里首先讨论第一个层次的人口发展战略。

从多种人口预测中，我们选择低、中、高三种不同的方案，人口变动趋势如图 2 所示。

如前所述，下一步的人口发展战略以人口零增长为第二步战略目标，可视为人口发展战略的"着陆"点。但是"着陆"的方式不同，分别称为"硬着陆"、"软着陆"和"缓着陆"。

"硬着陆"低位预测方案。生育率在现在基础上略有下降，没有更多顾

---

① 依据国务院人口普查办公室、国家统计局人口和社会科技统计司编《中国 2000 年人口普查资料》第 726 页数据计算，中国统计出版社，2002。

② 依据国务院人口普查办公室、国家统计局人口和社会科技统计司编《中国 2000 年人口普查资料》第 726 页数据计算，中国统计出版社，2002。

及到生育率继续下降对人口结构、经济、社会发展的影响，故称之为"硬着陆"。分城乡的总和生育率（TFR）的假设，如前所述；不分城乡的假设为：2000～2005 年平均为 1.65，2005～2010 年为 1.56，2010～2020 年为 1.44，2020～2050 年为 1.32，则 2010 年全国人口为 13.43 亿人，2020 年为 13.86 亿人，2021 年达到最高峰值时为 13.87 亿人；其后出现逐步减少趋势，2030 年可减至 13.67 亿人，2040 年减至 13.02 亿人，2050 年减至 11.92 亿人。如果 1.32 的总和生育率一直保持下去，2100 年全国人口将减至 5.56 亿人（参见图 2）。

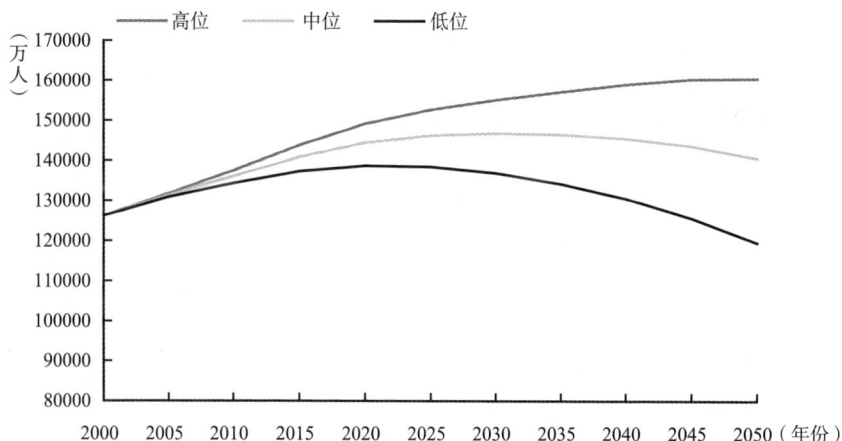

图 2  2000～2050 年低、中、高三种方案人口预测

"软着陆"中位预测方案。生育率保持相对稳定，稍有回升后即基本稳定在略高于现在的水平。不分城乡的总和生育率 2000～2005 年平均为 1.75，2005～2010 年为 1.80，2010～2020 年为 1.83，2020～2050 年为 1.80，则 2010 年为 13.60 亿人，2020 年为 14.44 亿人，2030 年达到峰值时为 14.65 亿人；其后转为缓慢下降，2040 年可降至 14.51 亿人，2050 年可降至 14.02 亿人。如果 1.80 的总和生育率一直保持下去，2100 年全国人口可降至 10.24 亿人。

"缓着陆"高位预测方案。生育率逐步有所回升，达到更替水平后保持在相对稳定状态，人口零增长目标要推迟到来。不分城乡的总和生育率 2000～2005 年平均为 1.90，2005～2010 年为 2.00，2010～2020 年为 2.13，2020～2050 年为 2.15，则 2010 年为 13.75 亿人，2020 年为 14.90 亿人，

2030 年为 15.48 亿人，2040 年为 15.85 亿人，2050 年达到最高峰值时为 16.05 亿人。如果 2.15 的总和生育率一直保持下去，总人口将在 16 亿人上下波动，2100 年为 16.00 亿人。

比较上述三种方案，无疑低位预测"硬着陆"方案控制人口数量增长最为有效，达到峰值时的人口数量分别比中方案、高方案减少 0.78 亿人、2.13 亿人，时间也分别提前 9 年、29 年；到 2050 年则分别减少 2.10 亿人、4.08 亿人，数量之差很大，优点突出。最大的缺点是人口年龄结构变动过于急速，造成老龄化过于严重：2020 年 65 岁以上老年人口比例将分别高出中方案、高方案 0.50、0.88 个百分点，2050 年将分别高出 4.07、6.91 个百分点；特别是 2045 年该低方案老年人口比例将上升到 25.62%，高出届时发达国家 25.30% 水平 0.32 个百分点，其后还要升高，这对于"未富先老"的我国说来，无论如何也是不能接受的。此外，劳动年龄人口减少过快也值得关注。该低方案 2020 年 15～64 岁劳动年龄人口将分别比中方案、高方案减少 488 万人、864 万人，2050 年将分别减少 1.21 亿人、2.25 亿人；而且，劳动年龄人口中 50～64 岁占 15～64 岁比例，即劳动年龄人口的相对高龄化也要严重得多。虽然总体上说中国不至于发生劳动力短缺，但是劳动年龄人口减少过快和相对高龄化，则会导致劳动力的结构性短缺和人力资本活力的减退，给经济、社会发展带来不利影响，因而是不宜采纳的。

"缓着陆"高方案预测同"硬着陆"低方案预测相反，最大的优点是人口年龄结构变动比较平缓，老龄化来得比较缓慢，老龄化程度也要低一些；劳动年龄人口所占比例较高、从属年龄比较低的人口年龄结构变动的"黄金时代"或"人口盈利"、"人口红利"，可维持较长时间，有利于保持中国劳动力充裕和廉价的优势。最突出的缺点是人口数量控制较差，2020 年将分别比中方案、低方案多出 0.46 亿人、1.05 亿人，2050 年将分别多出 1.97 亿人、4.07 亿人。显然，这对于人口和劳动力过剩的我国说来，是难以接受的。

相比之下，"软着陆"中方案预测兼顾了"硬着陆"低方案人口数量控制比较有效，"缓着陆"高方案人口结构比较合理的优点；同时较好地克服了低方案人口结构不尽合理，高方案人口数量控制较差方面的缺点，人口总量 2030 年达到 14.65 亿人峰值以后出现缓慢下降趋势，人口老龄化 65 岁以上老年比例 2050 年达到 23.07% 峰值以后逐步缓解，劳动年龄人口比例和结构比较适当，是适应我国当前人口态势和未来数量变动与结构合理化，促进人口与经济、社会以及资源、环境协调发展的比较理想的方案。

全面建设小康社会20年和更长远一些时间的人口发展战略，应建立在该"软着陆"中方案基础上。这一方案的指导思想和基本点可表述为：在以人为本科学发展观指导下，实行控制人口数量、提高人口素质、调整人口结构相结合，促进"控制"、"提高"、"调整"协调发展，人口与资源、环境、经济、社会可持续发展的战略。这一人口发展战略与20世纪80年代初确定的"控制人口数量、提高人口质量、调整人口结构相结合并以数量控制为重点"的战略相比，有表现历史继承性的一面，也有展现当今时代和人口变动新特点不同的一面。一是指导思想不同，那时主要是将高生育率和高增长的人口尽快降下来，缓解和逐步消除人口和劳动力过剩的压力；现在是要将控制人口增长纳入科学发展观视野，推进人口与可持续发展战略的实施。二是那时突出"以数量控制为重点"，现在是在继续有效控制人口数量增长的同时，还要兼顾其他方面，尤其是人口年龄结构的变动。三是战略目标不同，那时是人口发展战略伊始的"第一步"，以生育率下降到更替水平以下为第一目标；现在是"第二步"的零增长，还要涉及更长远一些的百年理想适度人口目标。继往开来，承上启下，准确定位21世纪的人口发展战略，才能有效地推进这一战略的实施。

3. 政策建议

实现第二步以人口零增长为着陆点的"软着陆"发展战略，无疑经济、社会的发展是基础，资源、环境保护是前提。无论人口的数量控制、结构的调整还是素质的提高，都离不开整个社会的发展。所幸的是，中国改革开放28年来，打造了经济快速发展的基础，发展的良好势头有望继续保持下去，从而为人口发展战略提供一个十分有利的外部环境。就人口自身而言，实现上述"软着陆"目标有一定难度，因为目前人们的生育意愿同生育政策要求还有一定距离，生育率具有一定的反弹势能；但是上述中位预测"软着陆"方案并不要求生育率继续下降，相反，在稍有回升后才保持相对的稳定。这就为实现这一战略目标提供了可靠的保证，只要保持政策的相对稳定甚至略有升高，便可达到。具体的生育政策选择，建议如下。

（1）全国不分城乡，双方均为独生子女者结婚一律允许生育两个孩子。这一步现在即可实施。当前，已婚育龄妇女独生子女领证率在22%左右，城镇远远高于农村，实行"双独"结婚生育两个孩子，生育率升高极其有限，可不附加任何条件。

（2）农村一方为独生子女者结婚，允许生育两个孩子，现在也可以开始实施；城镇可暂缓几年，2010 年以后组织实施为宜。对于农村说来，由于独生子女率较低，"一独生二"影响有限；对于城镇说来，由于独生子女率普遍很高，一方为独生子女结婚者比例不会很高，对生育率影响也不会很大，特别是推延到 2010 年 30 岁以下育龄妇女进一步减少后实施。但是实行"一独生二"的生育政策，对于"一独"方的父母家庭养老和改变家庭人口年龄结构说来，有着现实的、不可替代的意义。

（3）在有效制止三孩及以上多孩生育条件下，农村可不分性别普遍生育两个孩子。目前全国农村实际的总（和）生育率在 2.0 左右，如果除人数较少的少数民族外均不得生育三个及以上孩子能够做到，生育水平可大体上维持现在的水平。我们的"软着陆"方案还留了一点儿微升的余地，只要真正做到"限三保二"，是不会造成农村和整个生育率有多大反弹的。

## 参考文献

［1］《中共中央国务院关于加强人口与计划生育工作稳定低生育水平的决定》，中国人口出版社，2000。

［2］国务院新闻办公室：《中国 21 世纪人口与发展》，2000 年 12 月 20 日《人民日报》。

［3］《中华人民共和国国民经济和社会发展第十个五年计划纲要》，人民出版社，2001。

［4］彭珮云主编《中国计划生育全书》，中国人口出版社，1997。

［5］张维庆主编《新时期人口和计划生育工作读本》，中国人口出版社，2003。

［6］《田雪原文集》（三）（四），中国经济出版社，2000；红旗出版社，2005。

［7］王金营：《1990～2000 年中国生育模式变动及生育水平估计》，《中国人口科学》2003 年 4 月。

［8］李文：《中国土地制度的昨天、今天和明天》，延边大学出版社，1997。

［9］United Nations, *World Population Prospects*, *The 2002 Revision*, New York, 2003.

［10］United Nations, *Population and Development*, U. N. New York, 2001.

［11］United Nations, *National Population Policies 2001*, New York, 2002.

# 当代中国人口政策研究[*]

中国作为当今世界第一人口大国，是在历史发展长河中逐步形成的。其中既有自然地理条件，也有社会因素的影响，特别是人口政策在不同历史时期的影响。2009 年是中华人民共和国成立 60 周年，全国人口由 1949 年的 5.42 亿人增加到 2009 年的 13.35 亿人（未含台湾省和香港、澳门特别行政区，下同），增长 1.46 倍，年平均增长 1.51%，增长数量之多、速度之快为历史上所仅见。然而分开来看，前 30 年与后 30 年有很大差异：1949～1979 年增加 4.33 亿人，增长 79.89%，年平均增长 1.98%；1979～2009 年增加 3.60 亿人，增长 36.92%，年平均增长 1.05%，增长率比前 30 年降低 0.93 个百分点，仅相当于前 30 年的 53%。前后两个 30 年人口增长率差异缘何如此之大，固然有改革开放以来经济高速增长、社会不断进步作基础，同时人口政策的作用不容忽视，是大力控制人口增长、切实贯彻落实计划生育基本国策的结果。

## 从生殖崇拜到多生多育

中国何时成为世界上人口最多的国家，无确切的资料记载；但是至迟从纪元开始全国人口达到近 6000 万人之众，就已经坐上了世界第一人口大国的交椅，并且一坐就是 2000 多年。为什么中国能够坐上第一人口大国的位置并且坐得相当稳固，对后来的人口变动以及社会经济发展产生怎样的影响，这是研究当代中国人口政策的入口处，需要对从生殖崇拜到多生多育人口政策的历史演变，作出梳理和概括。

1. 生殖崇拜

纵观人类从诞生到发展、壮大的历史，早在远古时代，由于愚昧无知，

---

* 参见田雪原《中国人口政策 60 年》，社会科学文献出版社，2009。

对生育现象即产生种种顶礼膜拜，特别是对女性的生殖崇拜。各民族、种族生殖崇拜的形式五花八门，多以对生殖器官和男女性爱描述的绘画、岩刻、雕塑等为主，成为独具一格的生育文化。中国同其他国家一样，类似的生殖崇拜描述在许多地方陆续被发现。然而中国作为古代文明的重要发祥地之一，生殖崇拜也有独到之处。据考证，中国已有五千年的文明史，常说"上下五千年"。然而司马贞所著《补三皇本记》，将司马迁《史记》记载的历史向前推进了二三千年，其中不乏关于人口的传说和记述。尽管对三皇的诠释尚存异义，不过在天皇燧人氏发明钻木取火、地皇神农氏发明农种、人皇伏羲氏发明八卦等的认识上，取得相当大的共识。三皇的三项发明同上古人类的活动休戚相关，同人口的变动与发展紧密相连，尤其是伏羲氏的发明。他仰者观象于天，俯者观法于地，研究天、地、人之间的关系创造并绘制出的八卦图，处于中心位置的那一对首尾交合的阴阳鱼，是策动诸多玄机的核心和动力。通过阳—阴——不同排列组合而变化无穷，其中蕴涵着深刻的生殖崇拜内涵。它比起中外其他赤裸裸的生殖崇拜来，显得更富有核心、原生和推动性，将含蓄性、深刻性、全面性和科学性融为一体，是由具体升华到抽象更高境界的生殖崇拜。伏羲还发明和约定以俪皮（鹿皮）为信物和证物的婚嫁制度：本氏族子女均拥有自己的一条俪皮，规定子女结婚时均要出示自己的俪皮，双方同时拥有俪皮的本氏族内兄弟姐妹不得结婚，开中国恐怕也是世界上最早优生之先河。这一条规定起到超乎寻常的效果，伏羲氏族子孙体魄日渐强壮起来，为征服其他部落创造了条件。伏羲氏部落的图腾是人面蛇身，该部落从天水出发沿着渭河、黄河向东征讨，灭掉一个部落，就将该部落有代表性的图腾取下一块填加到自己的图腾上，最后征战到河南，将该人面蛇身图腾添加了许多，有的像胡须，有的像腿脚，有的像利爪，看上去宛如龙的原形，据说这就是龙的传人的由来。

伏羲处在由母系氏族向父系氏族过渡时期，生殖崇拜也逐渐由对女性崇拜转变到对男性的崇拜。这一转变非常重要，它对后来中国封建社会的婚姻、家庭、生育甚至整个人口再生产产生莫大影响。这种转变不仅表现在绘画、雕刻、雕塑上，而且体现在象形文字上，如"且"由男性生殖器演化而来，"祖"则代表男根的意思，将女性排斥在传宗接代、种的繁衍之外。于是生殖崇拜演化为对男性祖先的奉先行孝，过渡到封建社会多子多福生育观念和偏爱多生多育的人口政策。

2. 多子多福生育观

由原始生殖崇拜转变到封建社会的多子多福生育观，得益于其在儒家学说经典中的确立。众所周知，孔子（孔丘，公元前 551～前 479）创立的儒家学说的核心是"仁"。何为"仁"？孔子曰："克己复礼为仁。一日克己复礼，天下归仁焉。"要想"为仁"，就要按照"礼"，即按照君、臣、父、子规范去"克己"行事。"礼"包括生前和死后两种："生，事之以礼。死，葬之以礼、祭之以礼。"① 孔子不仅看重生前的"事"，还特别看重死后的"葬"和"祭"，这是孔子"孝"的时间概念。而要想"尽孝"，就要不废祖祭、子子孙孙把"香火接力棒"传下去；这在距今 2500 年前孔子生活的高死亡率时代，只能依赖推行"庶矣哉"人口生育政策去实现②。庶，一般解释为众多之意，指庶民百姓；但在宗法制婚姻家庭概念中，庶特指有别于"嫡出"的家庭的旁支，称妾为"庶母"，称妾所生之子为"庶子"。孔子"庶矣哉"人口思想赞美庶众，没有异义；是否为了人口庶众而鼓励纳妾？至少有此含义之嫌。除此之外，孔子立足于广施仁政，主张推行"近者说，远者来"③ 吸纳外来人口的政策，暗合 2000 多年以后的人口迁移"推—拉"理论，颇值得称道。孔子人口思想比较清晰的脉络，可用下式概括：

仁—礼—孝—庶—仁

这里，"仁"既是出发点又是终点，是儒家学说的核心；怎样才能达到和实现"为仁"？只有按"礼"行事；"礼"在家庭和代际关系上，表现为生前和死后的"孝"；要想使"孝"代代相传下去，就要保证"庶"——人口的增加；"庶"是伦理和对内对外施仁政取得的结果，于是从"仁"出发又回到"仁"。

孟子（公元前 372～前 289）对孔子人口思想有两处重要的发展，一处是至今尚且耳熟能详的"不孝有三，无后为大"说教，将生子传后提到"孝"的首位，视不娶妻和娶妻不生子为最大不孝；另一处也是大家所熟知的"天时不如地利，地利不如人和"思想，结合战国时期土地大片荒芜的实际，通过施仁政吸引"民归"，阐明"人和"是一个国家国力强盛最重要的标志和条件。

春秋战国以下，自西汉至清道光二十年鸦片战争（公元前 206～1840）2000 多年，是中国封建社会最主要的时段，人口思想更具封建代表性，历

① 参见《论语·为政第二》。
② 参见《论语·子路第十三》。
③ 参见《论语·子路第十三》。

经封建社会大小无数次改朝换代的洗礼和磨砺，提高到一个新的层次。汉武帝（公元前 140～前 87）采纳董仲舒的建议，立儒学为官学，以优礼录用儒生在太学和郡县学校任职，号令"罢黜百家，独尊儒术"，开创儒家学说长期统治中国封建社会的历史。到了宋朝，周敦颐开创理学，他的弟子程颢、程颐加以发扬光大，用永恒不变的"理"解释万物，君臣父子就成了永远不可改变、通行于历朝历代的"天下之定理"。南宋朱熹（1130～1200）集北宋以来各派理学成果之大成，建立了比较完整的理学体系，鼓吹"去人欲，顺天理"，树起"三纲五常"（三纲：君为臣纲、父为子纲、夫为妻纲；五常：一般指仁、义、礼、智、信）等道德标杆，"三从四德"（三从：未嫁从父、既嫁从夫、夫死从子；四德：妇德、妇言、妇容、妇功）等封建道德伦理规范。成为具有高压态势的一种社会舆论和伦理道德，对人口数量、性别结构、教育素质、人口政策取向等，产生相当深远的影响。

最主要的影响，一是将"多子"与"多福"联系起来，明示增加人口的目的性，使之成为广大民众追求家庭人丁兴旺的精神支柱；二是将其纳入封建伦理道德规范，给无子无后家庭套上"不孝"的枷锁，形成一种富有威慑力的社会舆论；三是将多子多福等生育观念渗透到婚姻、生育、家庭、家族、职业、健康、伦理、道德、户籍、统计、天文、地理、税收等诸多领域，策动与土地、田赋、丁税等社会政策结合起来，形成盘根错节、难以撼动的直接的和间接的人口政策，左右着人们的生育行为。1840 年鸦片战争轰开中国闭关锁国的大门，敲响了封建统治历史的丧钟，包括人口在内的传统观念受到一定程度的震动；但是也没有从根本上动摇多子多福、男尊女卑一套人口思想和相应的人口政策，表现出令人惊叹的抵御能力。

3. 以多生多育为主线的人口政策

封建时代的人口政策，从内容上划分，多生多育是主线，其他均程度不同地与这一主线相关联。从机制上划分，可分为直接干预的人口政策和间接干预的人口政策。

（1）直接干预的人口政策

直接干预的人口政策，可分为作用于出生、死亡、迁移人口变动，以及同人口变动相关联的婚姻、家庭、劳动、教育、赡养等的人口政策。间接干预的人口政策，主要体现在田赋、丁赋、徭役等政策中与人口有关部分。

①鼓励多生多育政策。这是历朝历代人口政策的核心和主线，它贯穿于每一个朝代始终，并且渗透到政治、经济、军事、外交等各项政策之中。如

春秋时期，越王勾践被吴王夫差打败，回到越国卧薪尝胆，制定了"十年生聚，十年教训"韬光养晦之策。其中"生聚"包括"生"——鼓励人口自然增长，"聚"——吸引外来迁入人口两层含义。规定男女婚龄相当，以利生育；丈夫二十不娶，女子十七不嫁，其父母有罪；又如汉朝实行奖罚并举的人口生育政策：在奖的方面，汉高祖曾规定"民产子"免徭役二年①，汉章帝降诏免产子者三年人头税，怀孕者奖谷三斛、其夫免一年人头税②。在罚的方面，汉惠帝曾下令十五至三十岁女子不嫁"五算"③——征收五倍人头税。汉章帝开征人头税先例，通过一定期间内的免征刺激人口增殖，收到明显效果。此后历代征收人头税被合法化，而如何征收则成为调节人口增殖的一项政策。直至清康熙时实行"滋生人丁永不加赋"，1723年雍正皇帝下令实行"摊丁入亩"，取消按人头征税的制度，迎来封建时期最大的一次人口增长。

②奖励生育男性孩子政策。上面列举的汉朝奖励生育的政策，不是生育就奖，而是"产子"——生育男性孩子才给予奖励。到了南北朝时期，齐明帝降诏：民产子者奖米十斛，"蠲其父母调役一年"④，对产子者不仅给予物质奖励，而且增加免除一年的"调役"。唐太宗登基，也下令奖"妇人正月以来生子者粟一斛"⑤。一些封建王朝还对产子贫困家庭予以生活补助，元实行一产三子家庭免税三年，明则按例给粮至八岁。到了清朝，则规定"一产三男俱存者，给布十匹，米五石"；"若男女并产及三女，不准行"⑥。可见，封建帝王鼓励多生多育的出发点，是多生育男性孩子，女性一般不在其内，人口政策包含很大程度的性别歧视成分。

③提倡早婚早育政策。前面提到的越王勾践"十年生聚，十年教训"中，就将女子结婚年龄限定在女子十七岁以前、男子二十岁以前，否则"其父母有罪"。到唐开元二十二年，将允许结婚的年龄下调至男十五岁、女十三岁⑦。明朝调整为"凡男年十六、女年十四以上，并听婚娶"。⑧

---

① 参见《汉书·高帝纪》。
② 参见《后汉书·章帝纪》。
③ 参见《汉书·惠帝纪》。
④ 参见《南史》卷6《梁本纪》。
⑤ 参见《新唐书》卷2《太宗纪》。
⑥ 参见萧奭《永宪录》卷1。
⑦ 参见王溥《唐会要·婚嫁》。
⑧ 参见万历《明会典》卷69。

④倡导大家庭政策。家庭是社会的细胞，人口再生产的基本单位，家庭规模和类型在颇大的程度上影响着人口的变动和发展。同鼓励人口增长、多生多育人口政策宗旨相适应，封建社会维系的是多代同堂的大家庭。儒家学说在"孝"的旗帜下将"我"的存在泯灭在伦理道德之中，变成我仅仅是我父母的儿子或女儿，把儿女子孙都笼络在父母、祖父母膝下尽孝。封建帝王还出台保护大家庭的政策，如公元742年唐玄宗降诏："如闻百姓之内，有户高丁多，苟为规避，父母现在，乃别籍异居，宜令州县勘合，一家之中，有十丁以上者，放两丁征行赋役；五丁以上者，放一丁"①。甚至对"诸父母在而子孙别籍异财者，徒三年"；"诸养子所养父母无子而舍去者，徒二年"。② 使四世同堂、五世同堂联合式大家庭日渐繁盛，家族势力也不断壮大。

⑤禁止弃婴溺婴政策。封建王朝出于增加人口，同时出于维护封建伦理道德需要，历朝历代大都制定了禁止弃婴、溺婴和支持官民收养的政策。人口稠密、经济比较发达和弃婴、溺婴比较严重的浙江、福建、广东、江西、江苏、山西等省，地方州县早有一些处罚弃婴、溺婴的条令。宋代以后，南宋曾颁布"严民间生子弃杀之禁"③；元则制定了"诸生女溺死者，没其家财之半以劳军；首者为奴，即以为良；有司失举者罪之"的法令④；明继承并增加"五家连坐"处罚，南宋理宗时则专门设置了官办机构慈幼局，负责收养遗弃婴儿；清朝康熙曾责成"五城司坊官严行禁止，违者照律治罪"。还设置育婴堂，"凡旗民有贫穷不能抚养其子者，许送育婴儿之处，听其抚养"⑤。据《文献通考》等史书记载，京师广渠门内育婴堂经营有道，全国普遍推广；江西育婴堂每年收养女婴多则千余口，少者数百口，对保持人口增长起到一定的作用。

⑥吸引外来移民政策。历代封建统治阶级在鼓励生育的同时，都不放弃通过外来移民途径增加人口，二者相辅相成。在这方面，秦朝商鞅变法是一个成功的例子。通过"废井田，开阡陌"，招募大量三晋移民前来开垦荒地，规定凡是农民生产的粮食、布帛，超过一般产量的免除本人的徭役和赋税；而弃农从事工商业或不务正业致贫者，全家罚做官奴。明太祖朱元璋在

---

① 参见杜佑《通典》卷6《食货》6。
② 参见《唐律疏议》卷12。
③ 参见嵇璜等《续文献通考》卷12。
④ 参见元《通制条格》卷4。
⑤ 参见《大清全典事例》卷1036。

北方实行"召民耕,人给十五亩,蔬地二亩,免租三年","额外垦荒者永不起科"的政策①,促使江苏、浙江、安徽、江西等省人口回迁。而许多封建王朝推行的戍边屯田政策,以优惠条件吸引内地移民前往,对促进边疆人口增长和边防的巩固,起了很大的作用。

此外,在提高人口素质方面,封建王朝也实行过诸多直接干预的政策。孔子倡导同姓同宗不婚,到公元 483 年北魏孝文帝下诏禁止同姓结婚,以下各朝代对同姓结婚的处罚严格起来。唐代曾规定"诸同姓为婚者,各徒二年,缌麻以上以奸论"②。明代规定"凡同姓为婚者各杖六十,离异"③。清代除沿袭明朝的规定外,增加同姓结婚"妇女归宗,财礼入官"的条款④。与禁止同姓结婚相关联的,是禁止近亲之间的结婚,唐以下各代作了明文规定。同姓不婚和禁止近亲结婚相关政策的颁布和实施,对种的繁衍和人口健康素质的提高功不可没。在提高人口教育素质方面,历代封建统治者都推崇儒家经典,使孔孟学说包括后来发展了的"三纲五常"、"三从四德"成为深入民众占据绝对统治地位的意识形态。通过舆论的、宗教的、宗法的、行政的等手段,千方百计维护这一套封建礼教,起到与多生多育人口政策相呼应、相配合的作用。特别是隋唐实行科举制度以后,文举考的是儒家经典,做官做事行的是孔孟之道,儒家学说及其规范成为衡量人口教育素质的唯一标准,影响至深至远。

(2)间接干预的人口政策

在中国漫长封建社会历史长河中,间接干预的人口政策具有同经济、社会、文化发展紧密结合,与各种政策融为一体的特点,因而其作用不可小视。尤其是休养生息政策、土地政策和税收政策中的相关政策。

①休养生息政策中的相关政策。考察中国封建社会朝代更迭的历史,基本上是三段论:初期由乱而治——经过战乱而产生的新的封建王朝,实行一定程度上的让步政策,以利恢复和发展生产,达到国富民强的目的;中期由盛转衰——土地兼并逐渐严重,农民负担加重,社会动荡加剧;晚期由衰至亡——丧失土地的农民越来越多,赋税徭役越来越重,国家财政越来越入不敷出,战争和农民起义越来越频繁,直至这一代封建王朝覆灭。在这种世代

---

① 参见《明史·食货志》。
② 参见《唐律疏议》卷 14。
③ 参见《明会典》卷 14。
④ 参见《大清会典事例》卷 756。

更替过程中，人口也随着呈有规律性的变动：初期由减少到增加，中期由增加到停滞，晚期由停滞到减少，随着朝廷由盛转衰而增减，总体上呈波浪式缓慢增长态势。因此，中国历史上人口增长主要在每个朝代中前期，是实行休养生息政策的结果；人口减少主要发生在由衰转亡末期，是封建地主阶级腐败加剧和战乱不断的结果。

秦以后主要朝代的封建帝王，如汉高祖刘邦、唐高祖李渊、宋太祖赵匡胤、明太祖朱元璋等，他们本身或为农民起义领袖，或与农民起义关系密切，深知农民为什么要起来推翻原来的封建朝廷，因而在夺取皇位后，一般都要实行程度不同的休养生息政策。以汉朝为例，汉高祖取得政权后，出台一系列休养生息政策：承制定令，在秦法基础上修改成新的法令，保证人民有一个战乱后的安静环境；广招贤士，网罗人才，使人力资源得到比较充分的利用；轻徭薄赋，实行按粮食产量"十五税一"，开荒耕种头几年免赋，号召战乱流民返回本土从事农耕；军队复员按功劳分给土地房屋，其中关东兵复员留在关中的免徭役十二年，回关东则免六年等。这些休养生息政策给农民松了绑，调动了广大农民生产劳动的积极性，缓解了农民同地主阶级的矛盾，也为人口增长创造了必要的条件。

②土地政策中的相关政策。按照封建王朝"盛—衰—亡"三段论模式，一个朝代初期最重要的政策，就是解决前一个朝代衰亡期遗留下来的土地兼并问题。封建统治阶级应对的主要办法，自北魏至宋主要为均田，宋以后则实行土地买卖制度。

公元485年北魏孝文帝下令，将田分为桑田和露田两种。桑田为"世业"，不得买卖；露田及岁而受，年老则免，身没则还，并且超过部分可以卖，不足部分可以买。男子十五以上受露田四十亩，妇人二十亩；奴婢依良丁，许受田、牛。唐朝效仿魏均田办法，实行租庸调制。公元624年唐高祖下令：丁男十八以上，给田一顷，其中二十亩为"永业"，余为"口分"；田少不足人的"狭乡"，较田多足其人的"宽乡"受田减半；工商宽乡减半，狭乡不受；对迁移人口的受田，也作了具体规定。受田的丁，每年缴粟二石，称为"租"。依地方出产，或缴绢、绫、缯各二丈，绵二两；或缴布二丈四尺，麻三斤，称为"调"。每年服役二十天，遇闰月加二天，不服役每天折缴绢三尺，称为"庸"。自北魏至唐的均田制的实施，在一定程度上满足了农民对土地的要求；特别是新的均田办法多在改朝换代之初发布实施，当时土地荒芜严重，人口减少许多，实行起来比较容易。经过初期由乱而治的发展,人口大量增加,土地兼并逐渐加剧,到了由衰至亡的晚期,土地高度集中到封建地主阶级手中,均田的成果便不复存在了。唐朝租庸调均田制,经过安史之乱和唐末农民大起义,被彻底冲垮。宋以后,土地买卖规模越来越大,遂成为一种制度。一方面,土地买卖有利于封建地主阶级对土地的兼并,强化了这一阶级的统治力量;另一方面则摆脱了农民对地主的人身依附关系,使农民可以迁移流动到其他地方从事垦殖或租佃。

无论是均田还是土地买卖制度,都有利于人口的繁衍和增殖。均田制使农民在失去土地之后,有可能在新的封建王朝建立初期得到某些土地,有一个相对安定的环境从事农业生产劳动,为人口增殖创造条件。土地买卖制度可使失去土地的农民另辟蹊径,或到边远地方开荒种田,或成为小工商业者,全社会完成向真正意义自耕农的过渡,完善了建立在个体自耕农基础上的小农家庭。这种小家庭,最能体现多生多育、多子多福的真正含义,是封建时代滋生人口的温床。

③税收政策中的相关政策。直接干预人口变动的税收政策,前文已有论述;这里的税收政策,指除直接干预人口变动以外的税收政策,尤其是变法改革形成的新政策。中国历史上的税收政策,汉以前主要是田赋、身役,没有同人口的变动挂起钩来,同人口增长关系并不密切,但是也没有妨碍人口的增长。到了西汉,在征田税的同时开征人头税,无论生子的奖励还是大龄女子不嫁的处罚,都具有人头税性质。汉律将人头税分为 7 ~ 14 岁口赋、15 ~ 56 岁算赋,20 ~ 56 岁男丁的力役等不同档次。口赋、算赋的年龄和缴纳的赋税额,不同年代有所变化;不过与田赋比较起来,远比田赋为多,成为主要的税收,直至清康熙、雍正废除人头税改革。人口增加可以不再缴税,其对多生多育、人口增长的作用之大,是其他政策无法比拟的。清朝从康熙到道光 150 年里人口接连两个倍增,就是最好的证明。

## 新中国前 30 年的人口政策

中华人民共和国成立 60 年来的人口政策,大体上可以分成前 30 年和后 30 年两个时期。前 30 年的人口政策,既离不开新中国成立后的政治、经济、社会背景,也同人口理论的反复密切相关,需要放到特定的历史环境中考察。

1. 新中国成立后面临的人口问题

1949 年中华人民共和国诞生，真的是"两岸晓烟杨柳绿，一园春雨杏花红"，好一派欣欣向荣景象。人民企盼已久的路不拾遗、夜不闭户的太平景象，在进入 20 世纪 50 年代后实现了。然而就在这种蓬勃向上、国泰民安、一派祥和的发展气氛中，人口生产正发生着历史性的重大变化，新的人口问题悄然向我们逼近。

（1）人口转变

20 世纪初，法国学者兰德里（A. Landry）发表"人口的三种主要理论"论文，提出人口的变动可分为原始、中期和现代三个阶段。美国人口学家诺特斯坦（F. W. Notestein），把由农业社会向工业社会的人口转变分为前工业化、初步工业化、进一步工业化和后工业化四个阶段，分析了每个阶段的主要特征。以这一理论分析新中国成立后三年恢复时期和"一五"建设时期的中国人口与发展，当处在初步工业化阶段。表现为高出生率的惯性力在延续，工业化的启动和科学技术的进步已使死亡率有所下降，发生由高出生、高死亡、低增长向着高出生、低死亡、高增长的转变。统计资料显示，1949～1952 年人口出生率一直维持在 37‰左右的高水平，死亡率于 1952 年下降到 17‰，自然增长率于 1951、1952 年上升到 20‰的较高水平[1]。这说明，在新中国成立后的短短三年国民经济恢复期间，即实现了人口再生产类型的转变，展示出新的人口增长态势。

（2）第一次生育高潮

继三年恢复时期人口转变开始后，接着出现了新中国成立后的第一次生育高潮。1952 年全国人口为 57482 万人，1957 年增加到 64653 万人，5 年时间增加 7171 万人，年平均增加 1434 万人，年平均增长率达到 23.79‰[2]，表明 1952～1957 年已经形成一次相当水平的生育高潮。这次生育高潮的特点，一方面表现出高出生率的延续性，另一方面死亡率下降异常迅速，5 年中下降 6.2 个千分点，年平均下降 1.24 个千分点。人口增长率创下近 24‰的高水平，为中国人口发展史上所不多见。

2. 关于人口问题的论战

三年经济恢复时期和"一五"建设时期，人口死亡率下降如此之快，人口增长率上升如此之高，不能不引起国人的注意。一些专家、学者格外关

①《中国统计年鉴1986》，中国统计出版社，1986，第 92 页。
②《中国统计年鉴1986》，中国统计出版社，1986，第 92 页。

注，撰写并发表文章，遂引发一场关于人口问题的论战。

(1) 社会学派人口节制主义再起

按照时间顺序，率先提出节育问题的当属邵力子先生。他在 1954 年第一届全国人民代表大会上的发言中，提到"人多是喜事，但在困难很多的环境里，似乎也应有些限度"。其后又在《光明日报》、《人民日报》上发表文章，主张"有计划地生育孩子"，不赞成以法令或权力限制人工流产和持久性避孕手术，提出修改《婚姻法》，提高婚龄以节制生育①。早在 20 世纪二三十年代便主张节制人口的社会学派节制主义者，这时也纷纷登场，1957 年吴景超发表"中国人口问题新论"，陈长蘅发表"谈谈过渡时期的中国人口问题"，陈达发表"节育、晚婚与新中国人口问题"等文章，分析人口增长过快的原因和存在的问题，提出解决人口问题的政策建议，着力说明，用发展工农业生产、合理调配使用劳动力、提倡移民等办法都难以奏效，要想从根本上解决人口问题非节制人口生育不可。同时提出"适中人口密度"说，费孝通提出，"每个社会，每个时期，根据各种条件可以算出一个人口的适中数。人口增长超过这个适中数是会迟缓社会发展的"。② 孙本文教授提出："要使我国人口总数控制在最适宜的数字以内，使全国人民不仅粮食等生活资料及就业不成问题，而且生活水平及文化水平也能逐步提高……8 亿人口是我国最适宜的人口数量"。③ 一时间，节制人口呼声颇为高涨。

(2) 马寅初的新人口论

马寅初 (1882~1982)，浙江嵊州 (原嵊县) 人。1906 年由天津北洋大学毕业后保送赴美留学，获耶鲁大学经济学学士，哥伦比亚大学经济学博士、哲学博士学位。1916 年回国在北京大学任教，后被选为北京大学第一任教务长，曾任南京中央大学、上海交通大学、苏州东吴大学教授，重庆商学院院长、教授等职；后被国民党当局逮捕关押在贵州息烽集中营、江西上饶集中营，获释后被软禁在重庆歌乐山家中。经周恩来和中共地下党以及有关民主人士、美国友人帮助，1945 年抗战胜利后恢复自由，1949 年在上海地下党组织的安排下，经香港转大连赴北平 (北京)，出席中国人民政治协商会议第一次会议，被选为中央人民政府委员。历任中央人民政府政务院财

---

① 参见国家人口和计划生育委员会编《中国人口和计划生育史》，中国人口出版社，2007，第 33~34 页。

② 参见费孝通《人口问题研究搞些什么》，《新建设》1957 年 4 月号。

③ 参见孙本文《八亿人口是我国最适宜的人口数量》，1957 年 5 月 11 日《文汇报》。

经委员会副主任，华东军政委员会副主席，浙江大学校长，北京大学校长，第一、二、五届全国人民代表大会常务委员，北京大学名誉校长，中国人口学会名誉会长，中国经济学团体联合会顾问等职。百年马寅初，历经封建王朝土崩瓦解、民主革命如火如荼、反抗外来侵略风起云涌，以及社会主义革命和社会主义建设起伏跌宕的不同历史时期，在大风大浪中寻求救国救民的真理，探索走向国富民强的道路，铸造了属于他自己的风格和精神境界。这是马寅初提出和坚持新人口论的思想基础，也是马老做人做事的立场和准则。

早在 20 世纪 20 年代初，马寅初先生便涉足人口学研究，《新青年》1920 年第 7 卷第 4 期刊登他的第一篇人口学论文"计算人口的数学"。但是其后 30 多年，他几乎再没有任何人口学论著发表，而是集中精力研究财政经济。新中国成立后，他看到各项建设事业蒸蒸日上，很是兴奋；不过每当他回到家乡调查研究，发现小孩子日益多了起来，带回去的糖果越来越不够给小孩子分摊，遂引起一种担心：人口增加太快了，会拖住经济建设的后腿。他利用人大代表、人大常委会委员工作之便，每到一地，总要同工人、农民、干部座谈人口问题。1954 和 1955 年，他先后三次视察浙江省，用他自己的话说，旧时代浙江省 11 个府跑了 10 个府，详细地调查了人口问题，特别是农村人口与粮食增长的情况。1955 年他将调查得到的材料写成控制人口增长与科学研究的发言稿，准备提交人代会。在正式提交之前，先拿到浙江小组讨论。不料竟遭到一些同志的反对，有的还说他是马尔萨斯的那一套，有的说虽然他与马尔萨斯人口论有区别，但是思想体系是一致的等。尽管马老对这些意见不能接受，但他看到提意见者出于善意，便主动撤回发言稿。到 1957 年 2 月，毛泽东在最高国务会议第十一次（扩大）会上作了《关于正确处理人民内部矛盾的问题》的报告，其中谈到"我国人口多，是好事，当然也有困难"的论述，马老认为时机来到了，于是在会上宣读了他早已准备好了的原来的稿子，受到毛泽东等党和国家领导人的高度评价和重视。毛泽东同志说："在这里，我想提一下我国的人口问题。我国人口增加很快，每年大约要增加一千二百万至一千五百万，这也是一个重要的问题……对于这个问题，似乎可以研究有计划的生育的办法"；"我们这个国家有这么多的人，这是世界上各国都没有的。要提倡节育，要有计划地生育。我看人类是最不会管理自己了。工厂生产布匹、桌椅板凳、钢铁有计划，而人类对于生产人类自己就没有计划了，这是无政府主义，无组织无纪律"。随后在 3 月 1 日的会上，再次强调指出："人类要自己控制自己，有时候他能够增加一点，有时候他能够停顿一下，有时候减少一点，波浪式前进，实现有计划的生育……这个问题很值得研究，政府应该设机关，还要有一些办法。人民有没有这个要求？农民要求节育，人口太多的家庭要求节育，城市、农村都有这个要求，说没有要求是不适当的。"他还特别指出："实现有计划的生育，这一条马寅（初）老讲得好"。①马寅初听后备受鼓舞，他在原稿基础上又作了必要的修改和补充，写成书面发言形式提交 6 月份召开的第一届全国人民代表大会第四次会议。7 月 5 日《人民日报》全文发表，这就是他的《新人口论》。

《新人口论》连同马寅初在此前后发表的文章、演讲、答记者问阐述的基本观点，概括起来，主要是一个前提、五大问题、三项建议。

一个前提，对当时人口增长的估计。这是新人口论的出发点和立足点。他对 1953 年人口普查 20‰的增长率，认为"这是一个静态的纪录"，缺乏"动态的人口纪录"，拿 20‰来解释 1953～1957 年的情况"恐怕有出入"。他列举 7 个方面的原因，说明近 4 年来人口增殖率很可能在 20‰以上②。

五大问题，人口增殖过快与经济、社会发展之间存在的五个方面的矛盾和问题。即人口增加过快同加速资金积累之间、同提高劳动生产率之间、同工业原材料供给之间、同提高人民生活不平之间、同科学技术进步之间的矛盾和问题。他指出，必须一方面加速资金积累，加快经济的发展和工业化的步伐；另一方面努力控制人口增长，不让人口的增殖拖住国民经济发展的后腿。③

三项建议，即解决人口问题的三项具体建议。一是建议在 1958～1963 年进行普选时，再进行一次人口普查，以便了解人口增长的新情况，在此基础上制定相应的人口政策。二是要大力进行宣传，破除封建传统观念；准备修改婚姻法，实行晚婚，大概男子 25 岁、女子 23 岁结婚是比较适当的；如果婚姻法修改之后控制人口的力量还不够大，建议辅之以更严厉更有效的行政力量，主张生育两个孩子的有奖，生育三个孩子的要征税，生育四个孩子的要征重税，以征得来的税金作奖金，国家财政不进不出。三是在节育的具体办法上，主张避孕，反对人工流产。

---

① 参见《中国人口和计划生育史》第 25 页。
② 参见《新人口论》第 2～3 页。
③ 参见《新人口论》第 17 页。

### 3. 对新人口论的批判

本文前面"从生殖崇拜到多生多育"的阐述说明，多子多福生育观念和多生多育生育政策是何等根深蒂固，社会学派人口节制主义特别是马寅初新人口论的发表，对这样的观念说来无疑是一种离经叛道，注定难逃被批判的命运。果然，1957年反右派之风一起，灭顶之灾立刻降临到社会学派人口节制主义者头上，其代表人物无一例外地均被划入资产阶级右派分子名册。由于影响和历史等方面的原因，马寅初未被划入右派行列；但是批判是少不了的，1958年5月4日在北京大学60周年校庆大会上，时任中共中央政治局候补委员、主管意识形态的理论家陈伯达在讲话中，阴阳怪气地放出风来：马寅初要对他的《新人口论》作检讨。党的八大二次会议的工作报告中，也批判了农业增长速度赶不上人口增长速度、只看到人是消费者而没有看到人首先是生产者的观点。全国性的报纸杂志，陆续发表批判文章，给马寅初加上种种罪名。同年7月，另一位中央政治局候补委员、号称党内理论家的康生，在北京大学纪念中国共产党成立37周年大会上的讲话中，给马寅初定下不是马克思的"马"而是马尔萨斯的"马"的调子，并且亲自给理论界一些领导写信，布置要像批判艾奇逊那样批判马寅初。果不其然，北京大学燕园里大字报铺天盖地而来，就连燕南园马老居室内外的墙壁上、过道上甚至书桌上，都贴满了大字报；大小批判会开了一次又一次，必欲将马老先生一巴掌打下去。对于这些暴风骤雨式的批判，马老自知"来者不善"，他在1960年第1期《新建设》"重申我的请求"一文中说："我虽年近八十，明知寡不敌众，自当单身匹马，出来应战，直至战死为止，决不向专以力压服不以理说服的那种批判者们投降。"① 马寅初为何如此坚强？他在接见《文汇报》记者时说得好："你看看我们的人过去是怎样生活的，过去很多人是糠菜半年粮，饥荒时连糠菜都吃不到，吃草根，吃树皮，死亡遍野，乞丐满天下"。② 新中国成立后生产力发展了，人民生活提高了，但是这个提高受到很大的限制，一个重要的原因是人口增殖太快。马寅初正是站在人民大众立场，站在发展生产力社会进步立场，发表《新人口论》，并不惜一切代价捍卫他的理论。面对200多篇文章笔伐和批判会一个接着一个的口诛，始终坚持真理不动摇，直至被解除全国人大常委、北京大学校长职务，从学坛、政坛上"蒸发"为止。

---

① 参见《新人口论》第57页。
② 参见《新人口论》第66页。

4. 形而上学人口理论一统天下

两次批判马寅初新人口论，造成的影响是严重的。由于批判带有浓厚的政治色彩，是某种政治压力下"一边倒"式的批判，最容易产生片面性和教条主义，走上形而上学。

一是把人口问题归结为政治问题，造成其后 10 多年无人敢于问津人口问题。两次批判马寅初新人口论，将马寅初对现实存在的人口问题的阐释，说成是揭社会主义的"疮疤"，"诋毁社会主义制度"，《新人口论》是向党和社会主义进攻的"利剑"。几乎所有针对马寅初控制人口增长的批判，都上纲为马尔萨斯人口论，一时间，马寅初成了马尔萨斯在中国的代言人、代名词。造成谁说中国存在吃饭、穿衣、住房、就业、教育、卫生等人口问题，谁就是"攻击"、"丑化"、"诋毁"社会主义制度；谁讲中国人口"多了"、"过剩"、需要"控制"，谁就是宣扬马尔萨斯人口论，就是中国的马尔萨斯。这样一来，人口问题便成为谁也碰不得的"禁区"。

二是用"人手论"取代"人口论"，宣布社会主义不存在人口过剩问题。在批判马寅初新人口论的上百篇文章中，有一个共同的基调，说他把人看成了消费者，没有首先看到是生产者，是"见口不见手"。在两次批判马寅初新人口论的过程中，形成了一种理论教条：似乎人口越多劳动力越多，劳动力越多生产越多，生产越多积累越多，积累越多发展越快，因此人口越多越好。甚至有人在《人民日报》上发表署名文章说：为什么人们只看到人有一张口，而不首先看到有一双万能的手呢？认为"人口"一词本身就值得推敲，应该将"人口"改为"人手"，将"人口论"改为"人手论"。宣称社会主义永远不存在人口过剩问题，人口过剩只能是资本主义特有的人口现象，一条不可改变的铁律。

三是将人口质量与种族优生混同起来，谁讲人口质量就是仇视劳动人民。马寅初在新人口论中讲了不少关于人的健康素质，反复强调科学、教育、文化素质是人口质量的核心，是颇有见地、无可责难的。然而批判者们却将其说成"仇视劳动人民"，是"来源于资产阶级社会学者所倡导的优生学说，来源于法西斯主义所宣扬的种族论"，[1] "是对中国人的诬蔑，对帝国主义的效劳"[2]，把马寅初划到资产阶级民族主义范畴。

四是在社会主义人口规律问题上，突出人口的不断迅速增长。批判马寅

---

[1] 参见 1958 年 6 月 6 日《人民日报》。
[2] 参见《经济研究》1960 年第 1 期。

初新人口论的人口节制主义，必然强调人口的迅速增长，把这一点放在突出位置。一些批判常常引证苏联《政治经济学教科书》中的一段话：把"人口不断迅速增加，人民物质福利水平很高，患病率和死亡率很低，同时有劳动能力的人得到充分而合理的使用"，视为社会主义人口规律的实质，把中国人口的迅速增长归结为社会主义人口规律作用的结果，是社会主义优越性的体现。

### 5. 在艰难中启动的人口生育政策

对马寅初新人口论的错误批判和由此形成的形而上学的片面理论，理论界和社会舆论成为"人口越多越好"论的一统天下，不仅使人们不能也无法正视客观存在的人口问题，而且对人口政策的制定和推行也产生颇大的影响。人口政策包括人口数量、素质和结构方面的各种政策，并不等于计划生育政策；然而就中国的实际情况特别是前30年的实际情况而言，人口政策主要表现为以调控人口数量变动为主线的生育政策，涉及人口素质和结构方面的政策不多。按照人口政策提出、形成、发展的历史过程，分述如下。

1949～1952年的三年经济恢复时期，总体上讲，实施的是限制节育的政策，先后颁发了几个文件。1950年，中央人民政府卫生部、中国人民革命军事委员会卫生部发布《机关部队妇女干部打胎限制的办法》；1952年，中央人民政府政务院文化教育委员会答复卫生部，同意《限制节育及人工流产暂行办法》和《婚前健康检查试行办法》等。对打胎作了严格规定，违反的要对本人及执行者分别予以处分。不过由于当时有节育要求的人不多，对于广大民众说来，这些限制并没有太大的实际意义。

1953～1957年实施了大规模发展经济的第一个五年计划。1953年时任政务院副总理的邓小平同志指示卫生部改正限制节育、禁止避孕药和用具进口的做法，催促制定和下发《避孕及人工流产办法》。一年后，他又批示："避孕是完全必要的和有益的—— 应采取一些有效的措施"。[1] 1955年中央批转卫生部党组的报告，明确指出："我们党是赞成适当地节制生育的。各地党委应在干部和人民群众中（少数民族地区除外），适当地宣传党的这项政策，使人民群众对节制生育有一个正确的认识"。[2] 1956年周恩来总理在《关于发展国民经济的第二个五年计划的建议报告》中，重申"我们赞成在生育方面加以适当的节制"；《一九五六年到一九六七年全国农业发展纲要》

---

[1] 参见《中国人口和计划生育史》第20页。
[2] 参见《中国计划生育全书》，中国人口出版社，1997，第1～2页。

（修正草案），则提出"提倡有计划地生育子女"①；1957 年 3 月 1 日毛泽东同志在最高国务会议第十一次（扩大）会议讲话中，明确提出，"要提倡节育，要有计划地生育"。② 这表明，"一五"期间从中央到地方各级党组织对节制生育的认识发生很大转变，将"有计划地生育子女"提到国民面前。不过，这时的"有计划地生育子女"还是有限度的，从领导讲话到下发文件，均使用了"适当地"字样。文件中提到"为了国家、家庭和新生一代的利益"，较过去仅仅为了母亲和儿童的健康、有利于父母亲的工作和学习等提法，前进了一步。然而没有也不可能指出人口问题的过剩性质，强调我们提倡节育与马尔萨斯人口论"毫无共同之点"。

　　1958 年是一个特例，这一年中国进行了"大跃进"。在"人有多大胆，地有多高产"群众运动冲击下，人多力量大成为一条公理，节制生育的人口政策似乎被遗忘了。这一年年初，毛泽东在最高国务会议上的讲话中说："人多好还是人少好？我说现在还是人多好，恐怕还要发展一点"；"现在人多一些，气势旺盛一些，要看到严重性。同时也不要那么害怕。我是不怕的，再多两亿人口，我看问题就解决了"。③ 中共八大二次会议的工作报告，还不点名地批判了马寅初的新人口论。而八届六中全会通过的《关于人民公社若干问题的决议》，对未来的憧憬作出这样的描述："过去人们经常忧愁我们的人口多，耕地少。但是 1958 年农业大丰产的事实，把这种论断推翻了。只要认真推广深耕细作、分层施肥、合理密植而获得极其大量的高额丰产的经验，耕地就不是少了，而是多了，人口就不是多了，而是感到劳动力不足了。这将是一个极大的变化。应当争取在若干年内，根据地方，把现有种农作物的耕地面积逐步缩减到例如三分之一左右，而以其余的一部分土地实行轮休，种牧草、种田草，另一部分土地植树造林，挖湖蓄水，在平地、山上和水面都可以大种其万紫千红的观赏植物，实行大地园林化"。④ 就这样，刚刚抬头的节制生育的呼声被"大跃进"的声浪吞没了。

　　1959～1961 年的三年困难时期，出生率和人口增长率骤降，死亡率上升，1960 年还出现新中国成立以来唯一一年的负增长，使节育宣传和已经开展的节育工作，一般均停止下来。这一时期没有出台新的政策，也没有宣

① 参见《中国计划生育全书》第 3 页。
② 参见《中国人口和计划生育史》第 24～25 页。
③ 参见《中国人口和计划生育史》第 44 页。
④ 参见《中国计划生育全书》第 4 页。

布废止何种政策，亦即理论上延续了过去的政策，实践上则出现因严重经济困难带来的生育低潮。值得一提的是，1960 年二届全国人大二次会议通过的《一九五六年到一九六七年全国农业发展纲要》，仍旧坚持了节制生育的基本精神，提出"除了少数民族的地区以外，在一切人口稠密的地方，宣传和推广节制生育，提倡有计划地生育子女，使家庭避免过重的负担，使子女受到较好的教育，并且得到充分就业的机会"。①

1962～1965 年贯彻"调整、巩固、充实、提高"的方针，国民经济得以恢复和发展。人口生产也从三年困难时期的生育低潮中走出来。1962 年出生率回升至 37.0‰，自然增长率上升到 27.0‰，由此揭开长达 10 年的第二次生育高潮。面对这种情势，1962 年 12 月中共中央、国务院下发了《关于提倡计划生育的指示》。这是中央文件中第一次使用"计划生育"一词，成为一个时期指导计生工作的纲领性文件。指出实行计划生育"是我国社会主义建设中既定的政策。认真地长期地实行这一政策，有利于保护母亲和儿童的健康，有利于教养后代，有利于男女职工在生产、工作、学习中充分发挥自己的力量，也有利于我国民族的健康和繁荣"；强调"鉴于最近几年来放松了节制生育和计划生育的工作，中共中央和国务院认为有必要向各级党委政府重申重视和加强对这一工作的领导"。②《指示》及 1963 年中共中央和国务院批转的《第二次城市工作会议纪要》，都将"努力降低人口出生率"作为工作目标，提出了具体的降低指标。《指示》还明确，开展计划生育的对象，要以城市和人口稠密的农村为主；工作的重点，要放在宣传教育和节育技术指导上；节育的有效办法，是实行避孕，尽量减少人工流产。适应这一要求，1962 年在卫生部妇幼司设立了计划生育处，有了专门的管理组织；1963 年中央和国务院批转《第一次城市工作会议纪要》，要求中央和地方，都要成立计划生育委员会，具体领导这方面的工作；随即有北京、天津、河北、山西、辽宁、吉林、黑龙江、上海、江苏、浙江、安徽、福建、山东、河南、湖北、湖南、广东、广西、四川、贵州、云南、陕西、甘肃、青海、新疆共 25 个省、自治区、直辖市，成立了省一级计划生育委员会。没有成立的省和自治区，有的也成立了技术指导委员会，加强计划生育技术指导工作。

---

① 参见杨魁孚、梁济民、张凡编写《中国人口与计划生育大事记》，中国人口出版社，2001，第 26 页。

② 参见《中国计划生育全书》第 4 页。

1966 年开始的史无前例的"文化大革命"，直把国民经济搞到崩溃的边缘，正常的社会秩序被打乱，人口政策和计划生育事业也受到巨大冲击。不过"文化大革命"10 年中，前期要比后期受到的冲击更大一些，后果和影响也更严重一些。故可分开来阐述。前期（1966～1970）的人口政策，总的说来没有大的改变，这可由 1966 年中共中央在《有关计划生育的几个问题》的报告上作出的批示得到证明。批示"要求各地党委按照中央、国务院 1962 年 12 月的指示，认真总结经验，逐步推广，在城市和人口稠密的农村，积极开展计划生育工作，使人口增长的幅度继续下降，同发展经济和改善人民生活的要求相适应"①。但是由于"文化大革命"前期无政府主义肆意泛滥，党政领导机关受到前所未有过的冲击，许多时候处于瘫痪和半瘫痪状态，包括计划生育工作在内常常处于无人抓、无人管状态，使人口计划生育政策的贯彻实施大打折扣。

"文化大革命"后期至党的十一届三中全会召开前（1971～1978），人口政策经历了一段历史的转折。20 世纪 60 年代与 70 年代之交，中国人口突破 8 亿大关，形势严峻起来，也到了 1958 年毛泽东同志所说的"再多两亿人口，我看问题就解决了"的时候。尽管此时"文化大革命"动乱尚未结束，干部下放干校劳动走"五七"道路，知识青年插队上山下乡，在一定程度上缓解了城市人口增长的压力；但是这些逆人口城市化而动的政策难以持久，矛盾越积越多，加强人口控制政策出台已经箭在弦上。于是一扫"文化大革命"前期人口和计划生育的无政府状态，生育控制和生育数量收紧的政策应声而出。首先，强化了宏观人口控制目标。1973 年 6 月，国家计划委员会在《关于国民经济计划问题的报告》中，提出"争取 1975 年把城市人口净增率降到千分之十，农村人口净增率降到千分之十五以下"；1978 年 2 月，国务院批转《全国计划生育工作汇报会的报告》，提出三年内人口自然增长率降到 10‰，并在随后召开的五届全国人大一次会议的《政府工作报告》中向社会公布；1978 年中央批转的《关于国务院计划生育领导小组第一次会议的报告》重申了这一控制目标，并且进一步提出 1985 年要把全国人口自然增长率降到 9‰②。其次，收紧了微观家庭生育子女数量指标。1978 年 10 月中央批转的《关于国务院计划生育领导小组第一次会议的报告》，提出"提倡一对夫妇生育子女数量最好一个，最多两个，生育间隔三

① 参见《中国计划生育全书》第 8 页。
② 参见《中国人口和计划生育史》第 86～87 页。

年以上。各地根据人口规划的需要，对生得晚一点、稀一些，可根据实际情况进行具体安排"。对于晚婚年龄，该报告提出，"农村提倡女 23 岁，男 25 岁结婚，城市略高于农村"①。这是在中央文件中，首次出现一对夫妇生育子女数量"最好一个最多两个"字样，实际上距离后来号召一对夫妇生育一个孩子只有一步之遥了。在计划经济时代，经济和社会发展的计划性的一个突出特点，就是下达计划指标。20 世纪 70 年代以生育控制为中心的中国人口政策，也终于走上这样的管理体系。与此同时，1973 年国务院恢复成立计划生育领导小组及其办公室，由国务院主要领导出任组长。1978 年总结各地开展计划生育工作的经验，归纳出"书记挂帅、全党动手、宣传教育、典型引路、加强科研、提高技术、措施落实、群众运动、持之以恒"的"36 字方针"。"36 字方针"不仅是工作方法问题，更重要的是工作原则和施政方针、政策问题，体现了人口和计划生育政策的基本要求，起到了规范化的作用。

## 改革开放以来的人口政策

新中国成立后 30 年即改革开放以来的人口政策，与前 30 年既有联系又有区别，是当今世界上很难找到与之类同的人口政策。为什么如此独具特色的人口政策能够贯彻实施并收到令世人惊奇的效果？无疑经济长期持续地高速增长是基础，30 年中 GDP 年平均增长率超过 9%，这在国际上是绝难找到的。同时民主、法治不断健全，公平、正义得到更多维护，精神文明建设不断推进等，营造了日益改善的社会环境。还有国际社会的支持，中国的人口政策得到越来越多的国际友人的理解和认同。就人口政策自身说来，则体现了几经波折之后，寻求适合国家和人民根本利益，合乎历史发展规律的必然选择。

1. 舆论准备——为马寅初新人口论翻案

20 世纪 70 年代以来国家切实加强计划生育、努力控制人口增长，取得明显成绩。人口科学研究也试图有所突破，开始触动某些"禁区"问题。然而，直至党的十一届三中全会以前，可以讲，坚冰尚未打破，航线尚未开通。人们心有余悸，发表的屈指可数的文章，还时不时地不忘记大批判，在

———————————

① 参见《中国计划生育全书》第 14 页。

批判马尔萨斯时不忘记捎带上马寅初。党的十一届三中全会恢复了实事求是的思想路线，人口科学战线能不能恢复、怎样恢复这条路线，为马寅初新人口论翻案成为全部问题的关键。不为马寅初新人口论翻案，人们的思想禁锢就不能打破，从事人口研究就心存疑虑，害怕有一天会成为马寅初第二、第三；不为马寅初新人口论翻案，就不能正视中国人口问题的性质，人口理论拨乱反正就是一句空话；不为马寅初新人口论翻案，就不能在人口科学研究中贯彻实事求是的思想路线，不能对人口政策作出科学的阐释。1979 年 8 月 5 日《光明日报》发表《为马寅初先生的新人口论翻案》长篇文章，并加了"编者按"，作为该报对过去错误批判的清算，由此拉开了人口理论拨乱反正的序幕，也揭开了为人口政策寻求科学理论支持的新篇章。通过为马寅初新人口论翻案，在人口理论一些重大问题上，弄清了是非曲直：在"人口"与"人手"的关系上，纠正了批判"见口不见手"以后形成的人口越多越好的"见手不见口"论，扫除了形而上学人口理论的影响，还人作为生产者与消费者相统一的理论和价值观念的原貌；在人口与"四个现代化"关系上，把"大跃进"劳动力"不足"、加快现代化人口和劳动力就要不断增加的理论重新颠倒过来，论证了现代化对人口最基本的要求是控制人口数量和提高人口的质量；在人口与物质资料"两种生产"的关系上，提出并论证了物质资料生产是基础，同时人口生产可以促进或延缓物质资料生产，人口生产同物质资料生产相适应的观点等。为马寅初新人口论翻案，打破了人口不断迅速增长是社会主义人口规律的教条，推翻了"人口越多越好"论的神话，带动了整个人口理论的拨乱反正，也为新时期人口政策的制定作了必要的舆论准备。

2. 战略抉择——提倡一对夫妇生育一个孩子

1979 年国务院计划生育领导小组召开全国计生办主任会，提出"今后要提倡每对夫妇生育子女数最好一个，最多两个，间隔三年以上；对于只生一胎，不再生第二胎的育龄夫妇，要给予表扬；对于生第三胎以上的，应从经济上加以必要的限制"。[①] 有的地方，如山东省荣成县等部分群众，已经提出只生育一个孩子的口号；在有关领导的讲话中，也多次提出了一对夫妇生育一个孩子和 1985、2000 年人口控制目标。恰在这时，新华社播发了自然科学和社会科学工作者合作的人口预测，引起中央负责人口工作同志的重

---

① 杨魁孚、梁济民、张凡：《中国人口与计划生育大事要览》，中国人口出版社，2001，第 65、67 页。

视。于是 1980 年 3 ~ 5 月，中央书记处委托中央办公厅召开五次人口座谈会，就提倡一对夫妇生育一个孩子是否可行，可能遇到什么问题，如何解决等展开讨论。这是一次充分发扬民主、科学决策的会议。大家一致赞成大力控制人口增长，但是对可能产生的一些问题，表示出某种担心。特别是下面几个问题。

一是生育一个孩子会不会引起孩子智商和智能的下降问题。有一位领导同志在发言中列举民间的一种说法，叫做老大憨、老二聪明、老三最机灵、最聪明，俗话说"猴仁儿""猴仁的"。是不是这样呢？就要休会一段时间，组织力量查阅资料进行论证。结果表明，生育孩子次序同聪明不聪明没有必然的联系，无论是"老大憨"还是"老二聪明"、"猴仁儿"等传说，都缺乏真正的科学依据，最多是有些地区群众中有这样的一些说法而已。群众的说法同过去多生多育相联系，因为生育的子女多，第一个孩子（老大）就担负着协助父母照料比其小的弟弟、妹妹的任务，表现出宽容大度，带有一些憨厚的劲头儿；后边的弟弟、妹妹，也显得更活跃一些、聪明一些。同时，虽然 1980 年改革开放尚处在"摸着石头过河"初期，但是过去高度集中统一的计划经济再也不能继续下去了，要发展商品经济在经济学界取得较多共识。而要发展商品经济，交换价值升值，势必冲击人们传统的观念，婚姻和生育观念必然要发生某些改变。可以预料的是，诸如婚前性行为、未婚先孕、离婚率和买卖婚姻等的增多和升高，会改变怀孕和实际生育的孩次。作为"第一个孩子"留下来的"老大"，不是实际所怀的第一个孩子的比例会增多起来。由此得出结论，提倡一对夫妇生育一个孩子，不会降低人口的智商和智能。今天看来，当时这样的论证是正确的和恰如其分的。

二是提倡一对夫妇生育一个孩子以多长时间为宜。会上气氛热烈，有的主张搞长一些，半个世纪、一个世纪也不为过，以尽快实现人口的零增长和负增长；有的认为生育一个孩子时间长了，会带来劳动力短缺、老龄化过于严重、社会负担过重等多种社会问题，因而不宜过长。笔者在受命起草向书记处的报告中，阐述了提倡一对夫妇生育一个孩子主要是控制一代人的生育率，因为控制住一代人的生育率也就自然地控制了下一代做父母的人口数量，因而主要是未来二三十年特别是 20 世纪内的事情，既非永久之计也非权宜之计。提倡一对夫妇生育一个孩子主要着眼于控制一代人的生育率，这是权衡控制人口数量和年龄结构老龄化、劳动力供给利弊之后的科学抉择，得到与会多数同志的赞同。

　　三是所谓"四二一"结构问题。即提倡一对夫妇生育一个孩子，会不会造成老年人口为四、成年人口为二、少年人口为一的"四二一"代际结构。经过论证，提倡一对夫妇生育一个孩子，如果两代人都是这样的"单传"，某些家庭可能出现这种"四二一"结构；就整个社会范围而言，只有双方都是独生子女并且结婚后全部只生育一个孩子，才具备形成"二一"的条件。因此，只要允许独生子女结婚可以生育二个孩子，总体上就不存在"二一"结构。而整个社会老年人口为"四"，受人口年龄别死亡率制约，每年每岁总有一定数量人口死亡，老年人口年龄别死亡率要更高一些，因而四个人在结婚生育以后直到成长为老年的三四十年中，总是要有人死亡的，总体上老年人口为"四"无法做到。

　　此外，还讨论了少数民族人口生育政策、人口城市化和人口性别比等问题。认为少数民族人口政策应区别对待，城市化主要依靠农村劳动力转移完成，保持性别平衡要制定相应的法律法规。中央座谈会定下提倡一对夫妇生育一个孩子的重要决策，但是并非如国内外一些人所概括的那样，是"一孩儿政策"。就在作出这一决策并发出致全体共产党员、共青团员的《公开信》中，明确写道："某些群众确实有符合政策规定的实际困难，可以同意他们生育两个孩子，但是不能生三个孩子。对于少数民族，按照政策规定，也可以放宽一些"。还强调通过大力宣传教育、男女同工同酬、开展优生和加强节育技术指导、对独生子女家庭实行照顾等，落实现行的人口生育政策。[①] 1982年中共中央、国务院作出关于进一步做好计划生育工作的指示，将生育数量政策作了具体规定："国家干部和职工、城镇居民，除特殊情况经过批准者外，一对夫妇只生育一个孩子。农村普遍提倡一对夫妇只生育一个孩子，某些群众确有实际困难要求生二胎的，经过批准可以有计划地安排。不论哪一种情况都不能生三胎。对于少数民族，也要提倡计划生育，在要求上，可适当放宽一些。具体规定由民族自治地方和有关省、自治区，根据当地实际情况制定，报上一级人大常委会或人民政府批准后执行"。[②] 这一年，中共十二大通过的《全面开创社会主义现代化建设的新局面》报告，将"实行计划生育，是我国的一项基本国策"载入其中。虽然这样的政策以后还有某些修正，但是没有根本性的改变，后30年的人口生育政策沿着这一基调走下来。

① 参见彭珮云主编《中国计划生育全书》，中国人口出版社，1997，第16~17页。
② 参见彭珮云主编《中国计划生育全书》，中国人口出版社，1997，第19页。

# "后人口政策"决策选择

历史推进到 21 世纪，人口变动与发展面临新的态势。一是人口增长的势能减弱许多，2030 年全国人口增长到 14.65 亿人左右时，即可实现零增长；二是劳动年龄人口增加到临近峰值，2017 年 15～64 岁劳动年龄人口增加到 10 亿人将成为由增到减的拐点；三是人口老龄化加速推进，2050 年 65 岁以上老年人口比例可上升到 23% 为高水平；四是人口城市化步入 S 曲线中部，呈加速上升趋势；五是出生性别比持续攀升，与现行生育政策的关系值得重视。如前所述，这些问题早在 20 世纪 80 年代初大力控制人口增长时已经作出大致的预测；但是那时毕竟没有实践检验，如今 30 年过后，人口结构方面的问题日益凸显出来，逐渐成为矛盾的焦点。同时随着科学发展观和可持续发展战略的深入贯彻，人口问题的解决也必须置身其中，走人口、资源、环境、经济、社会可持续发展道路。

1. 建立和完善"后人口政策"体系

迄今为止，关于人口政策体系的研究和论述还很少。笔者以为，"人口政策体系"是客观存在的。其一，人口作为指居住在特定时空的总体而言，是数量、质量和结构完整的统一体。以这一完整统一体为载体的人口政策，也应具有相应的体系和框架结构。其二，人口自身的变动和发展，有着时间的延续性；人口与经济、社会、资源、环境的变动和发展，有着空间上千丝万缕的关联性。政策作为国家为实现一定时期的发展目标和路线而制定的行动准则，自然有其自身的连续性和与相关方面的协调性，因而在特定领域内形成一定层次的结构体系是顺理成章的事情。可见，无论在时间还是在空间维度上，人口政策体系都是客观存在的。发达国家人口转变主要是社会经济发展的自然结果，实施的"家庭计划"（Family planning）也很少受社会政策干预，故人口政策体系很少提及；一般发展中国家对人口生产进行一定的政策干预，主要是生育政策的干预，很少涉及其他方面，故人口政策体系也很少涉及。我国是世界第一人口大国，同时如同某些国际友人所说的那样是"高度有组织的社会"，需要也有可能制定和推行全面的人口政策，形成比较完整的人口政策体系。总结我国 60 年来推行人口政策的理论与实践，同时参考国际社会实施不同人口政策的领域和效果，提出三个层次的人口政策框架结构如下。

第一层次，狭义人口政策和广义人口政策。

（1）狭义人口政策。指调节人口自身变动与发展的政策，包括人口数量变动政策、人口质量提高政策、人口结构调整政策三个基本的方面。我们通常所说的人口政策，即指狭义的人口政策。

（2）广义人口政策。指调节人口与发展的政策，包括调节人口与经济发展、人口与社会发展、人口与资源、人口与环境的相关人口政策。广义人口政策同狭义人口政策存在着内在的有机联系，可视为狭义人口政策在边缘和交叉领域的延伸和扩展。

第二层次，狭义人口政策和广义人口政策下的子人口政策。

（1）狭义人口政策下的子人口政策，主要包括：

①人口数量变动政策，包括生育政策、死亡政策、人口迁移和流动政策。

②人口质量提高政策，包括提高人口身体素质政策、提高人口教育素质政策、提高人口文明素质政策。

③人口结构调整政策，包括调整人口年龄结构政策、调整人口性别结构政策、调整人口城乡分布结构政策、调整人口地区分布结构等政策。

（2）广义人口政策下的子人口政策，主要包括：

①协调人口与经济发展的人口政策。

②协调人口与社会发展的人口政策。

③协调人口与资源的人口政策。

④协调人口与环境的人口政策。

第三层次，子人口政策之下的各项具体人口政策：

如调整人口年龄结构的政策，还可具体化为促进少年人口就学和提高入学率、升学率的人口政策；根据经济和社会发展需要，提高劳动年龄人口就业率的人口就业政策；随着人口年龄结构老龄化的不断加深，提高老年人口保障水平的老年人口社会保障政策等。又如，协调人口与资源的人口政策，根据自然资源储藏、开发、利用的实际需要，出台相关的人口迁移和流动的政策、劳动力合理分布的人口政策、相应的居住和户籍管理政策等。

2. "三步走"人口发展战略

上述人口政策框架体系，着眼于人口政策的系统性和完整性，无疑需要按照这样的体系，建立和健全相应的人口政策体系。然而这样的人口政策体系涉及方面广泛，与相关政策交叉情况错综复杂，需要经历长期的发展过程才能建立起来，不可能一蹴而就。事实上，由于不同历史时期需要解决的人口问题有所不同，人口政策的着力点首先要放在重点人口问题上。新中国成立 60 年来人口政策的重点，放在了控制人口数量增长、生育率下降上面；当前逐步转移到数量控制与素质提高、结构调整相结合，人口变动与资源、环境、经济、社会发展相协调上来。一般说来，人口政策具有较强的稳定性；但是并非一成不变、一劳永逸，而是在不断变动中呈现的阶段性稳定。因此，人口政策的制定要服从长远人口发展目标，建立在科学的人口发展战略基础之上。

关于中国人口发展战略，前已述及，中国人口问题的性质属人口和劳动力过剩，人口压迫生产力性质，这是确立人口发展战略的前提。同时，吸取国际社会人口变动和发展特别是发达国家经历过的经验，解决人口过剩应遵循生育率下降的客观规律，使之与人口年龄结构的变动等相适应，将人口数量控制与素质提高、结构调整、人口与发展妥善地结合起来，促进和谐发展。有鉴于此，笔者以为，全面解决中国人口问题的人口发展战略，可分"三步走"进行。

第一步，把高生育率降下来，降到更替水平以下，实现人口再生产由高出生、低死亡、高增长向低出生、低死亡、低增长类型的转变。1992 年生育率下降到更替水平以下，标志着这一步已经完成。

第二步，稳定低生育水平，直至实现人口的零增长；同时注重人口素质的提高、人口结构的合理调整。走好这一步最重要的，是掌握好生育率、出生率下降与年龄结构老龄化之间的关系，既要使生育率保持在比较低的水平，又要使老龄化不超过最高"警戒线"，老年社会负担不至于过于严重。预测表明，2030 年前后可以实现第二步战略目标。

第三步，零增长以后，由于人口的惯性作用将呈一定程度的减少趋势，再依据届时的经济、社会发展状况以及资源、环境状况，作出理想的适度人口的抉择。这样的理想适度人口是全方位的，不仅数量是适当的，而且素质是比较高的，年龄、性别等的结构也是合理的；与资源、环境、经济、社会发展是相适应的。

3. "后人口政策"决策选择

当前中国的人口变动和发展，处在发展战略第二阶段。为了走好第二步并为第三步战略的实施打下基础，形成不可逆转之势，从实际出发，需要探讨和制定明确的"后人口政策"。

所谓"后人口政策"，是指过去和现在曾经和正在实行的政策，由于情况变化，或者行将退出或者要作出某些修正，接续下来与之相衔接的政策。

这样的"后人口政策",可能在原计划之中,现在具备了实施的条件;也可能不在原计划范畴,需要依据变化了的情况制定新的接续政策。不管哪种情况,连续性是"后人口政策"的基本特点。结合第二步、第三步中国人口发展战略,最重要的,是以下三项"后人口政策"。

(1) 后生育政策

1980 年上半年中央人口座谈会向中央书记处的《报告》,9 月中共中央关于控制人口增长致全体共产党员、共青团员的《公开信》,都阐明了提倡一对夫妇生育一个孩子主要是控制一代人的生育率,因而是未来二三十年特别是 21 世纪内的事情。《公开信》向社会公开宣布:"到 30 年以后,目前特别紧张的人口增长问题就可以缓解,也就可以采取不同的人口政策了"①。如今 30 年即将过去,"采取不同的人口政策"是提倡生育一个孩子时就给予关注并作了策划的,因而是原政策继续的"后生育政策",而不是与原政策隔离开来的另外的政策。笔者提出三条决策选择建议。

其一,全国不分城乡,双方均为独生子女者结婚一律允许生育两个孩子。这一条现在即可实施。当前,已婚育龄妇女独生子女领证率在 30% 左右,城镇远高于农村,实行"双独"结婚生育两个孩子,生育率升高极其有限,可不附加任何条件。

其二,农村一方为独生子女者结婚,允许生育两个孩子,现在可以开始实施,城镇可从"十二五"开始。对于农村说来,由于独生子女率较低,"一独生二"影响有限;对于城镇说来,由于独生子女率普遍很高,一方为独生子女结婚者比例不会很高,对生育率影响也不会很大。特别到"十二五"城镇 30 岁以下育龄妇女将进一步减少,影响要更小一些。然而实行"一独生二"的生育政策,对于"一独"方的父母家庭养老和改变家庭人口年龄结构说来,有着现实的意义。

其三,在有效制止三孩及以上多孩生育条件下,农村可不分性别普遍生育两个孩子。当前全国农村实际的总和生育率仍在 2.0 上下,如果除人数较少的少数民族外均不得生育三个及以上孩子能够做到,实行"限三生二"政策生育率可大体上维持现在的水平,不会造成大幅度反弹和影响 2030 年人口零增长目标。不分性别的"限三生二",改变目前农村只有独女户可以再生育一个孩子的政策,对治理出生性别比升高说来,将发挥不可替代的作用。

---

① 参见彭珮云主编《中国计划生育全书》第 16 页。

（2）后养老保障政策

所谓"后养老保障"，是指在一般老有所养经济保障基础上，对需要照料的老年人口特别是空巢老年人口和生活不能自理的老年人口，提供相应的照料和服务保障。中国自 1980 年提倡一对夫妇生育一个孩子以来，至今已经接近 30 年。这一代独生子女父母按照计划生育基本国策要求，为控制人口增长作出了无私的奉献，应将他（她）们的奉献载入人口编年史册。既然是奉献，就意味着作出了某种牺牲，主要是牺牲了多生育一个边际孩子可能给家庭带来的劳动、养老、天伦之乐等效益。如今到了晚年，身边没有子女照料的一代空巢老年人口急剧增加，超高老龄化的快速发展不能自理的老年人口大量增加，对他（她）们的照料和服务当做一般社会问题远远不够，必须在解决了经济养老保障之后，作为普遍存在的、需要认真解决的"后养老保障"纳入总体社会保障体系，出台相应的"后养老保障"政策。早在 1980 年中共中央人口座谈会的《报告》中，在强调从现在起就应有计划地对老年人实行社会保险，解决老有所养问题的同时，就提出要大力推进住宅建设、生活服务设施、看病住院等社会服务，使无子女照顾的老人幸福地度过晚年。近年来，国家人口计生委组织协调实行部分农村独生子女家庭和计划内生育家庭奖励扶助政策，在颇大的程度上解决了这部分家庭老年人口的经济保障问题，赢得社会各界的普遍赞誉。然而要使计划生育家庭老年人口同其他家庭一样无后顾之忧，除了经济保障之外，还需要解决对他们的照料和服务问题，这在空巢家庭大幅度增加和超高老龄化加速发展情况下尤为重要。国家统计局的抽样调查显示，2007 年全国家庭户人口数已经减少到平均每户 3.17 人，一人户比例上升到 8.9%，二人户比例上升到 24.4%[①]；2006 年一代户比例达到 28.5%，其中市达到 32.1%，镇为 28.1%，农村为 26.9%[②]。这些数字，部分地表明以独生子女和计划内生育家庭为主体的老年空巢家庭上升的情况。其实还在 1987 年笔者主持"中国老年人口调查和老年社会保障改革研究"课题的时候，就已经注意到了这一点。在研究报告中指出："今后随着家庭小型化趋势的发展，社会保障制度改革的深入，这些非由老年人口本人和直系亲属照料的形式，会有快一些的发展"[③]。20 年

---

① 《中国统计年鉴 2008》第 94、103 页。

② 《中国人口和就业统计年鉴 2007》第 62～65 页。

③ 参见田雪原《中国 1987 年 60 岁以上老年人口抽样调查报告》，《中国人口科学》专刊（1）第 31 页，1988。

过后，情况正如所预料的那样，以独生子女和计划内生育家庭为主体的老年空巢家庭迅速增多起来，生活不能完全自理的 80 岁以上超高龄老年人口迅速增多起来，这部分曾经为国家控制人口增长作出不可泯灭贡献的老年人口，正等待着社会的关怀和救助，迫切需要制定相应的政策。办法一是由政府进行必要的投资，建立全方位服务的老年之家一类机构，撑起"后养老保障"保护伞；二是需要动员和组织社会力量，大力发展非营利（NPO）老年服务组织，充分发挥社区的养老保障功能和作用。

（3）后人口转变政策

中国生育率的下降与西方国家自然而然下降不同，在颇大程度上，是在人口政策推动下完成的，因而低生育水平还不稳固，需要一个巩固的过渡时期，笔者称之为"转变后人口"阶段。这个阶段的时间跨度，理论上是一个人口再生产周期，即经过一代人 25 ~ 30 年时间。如果这个稳定低生育水平过渡期比较顺利，经过二三十年时间低生育水平得到巩固，人口自然变动达到或接近零增长，同目前南欧、西欧相近，便进入了"后人口转变"时期。按照"后人口转变"具有的惯性，越过人口零增长拐点以后，总体人口将呈现减少态势，进入人口发展战略第三步——全方位适度人口阶段。适度人口学说经历上百年的发展，甚至它的早期思想还可追溯到古代社会，形成比较完整的理论体系；但是至今歧义尚存，特别是联系到实际，具体国家和地区的适度则很难把握。目前中国人口占世界 20.0%，陆地国土面积占世界 7.2%，人口密度为世界 2.8 倍，国内生产总值占世界 6.0%①。这几项最基本的数据，大致显示出中国人口与资源、经济、社会发展的外部形态，反映着人口相对过剩的外观。就内在考察，我国陆地面积中山地、高原所占比例出奇之高，处于"世界屋脊"自西向东延伸至海洋起伏地带，平原所占比例较低，总体农业资源不足；石油、铁矿石、铜矿石等经济发展需要量大的重要资源，或处于绝对短缺，或处于相对短缺状况。因此，无论外观的粗略观察，还是内在的进一步分析，虽然贯彻落实控制人口增长基本国策取得显著成效，人口过剩有所改观，但是总体上仍处于明显过剩态势，距离根本改观还有很长的路要走，可谓任重而道远。这就需要开展相应的研究。已有的适度人口研究成果，大都围绕人口数量做文章，虽然具有一定的借鉴和参考意义，但是不能适应第三步人口发展战略需要。第三步人口发展战略要

---

① 《中国统计年鉴 2008》，第 1017、1019 页。

求的全方位适度人口，包括人口数量、素质、结构以及人口与资源、环境、经济、社会发展相协调的人口。迄今为止，国内外适度人口研究还停留在学术范畴，没有进入"实战"层面。打破这种局面，需要组织各方面的专家协调攻关，深入实地调查研究，在吸取国内外已有研究科学成分基础上，推出集科学性、实践性相统一的成果，提出相应的决策选择。

## 参考文献

［1］彭珮云主编《中国计划生育全书》，中国人口出版社，1997。

［2］国家人口和计划生育委员会编《中国人口和计划生育史》，中国人口出版社，2007。

［3］张维庆主编《2006年全国人口和计划生育调查数据集》，中国人口出版社，2008。

［4］杨魁孚、梁济民、张凡编写《中国人口与计划生育大事记》，中国人口出版社，2001。

［5］《马寅初全集》第1、第14、第15卷，浙江人民出版社，1999。

［6］田雪原：《中国人口政策60年》，社会科学文献出版社，2009。

［7］田雪原等：《21世纪中国人口发展战略研究》，社会科学文献出版社，2007。

［8］［春秋］孔子：《论语》，孔子中国画院《金龙图》荣誉出品。

［9］［唐］杜佑：《通典》，商务印书馆万有文本库。

［10］［元］马端临：《文献通考》光绪十三年刻本。

［11］吴希庸：《人口思想史》，北平大学出版社，1936。

［12］梁方仲：《中国历代户口、田地、田赋统计》，上海人民出版社，1980。

［13］柳祥麟、姬广武：《羲皇故里寻根记》，甘肃人民出版社，2005。

［14］吕思勉：《中国通史》，新世界出版社，2008。

［15］王跃生：《中国人口的盛衰与对策——中国封建社会人口政策研究》，社会科学文献出版社，1993。

［16］路遇、滕泽之：《中国人口通史》，山东人民出版社，2000。

［17］United Nations, *Population Yearbook Historical Supplement*, New York, 1979.

［18］John R. Weeks, Population, Wadsworth Publishing Compny Belmont, California A Division Wadsworth, Inc, 1994.

［19］United Nations, *World Populatilon Prosoects*, *The 2004 Revision*, Volume 1: Comprehensive Tables, New York, 2005.

［20］United Nations, *World Population 2008*, New York, 2008.

# 新中国人口政策回顾与展望<sup>*</sup>

我国是世界第一人口大国，人口问题关系经济社会发展全局。新中国成立特别是改革开放以来，我国人口转变的加速推进成为经济社会发展的重要基础，其中以降低生育率为主旨的人口政策的有效实施起到了关键作用。然而，目前社会上对我国人口政策还有不同看法和一些猜测需要澄清；同时，步入低生育水平阶段以后，人口的变动又走到十字路口，人口政策面临新的抉择。

## 历史的足迹

新中国是在半殖民地半封建社会基础上建立起来的，封建社会"多子多福"的传统观念影响深远。1953 年全国人口普查，出生率上升到 37.0‰，死亡率下降到 14.0‰，自然增长率创下 23.0‰的新高。这表明，在短短的 3 年国民经济恢复时期，我国人口再生产类型就完成了由高出生、高死亡、低增长向高出生、低死亡、高增长的转变，随后迎来第一次生育高潮。这种情况引起了党和政府的关注，毛泽东同志在党的八大三次会议（扩大）的讲话中，提出抓人口问题"三年试点，三年推广，四年普遍实行"的设想，展露出新中国人口政策的雏形。1957 年 7 月 5 日《人民日报》发表了马寅初的《新人口论》，分析了人口增长过快同经济社会发展的矛盾，主张控制人口数量、提高人口质量，曾受到毛泽东等中央领导同志的赞扬。但是，1957 年反右派斗争一起，将适当控制人口增长当做马尔萨斯人口论批判，进而形成了"人口越多、劳动力越多、积累越多、发展越快"——人口越多越好的理论教条，人口问题成为无人敢于问津的"禁区"。虽然 20 世纪

---

\* 原载 2009 年 12 月 4 日《人民日报》。

60 年代前期，中央领导同志和有关文件曾提及控制人口和实行计划生育，但没有真正贯彻下去。在十年"文化大革命"期间，人口和计划生育工作处于停顿、半停顿状态。

进入 20 世纪 70 年代，全国人口突破 8 亿。面对严峻的人口形势，国家开始加大人口控制力度，生育政策也逐步明朗起来。1971 年国务院批转《关于做好计划生育工作的报告》，把控制人口增长的指标首次纳入国民经济发展计划。1973 年提出"晚、稀、少"，强调核心是"少"，遂演变为"一个不少，两个正好，三个多了"的生育政策。1978 年国家明确提出"提倡一对夫妇生育子女数最好一个、最多两个"，并将"国家提倡和推行计划生育"写入宪法。1979 年 12 月，国务院计划生育领导小组办公室在成都召开工作会议，提出"提倡一对夫妇最好生一个孩子……这是我国目前人口发展中的一个战略性要求"。至此，一对夫妇只生一个孩子的政策已是呼之欲出。

## 关键的决策

20 世纪 70 年代后期，面对经济短缺、人口和劳动力过剩的严峻形势，中央领导同志多次强调控制人口增长、加强计划生育工作。自然科学和社会科学工作者也进行了不少相关研究。1980 年 3 ~ 5 月，中央连续召开 5 次人口座谈会。与会者认为，中国人口太多了，应当尽快将生育率降下来，实行一对夫妇生育一个孩子的政策，并对生育一个孩子可能遇到的问题及如何解决进行了讨论。

关于会不会引起孩子智力下降问题。民间说，老大憨、老二聪、老三灵。是不是这样呢？经过查阅资料和论证，大家认定，生育孩子次序同孩子聪明不聪明没有必然联系，民间的说法缺乏科学根据。民间的说法同过去多生多育有关，因为生育的子女多，老大就担负着协助父母照料弟弟、妹妹的任务，表现出宽容大度，带有憨厚的劲头儿；后边的弟弟、妹妹就显得更活跃一些、聪明一些。

关于会不会引起人口年龄结构老化和劳动力不足问题。座谈会气氛热烈。有的主张，生育一个孩子的时间可以搞半个世纪、一个世纪，以解决我国人口严重过剩问题。有的认为，长期实行生育一个孩子的政策，会带来劳动力短缺、老龄化严重、社会负担过重等社会问题。笔者在起草报告中提出，提倡一对夫妇生育一个孩子主要是要控制一代人的生育率，因为控制住一代人的生育率，也就自然控制了下一代作父母的人口数量，因而主要是未来二三十年的事情。这样，即使人口增长得到有效控制，又使人口老龄化不至于过于严重。将来可以通过生育政策的适当调整，避免老年人口负担超负荷以及劳动力不足问题的发生。

关于会不会出现"四二一"结构问题。提倡一对夫妇生育一个孩子，会不会造成老年人口为四、成年人口为二、少年人口为一的"四二一"代际结构呢？首先，老年人口为四不可能普遍存在。按照年龄组别死亡率U形曲线分布，每年每个年龄组均要死亡一定数量人口，老年人口年龄组死亡率要更高一些，二三十岁为人父母者不可能全部活到60岁或65岁以上。那么"二一"呢？只有独生子女结婚后又生育一个孩子，才具备形成"二一"的条件；如果实行独生子女结婚可以生育两个孩子的政策，"二一"也就失去了产生的条件。因此，提倡一对夫妇生育一个孩子在某些家庭可能出现"四二一"代际结构，但不具有普遍性，整个社会是不可能形成"四二一"结构的。

座谈会向中央书记处提交的报告和中央关于控制人口增长的《公开信》，体现了上述基本精神，奠定了20世纪80年代以来我国生育政策的基调。它的基本点是：国家干部和职工、城镇居民除特殊情况经过批准者外，一对夫妇只生育一个孩子。农村普遍提倡一对夫妇只生育一个孩子，某些群众确有实际困难要求生两个的，经过审批可以有计划地安排。不论哪种情况，都不能生三个。少数民族也要提倡计划生育，要求可适当放宽一些。可见，1980年中央正式提出以提倡生育一个孩子为主要标志的生育政策，绝不是"拍脑袋"的产物，而是经过了认真讨论和论证，对其实施结果进行了深入研究，是符合国家和民族根本利益的抉择。此外，座谈会还讨论了人口素质、人口性别比、人口城市化、人口民族构成等问题，并提出了相应的政策建议。近30年的实践证明，当时对人口变动和发展趋势的判断是正确的，制定的政策是成功的。这样说，并不意味着我国的人口政策已经尽善尽美了，包括人口政策在内的任何政策，总是要不断发展和完善的。特别是20世纪90年代中期我国进入低生育水平阶段后，人口政策也应适应变化了的情况，与时俱进地进行调整。

## 当前的选择

我国可以实行"三步走"的人口发展战略：第一步，把高生育率降低到更替水平以下，实现由高出生、低死亡、高增长向低出生、低死亡、低增长的转变，这一步已在1992年完成。第二步，稳定低生育水平至人口零增长，同时注重人口素质提高和结构调整，预计这一步可在2030年前后实现。第三步，零增长以后由于人口的惯性作用，总体人口将呈一定程度的减少趋势，届时再依据经济社会发展以及资源环境状况，作出理想适度人口的抉择。这里所说的"理想适度人口"是全方位的，不仅人口的数量是适当的，而且质量是较高的，年龄、性别等的结构是合理的，同资源、环境以及经济社会发展是相适应的。

当前我们正处在人口发展战略的第二步，如何走好这一步？指导思想和基本任务可表述为：在科学发展观指导下，实行控制人口数量、提高人口素质、调整人口结构相结合，实现人口与资源、环境以及经济、社会可持续发展。为此，应制定包括人口自身变动、人口与发展在内的全面发展的人口政策，逐步实现由人口数量控制为主向数量控制与质量提高、结构调整并重转变，最终过渡到以质量提高和结构调整为主的人口政策。就数量控制而言，建议考虑以下生育政策选择。

其一，全国不分城乡，夫妇双方均为独生子女者，一律允许生育两个孩子。这一条现在即可实施。因为，当前已婚育龄妇女独生子女领证率城镇远高于农村，实行"双独"结婚生育两个孩子，农村生育率升高极其有限。

其二，夫妇一方为独生子女者，允许生育两个孩子，农村现在可以实施，城镇可从"十二五"开始实施。在农村，由于独生子女率较低，"一独生二"影响有限；在城镇，由于独生子女率普遍很高，夫妇一方为独生子女者比例不会很高，对生育率影响也不会很大。特别是到"十二五"，城镇30岁以下育龄妇女将进一步减少，影响要更小一些。实行"一独生二"的生育政策，对于"一独"方的父母家庭养老和改变家庭人口年龄结构具有重要意义。

其三，在有效制止三孩及以上多孩生育条件下，农村可普遍允许生育两个孩子。目前，农村实际的总和生育率仍在2.0上下，实行"限三生二"政策，生育率可大体维持在目前的水平，不会造成大幅度反弹，也不会影响2030年人口零增长目标的实现。普遍实行"限三生二"，改变目前农村只有独女户才可以再生育一个孩子的政策，对于治理出生性别比升高具有积极作用。

人口研究与学科建设

# 解放思想，应对转变，
# 谋求人口科学新发展<sup>*</sup>

步入 21 世纪后的中国人口科学，正面临发展转变的关键时刻。要使人口科学获得新的发展，在现代化建设中发挥应有的作用，就必须正视这种转变，以改革创新应对这种转变。

一

世纪之交，全国哲学社会科学规划办组织各学科组进行"九五"以来学科发展调查。人口学科除学科组成员所在单位外，还向在京和其他 10 多个省区市主要人口研究单位发出问卷调查。反馈情况表明，一致认为自人口科学恢复以来获得长足进步，出了一大批优秀研究成果，对推动计划生育基本国策以及经济和社会发展起了很大作用，造就了不少人才。当前存在的问题，主要是受"九五"以来联合国人口基金会停止对华人口学科研和教学资助等因素影响，科教队伍规模有所缩减，科研经费有所减少，学术活动不如原来那么热烈等。对于现状的分析和未来的发展前景，多数认为属于正常，前景乐观；少数认为萎缩严重，加上大学本科人口学专业被取消和分解等因素，感到前景不妙，甚至提出"红旗到底能打多久"的问题。针对这种情况，调查报告提出国家和政府有关部门应对人口学科进一步重视，加大投入，恢复人口学本科专业，全国社科规划增加人口学科立项项目等建议，以期改善人口学科的外部环境，促进人口学科的发展。同时也提出了全面评价当前的学科发展状况，认真总结国内外人口科学发展经验，加强基本理论研究等基本观点。经过近一年的继续调研，同国内外专家学者交换意见，笔

---

* 原载中国人口学会《通讯》2001 年 4 月。

者以为，一方面仍需继续呼吁政府高度重视人口科学，加大资金支持力度，加快发展，营造有利于人口科学发展的外部环境；另一方面就学术界自身而言，需要对我国人口科学发展走过的路子作出科学的总结，弄清当前我们在人口科学发展轨迹中处于什么位置，明确主攻方向，探讨强化自身发展的思路，看一看有无发展的规律可循。只有摸到和掌握事物的发展规律，我们才能有更多的自由，发展才有希望。

<h2 style="text-align:center">二</h2>

要想"把脉"确定我们在人口科学发展轨迹中处于什么位置，自然离不开过去走过的路子。众所周知，20世纪70年代中国人口科学得以恢复和发展，它的直接的背景是国家强调控制人口增长，加大了计划生育实施的力度。党的十一届三中全会重申实事求是的思想路线，人口学以为马寅初新人口论平反为契机迎来发展的春天，人口与物质资料"两种生产"理论得到广泛传播，发展的第一个浪潮便具有同实践紧密结合的特点。其后政府对人口科学研究的关注和联合国人口基金会连续15年的资助，高校、社会科学院、党校等系统人口研究所雨后春笋般地建立，国际学术交流的扩大，正统人口学（Demography）和人口分析技术得以传播和发展，基本理论研究得到加强。不过20多年的人口科学研究始终围绕人口数量控制主旋律进行，已是不争的事实。后来的研究也涉及人口的素质、结构以及人口与资源、环境、经济发展、社会发展等诸多领域，交叉学科研究逐渐增多起来；但是人口数量变动领域的研究仍居于主要地位，交叉研究主要也以人口数量变动为支撑点。这说明，20多年我国人口科学研究的主要客体是人口的数量变动，以及同人口数量变动紧密相连的生育政策等的实证研究。

现在情况怎样呢？20世纪90年代中期生育率开始下降到更替水平以下，至今保持在这一水平并略有降低，稳定低生育水平是21世纪初（起码至2010年）人口和计划生育工作的主题，人口研究也要适应这一主题。不过这种研究需要深化，加强低生育水平战略性、实证性、前瞻性研究，是以往人口数量控制研究的继续和发展。这是必须首先确定和说明的，21世纪初人口科学研究要把握稳定低生育水平主题。同时也要看到，中国大力控制人口增长、切实加强计划生育近30年来，已经成功地实现了人口再生产类型的转变，进入低生育水平国家行列，出生率长期持续地下降使与之相联系的人口问题逐渐浮出水面，如人口老龄化问题。目前我国人口年龄结构已经步入老年型，人口老龄化具有速度比较快、达到的水平比较高、地域分布不平衡等特点，老龄化对经济、社会发展的影响以及养老保障问题亟待作出深入研究；人口健康与人力资本问题，21 世纪以生命科学为主导学科的新技术革命，信息化和经济全球化将包括人的知识、技能、经验和健康等因素，人力资本的积聚提到空前的高度，成为决定发展的首要资本要素；人口流动、城市化和地域分布结构问题：人口流动和人口管理如何适应市场经济和信息化发展趋势，如何打破城乡"二元经济"壁垒，加快人口城市化步伐，如何在西部开发中实现人口和人才的合理分布，加快人力资本积聚；人口与其他交叉学科共荣发展问题，特别是人口与资源、环境、经济、社会可持续发展，在交叉研究中如何突出人口学特点，立足人口学视野促进总体研究水平的提升，等等。这表明，就人口研究总体来说，当前处在一个历史的转折点，由以往比较单一"热点"向单一"热点"研究深化与更多"热点"展开转变。这种笔者称之为"半个重点"的转移，既是从实际出发，我国人口转变和进入低生育水平国家行列的需要，实现"三步走"第三个战略目标对人口研究的需要；也是参考国际特别是比较发达国家人口学研究经验，可供借鉴和讨论的一种思路。

发达国家以日本为例，由 20 世纪 80 年代厚生省、日本大学、国立公共卫生学院三家人口研究所，缩减到现在的日本大学人口研究所、厚生省社会保障与人口问题研究所，即 1.5 个，相当于原来的一半。与此相反，老龄问题研究异常兴旺，政府有关部门和高等学校有多处设置专门或综合研究机构，以适应日本人口迅速老龄化发展的需要。西欧、北欧等某些发达国家，也同日本类似，发生研究重心向老龄问题的转移。较发达国家以韩国为代表，据该国家人口研究所所长朴恩台教授介绍，第二次世界大战结束后政府出资很多进行以降低生育率为目标的人口学研究。等到生育率下降到低水平以后，政府投入越来越少，不得不到处找赞助，研究方向也转向就业、老龄化为主。这种研究重点的转移带有一定的普遍性，有无规律可循？至少对于我们以发展眼光看待人口研究"热点"的转移有参考意义，值得研究。

从这样的见地认识人口学专业的调整——取消大学本科、保留研究生人口学专业，另外增加人口、资源、环境经济学专业，公共管理和人口管理专业也不无道理。当然笔者还是主张恢复大学本科人口学专业。一是因为我国人口多，人口问题在发展中具有特殊重要地位；二是因为人口学科有了相当大的发展，具备开设本科的条件；三是国际学术界对中国人口学发展给予肯定，第 23 届国际人口科学联盟大会在北京召开即是证明。从学科规划角度讲，人口学专业研究生保证基本理论研究的深入，人口、资源、环境经济学使人口学更接近市场经济，公共管理和人口管理满足包括政府机关在内的人口管理部门的需要，也有它的理由。更主要的是在学科交叉、融合和合并大环境下的学科调整，也要站在更高一些的高度看待审视学科方向一定程度的转移。

三

在国际人口科学联盟停止资助、市场经济影响加深和学科方向有限度转移的情况下，人口学科建设会受到一定影响，科研、教学规模和人员有所缩减。目前对于这一现象的认识有较大的出入。笔者的观点是正视现实，谋求转变，促进发展。

前面揭到，我国人口科学的发展一是同国家大力控制人口增长和重视人口研究分不开，二是同 20 世纪 80 年代和 90 年代前期国际人口科学联盟的资助有关，特别是众多人口研究机构的纷纷建立。现在，客观上研究重点发生一定程度转移，外援"断奶"，研究人员和机构减少一点在情理之中。问题与解决问题的手段总是同时发生的。当务之急需要弄清以下两个问题。

其一，目前从事人口科学研究的机构和人员是否合适。据不完全统计，包括高校、社会科学院、党校、计生、统计系统的人口研究机构或相关人口研究机构在 100 个左右，专业和相关专业科研和教学人员在 1000 人左右，是大了还是小了，多了还是少了，需要科学论证。这样的论证既需要从我国实际出发，包括进行纵向的历史的比较；也需要参考国际的经验，进行国际间的横向比较。

其二，推进人口学研教主体由以往外延式发展为主向内涵式发展为主的发展道路的转变。如果说人口研究和教学的最佳规模和结构一时难以确定的话，那么面对现实寻求加快发展，走以提高队伍素质内涵式发展路子不失为明智之举。孙子兵法云："兵不在广而在于精，将不在勇而在于谋"。各项事业的发展也同样，关键在于人的素质。尤其在 21 世纪信息化、经济全球化发展趋势下，竞争主要是人才的竞争。实践已经证明，谁拥有人才谁就会获得发展。在我国人口科学科研和教学队伍已经达到相当规模的今天，走以提高人员素质内涵发展为主的发展道路，实现由以外延为主向内涵为主发展道路的转变是必然的趋势。

# 四

认识当前人口学发展由过去数量控制相对单一"热点"向单一"热点"深化与素质提高、结构调整更多"热点"相结合，即研究客体对象向多元"热点"转变；研究规模和队伍由量的扩张外延式发展为主，向提高素质内涵式发展为主的转变十分必要，因为它关系到人口科学的主攻方向和发展道路，具有战略意义。在此基础上，还要结合目前学科建设状况，发扬长处，克服短处，稳步前进。笔者以为，有以下三点要特别提及。

一是学术创新问题。创新是包括人口科学在内的事物发展的动力，没有创新就没有发展。20多年来我国人口科学在不断吸收国际社会已有研究成果基础上，在结合我国实际研究中有了某些创新，有的引起国外学者的重视。不过从总体上观察，创新还远远不够。我国是当今世界人口最多的国家，也是经济发展最快的发展中国家，人口以及人口与经济、社会发展异常活跃，为人口科学发展和创新提供生动的社会舞台，具备学术创新的客观条件。同时有一批数量可观的科研和教学队伍，其中不乏训练有素人才，具备学术创新的主观条件。我们要解放思想，树立起敢于创新、勇于创新的思想，注意发展和培养人才，特别是年轻人才，经过长期锲而不舍的努力，一定会拿出具有创新意义的精品力作。

二是理论研究与实证研究的关系问题。前已述及，中国人口科学的恢复和发展紧紧同人口问题的解决，尤其是人口数量控制联系在一起，未来大量的研究课题和研究成果也会以实证研究为主。但是要看到，随着研究重点的有限转移，特别是边缘、交叉学科研究的发展，人口学基本理论研究必须加强。即使是交叉学科问题的研究，也要体现人口学的视野，体现人口学的特点。以人口学理论研究的深化带动实证研究的深入，同时以实证研究的深入推动人口学理论的创新，努力踏上理论与实证研究相互促进良性循环发展的轨道。

三是学风问题。从总体上观察，应当讲人口学界学风还不错，但也存在妨碍人口科学发展的不少问题。如不少同志反映，当前科研成果中水平不高重复的东西过多，有较高价值的东西太少，为出书而出书，为发表而发表，存在急于求成和知识产权不清问题；不同程度地存在某种浮躁情绪，或者不负责任的全盘肯定，或者不问青红皂白的全盘否定，有悖做学问实事求是的基本准则；对别人和别人成果尊重不够，以己之长比人之短，不同代际之间、同一代际之间"文人相轻"现象也有所表现；开展不同学术观点争论和学术争鸣不够，一争便引导到个人人身方面，影响团结等。之所以提出这些学风问题，是因为这些不正的学风妨碍着学科建设和人才的培养，希望能同更多的学术界同事达成共识，共建一个良好的学风，以推动 21 世纪人口科学的新发展。

# 当前人口学学科前沿和
# 研究热点<sup>*</sup>

当前人口学学科前沿研究，主要体现在以下三个方面。一是狭义人口学研究的创新。具有统计意义的狭义人口学，创建至今已有 300 多年的历史，已形成比较严格的学科规范。近年来的发展，主要在结合各国人口实践作出的某些具有开创性研究中。中国作为当今世界人口最多的发展中国家，结合控制人口增长卓有成效的实践进行理论创新，新近完成的《人口学》力求站在学科前沿，在广泛吸纳国内外已有研究成果科学成分基础上，将人口发展战略、生育健康、人口与可持续发展等纳入其中，与国内外已经出版的专著比较，有不少创新。此外，不久前出版的《中国人口地理》，以及人口经济学、人口社会学、人口生态学等相关论著的出版，也有某些新视点。这使得中国人口科学基本理论研究在经历了一二十年的低潮之后，出现复苏和发展的新的景象。二是在人口预测、人口发展战略方面，2003 年联合国发布的 World Population Prospects, The 2002 Revision 报告，提出世界人口增长趋缓的低、中、高三种方案，预测 2050 年该中方案要比 2000 年的中方案预测人口总数减少近 4 亿人，到 22 世纪世界人口达到零增长时减少近 10 亿人。面对这种人口增长势能减弱的态势，某些国家的人口政策和人口发展战略可能会受到某种影响。三是人口与可持续发展受到格外关注，取得创新的研究成果。可持续发展主要涉及人口、资源、环境、经济发展和社会五个方面，一般认为，人口、资源、环境是可持续发展的基本问题，经济和社会发展是实现可持续发展的推进器。人口在可持续发展中处于关键地位，可持续发展问题的中心是人，是人的全面发展。不过，由于"可持续发展"提出和研究时间较短，许多问题尚待深入。

近年来的人口科学研究取得的新的突破和进展，主要的还体现在广义人

---

\* 参见中国社会科学院《院报》2004 年 3 月 4 日，此为原稿标题。发表时，《院报》在"学科前沿"栏中以"人口学研究"为标题。

口学方面，即人口与经济、社会发展等的交叉和边缘研究上。一个普遍的倾向是，发达国家人口学者研究人口问题，主要以发展中国家人口为背景，因为发展中国家人口问题更为突出一些。在这个意义上说，中国人口问题研究更具有特殊的意义。近一年多以来，中国人口实政研究主要围绕全面建设小康社会展开。由中国人口学会组织全国人口学界撰写的《2003 全面建设小康社会人口与发展报告——发展要转变观念》，立足于全面的、协调的、可持续的科学发展观审视中国面临的人口问题，描绘出全面建设小康社会人口变动和发展的趋势、图像和特征，提出可供政府参考的决策选择。这是一个涉及面较宽的全面的人口与发展的报告，今后该《报告》将每年选择一个主题出一期，推出滚动式科研成果。其他重要的有新意的人口研究，主要有：（1）人口预测和人口发展目标研究。由于中国生育率 30 年来长期持续地下降，特别是近 10 年来下降到更替水平以下带来的人口再生产类型的转变，人口增长势能的减弱，依据 2000 年人口普查作出新的人口预测表明，人口总量高峰将提前到来，峰值也有所削减。国内外的预测比较接近，2030 年前后全国人口接近 15 亿人左右，即可实现零增长；其后转入下降，2050 年可下降到 13.9 亿人左右。不过，对于中国长期人口发展战略目标的选择，仍有很大分歧，从主张三五亿人到十几亿人不等。（2）劳动年龄人口就业研究。劳动年龄人口绝对数可增长到 2015 年前后，所占比例在 2010 年前即可达到峰值，劳动力负担的老、少人口较少的人口年龄结构变动的"黄金时代"，再过六七年即将逝去。虽然由于中国人口和劳动力过剩，总体上不至于发生劳动力短缺问题；但是结构性劳动力短缺，在某些地方和部门则可能发生；特别是劳动力相对廉价的"人口红利"，很快将不复存在。一些研究认为，21 世纪的人口发展战略的制定，不能不考虑到这些方面。（3）人口老龄化研究。随着生育率的持续下降，人口年龄结构老龄化同步跟进，总体上与原来的预测出入不大，略有提高。提出和研究的新问题是，不仅要高度重视如何养老问题，而且要重视老龄化对生产、消费、分配、储蓄、投资、伦理、道德、法制建设等经济和社会发展的影响，对全面建设小康社会的影响。（4）出生人口性别比升高问题研究。自 20 世纪 80 年代以来，我国出生性别比持续攀升，远远超出 103～107 正常值，当前达到 120 左右。出生性别比升高，首要的问题是造成一定的婚姻性别挤压，目前 0～19 岁男性多出女性 2300 多万人，必须引起高度重视。出生性别比升高主要在两孩及两孩以上生育，1 孩的出生性别比在正常值范围稍高一些水平，两孩及以上则上升到 150 以上，是问题的症结所在。有鉴于此，加强宣传教育、强化法治管理等固然是相当重要和不可缺少的；但是必须拿出治本的方略，针对两孩以上是性别比升高的关键，探讨包括现行生育政策在内的生育决策的某种改革。
（5）流动人口问题研究。目前除本市区内人户分离之外的流动人口，估计全国在 1.2 亿人左右，主要为农村流向城镇的"农转非"人口。一方面，流动人口是市场经济发展的必然结果，在中国经济高速增长和城市建设中起到了不可替代的作用；另一方面，流动人口的大量存在，增加城市住房、交通、社会治安等的压力，并且增加了生育、教育、就业等人口变动和发展的不确定性。关注这种不确定性的人口学研究，对于全面建设小康社会人口问题的解决，协调人口与社会经济发展，有着特定的意义。（6）人口健康研究。结合 SARS 在我国部分地区流行，开展了 SARS 的人口学研究，分析了 SARS 的人口年龄、性别、教育、职业、地域分布等的特征，为防治提供一个方面的视角和建议。同时，由于人口膨胀、工业化、城市化、污染、生态环境破坏等的影响，人与自然矛盾的尖锐化，人进物（动、植物）退造成诸多奇异疾病，正严重威胁着人类健康。提高人口素质不可只注重文化教育方面，健康素质的提高必须摆在重要位置。（7）人口文化研究。迄今为止的人口学研究，虽然涉及某些文化领域，如生育、死亡、迁移等人口变动，都不同程度地涉足传统、伦理、习俗、宗教等；但是均没有提升到人口文化高度，人口文化是中国人口理论工作者和实际工作者在实践中的创造。2003 年，关于人口文化、生育文化研究有了长足进步，作为单独的分支学科的专著的撰写已经起动，有的已完成书稿。（8）人口与可持续发展研究。用新的思路研究人口与经济、社会的可持续发展，取得很大进展。在人口与经济可持续发展研究中，提出了供给与需求相结合的解决就业、消费、加快城镇化进程等的决策选择；在人口与社会可持续发展研究中，结合我国实际，提出了缩小城乡之间、地区之间、不同人口群体之间收入差距的改革思路，立足于人口社会分层的社会民主法治建设改革思路。国外包括人口在内的可持续发展研究，最值得关注的，是莱斯特·R. 布朗最近发表的《B 模式：拯救地球，延续文明》。该书连同 1996 年美国生态经济学家赫尔曼·E. 戴利发表的《超越增长——可持续发展的经济学》，明确提出"经济是环境子系统"，可从过去以化石原料为基础，以汽车为中心的用后即弃型 A 模式，转变到以太阳能/氢能为主要能源，广泛再使用/再循环和稳定人口的 B 模式，被称为有如哥白尼日心说取代托勒密地心说的伟大革命，对未来人类发展有着重要的意义。

# 马寅初人口论的历史地位[*]

马寅初是我国著名经济学家、人口学家和教育家。毫无疑问，在马老全部论著中，经济学特别是财政经济篇幅居多，是他学术遗产中的主体部分；然而就影响而论，人口方面的论述却毫不逊色，甚至比其知名度还要更高一些，一个时期以来，他的《新人口论》在国内外的影响远远超过其他方面。

不大了解马寅初的人，以为他的人口论著就是1957年发表的一纸《新人口论》。其实这是一个误区。马老关于人口的论述，包括论文、演讲稿、一些专著中的专门论述，我们在编辑《马寅初全集》中搜集到的，竟有31篇之多。最早关于人口方面的文章，是1920年发表在《新青年》第7卷第4期上的"计算人口的数学"[①]。这是我国近现代人口科学发展史上最早具有统计学意义的人口学论著之一，主要阐发的是人口增长的统计计算方法。此后，他对人口的探讨，逐渐转到人口与经济关系方面上来，在人口多、就业难问题上，他提出可从供给与需求两个方向同时解决，减少劳动力供给，一是节制生育，减少人口和劳动力的增长；二是移民，主要是人口稠密地区向人口较少的东三省等地人口流动和迁移；三是发展教育，使更多的人"具有专门技艺"，"人人均得高等工作"。扩大对劳动力的需求，主要是发展民族工业，提出"事业发达"、"工厂增多"等主张。这一时期，马寅初开始把他的人口视野投向更广阔的领域；他在1932年发表的"人口问题与世界经济大势的关系"一文中，将人口问题列为影响世界"经济大势"变迁的首要原因；同年发表的"农村经济与家庭观念"、"中国家庭观念与农村经济救济"等文章中，认为"中国农民既占全国人口百分之八十五，中国的各种问题都不得不集中于农民问题、农村问题"；而农村又是"吃自己的米，穿自己的布，用自己的货物"自我满足型自给自足的自然经济，从而造成严

*　原载《当代人口》2004年第4期。

①　本文引证马寅初部分，均选自田雪原编《马寅初人口文集》，浙江人民出版社，1997。

重的家庭观念，多子多福观念，限制了中国工业化的发展。考察这一时期的马寅初人口思想，他常常提到马尔萨斯，受到马尔萨斯人口论的某些影响是客观存在的。特别是人口与经济之间的关系，以及人口按几何级数、食物按算术级数增长的观点；但他没有像同时代社会学派那样所受影响至深，他同时受到来自其他学派的影响，并且是按照自己的思维向前发展的。他在《马尔萨斯之"人口论"》一文中，明确提出："今日之人口论，不可与马氏的人口论相提并论。今日论坛的重心，在寻求一最适宜数之人口（optimum population）"。这就是马寅初高人一筹之处的具体表现，他没有停留在马尔萨斯的人口论之上，而是广纳西方各派学说之所长，如他在论著中提到的布克（Prof Buck）、汤姆森（Tompson）、桑德斯（Carr Saunders）等；尤其难能可贵的是，他坚持从中国实际出发，结合中国实际探索，使他的早期人口理论，既不同于当时风靡一时的西方马尔萨斯人口论，也不同于把马尔萨斯复制到中国的社会学派人口论，具有自己的特点，可谓自成一家。

抗战胜利后，马寅初继续沿着他固有的思路探索人口问题，更紧密地把人口问题与国民经济联系起来。1947年他在"此后吾国经济学者工作的对象"文章中说，"经济学之目的，在利用科学与自然斗争减少人类之痛苦"，摆脱"外国经济的附庸，长期蹉跎于被动的地位"，主张迅速工业化和改革农村，使农村过剩人口找到出路。马老忧国忧民一生，总是同忧虑人口过剩特别是农村人口过剩联系在一起，这在后来的人口研究中更鲜明地表现出来。

1949年新中国成立前夕，马老经周恩来等斡旋，转经香港回国，参加中国人民政治协商会议第一届会议和开国大典，备受鼓舞。高兴之余，他不忘人口问题，不忘人口特别是农村人口过剩，他利用人大常委工作之便，回浙江省调查，用他自己的话说，旧时浙江十一个府，他跑了十个府，深感人民推翻"三座大山"当家作主、生活改善后，"到处看到小孩子，我想不得了"，遂一步步形成他的《新人口论》的主导思想。应当说，马寅初发表《新人口论》，除了表现出作为一个负责任的学者理应具有的注重调查研究、严谨求实的学风外，也颇讲究方式方法，讲究实政研究成果如何纳入政坛，发挥效用。他先是在人代会浙江小组会上作为人大代表提案，提出人口问题；因为受到当时教条主义禁锢，而遭到否定，只有邵力子、赵忠尧等几位科学家表示赞同。马老遂按照"少数服从多数"原则，收回提案；但他并不甘心，1957年3月，在最高国务会议上，他面对毛泽东等中央领导直言相谏，并特别说明"我们的伟大领袖毛主席对人口问题有同样的看法……他所见所闻远比我广，得出的结论一定更正确，因此我对毛主席表示最崇高的敬意"，而受到赞赏。1957 年 7 月 5 日《人民日报》发表马寅初《新人口论》，也是他提交全国人大一届四次会议的书面发言。如今，大家对《新人口论》差不多已经耳熟能详，笔者以为，马老在《新人口论》及其前后发表的论著中的人口思想，可归结为，一是正确地估量了当时的人口状况和变动态势，指出人口增殖太快与资金积累不快等经济、科技、社会发展的矛盾；二是冲破当时苏联"人口不断迅速增长是社会主义人口规律"的教条，力主我国大力控制人口数量和提高人口质量；三是从实际出发，提出扩大宣传、修改婚姻法，实施生育两个孩子有奖、生育三个孩子征税、生育四个孩子征重税，以征得来的税金作奖金，国家财政不进不出等政策建议。毫无疑问，马寅初的这些卓有见地的主张，是实事求是、切中要害和利国利民的。而当时却遭到不应有的批判，声讨之声不绝于耳，"大字报"铺天盖地，一巴掌将马老连同他的人口论打了下去，马老从此便从政坛上、学坛上、讲坛上消失了。可是马老和他的人口论并没有消失，笔者本人就是在一片批判声讨声中，躲在北大阅览室一隅，找来《新人口论》、《我的哲学思想和经济理论》等论著阅读开来，从中受到启发并在后来走上为他的《新人口论》翻案的。党的十一届三中全会后，终于把这段颠倒的历史重新颠倒过来，显示了真理不可战胜的力量。以为马寅初《新人口论》翻案为契机，迎来人口科学以及整个科学发展的春天，中国人口问题的解决，也揭开具有里程碑意义的新的一页。

如果说，20 世纪二三十年代马寅初"计算人口的数学"等的发表，起到传播由"人口学之父"格兰特（Jhan Grant）创立的具有统计意义的人口学之先河的话，那么五六十年代《新人口论》等的问世，则为中国人口问题的研究和解决，拉开具有划时代性质的序幕。《新人口论》及其前后发表的马老的人口论著的历史地位和意义，笔者以为，可以主要概括为以下三个方面。

其一，对我国面临的人口问题作出科学的阐释，并由此引起一场大论战，奏响了全面解决我国人口问题的序曲。马寅初准确地定位我国人口问题的过剩性质，提出从加强宣传教育到奖、罚一类经济手段一整套政策措施，既适合当时的实际，又有着长远的发展战略眼光，颇有先见之明。全面解决中国人口问题或曰人口发展战略，笔者以为，可分"三步走"进行。第一步是尽快将高生育率降下来，这一步到 20 世纪 90 年代中期已基本完成；第二步是稳定低生育水平，虽然这一步尚未完成，但是已经走过了初见成效的 10 年路程，预计再过二三十年即可完成；第三步是人口的零增长和人口总量呈下降趋势以后，根据届时经济、社会发展状况和资源、环境状况，确定理想适度人口目标。虽然马寅初先生没有明确提出过这样的战略目标，但在他的论著中，曾经阐述过类似的理念。前已述及，《新人口论》的中心，是解决人口数量过剩，目的是调整人口与经济的关系，发挥人口因素的促进作用。而早在 1943 年，他便指出马尔萨斯人口论的局限，"最适宜数之人口"应成为研究的"重心"。科学的发展有它的继承性，包括发展目标在内的人口问题研究和解决也有一定的继承性，在特定的意义上说，今天中国人口发展战略的合理选择，也是 20 世纪 50 年代关于人口大论战的继续和发展。正因如此，近年来有关部门评选半个多世纪以来最有影响的学术事件时，马寅初及其《新人口论》引起的人口论争，被列为十大事件之一。

其二，马寅初人口论从始至终贯穿一条主线，即人口要与经济、社会发展相适应，一反苏联人口要不断迅速增长的教条，开人口研究反教条主义之先河。1949 年新中国成立后，科学研究和各项事业都要学习苏联，一句经典叫做"苏联的今天就是我们的明天"。人口研究同其他社会科学研究一样，将苏联政治经济学《教科书》中关于人口规律的表述视为金科玉律，谁反对这一条，谁就有被说成鼓吹马尔萨斯人口论之嫌。马寅初不畏洋教条，从实际出发提出控制人口数量、改善人口品质主张，这在当时来说，是十分难能可贵的，是要有足够理论勇气和大无畏革命精神的。学术生命在于创新，不冲破教条主义的束缚就不能前进，马寅初不仅深知这一点，而且身体力行地做到了这一点，为学术研究反教条主义树立了榜样。

其三，马寅初发表《新人口论》，坚持《新人口论》不动摇，坚持不唯书、不唯上、只唯实，用实际行动树立了淡泊个人名利、为真理奋斗的优良学风。在今天来说，这一条有着特殊的意义。改革开放和实施市场经济以来，商品和交换价值升值，包括人口学研究在内，出现了不同程度的商品化倾向。不注意学习基础知识，不愿意深入实际调查研究，不讲理论联系实际，要么闭门造车，要么把西方的东西原封不动地舶来，浮躁情绪等不良学风有所滋长。马寅初为什么能够顶住来自上面、下面、侧面的各种压力，表示虽然年近八十还要"战死为止"？除了他的人生观等精神世界方面的原因外，诚如他自己所说，还有一个"理论的彻底性"。正是这种理论的彻底性，决定着他政治上的坚定性，绝不向以力压服而不以理说服的批判者们投降。"理论的彻底性"由何而来？重要的一条，是他长期形成的严谨治学的优良学风。

马寅初所处的时代，造就了马寅初不愧为时代使命的人口论，塑造了高尚的人格，不屈不挠的品格。我们在探讨马寅初人口论的历史地位和它的价值时，还值得提及的是，他坚持真理、修正错误的精神。他为说错话而写出大字报作公开检讨；他为验证自己的观点，一篇又一篇地阅读诸多批判者的文章，尽管这些文章大多局限于空喊政治口号一类。马寅初的这种精神，就是不断进取的精神，我们研究马寅初的人口思想，也要有这种与时俱进精神。世界进入 21 世纪以后，信息化、经济全球化成为不可阻挡之势，新技术革命蓬勃兴起，而资源匮乏日甚，环境污染加剧，人口的变动和发展面临新的态势，今天的人口问题与马老时代又有所不同。我们要把马老的人口论作为一笔财富，从中汲取营养，作出创造性研究，为妥善解决全面建设小康社会中的人口问题，为中国最终人口战略目标的早日实现，作出我们的贡献。

# 中国人口科学发展的
# 昨天、今天与明天<sup>*</sup>

任何一门科学的发展，都有一个历史的过程。对于中国人口科学来说，弄清它的昨天，可以清楚地了解它的今天；弄清它的昨天和今天，可以更清楚地预见它的明天，所谓"温故而知新"是也。因此，关心和探讨未来人口科学发展走势，谋求21世纪中国人口科学的新发展，实有必要将昨天、今天与明天联系起来，作出历史的考察和分析。

## 一　20 世纪人口科学发展的三次高潮

据科学家们考证，地球的球龄约有47亿年，最新的考古发现人类的存在也已有了400多万年的历史。古代思想家对人口现象关注较早，古希腊柏拉图（Plato，公元前427~公元前347）在《理想国》一书中，亚里士多德（Aristode，公元前384~公元前322）在《政治学》一书中，就曾阐发过人口不多不少最早的适度人口的思想。中国远在春秋战国的诸子百家争鸣中，就有孔子、孟子、韩非子等的众民与寡民之争。1662年被誉为"人口学之父"的约翰·格兰特（John Grant）《关于死亡的自然的和政治的观察》一书发表，揭开人口学作为独立学科的篇章，其后的人口科学发展呈"双轨道"推进，一方面，在格兰特具有统计意义的轨道上推进，人口学作为独立学科逐步完善和成熟起来；另一方面，人口学在与其他学科交叉研究中发展起来，形成某些边缘和交叉学科。

前一个方面的研究，形成规范化的人口学（Demography）。对人口学研究的对象和方法，出生、死亡和迁移人口过程，年龄、性别、民族、城乡、

---

　*　原载《人口研究》2002年7月。

地域、婚姻、家庭等人口结构和特征，人口与发展等基本范畴作了明确界定和规范化研究，并且提出和阐发了人口转变理论，稳定人口理论，适度人口理论，孩子成本—效益理论等一系列人口学基本理论，使人口学成为其他学科无法取代的科学。

后一个方面的研究，逐渐演变成某些边缘、交叉和综合学科。无论从哪个角度讲，在社会经济发展中，人口始终扮演着主体的角色，吸引着诸多科学家把触觉伸向人口领域。他们从不同学科应用不同方法研究人口现象，提出并论证了经济适度人口，实力适度人口，边际孩子合理选择模型，人口迁移经济模型，人口增长与土地承载力有限论，"人口爆炸"与资源枯竭论，人口压力与生态危机论，增长极限论等。这些研究主要立足于不同学科领域，分析人口变动的后果，得出某种结论，从而形成人口经济学、人口社会学、人口地理学、民族人口学、生物人口学、医学人口学、环境人口学等。

在中华民族博大精深的文化和科学发展过程中，人口研究和人口科学的发展也占有一席之地。从诸子百家到清人洪亮吉闪烁着许多富有东方色彩的人口思想。洪亮吉甚至先于马尔萨斯提出并论证了人口快于食物增长的观点，这些对后来中国人口思想的形成和发展产生了一定的影响。进入 20 世纪以后，中国人口科学迎来一个新的历史发展时期，有三次较大的高潮是值得重视的。

第一次，二三十年代关于人口节制主义的兴起。受西方人口学说的影响，1920 年马寅初发表"计算人口的数学"，表明经济学家对已经出现的人口科学的关注。但是最值得提及的，是这一时期社会学派节制主义的兴起。以 1918 年陈长蘅发表《中国人口论》为起点，随后发表《三民主义与人口政策》；陆续发表的还有许仕廉的《中国人口问题》，《人口论纲要》；陈达在《北平晨报》创办《人口副刊》，并于 1934 年发表《人口问题》等论著，掀起一股人口研究热。这些论著对马尔萨斯的人口论作了诠释，阐述人口过剩的基本观点，提出"适中人口密度"说；主张"限制人口的数量，提高人口的品质"；实行节制人口，把节育分为"治标"与"治本"两种办法，所谓"治标"的办法，即发展农业和工业，增加就业人口，实行移民，发展公共卫生和提倡优生；所谓"治本"的办法，即提倡晚婚，打破旧的传统思想，开展全球性的节制生育运动。不难看出，社会学派人口节制主义受马尔萨斯人口论影响至深，他们中一些人对马尔萨斯本人也很推崇，但是有些观点和主张，特别是"限制人口数量"和"改善人口品质"的阐释，可以说讲到了人口问题的关键。更为重要的，这一次人口研究热，开近代中国人口科学发展之先河，起到了传播西方人口学的作用，也触及中国人口问题的根本。

第二次，20 世纪 50 年代关于人口问题的辩论。1949 年新中国成立后，迅速经历了人口再生产类型的转变，很快由高、高、低转变到高、低、高。面对这种状况，社会党派节制主义一面检讨二三十年代关于人口论著的某些观点错误，表明与马尔萨斯的人口论的不同；另一方面继续阐明他们节制人口的主张，发展了关于"适中人口密度"的学说。费孝通提出："每个社会，每个时期，根据各种条件可以算出一个人口的适中数。人口增长超过这个适中数是会迟缓社会发展的。"孙本文则提出，我国最适宜的人口数量应是 8 亿人。不过这一次人口论争的代表人物是当时任北京大学校长的经济学家、人口学家、教育学家马寅初先生，是他于 1957 年发表的《新人口论》。《新人口论》及在此前后其他有关的文章、讲话、答记者问等，表达了马先生对人口问题的基本观点。一是对当时人口增长的估计，依据 1953 年人口普查数据资料，他估计当时人口增长的速度已大大加快，这是《新人口论》的出发点。二是从人口经济学角度，分析了人口增长过快存在的矛盾。同加速资金积累之间的矛盾，同提高劳动生产率之间的矛盾，同工业原材料供给之间的矛盾，同提高人民生活水平之间的矛盾，同科学事业发展之间的矛盾等。三是提出解决人口问题的三点建议，一要进一步摸清人口底数，把人口增长列入第二、第三个五年计划；二要大力进行宣传，破除封建传统观念，再行修改《婚姻法》，提倡晚婚晚育，主张生育二个孩子的有奖，生育三个的要征税，生育四个的要征重税，以征得来的税金作奖金，国家财政不进不出；三要实行以避孕为主，不赞成人工流产。这就是马寅初《新人口论》的主要观点，然而就是这些观点却遭到大肆批判，全国主要报刊差不多都刊登了，致使人口科学研究成为其后一段时间无人敢于问津的"禁区"。

第三次，20 世纪 70 年代以来的全面发展。面对 60 年代人口的迅速增长，人口问题的日益突出，出于 70 年代以来国家大力控制人口增长、切实加强计划生育的需要，人口科学研究开始得到恢复和发展。由于受到历史环境的限制，人口科学研究首先到马克思主义经典作家中寻找根据，先后提出并论证了计划经济决定论，即社会主义国民经济是有计划、按比例发展的，人口生产也要有计划地进行，为计划生育铸造理论基础。然而随着改革开放的不断深入，特别是市场经济体制改革目标的提出，"计划经济决定论"已不能作出科学的诠释。因为，虽然社会主义市场经济也是有计划的，但是市场经济的基本特征，是市场主体法人化，要素流动市场化，宏观调控间接化，经济运行法制化。市场经济的计划或调节，主要在于运用税收、价格等经济杠杆，同过去高度集中统一的计划经济有着本质的不同。随后提出"两种生产"论，即人口生产要同物质资料生产相适应，针对我国实际，形象地概括为"经济要上去、人口要下来"。可是影响人们生育行为的不仅是经济因素，还有观念的、文化的、民族的、社会的等多种要素，经济只是基础。尤其是可持续发展的提出和研究的不断深入，"两种生产"已显得力不从心，于是"三种生产"、"四种生产"相继提出并得到进一步阐发，将人口问题的解决归结为人口与资源、环境、经济、社会的可持续发展，使以降低生育率为"主体"的人口科学研究大大向前推进了一步。

这一次高潮的一个显著特点，是降低生育率的"主体"实证研究以前所未有的规模在全国展开，从而带动人口素质、人口结构"两翼"研究的展开。1980年中央书记处委托中央办公厅，于3~5月连续召开五次人口问题座谈会，主要就未来人口变动和发展趋势与目标，生育政策和提倡一对夫妇生育一个孩子可能产生的问题，如人口年龄结构老龄化问题，会不会发生劳动力不足问题，会不会导致智商下降问题，会不会出现人口素质、城乡结构等的"逆淘汰"问题，会不会普遍形成家庭代际"四二一"结构问题等，边讨论、边座谈、边查找资料论证，最后形成向中央书记处的报告。根据领导指示，出于对报告负责需要，笔者在起草的报告后面以个人署名方式，分别对上述问题写出《附件》，作为理论支持；后经充实和修改，不少观点已公开发表，不过许多研究还是初步的。人口控制"主体"以及其他"两翼"问题，成为座谈会后拓展人口研究的主要领域，20世纪八九十年代的实证研究主要围绕这些问题展开。中国是当今世界人口最多的国家，丰富的人口实践给了人口科学研究以广阔的舞台，二三十年来出了一大批高质量或较高质量的论著。如《2000年的中国（人口与就业）》、《人口系统定量研究及其应用》等获得国家科技进步成果一等奖，"论人口与国民经济的可持续发展"等获得"五个一"工程奖，《中国老年人口（人口、经济、社会三卷）》获得国家社科基金优秀成果奖，以及获得国家图书奖等重大科研成果奖项。1994年、1998年、2002年三次全国人口科学优秀成果评审，共评出特别荣誉奖4项，一等奖83项，二等奖190项，三等奖和优秀奖数量更多，反映了中国人口科学研究蓬勃发展的总体水平，也反映了科研成果在实际问题解决，特别在论证前期的生育率下降，后期稳定低生育水平中发挥了理论支撑的作用，在人口与经济、社会以及资源、环境可持续发展战略中的关键地位和作用，起到了其他学科无法起到的作用。

在实证研究取得大量成果的同时，人口学理论研究也取得很大进步。从1980年开始，联合国人口活动基金接连15年对华进行科研和教学援助，先后派出上百访问学者和留学人员，对中国人口学人才的培养起到莫大的作用，当代西方人口学说全面传入中国。众学人结合中国实际开展研究，注意在合理借鉴基础上进行学术创新，改造和发展了某些人口学理论方法。如应用自动化理论方法进行人口预测，社会附加孩子成本—效益理论的提出和阐发，孩次递进比方法的应用，生育、婚姻、家庭某些模型的合理借鉴和改进，中国人口转变和稳定低生育水平的提出和阐释等。中国人口学界已熟悉和掌握了当代西方人口科学的主要理论和方法，某些方面还有创新。不过笔者以为，由于中国过去没有人口学专业，20世纪七八十年代从事人口学科研和教学者多为从经济学、社会学、统计学等专业"转业"而来，许多人是边干边学，正规人口学基础要差一些，因而在一定程度上影响实证研究的深入。就总体而言，改革开放以来的人口科学无疑是发展最好的历史时期，人口学科也是众学科中发展最快的学科之一，某些方面已站到国际学科发展的前沿。

## 二　近年来的调整与发展

中国人口科学经过20年左右的大发展之后，到20世纪90年代后期，不管人们是否意识到，笔者认为，实际上经历了一个调整的历史时期。对于这一时期的调整和人口科学发展的状况如何估价，提出以下两点基本认识。

### （一）必要的和有意义的调理

世间任何事物的发展，都不是直线上升或下降的，而是有升有降波浪式推进的。何时升何时降，也不是人们主观臆断的结果，而是由事物发展的内在规律决定的，外界条件的改变往往成为升降的转折点。1980～1995年联合国人口活动基金对华援助，无疑对中国人口科学的发展起到巨大的作用，15年间高校和社会科学院系统建立人口研究机构四五十个，加上党校、政府有关部门建立的机构，全国不同类型的人口学研究和教学机构达到 100 个左右，发展之势犹如雨后春笋；出国留学人员大增，国际交流频繁；科研成果累累，学术讨论"红红火火"，确实为不少学科所羡慕。然而 1996 年联合国人口基金宣告停止对华人口学科研和教学援助，发展的外部环境起了变化，人口科学的发展经历了一个新的转折时期。从现象上看，一是人口学科研和教学机构数量有所减少，个别单位甚至撤销摘下了牌子；二是有的科研和教学人员转行"下海"经商，或出国后滞留国外不归；三是从科研成果上看，数量不如 20 世纪 80 年代和 90 年代前期多，有的还认为"精品"也在减少；四是全国性的学术活动和国际学术交流也有所减少，等等。那么怎样看待近年来中国人口科学发展中出现的这些现象，学术界可谓见智见仁，主张"萎缩论"者有之，"正常论"者有之，"发展论"者也有之。三种观点中，"正常论"和"发展论"则比较接近，只是程度上的不同而已。

对于近年来中国人口科学发展中出现的这些现象，笔者认为不一定要匆忙地下一个结论。重要的是要在调查研究基础上，站在时代和学科发展前沿，结合中国实际作出实事求是、符合人口学学科建设和发展规律的阐析。

首先，要弄清减少或"萎缩"的面有多大。2000 年全国哲学社会科学规划办公室作了统一部署，各学科对"九五"以来的学科发展进行了比较全面的调查。人口学科调查结果表明，"九五"以来人口学科研和教学机构有所减少或"萎缩"，有的科研机构还撤销了。但是减少的数量有限，撤销的更是屈指可数；"下海"和滞留国外未归者数量有限，科研成果数量和学术活动次数的减少也有限。特别是主要的人口学科研机构均保留了下来，科研和教学骨干保留了下来，有的还有所扩大和发展。科研成果和学术活动没有大量减少，高质量的科研成果非但没有减少，某些方面反而有所增加，1998、2002 年两次全国人口科学评奖，特别是 2002 年评审中评委们普遍反映，无论是一等奖还是二等奖的评审，不是勉强凑数硬拉上去的，而是好的可评上去的成果太多，不得不忍痛割爱，本届申报的科研成果质量明显提高了。学术活动次数有所减少主要是较小型的活动，较大型的学术活动并没有多大减少，更为重要的是要看学术活动的效果和影响，不是为了开展活动而去组织活动。

其次，要弄清为什么要减少或"萎缩"。众所周知，实行市场经济体制改革以来，由于某些价值取向的改变，"下海"、"跳槽"等现象大量发生，其中不乏原来一些从事社会科学事业的人，以致一段时间形成社会科学发展的低潮。虽然人口学具有边缘、交叉和综合的性质，但在我国以往的研究中，主要还是在社会科学领域进行，社会科学处于低潮不能不影响人口学科。之所以人口学低潮来得比其他社会科学为晚，除国家比较重视外，很重要的一条原因是由于自1980年以来的15年中，一直得到联合国人口基金的资助，科研、教学、学术活动和对外学术交流都得到财力上的支持和信息上的方便，凝聚着一定的人气的缘故。"九五"以来联合国的援助突然"断奶"，其他人文社会科学发生的事情在人口学界也不可避免地发生了。其实，20世纪80年代和90年代前期在联合国人口基金援助下人口学科研和教学机构的迅速膨胀，本身即有一定的"泡沫"成分，一些研究机构是采取"先盖庙、后找和尚"方式建立起来的，有点儿"萎缩"甚至是个别停办在情理之中。这里有两个问题需要讨论清楚：其一，中国到底需要多大规模的人口学科研和教学机构，多少数量的科研和教学人员。显然，不能因为中国是目前世界第一人口大国，无论怎样都说是规模太小、数量太少，人口再多也有一个适度问题。日本人口大致相当于我国的1/10强，20世纪80年代和90年代初全国有3家人口研究所；由于人口转变的迅速完成，人口高龄化的不断加深等原因，20世纪后期，日本的人口研究机构减少到1.5家，即日本大学一个人口研究所，厚生省一个社会保障与人口问题研究所，人口可视为其中的一半。韩国国家人口研究所在生育率下降到较低水平以后，也转向劳动就业、社会保障和老龄问题等的研究。其他国家有多少人口研究机构？即使按人口数比例套下来，我国人口研究机构50多个，加上其他各种类型与人口有关的人口研究机构总共100个左右，恐怕也不是数量过少的问题，而是质量和结构问题。尤其在我国人口再生产进入低生育水平以后，人口研究主体已不再是普遍地论证实行计划生育基本国策的必要性了，而是其他深层次的人口问题。其二，科研成果和学术活动的质量问题。人口科学研究成果作用大小，固然同成果数量有关，但是更主要的是同成果质量的关系；学术活动影响力大小固然同开展活动的次数相联系，但是更主要的是学术活动的质量，一次有重大影响的学术研讨会，胜过10次不痛不痒、为了活动而活动的走过场的会议。对于学科建设、学术成果和吸引人才说来，从中国人口科学实际状况出发，重要的已不是它的数量，而是它的质量，质量的提高已成为制约发展全局的关键。

再次，要弄清减少或"萎缩"的性质。是从巅峰上跌落下来，从此一蹶不振非正常地减少或"萎缩"；还是前进道路上正常的波浪式发展，即对过去盲目发展的一种正常的调整？笔者认为，是后者而不是前者。前已论及，20世纪80年代和90年代前期人口研究机构和人员的膨胀本身带有一定程度的盲目性质，没有经过科学论证，全国人口研究所一类机构一下子膨胀起来，致使研究机构、研究课题、研究成果重复严重，总体投入产出效果不佳，阻碍着研究水平的提高和学科建设的发展。从这个意义上说，即使没有联合国人口基金撤销对华人口科教方面的资助，问题积累到一定程度也是要解决的，调整总有一天是会降临的。众所周知，1949年中华人民共和国成立后，"一五"时期国民经济发展既迅速又平稳，是发展的最好时期之一。但是1958年"大跃进"将其推到三年困难时期，被迫进行经济调整。正是调整、巩固、充实、提高方针的贯彻实施，才迎来60年代前期国民经济的恢复和发展。1976年粉碎林彪、江青反革命集团后，急于求成、"大干快上"的"洋跃进"抬头。是党的十一届三中全会恢复了实事求是的思想路线，确立了调整和改革开放的正确方针，在改革开放中大力进行国民经济调整，才使20多年的经济保持快速、持续、健康的发展。而且，在这20多年国民经济发展的最好时期中，发展的路子也不是一条直线，中间也有若干调整。因此，当事物发展到一定阶段，特别是经过一个发展的大的飞跃之后，调整不仅是不可避免的，而且是必要的、必需的和有益的。数量上、结构上的调整不但不妨碍发展，相反是新发展的必要准备，是新发展的前奏。国民经济发展如此，包括人口科学在内的科学事业的发展也是如此。中国人口多、人口问题突出，人口基本国情对社会经济发展全局影响至深，因而需要保持一个比较大的科研队伍，需要从多方面加强研究，毫无疑问这是对的和应该的；但是，大和多也要有个边儿，使之保持在合理限度内。更为重要的是，当数量和规模达到一定程度的时候，进行以质量提高为主的调整则是绝对必要的；是积极的，而不是消极的；是有利于发展的，而不是不利于发展的。

## （二）"九五"以来人口科学的新发展

如果说"九五"以来中国人口科学进入笔者称之为"调整时期"可以成立的话，那么无论人口科学研究还是人口事业，在"调整时期"均获得了比较明显的进步和发展。

其一，人口科学研究取得新的进步和发展。在实证研究方面，这一时期中国生育率下降到更替水平以下，首要的问题是研究新形势下控制人口增长战略的合理定位，特别是继续坚持生育率下降旗帜还是提出稳定低生育水平？有关研究作出认真考证，从实际出发提出稳定低生育水平主题，给新的历史时期的人口与计划生育工作以有力的理论支持。学术界还进行了"后人口转变"的讨论，推进理论研究的创新；可持续发展研究取得新的突破，在主要涉及人口、资源、环境、经济发展和社会发展研究中，对人口可持续发展作出开创性研究，阐发了以人为本的可持续发展理论体系，控制人口数量、提高人口素质、调整人口结构相结合、当前以数量控制为重点的方略，相应的决策选择；人口老龄化与老年人口研究由以前以宏观研究为主，步入中观社区和微观家庭不同层面，在深入研究城乡结构性养老发展趋势，建立安全社会养老保障体系的同时，加强老龄化对经济、科技、社会发展影响的研究，成为制定21世纪发展战略一个方面的支撑点；劳动年龄人口变动趋势与就业问题研究，结合人口迁移、人口流动、人口城市化一道进行，针对改革开放以来出现的新情况、新问题，联系我国"三步走"发展战略目标，提出改革的思路和相应的对策建议；人口素质研究得到提升，提高到市场经济资源合理配置，即自然资本、产出资本、人力资本、社会资本最优结合，人力资本是关键，高度看待人口身体素质尤其是文化教育素质的提高；生育健康研究在大量社会调查基础上，从引入国际概念到界定我们自己的内涵，从借鉴西方研究方法到逐步形成我们自己的一套理论方法，健康人口学研究取得长足进步；此外，计划生育政策效果评估研究，性别比研究，女性人口研究，民族人口研究，人口普查数据开发研究，人口文化研究等，都取得比较突出的进展，发表了一批质量较高的论著。像获得第三届全国优秀成果奖的论文"20世纪50年代中国人口政策的问题与再评价"、"从近年来的时期生育行为看终身生育水平"、"人口、资源、环境可持续发展宏观与决策选择"、"健康人口学定义的界定和内涵研究"、"十八世纪中后期的中国家庭结构"，获奖专著《人口、资源、环境可持续发展》、《现阶段中国人口经济问题研究》、《中国省际人口迁移研究》、《中国人口与可持续发展——两个区域的人口与家庭户方案》、《中国儿童生存性别差异的研究与实践》、《中国人口通史》，获奖研究报告"中国人口与计划生育调控体系和管理机制研究报告"、"经济体制转轨时期中国城镇就业问题研究"、"农村养老和养老保险问题研究"、"浙江省中学人口与青春期教育的现状与对策研究"等，都产生较大的影响和良好的社会效益。

在学科建设和基本理论研究方面，"九五"期间全国哲学社会科学规划办公室先后设立"人口学学科体系研究"、"现代人口理论研究"两个项目，分别完成专著。全国人大、全国政协、中国科学院、中国社会科学院等组织"中国现代科学全书"大型研究项目，囊括自然科学、社会科学600多个学科，《人口学》位列其中，目前初稿已经基本完成。值得提出的是，调整期间交叉学科得到较快发展，《社会老年学》、《可持续发展战略读本》等一些边缘和交叉论著同广大读者见面。

其二，科教基本队伍的稳定与素质的提高。尽管在改革开放的20多年中有一部分科研人员"下海"经商，有一部分出国滞留未归，影响科研和教学队伍的稳定与发展；但是总起来看，一是数量有限，留下来的还是占绝大部分；二是在调整时期出现了海外学人归来，加入科研和教学行列的可喜现象。经过多年的震荡洗礼，人口学基本队伍稳定下来，研究水平有了显著提高。尤其值得重视的是，在加强边缘和综合性学科发展形势下，近年来一些理工科高校纷纷增设人文社会科学专业，人口学，人口、资源、环境经济学，管理科学中公共管理与人口管理等专业被列入其中，并且得到迅速的发展。目前，人口学科研和教学队伍人数可能比20世纪80年代大发展时期略有减少，但是留下来的人员专业思想相对更为稳固，多数人愿在人口事业上"板凳甘坐十年冷"，与原来一部分人专业思想不稳，存在某种观望态度不同。同时，随着海外学人归来增多，交叉学科进入人口学界的增多，人口学科研和教学队伍的素质普遍提高了，在国际学术界的认同性提升了。这在中国加入世界贸易组织以后，是十分必要的，也是于发展大有裨益的。

## 三　未来人口科学发展趋势

中国人口科学经历了"九五"以来的调整，目前调整到何种程度？笔者以为，已经调整到接近完成的地步。具体说，有以下几个标志。

第一，重心的调整：研究重点已经明确。20世纪70年代以来的中国人口科学研究，中心围绕生育率的降低进行。"九五"以来成功地实现了向低生育水平的过渡，研究的重点转向了稳定低生育水平。稳定低生育水平的目的，是为了寻求人口以及人口与资源、环境、经济、社会的可持续发展，将人口问题的解决纳入可持续发展视野。进入21世纪以后，中国人口科学研究特别是人口问题的实证研究转变到以稳定低生育水平为主，将人口问题的解决最终归于可持续发展战略，已成为不争的事实。不过低生育水平稳定之后，生育率长期持续的降低使得与之相联系的一系列人口、经济、社会问题，尤其是人口年龄结构老龄化问题，劳动年龄人口就业问题，人口流动与城市化问题，婚姻、家庭、代际关系与文化冲突问题，人口地域分布与东西差距问题，人口健康与人力资本问题等浮出水面。这些问题深入一步的研究，将成为 21 世纪前期新的诸多"热点"。

第二，人员的调整：主要研究力量趋于稳定。调整期间，想"下海"者下了海，想出国经营者出了国，一句话，不想留在人口界继续从事人口科学事业的，大部分都已离开。当然，市场经济条件下不可能也不应该一岗定终身；但是对于科研工作说来，人员的相对稳定是发展的一个必不可少的条件。现在经过六七年的震荡和考验，人口学界的科研骨干和基本队伍稳定下来，为以后的发展打下新的基础。

第三，结构的调整：研究特色开始形成。20 世纪 80 年代以来人口学发展第三次高潮大量科研机构的建立，由于在外援因素刺激下发展起来带有某种盲目性的影响，研究机构设置有很大重复性。这种重复的研究机构大同小异，规模相仿，研究方向和研究的问题相近，研究水平也比较接近，自然研究的结果不相上下，有许多是较低水平的重复。这于学科的建设和发展不利，表现为高水平的科研成果少，高素质的科研人才少，不能适应深化研究的需要。"九五"以来的调整，一些科研部门开始思考这些问题，对研究方向、人才结构、分支学科设置、重点学科选择等重新定位并作了相应调整，向着能够发挥自己长处的方向发展，为逐步形成自己的特色创造了必要的条件。

以上从总体上看，研究方向、研究力量和研究机构设置在近年来作了不少的调整，有一些已收到实效。但是发展很不平衡，有的调整好一些，特色越来越突出，发展就快一些；有的尚没有认识到调整的必要性，基本上原地踏步，发展就慢一些，甚至出现萎缩的局面。在这种情况下，目前人口科学发展面临的形势与任务，笔者以为，当前的调整还没有完全到位，还要继续一段时间。不言而喻，调整不是停下来专门搞调整，而是结合科研和教学，有意识地进行研究方向、研究重点、研究机构规模和人才结构的调整。经过调整，实现研究方向和重点、研究方式和领域的"两个转变"。

研究重心和重点的转变。前已述及，就全局而论，中国人口研究的重心和重点，已由过去以生育率下降为主转变到以稳定低生育水平为主，这是一个带有根本性的转变。需要看到，在某种意义上说，稳定低生育水平比降低生育水平有更多的问题需要研究，如人口学对低生育水平的阐释，怎样科学地估量目前生育率的"反弹势能"，如何稳定低生育水平，稳定低生育水平的政策选择，稳定低生育水平与理想适度人口目标的关系，新形势下达到理想适度人口的目标与途径等。稳定低生育水平是今后较长一段时间研究的主题，但笔者认为，这并不要求各研究机构一拥而上都来研究这个主题；相反，更多研究的是同这一主题相关的其他问题，特别是低生育水平下的各种人口以及人口与经济、社会发展的重要问题。主要有生育率持续走低情况下的人口老龄化问题，不仅有关于解决老年人口的赡养等老年人口的问题，而且包括老龄化对经济、科技、社会发展的影响，对实现 21 世纪"三步走"发展战略目标等的影响和制约问题；低生育水平下的人口性别结构变动，特别是出生性别比问题；劳动年龄人口变动趋势，兼顾合理就业与劳动生产率提高问题；生育健康、提高出生人口素质、提高人口文化教育素质，有效增进人力资本积聚问题；人口地域分布、人口流动与迁移，实施西部开发中的人口问题与少数民族人口问题；"二元经济"结构下的城乡人口管理，大中城市化问题，等等。这些问题以前都曾不同程度地研究过，现在要研究的是在低生育水平下这些问题变动的新的特点和解决的方略，作出深入一步的研究。

研究方式和领域的转变。不难看出，随着研究方向和研究重点的转变，单纯的人口学研究思路和方法已显得过于狭窄，必须拓宽思路和寻求研究方法的某些改变。前面谈到，无论是生育率的下降还是稳定低生育水平，最根本的都是为了探讨人口与资源、环境、经济、社会的可持续发展，创造有利于人类生存和发展的良好环境。随着世界和中国人口在 21 世纪前半叶的继续增长，人口对资源、环境压力的持续增大，控制人口数量、提高人口质量、调整人口结构理应放到可持续发展战略全局考虑。第二次世界大战后边缘学科和交叉学科发展最为迅速，人口学具有边缘和交叉学科性质，未来也将在这种边缘和交叉研究中得到更快发展。不过有一点是值得注意的，即正规的人口学必须获得进一步的巩固和发展；如果人口学本身不能获得相应的巩固和发展，一味强调它的边缘和交叉性质，就有可能被"边缘化"——被其他学科吸纳和归并，失去人口学的本来意义。

回顾和探讨人口学发展的昨天、今天和明天，是为了总结过去，明确现在，着眼于未来的发展。不需赘述，中国人口科学发展到现在十分不易。远者且不论，20 世纪以来近代人口科学在中国的传播和发展就经过了几代人努力，其中 1949 年新中国成立以来的发展也是几起几落，并非是一帆风顺的。当前我们有了一个比较扎实的基础，这是有利的条件；同时也要看到面临的困难，如何调整到位有认识上的分歧，也有实际的困难。在中国，包括人口科学在内的社会科学的发展需要政府的重视，需要加强规划和加大投入；同时任何一门学科的发展都不可能完全依赖政府，在市场经济条件下，更要注重市场需求。人口学专业的设置、人才的培养和发展的规模，都要考虑到市场的需要，离开市场需要的发展是难以为继的，这也是必须重视学科调整的一个基本的出发点。一门科学的发展关键在人才，鉴于当前人口学术界人才结构状况，更要注重年轻人才的培养，保证后继有人，不断向前发展。对此笔者深有感触，1979 年中国人口学会筹备组成立时的 18 位成员中现在仅剩下 6 位，其余 2/3 均已作古。21 世纪是信息化、全球化加速发展的世纪，科学技术日新月异，人口科学同样留给我们很大的发展空间。中国是当今世界人口最多的国家，同时也是经济高速成长的发展中国家，人口与发展的生动实践给人口科学的发展以难得的机遇。只要我们深入实践，求真务实地开展研究，就一定能够迎来新世纪人口科学的更大发展，为中国人口问题的解决作出更大的贡献。

## 参考文献

［1］中国人口学会：《第七次全国人口科学讨论会暨会员代表大会论文选》，1998。

［2］查瑞传主编，胡伟略、翟振武副主编《人口学百年》，北京出版社，1999。

［3］邬沧萍：《人口学在 21 世纪是一门方兴未艾的朝阳科学》，《中国人口学会通讯》2001 年第 4 期。

［4］张纯元：《中国人口科学现状、问题、对策之我见》，《中国人口学会通讯》2001 年第 4 期。

［5］田雪原：《解放思想，应对转变，谋求人口科学新发展》，《中国人口学会通讯》2001 年第 4 期。

［6］学科调查课题组：《人口学"九五"以来学科发展调查报告》，2001 年 8 月。

# 人口学"十五"发展调研报告<sup>*</sup>

按照全国哲学社会科学规划办公室关于开展学科调研《通知》要求，2004 年人口学科组负责人和相关评审组成员，或组织专题或利用出差之便，先后在北京、天津、上海、河北、吉林、山东、浙江、福建、湖北、湖南、陕西、新疆、云南等省、区、市，进行调研和了解情况；有的评审委员还利用出国合作研究和访问，出席海峡两岸四地人口科学讨论会之机，了解国内外研究动态和学科前沿，联系起来分析我国当前的人口科学发展状况、存在的问题和未来发展趋势。同时，2004 年 4 月在全国哲学社会科学项目评审期间，穿插召开中国人口学会会长会议，部署 12 个专业委员会对各分支学科或本专业研究的状况作出分析研究，年内写出专业委员会研究报告，也拓展了学科组学科调研的视野，为本《报告》提供了来自不同方面的支持。在相关分支学科报告基本完成基础上，召开学科评审组扩大会议，评审组成员田雪原、郭志刚、杨魁孚、翟振武、路遇、顾宝昌、蔡昉（徐进代）出席，还特邀国家人口计生委政策法规司长于学军研究员、首都经贸大学经济学院院长黄荣清教授、中国人民大学人口中心乔晓春教授、北京大学人口所所长郑晓瑛教授（陈功代）出席。会议由学科组长田雪原主持，报告了前一阶段调研报告进展情况，经过讨论，对《报告》的修改、补充和完善取得共识。在此基础上，由学科组长田雪原执笔完成《总报告》和对分《报告》修改；各分报告执笔人是：人口社会学，彭希哲、陈家瑛；人口经济学，田雪原；老年人口学，于学军、杜鹏；人口统计学，乔晓春；人口迁移与城市化研究，左学金、王桂新；人口健康研究，郑晓瑛、陈功；民族人口研究，黄荣清；人口与可持续发展研究，王胜今。

———————————

    \* 这是全国社科规划办委托项目，本《文集》选录由田雪原负责并撰写《总报告》和《人口经济学》分报告。其余 7 个分报告由于由各负责人撰写，故未选入。全国哲学社会科学"十五"学科发展调研报告，已由规划办编辑成册，印刷出版。

除上述 8 个分支学科和研究领域外，本《报告》还参考了中国人口学会组织的其他相关专业委员会的研究报告，主要是人口学学科建设与期刊专业委员会报告，翟振武执笔；人口政策与法规专业委员会报告，陆杰华、傅崇辉执笔；生育文化专业委员会报告，杨子慧等执笔；国际人口比较专业委员会报告，高春燕执笔。本《报告》全部完成后，在京学科组成员田雪原、郭志刚、杨魁孚、蔡昉、翟振武、顾宝昌以及徐进再次讨论，并通过电子邮件等方式征求京外学科组成员左学金、路遇、李树茁等的意见，最终由学科组长田雪原统稿和定稿，徐进帮助协调和做了稿件处理等方面的工作，形成本学科组《人口学"十五"发展调研报告》。

《报告》由两部分组成：第一部分为总报告，对"十五"期间人口学科取得的主要成绩和成果、目前的状况和存在的问题、未来发展趋势和"十一五"选题建议，作出概括和阐释，由田雪原撰写完成；第二部分为 8 个分支学科或重点研究领域的分报告，对人口社会学、人口经济学、老年人口学、人口统计学以及人口迁移与城市化、人口健康、民族人口、人口与可持续发展等，分别由各分报告负责人撰写完成，并由学科组长作统一协调、修改。

# 第一部分　总报告

自 1662 年被誉为"人口学之父"的约翰·格兰特（John Grant）《关于死亡的自然的和政治的观察》一书发表，揭开人口学作为独立学科的篇章，其后的人口科学发展呈"双轨道"推进：一方面，在格兰特具有统计意义的轨道上推进，人口学作为独立学科逐步完善和成熟起来；另一方面，人口学在与其他学科交叉研究中发展起来，形成某些边缘和交叉学科。前一个方面的研究，形成规范化的人口学；后一个方面的研究，逐渐演变成某些边缘、交叉和综合学科，形成人口经济学、人口社会学、人口地理学、老年人口学等分支学科，以及诸多交叉研究领域。中国作为世界第一人口大国，人口问题格外突出，更注重后一个方面的研究在情理之中；在很大程度上，由于后一个方面研究深入的需要，人口学基本理论和方法研究才得到重视和一定程度的发展，这也是很自然的事情。虽然"十五"期间的人口科学研究并没有打破这种基本格局，然而由于坚持以马列主义、毛泽东思想、邓小平理论和"三个代表"重要思想为指导，2003 年以来认真贯彻落实中央关于繁荣和发展哲学社会科学《意见》，学科组在规划办的直接领导和帮助下，开拓进取，积极工作，人口学科研和教学取得明显成绩。一方面人口学实证研究的视野大为拓宽，研究的广度和深度都跃上一个新的台阶；另一方面基本理论研究也有所前进，出版了具有前沿性的新著。总的评价是：人口学已从"九五"的低潮中走出来，"十五"期间获得的较大进步为未来的发展打下了良好的基础。

### （一）"十五"取得的主要成绩和成果

人口学科组在"九五"的学科调研报告中，对当时的人口学科发展状况作出了被后来的实践证明是符合实际的估计。即由于自20世纪80年代以来因受联合国人口基金资助等原因，人口学科研究和教学的迅猛发展并不都是健康的，或者说本来就存在某种"泡沫"；1996年在联合国人口基金停止对华人口学研究和教学资助等情况下，人口学研究和队伍出现一定程度的"萎缩"，或者说正经历一段低潮，是正常的，甚至挤一挤"泡沫"也是有益的。如果经过一定的震荡和调整，能够实现研究重点、结构和队伍的某种转变，预料很快将迎来新的发展。现在看来，这一估量是实事求是和具有一定远见的，"十五"期间人口学研究取得的新的成绩，就是最好的证明。主要表现如下。

其一，关系国家发展的重大人口问题的研究，取得新的进展。"十五"期间这方面的科研成果是很多的，质量也是比较高的。以下几项研究成果，特别值得提出：

一是人口与可持续发展研究取得显著成绩，出版了数部有影响的论著。自20世纪90年代以来，中央在每年的人大和政协"两会"期间，都要召开先是计划生育、环境保护座谈会，后来演变为人口、资源、环境座谈会，相关部门和省、区、市领导作汇报，总书记和国务院总理发表重要讲话。为了推进这方面的研究，国家社科基金资助立项"人口与可持续发展研究"，出版了《人口、资源、环境可持续发展》、《人口、经济、社会可持续发展》等专著；与此同时，为了提高这方面学术研究成果效益，在可持续发展实践中发挥更大功效，由相关三部门三位部长，即国家人口计生委主任张维庆、国土资源部部长孙文盛、国家环保总局局长解振华出任主编，三部门有一定实践经验的资深学者担任副主编的《人口、资源、环境与可持续发展干部读本》，出版并公开发行。该书首次公开发表胡锦涛总书记2003年在中央人口、资源、环境座谈会上的重要讲话，全书贯穿以人为本的可持续发展观，全面阐发了人口、资源、环境的形势，当前的现状，存在的主要问题，未来发展战略和相应的决策选择，在实践中发挥了很好的作用。

二是全面建设小康社会人口与发展研究，提供有创新意义的成果。党的十六大提出全面建设小康社会发展目标，中国人口学会立即组织学术界开展研究，计划每年推出滚动科研成果，第一部成果《全面建设小康社会中的人口与发展》，由原全国人大常委会副委员长、中国人口学会会长彭珮云担任名誉主编，学会常务副会长田雪原、王国强担任主编，集合学术界主要力量完成是书。该书以全面、协调、可持续的科学发展观为指导，构建了全面小康社会指标体系，作出 2020 年以及更长远一些时间的人口变动与发展预测，描绘了 21 世纪前 20 年人口发展的目标、图像、发展战略和决策选择，受到人口和各界的普遍赞誉，起到了良好的科研成果为实践服务的作用。

三是国家于 2004 年启动中国人口发展战略研究，人口学界学者积极参与并作出了相应的贡献。该项研究由国务院有关领导亲自领导，动员了 300 多位各方面的专家参加，设立了 40 多个子课题，人口学界同志分别参加了不同层次的研究。有的参加全国人口发展战略总报告的起草，有的承担不同的分报告；更多的学者参加环渤海、长三角、珠三角以及一些省、区、市等的人口发展战略研究，承担了其中主要的研究任务。目前总报告和各个分报告初稿已经完成，这是人口学界和相关各界广大科学工作者，为 21 世纪的中国人口和经济、社会发展作出的一项具有实际意义的贡献。

四是 2003 年春我国部分地区 SARS 流行，由此引起对人口健康的普遍关注和研究的广泛开展。北京大学人口所承担的国家"973"人口健康项目，对出生缺陷干预等作出深入研究；在人口健康理论和方法、生殖生育健康、健康老龄化、人口质量——出生缺陷干预、艾滋病和性病等的调查研究中，取得某些突破，郑晓瑛、宋新明《健康人口学定义界定和内涵研究》的发表有一定代表性。在国务院领导亲自主抓的国家中长期科技发展战略规划中，有人口专家参与作为 20 项规划之一的"人口与健康科技发展战略规划研究"，人口学界有关专家积极配合开展学术咨询，起到了不可替代的作用。当前，围绕人口健康方面的研究已形成新的"热点"，研究领域的拓宽和重点、难点的不断攻克，开辟了人口学研究新的领域。

五是人口与劳动就业研究，取得滚动式研究成果。进入 21 世纪以后，适应市场经济和人口变动与发展的新形势，一方面肯定我国在解决劳动就业方面取得很大成绩，每年安排的就业人数不断增加，就业压力有所减轻；另一方面必须看到，直到 2020 年劳动年龄人口每年有增无减，就业形势不容乐观。在这种情况下，学术界开展与时俱进的研究，具体分析劳动力供给与需求的矛盾，探索解决的途径，为政府解决就业问题献计献策，发挥了应有的作用。由中国社会科学院人口与劳动经济研究所蔡昉主编的《中国人口与劳动问题报告》（绿皮书），每年编辑出版一本，受到政府有关部门的关注。

六是民族人口研究有新的起色，系列研究成果引人注目。"五普"为少数民族人口研究提供了难得的资料，进入 21 世纪以后少数民族人口研究重又活跃起来。由首都经济贸易大学、国家民委经济司共同承担的"五普"国家级重点课题《20 世纪 90 年代中国各族人口的变动》研究，完成《报告》，已由民族出版社出版。该书全面地总结了自 1990 年以来各民族的人口变动，作出全面的阐释。列入国家社科规划和国家社科基金重点项目的《中国少数民族人口研究》，由彭珮云任名誉主编、田雪原任主编和高春燕任常务副主编的《中国民族人口》第一、第二、第三部，包括近 30 个少数民族，每个民族自成一卷，内容涉及民族起源和人口数量、质量、结构等主要方面的专著，已由中国人口出版社出版，并获得第六届中国民族图书奖一等奖；后三部书稿（初稿）也已基本完成，全书总字数在 1000 万字左右，是一部工程浩大的民族人口专著。

此外，在人口年龄结构老龄化、人口迁移与城市化、人口统计与信息化、人口研究国际比较等方面，也发表了若干较有影响的论著。如在北京召开的中国第五次人口普查国际学术讨论会，集国内外知名专家分析报告于一体的《文选》，即将由中国统计出版社出版发行；列入国家社科基金特别委托项目由路遇研究员主编的《新中国人口五十年》，已由中国人口出版社公开出版发行；辜胜阻、刘传江的《人口流动与农村城镇化战略管理》，王桂新等的《区域人口预测方法及应用》，中国社会科学院人口研究所国际人口比较研究室的《中国、印度、印度尼西亚、孟加拉国人口政策演进的比较研究》等，从不同的方面丰富了人口科学的研究成果。

其二，科研、教学机构和队伍得到恢复并且有了新的发展。由于"九五"期间联合国人口基金不再资助中国人口科学研究和教学等原因，人口学科研、教学机构和队伍受到冲击，先后有几个人口研究机构撤销或合并了，人才流到相近学科，感到整个学科人气不旺。经过几年的震荡和调整，不仅留下来的机构和队伍巩固了、发展了，而且还增加了一些新的科研、教学机构，科教人员也显著增加。特别是国家计划生育委员会更名为国家人口和计划生育委员会之后，中央把人口发展战略研究作为人口计生委的一项工作职能确定下来，对人口研究的指导和支持增强了，从国家人口计生委到各省、区、市人口计生委，调整和重新组建了必要的人口研究机构。如北京市人口计生委，成立了 5 个相关的研究室；湖南省则在原有基础上，调整和重新组建了 10 个人口研究所，分布在科研院所、高等院校和有关党政机关，人口科学研究和人才培养受到高度重视。

与人口学科研和教学的发展相适应，研究生培养取得较大进展。原来全国人口学博士点只有 10 来个，"十五"期间新增加了华东师范大学、南开大学、浙江大学 3 个博士点；硕士点增加更多一些，增加了 10 来个。一方面具有博士、硕士授予权单位增加较多，另一方面原来的博士点和硕士点的规模在扩大，招收的研究生数量逐年增加。以中国人民大学为例，2003 年硕士生入学人数为 17 人，博士生为 8 人；2004 年硕士生入学人数达到 28 人，比上一年增加了 60% 以上；博士生入学人数 10 人，比上一年增加了 20%。如果说，受市场需求影响纯人口学研究生增长还相对有限的话，那么同市场经济关系密切、具有较大需求量的人口、资源与环境经济学研究生的发展，堪称速度惊人。2000 年初，全国人口、资源与环境经济学博士点仅有 4 所高校（人大、南开、复旦、武大）；据不完全统计，目前已增加到包括吉林大学、新疆大学、青岛大学等 14 所；拥有人口、资源与环境经济学硕士点的高校，则已接近 30 所。值得注意的是，虽然人口、资源与环境经济学学科点列在理论经济学科，但是大部分学科点主导教师来自人口学，多数博士点、硕士点就设在人口研究所。人口、资源与环境经济学博士点和硕士点的迅速增加，既同市场需求密切相关，同这几年科学发展观、可持续发展研究升温有关；也同人口学科研和教学机构寻求新的发展空间，从事人口学科研和教学队伍谋求交叉学科的新的发展相关联，更体现人口学具有交叉、边缘和综合学科的特点。

在科研、教学机构和队伍不断壮大的情况下，人口研究成果数量明显增加，质量也有一定程度的提高。如 20 世纪 90 年代前期，国家社科基金批准的人口学立项课题仅有四五项，后来增加到 10 项左右，2004 年则达到 17 项，增长的幅度很大。又据统计，2001 年全国主要报纸杂志发表的人口学论文数量为 1123 篇，2003 年增加到 1461 篇，增长了 30%。论文质量提高的一个显著标志，是人口学杂志发表的文章的规范性显著提升了。现今主要的人口学杂志发表的论文，包括内容摘要、关键词、脚注、参考文献、作者介绍等，都有较大改进，更加规范和符合国家标准要求了。一些杂志注意降低差错率，并在开本、纸张、印刷等环节上加以改进，杂志的质量得到全面提升。

其三，各科研单位逐渐形成自己的研究特色，比较优势逐渐明朗。20世纪70年代特别是改革开放以来人口学的恢复和迅速发展，在相当大的程度上同国家对人口问题的重视，大力控制人口增长和实施计划生育的基本国策有关。其结果，大量的研究都集中在中国人口问题的严重性、控制人口增长的必要性、人口政策的可行性和未来的决策选择等问题上来。毫无疑问，一定时期这样的集中研究推动了中国人口科学的发展；然而也产生了新的问题，主要的，一是研究人员、研究问题和研究成果的大量重复，有不少是低水平的重复；二是另有一些重要的人口问题却得不到相应的研究，或者虽有研究也不够深入。这两种情况不仅造成人口学研究重复劳动和效率不高，妨碍着研究的深入；而且形成各科研单位没有自己比较擅长的领域，研究趋同，至少是研究特色不明显或有缺陷。面对这种缺陷，结合"九五"期间的人口学科研和教学调整，一些单位开始思考研究方向、重点和建立本单位学科优势，进行有计划的科研和人才结构调整，取得较大进展。一些较大的人口研究所明确，除了应具备一般的人口学基础理论研究力量外，重点应向本单位擅长的领域进军，培养和树立学科优势。经过几年的努力，收到比较明显的成效。如中国人民大学人口研究在具有统计意义的人口学、人口城市化、老年人口学等方面，逐渐建立起一定的学科优势；中国社会科学院人口与劳动经济相结合研究显现自己的特色，在农村劳动力转移、劳动年龄人口变动与经济发展、劳动就业等方面，取得积极成果；北京大学人口研究所在加强传统人口学研究的同时，更侧重生殖健康、人口健康方面的研究，承担国家重大研究项目，在出生缺陷干预等方面取得突破性成果。共性寓于特殊性之中。"十五"期间在人口科学日益发展壮大的情况下，一些比较主要的人口研究和教学机构如何办出特色，如何强化和发展学科优势，不仅对这些机构说来至关重要；而且对中国人口科学的总体发展，产生并将继续产生重要影响。

其四，基本理论研究取得新的成绩，提出并论证了某些新学科建设的理论框架。尽管"十五"期间人口学基本理论建设还不令人满意，有待加强；不过还是获得较大发展，取得新的成果。

一是结束了近20年来没有系统的、包括可用于教学在内的人口学专著的局面。集学术界 17 位学者科研和教学研究成果于一体的《人口学》，于 2004 年公开出版并发行。该书由田雪原主编，翟振武、李竟能副主编，最早列入《中国现代科学全书》中的一卷；然而《全书》总编委会并未对该书给予更多帮助，全凭主编、副主编积极运作，学界有关学者艰苦奋斗 3 年写成是书。《人口学》在吸取西方科研成果合理成分基础上，结合中国实际进行创新，构建了以人口学对象与方法、人口过程、人口结构与特征、人口与发展"四大支柱"为支撑的理论体系。各章节内容注意吸收当今国际研究的最新成果，力求站在学科前沿；同时也考虑到我国人口科学恢复和发展的历史，结合以往的研究作出有一定自己特点的阐发。并结合目前我国仍为世界第一人口大国和人口基本国情、基本国策实际，尽可能作出理论联系实际和通俗一些的阐述。该书不仅作为学术专著解决了人口学教材缺乏的困难，已被许多高校指定为攻读人口学博士和硕士研究生的教材；而且为实际部门提供了较为规范化的蓝本，起到推动人口学科向规范化前进的作用。李竟能编著的《人口理论新编》，在以往研究成果基础上，较系统地评介了不同历史时期各学派的人口学以及与人口学相关的理论，阐述了某些新的观点。此外，张文贤的《人口经济学》，西南财经大学人口所编著的《人口与经济发展研究》等，也阐发了具有一定理论体系的某些新的学术观点。

二是提出和论证了一些新的人口学交叉学科和边缘学科。前面提到，自 SARS 在我国部分地区流行以来，人口健康备受重视，从引进健康定义——健康不仅是没有疾病，而且包含生理健康、心理健康和社会状态完好三个基本的方面；到承担国家重大项目，对出生缺陷进行大规模的调查研究，当前已形成发展为健康人口学学科之势。近年来，作为一门新兴学科的人口、资源与环境经济学发展很快，如杨昌明主编的《人口、资源、环境经济学》、张象枢的《人口、资源与环境经济学》等相继出版，为学科建设提供了一定的理论支持。围绕生育文化、人口文化研究，将生育和人口纳入文化视野，或者反过来说将文化纳入人口学研究范畴，近年来推出一批较有分量的论著。如潘贵玉主编的《中华生育文化导论》2001 年由中国人口出版社出版；《婚育观念通论》2003 年由中国人口出版社出版。人口文化研究取得很大进展，推出《人口文化通论》等几部新著，向着可能成为独立分支学科方向发展。

### （二）目前的状况和存在的主要问题

人口学科从"九五"低潮中走出来，迎来"十五"比较迅速和健康的发展，目前的形势是好的，甚至是历史上最好的时期。同时在科研成果质量、队伍建设、规范化研究等方面存在的问题也是不容忽视的，需要认真加以研究和解决。

其一，虽然科研成果的数量年复一年地往上增加，但是质量却不能随着"水涨船高"，真正高质量的精品力作不够多，存在某些浮躁情绪，对外学术交流也有待加强。

论科研成果数量，无论专著、论文还是研究报告，每年都有较大幅度的增长，表面看起来相当繁荣。不过对成果进行一下分析就会发现，无论基本理论研究还是实证研究，学术质量较高或者对策研究针对性强、分析有力、政策建议可行性强并能产生预期成效的成果不很多。这几年，重复研究的低水平成果有所减少，可喜可贺；但远没有绝迹，部分研究主要是对策性研究，仍旧有许多是大同小异，给人以低水平重复之感。精品出版了一些，可是一为精品数量还不够多，二为精品精到何种程度也颇值得推敲。有的被专家鉴定或通信评审推荐的精品，实则很一般，甚至是错误百出的平庸之作。社会上炒作之风也波及包括人口学在内的学术领域，随意拔高，不负责任的吹捧，助长了急功近利、急于求成的心理，滋长了不作调查研究、闭门造车、不求甚解、粗制滥造的学风，在部分青年学者中造成的影响尤其严重。此外，由于联合国人口基金停止对华科研和教学资助等原因，这些年派出留学、合作研究和参加会议、访问交流等有所减少，从长远发展看，有待改进和加强。

其二，虽然近年来科研和教学队伍不断壮大，然而脱颖而出的中青年学者却不多，这同市场需求有着密切的关系。

"十五"期间，无论人口学科研还是教学队伍均有不同程度的扩大，为以后的发展奠定了一定的基础。但是由于人口学不招收本科生，只招收研究生，人才来源受到一定限制。更为重要的是，纯人口学研究生毕业市场需求有限，除各级国家机关有一定数量的需求，高校和科研单位有一些需求外，与其专业对口的单位不多，就业受到限制。这就形成了部分在校人口学研究生选择职业时，向着相关甚至不大相关的部门和单位流动的现象。而留下来从事人口学研究或从事人口事业的研究生，有的并不十分安心，有的虽比较安心但鉴于工资等待遇上的差别，也不心甘情愿地去坐"冷板凳"。这种情况严重地妨碍着青年人才的脱颖而出，也妨碍着人口科学健康和可持续的发展。

其三，虽然近年来人口学基本理论研究有所加强，但是还比较薄弱，对广大科研、教学和人口计生工作者说来，应用的规范化还是一个需要解决的问题。

前已述及，20 世纪 70 年代特别是改革开放以来人口研究的发展在很大程度上同国家大力控制人口增长、切实加强计划生育有关，相当多数的科研和教学人员是从原经济学、社会学、统计学甚至是数学、外语等专业转业过来的。俗话说"隔行如隔山"，有的到国外攻读人口学博士、硕士学位，有的利用出国访问、合作研究和做访问学者机会，较好地补上人口学这一课；而多数人并没有机会补上这一课，而是凭借原来同人口学相近学科的知识，进行人口学研究和教学的。这就从根本上铸成科研和教学的某些非规范化。从事人口计生以及其他相关部门实际工作的同志，有的经过一定的人口学培训，有的至今尚没有进行过比较系统的训练，规范化更谈不上了。在某些新闻媒体上和一些重要场合，常常听到和看到对人口学概念、方法和基本理论的随意解释，造成误解，使人"一头雾水"。就是在人口学界，至今也还存在某些非规范化的研究和教学。因此，学科组同志建议全国社科规划办能够单独立项，加大资助力度，推进这方面的研究。

其四，虽然人口学的国内外交流不断，但是国际交流有所减少。这有多方面的原因：一是 20 世纪 80 年代和 90 年代前期，各研究单位接受联合国人口基金援助时，规定选送留学生、合作研究以及出国考察交流任务，专款专用，国际交往频繁；二是那时人口学在中国尚处在创建阶段，引进、消化和吸收需要较多的往来，来华专家定期讲课也比较多。现在情况有所不同，一是西方国家关于人口学的基本理论和方法，国内学者已经掌握，有的在结合中国实际应用中还有所创新，以学习和吸收为主要目的的交流积极性有所减弱；二是没有了联合国人口基金的专项费用支持，无论是走出去的学术交流，还是请进来的国际交往，都受到经费的限制。这说明，尽管国际交流一定程度的减少有着主客观方面的原因，对中国人口科学的发展影响不是很大；但是毕竟有着某种影响，不利于及时把握国际上人口学学科前沿和学科建设的最新动向。

### （三）未来发展趋势和"十一五"重大选题建议

"十五"期间人口学科研和教学取得的显著成绩，有的人士称为人口科学发展史上扎实推进的最好时期，为未来特别是"十一五"的继续发展打下基础，有望把这种良好发展势头继续保持下去。这是因为：

首先，从人口科学发展的外部环境看。一是来自政府方面的有利影响会不断增强。自 1994 年《中国 21 世纪议程——中国 21 世纪人口、环境与发展白皮书》发表以来，一般认为，可持续发展主要涉及人口、资源、环境、经济发展、社会发展五个方面，人口居其首，中国又是目前世界第一人口大国，首先受到重视理所当然；全面建设小康社会提出以来，任何一个发展目标都同人口状况密切相关，同人口的数量、素质和结构有着千丝万缕的联系，人口变动和发展怎样备受重视；以人为本的科学发展观和构建和谐社会提出和推进，发展的目的是为了满足人的全面发展的需要，现代化建设主要驱动力来自人力资本，和谐社会要充分体现以人为本宗旨等基本思想的确立，提出了许多亟待解决的人口问题；国家计生委更名为国家人口计生委后，将人口发展战略研究等人口科学研究位列其中，也为人口科学的发展营造了客观的有利环境。

二是全国哲学社会科学领导小组和办公室的高度重视。自 1997 年人口学作为全国社科规划和国家社科基金的一门独立学科以来，领导小组和办公室的同志给予了很多具体的指导和实际的帮助，对促进人口学科的发展起到了良好的作用。不仅立项的项目大为增加，而且有可能从时间和空间上全面考虑人口研究和学科建设的布局，以及在发挥比较优势下的尽可能平衡的发展，有力地促进、扶持了中西部人口研究和人口学学科建设。实践证明，全国哲学社会科学领导小组和规划办，从中国人口多、底子薄、生产力不发达基本国情出发作出的这一决策，是完全正确的和及时的，对中国人口科学的发展起到了实际的推进作用。

其次，从人口学科内部环境看。一是经过"九五"期间的调整和"十五"期间比较健康的发展，科研机构和教学队伍有可能呈稳定发展和逐步上升的趋势。目前，全国各类人口研究机构超过 100 所，虽然人数多少、素质高低、结构是否合理存在较大差异，但在总体上比过去大大加强了，科研和教学能力大大提高了，结构不合理状况也有较明显的改善，这是毫无疑义的。而且前已述及，规模比较大一些、人才素质相对高一些、影响力相对大一些的研究机构，已经逐步形成自己的特色，学科优势开始得到发挥，为未来的健康发展打下了良好基础。

二是随着广义人口转变向纵深发展，研究重点和研究空间的扩展将更加明确。前面提到，由于历史的原因，长期以来，中国人口科学研究的中心或重点，主要围绕控制人口数量增长和人口战略、人口政策决策选择进行，无疑这是必需的也是有效的。但是进入 21 世纪以后，一方面控制人口数量增长仍然不能放松，开展实现人口零增长和将来全方位适度人口目标的研究仍是重要的课题。另一方面在 20 世纪 90 年代中期中国进入低生育水平国家行列，生育率继续下降的空间变得狭小了；世纪之交年龄结构步入老年型，人口增长势能减弱许多；人口流动和迁移增长迅速，人口城乡结构大致达到"四六开"；20 世纪 80 年代以来出生性别比持续攀升，当前已经到了非解决不可的地步；同时还要考虑到经济、社会发展水平达到原来提出的"小康"水平（对照"全面小康"笔者称之为"前小康"），并且要加快向全面小康社会和基本实现现代化过渡，人口问题的全面解决必须深思熟虑地考虑到这诸多方面的制约和影响，将其纳入国家总体发展战略之中。既要强调人口主要问题的解决，又要兼顾人口数量、素质、结构相互之间的制约和渗透；既要考虑人口自身各方面的协调和良性发展，也要高度重视人口与经济、社会发展以及资源、环境之间协调发展和可持续发展，服从于全面建设小康社会发展目标和奔向现代构建和谐社会总的发展目标。如此，进入 21 世纪以后的人口科学研究领域大为扩展了，边缘和交叉研究要求更高了，借鉴发达国家人口变动和发展正反两方面的经验的迫切性更强了。可以预料，21 世纪的中国人口科学研究和学科建设是大有作为的。

基于上面的认识，人口学科"十一五"重大选题提出以下 19 个项目。

1. 人口与构建和谐社会研究

中央提出构建和谐社会，同人口有什么关系？特别是我国未来人口数量变动、城市化进程、不同年龄结构和收入群体、代际关系等的新变化，对构建和谐社会会产生什么样的影响，会引起哪些新的矛盾和问题，如何应对等，需要在进行广泛社会调查基础上，作出深入的研究。

2. 人口变动与经济增长方式转变的研究

以前这方面的研究取得了积极成果，还需要结合全面建设小康社会和现代化建设实际，深入探讨在资源短缺、环境污染加剧的情况下，人口的变动和发展如何与经济由高耗、低效向低耗、高效转变相适应，如何实现广义的更深层次的人口再生产的转变和人口文化教育素质的提高。

3. "人口红利"与"人口负债"关系研究

目前关于人口年龄结构变动"黄金时代"带来的"人口红利"研究较多，发表了不少成果；关于"红利"过后的"负债"研究刚刚提及，然而该项研究直接关系到 21 世纪中叶及以后人口对经济发展的制约和影响，需要作出超前一步的研究。

4. 人口转变与人口健康研究

我国已经成功地实现了由高生育率向低生育率的转变，并且这种转变还将进行下去，人口的年龄结构将进一步趋于老龄化和高龄化，发达国家已经经历过的"少子高龄化"也要在我国发生，甚至可能比某些发达国家还要严重。在这种情况下，我国人口发病和死亡的疾病谱正在发生变化，医药、卫生、保健、社会保障等相关部门，必须将人口健康纳入这样的视野，作出更符合实际的超前研究。

5. 流动人口聚居社区与城市贫困问题研究

联合国人类住区规划署 2003 年发布了《贫民窟的挑战：2003 年全球人类居住状况报告》，特别强调发展中国家由于从农村迁移到城市的人口猛增而使贫民窟与城市贫困问题越来越突出的问题。这在拉丁美洲和亚洲某些国家，已成为社会发展中的一大难题。我国在加速人口城市化过程中，这一问题已开始显露出来，需要借鉴国际社会正反两方面的经验，开展与时俱进的研究。

6. 人口迁移与区域经济协调发展研究

人口迁移本来就是一种发生在不同区域之间的经济现象，人口迁移的发生将影响两相关区域（迁出地、迁入地）的"人地关系"及经济发展。在近年中国区域发展差异明显扩大的情况下，开展本选题研究具有迫切的现实意义。本选题要考察影响人口迁移的区域因素、人口迁移的区域流向及规模分布、移民属性特征，分析人口迁移对不同区域的影响后果，探讨并提出人口迁移与区域经济的协调发展机制以及促进人口迁移与区域经济协调发展的政策建议。

7. 独生子女及其父母的家庭关系研究

独生子女政策下的第一代子女已经步入成家立业的年龄，父母与子女的两代家庭内部关系成为婚姻家庭的主要内容。独生子女家庭有其特殊的家庭结构，是传统家庭结构模式的转变，随之而来的是由此产生的社会资源分配、人际关系的变化。以往研究显示当今社会离婚率较高、单身家庭增多、孙子女与祖父母组成的家庭新特征等问题；本课题在这些已有成果基础上，重点研究由独生子女增多引起的父母及整个家庭发生的变化，对家庭结构和社会发展的影响，以及应对的决策选择。

8. 人口城市化与城市体系发展研究

随着中国城市化的加速发展，未来二三十年将有超过上亿农村人口转变为城市人口。如此巨大规模的农村人口，要通过何种途径转变为城市人口，他们将主要流向哪些城市，中国的城市系统怎样才能容得下这些未来新增加的城市人口，目前农村转移人口在城乡之间以及向城市体系不同层次城市的集聚是否合理，如何使中国的城市体系适应加速发展的城市化等关系城市化的健康、持续发展及小康社会、和谐社会的全面建设，迫切需要深入研究、合理规划、科学应对。

9. 新时期生育政策研究

人口再生产类型转变引起的人口老龄化，在一些发达地区已经引起了政府的注意，有些地方法规也修改了生育政策。但是，全国性的人口政策不仅针对的客体更加复杂，而且产生的后果也将是更长远的，需要很好把握生育政策的长期性、稳定性和科学性。本课题主要研究生育政策的理论框架；中国生育政策的制定、实施、控制和评估理论分析；中国生育政策调整与否的理论阐述和实证分析；已经调整生育政策地区的政策效果评估；未来生育政策的合理选择等。

10. 低生育水平下的人口素质研究

人口再生产类型转入"三低"阶段以后，标志着我国人口增长跨过了一个分水岭，具有里程碑意义。目前在人口控制较好的地区人口和计生工作重心开始向提高人口质量转移，如果城镇和经济发达地区的人口增长步伐放慢，而农村和落后地区人口的增长速度过快，势必对人口素质产生某种影响。在稳定低生育率的基础上来提高我国人口素质，特别是有针对性地提高农村出生人口素质、文化教育素质，这在当前医药、卫生、教育等资源分配存在较大差异的情况下，提高农村贫困人口素质的研究具有攻坚的性质。

11. 迁移、流动对农村养老保险的影响研究

目前，全国流动人口超过 1.4 亿人，其中农民工进城务工经商者达到 1.2 亿人左右。数量如此庞大的以青年和成年为主体的农村剩余劳动力流入城镇，导致农村人口老龄化累进式加深，出现大量的农村老年留守群体，给农村养老保险等诸多老龄问题的解决带来新的困难，需要适时开展研究。这项研究既涉及农村"三农"问题的解决，又关系到人口城市化的进程，是关系到构建城乡和谐社会的一个重要问题。

12. 人口性别比问题研究

20 世纪 80 年代以来出生性别比升高引起广泛重视，也进行了较多研

究。然而这方面问题的解决却不尽如人意，需要开展从出生性别比到总人口性别比，从城市到农村、从东部到西部人口性别比更广泛、更深入的研究。

13. 振兴东北老工业基地的人口与资源、环境问题研究

东北地区凭借着相对较好的工业基础、丰富的资源和近邻前苏联的优势，较早地建设成以重化工业为主的工业基地。经过几十年的开发，目前东北地区的资源优势已经基本丧失，环境破坏严重，人口也增加许多。在振兴东北老工业基地过程中，如何发挥人口数量、素质和结构方面的优势，避免和克服某些方面的劣势；在产业结构调整和技术升级换代过程中，如何谋求人口与资源、环境的可持续发展，是一个具有现实意义的课题，需要进行综合性较强的研究。

14. 西部开发与人口、资源与环境承载力研究

实施了西部大开发战略，但是西部地区总体上较低的人力资本积聚，相当脆弱的生态环境，是开发和发展的"瓶颈"。因此，深入研究西部省、区、市的土地、森林、淡水等可再生资源和石油、矿产等非再生资源和环境的人口承载力，科学确定西部各省、区、市的人口规模和结构，促进西部地区人口、资源与环境的可持续发展，是一个具有现实和长远意义的课题。

15. 人口统计方法与问题研究

目前人口学专业使用的人口统计学教材，大都是十几年前编著和出版的。期间国外人口统计分析方法有不少发展，我们需要及时更新，吸取最新研究成果，编著和出版新的人口统计学教科书。人口统计中出现一些新的问题，特别是数据资料的准确性问题等，需要进行探讨和研究。

16. 重大人口问题的跨学科研究方法和应用研究

第二次世界大战后，边缘、交叉学科发展迅速，这在人口科学中得到充分的体现。不但哲学、文化、政治等过去很少涉足的社会科学某些学科涌入人口学领域，而且数学、医学、生物学等自然科学相关学科，也大举向人口研究发起"攻击"，并且取得前所未有的成绩。开展重大人口问题的跨学科研究，不仅是研究和解决我国现实人口问题的需要，而且也是学科建设发展的必由之路，需要大力加强。

17. 人口学术语使用规范研究

中国人口科学经过近30年比较迅速的发展，前已述及，无论在普及还是在提高方面，均取得较大成绩。当前的问题是，由于从事人口和计生工作的理论和实际工作者学科背景不同，对人口学掌握的程度不同，在理论和实

际工作中,规范化的人口学的应用存在某些问题。可考虑在人口学教科书、辞书等方面作出高质量和实用性强的基础研究,推动人口学术语的使用,进一步走向规范化。

18. 人口、资源与环境经济学理论与方法研究

人口、资源与环境经济学涉及人口经济学、资源经济学、环境经济学、生态经济学、可持续发展理论等多个学科领域,体现了各门科学的相互渗透与融合。作为一门独立的学科,人口、资源与环境经济学需要有独特的研究对象、完整的基础理论和独特的研究方法。因此,人口、资源与环境经济学的建立需要在基础理论方面取得突破性进展,将有关学科贯穿到统一的理论体系之中。

19. 人口社会学研究

和谐社会的提出,推动着全面建设小康社会和社会学研究的深入,人口学研究也应适应这一发展趋势,作出深入一步的人口社会学研究,推出既具有实证研究价值,又有基础理论研究意义的新著。当前崭露头角的,是制度人口学研究。

# 第二部分　分报告

(只选录由笔者负责并撰写的人口经济学研究分报告,略去其余由各负责人撰写的 7 个分报告)

## 分报告之二　人口经济学"十五"发展调研报告

### (一)"十五"取得的主要成绩和成果

人口与经济之间关系研究,为人口科学研究最早关注并且是研究最多的交叉学科之一。众所周知,马尔萨斯在《人口原理》中提出的"两个级数",就是论证人口在恒常状态下是怎样超过生活资料增长的一般规律的;其后的人口与经济关系研究围绕这一命题展开,发表了一系列论著。第二次世界大战后一度出现的"婴儿高潮",使人口与经济关系研究再度升温,出现了"人口压力论"、"人口危机论"、"人口爆炸论"等悲观学派,催生着多种形式的家庭计划的出台和实施;20 世纪 70 年代以来全球生育率的下降

使马尔萨斯人口论的反对者找到依据，提出生育率下降会导致有效需求不足和滞缓经济发展，因而要使人口适当增长的乐观学派，使两种观点的争论一直延续下来。这中间较有代表性的学派和学术论著，主要有 F. 皮尔逊（Frank A. pearson）和 F. 哈伯（floyd A. Harper）合著的《世界的饥饿》，W. 福格特（William Vogt）的《生存之路》，G. 泰勒（G. Tailer）的《世界末日》，J. 西蒙（Julian Simon）的《人口增长经济学》，G. 贝克尔（Gary S. Becker）的《生育率的经济学分析》，S. 库兹涅茨（Simun Kusnets）的《人口再分布和经济增长》，D. 麦多斯（Donella H. Moadows）等合著的《增长的极限》等。

中国从春秋战国开始的众民与寡民之争，其实质是人口与经济的关系问题。尽管在 2000 多年的发展史中众民主义一直占据主导地位，但是两种观点的争论始终不断，直至清朝洪亮吉先于马尔萨斯提出经济落后于人口增长，用类似马尔萨斯的方法抑制人口增长的主张。20 世纪二三十年代马尔萨斯人口论在中国传播开来，节制主义主要也是从中国经济落后于人口增长提出限制人口增加的种种主张的。1949 年新中国成立后，1957 年马寅初发表《新人口论》，论证的核心是人口增长太快，拖了经济建设的后腿，使人民生活水平的提高受到限制。改革开放以来迎来人口科学发展的春天，第一批有分量的文章也集中在人口与物质资料两种生产上，从人口要适应经济发展角度阐明控制人口增长的必要性，提出利用经济手段控制人口增长的各种主张。首先从马克思、恩格斯那里找到人口与物质资料"两种生产"的依据，大量的研究是结合我国人口与经济发展实际进行比较研究，阐述控制人口增长和经济要上去、人口要下来的基本思想。而从事人口科学研究的第一批学人，多数也是从原来研究经济学转过来的，造就了我国人口科学研究比较坚实的经济学基础。20 世纪八九十年代可持续发展兴起，人口与经济发展研究领域大为拓展，从"两种生产"到"三种生产"、"四种生产"，将资源、环境纳入人口与经济发展研究之中，推动着人口与经济发展研究的不断深入。人口与经济发展研究领域颇宽，论著也很多。近 10 多年来特别是"十五"以来，重点研究的问题和代表作，列举以下 5 个方面。

1. 人口与经济增长比较研究

将 20 世纪 50 年代以来人口变动与经济发展加以比较，分析不同历史时期人口与经济之间的关系。杨魁孚等主编的《中国计划生育效益与投入》认为，自 20 世纪 70 年代初至 1998 年，全国累计少出生人口 3.38 亿人，从而大大减少了用于未成年人口的抚养费用，支持了经济建设，扣除计划生育投入后的净经济效益，也是极其显著的。

2. 孩子社会附加成本—效益理论研究

H. 莱宾斯坦（H. Lebensten）创立的孩子成本—效益学说，后经贝克尔等人的丰富和发展，形成从家庭支付孩子成本和得到效益比较上，阐释生育行为和生育子女数量的理论。我国学者将这一理论应用到中国，并且结合计划生育对独生子女奖励和征收计划外生育费实践，在《论孩子社会附加成本—效益》中，提出并论证了孩子社会附加成本—效益理论和计算方法，突破西方仅在家庭范围内讨论孩子成本—效益的局限，为运用经济手段调节人口生产提供了有力的理论支持。

3. 人口年龄结构变动对经济发展影响研究

早在 20 世纪 80 年代前期，有的研究成果便阐发了未来二三十年将出现老少被抚养人口比例较低、劳动年龄人口所占比例较高的人口年龄结构变动的"黄金时代"。在此基础上，结合 2000 年人口普查所作的预测和研究，不少论著进一步论述了要重视这一"黄金时代"和"人口红利"、"人口视窗"的机遇，加快经济的发展；同时也要高度重视"人口红利"过后，就是以老龄化加速到来为主要标志的"人口负债"期的影响，必须在此之前做好应对准备，尤其是建立和健全全方位的社会保障制度。

4. 人口与就业研究

改革开放以来就业规模迅速扩大，就业结构发生很大变化，也出现新的下岗、失业问题。近年来，对这些问题的研究取得新的进展，由蔡昉主编的《中国人口与劳动问题报告》对此作了分析，论述了失业、下岗、女职工、和农村劳动力转移的特点，提出旨在加快增加就业机会的经济增长、提高劳动力资源的人力资本含量、完善社会保障帮助脆弱群体的建议。

5. 人口与经济可持续发展研究

在可持续发展研究中，人口与经济的可持续发展具有举足轻重的作用，研究有所创新。曾获得"五个一"工程奖的《论人口与国民经济的可持续发展》，从总体人口与生活资料、劳动年龄人口与就业、老龄化与社会保障、城市化与产业结构、人口素质与技术进步、人口地域分布与生产力布局 6 个方面，比较全面系统地阐发了人口与经济可持续发展的基本问题，提出相应的改革建议。

### （二） 目前的状况和存在的问题

目前人口与经济发展研究仍然比较活跃，每年都发表相当多的论著，一般说来，质量也比较高一些。由于改革开放以来我国确立了以经济建设为中心的发展战略和决策，工作重心转移到经济建设上来，人口科学研究在很大程度上围绕经济建设展开，是顺理成章的事情，今后相当长时间也会如此。与此同时，人口经济学基本理论研究也获得较大发展，奠定了比较好的基础。存在的主要问题如下。

一是尽管人口与经济发展中的诸多问题都作了不同程度的研究，有些研究也比较深入；然而有些与现实经济发展关系密切的人口问题，研究得还不够深入和到位。如人口城市化研究，对传统的"重小轻大"的方针如何评价，历史发展到 21 世纪应该采取什么样的方针，要不要走大力发展超大城市组带，搞类似纽约、伦敦、东京超大城市圈战略；这种超大城市组带对GDP 的贡献率能否在中国重演，人口如此高度集中的利弊是什么等，并没有研究清楚，行动上却已经出现超大城市急于扩张的倾向。又如，面对未来一二十年内劳动年龄人口还要继续增长的态势，扩大就业面与提高就业效益、提高劳动生产率的矛盾怎样解决，应当建立什么样的劳动就业结构与经济技术结构，人口的变动与发展怎样融入中国特色的现代化一类难点和"热点"问题，都有待作出有厚重理论支撑、符合中国发展实际的研究。

二是人口经济学作为一门独立的分支学科，尽管学科建设取得较大进展；然而学科理论体系的构建，研究对象的确定和研究方法的创新，该学科与人口学、经济学的关系等，都有进一步研究和深入探讨的必要。值得注意的是，由于 20 世纪七八十年代人口学理论研究多从马克思和恩格斯著作中寻找依据，物质资料生产和人口生产"两种生产"理论盛行，一方面在当时推动了人口经济学学科体系的建立和发展；另一方面这一学科体系是否科学，是否需要不断地丰富和发展，则研究和交流不够。近年来，随着国内外交流的不断扩大，西方人口学、经济学新研究成果的涌现，建立更科学的人口经济学呼声渐高。

三是面对 21 世纪知识经济时代的到来，创建新的理论与实践相结合的人口经济学，尚是一个需要探讨的课题。目前，经济学界关于知识经济的讨论还没有形成定论和较为一致的共识，循环经济业已提了出来，经济科学发展很快。在这种情况下，人口经济学的建立和发展，要走更新、更长的路。

### （三）未来发展趋势和"十一五"重大选题建议

中国生育率经过 30 多年的持续下降后，当前正面临总量高峰、劳动年龄人口高峰、流动人口高峰、老龄化高峰和出生性别比高峰相继来临的时期，人口与经济研究要把握"五大高峰"走势，结合全面建设小康社会发展目标，以取得最佳经济、人口和社会效益为重点展开；同时，在进行实证研究中谋求理论创新，推进人口经济学学科建设。特别是以下一些选题。

1. "人口红利"与"人口负债"关系研究

目前关于人口年龄结构变动"黄金时代"带来的"人口红利"研究较多，发表不少成果；关于"红利"过后的"负债"研究刚刚起步不久，而该项研究直接关系到 21 世纪中叶及以后人口对经济发展的制约和影响，需要深入探讨。

2. 人口与经济可持续发展研究

以前的研究取得积极成果，需要结合全面建设小康社会经济发展实际，进行深入一步的研究，尤其是在坚持以经济建设为中心和在资源短缺、环境污染加剧情况下，人口与经济协调发展的研究。

3. 新形势下的人口与就业研究

面对劳动年龄人口在未来的 10 多年中还要继续增长的趋势，同时科技进步、经济增长方式转变使经济发展更多地依靠劳动生产率的提高，而不是依靠劳动者数量的增加，就业问题将长期存在，形势颇为严峻。研究全面建设小康社会新形势下的人口与就业问题，是一个需要开展与时俱进研究的题目。

4. 人口城市化与产业结构调整研究

目前我国城乡人口结构呈"四六开"格局，随着经济和社会的发展，人口城市化步伐有望加快，产业结构也要随之进行有效的调整。当前，对大城市组带的发展持有不同观点，特别是珠三角、长三角、海三角（环渤海）超大城市组带的发展及其产业结构，有待作出科学的估量和前瞻性较强的研究。

5. 移民经济效果研究

长江三峡移民和实施西部开发战略某些移民后果，特别是移民者本身以及移出地、移入地经济后果怎样，需要在深入实地调查基础上，作出实事求是的研究；对于西部某些贫困地区村寨式环境移民，其脱贫致富效应怎样，也有必要作进一步的调查研究。

附　　录

# 田雪原提出人口可持续发展
# 战略新理论

## ——"控制"、"提高"、"调整"相结合<sup>*</sup>

本报讯（记者　姚敏华）在日前召开的 21 世纪人口资源环境可持续发展国际研讨会上，中国人口学会常务副会长、著名人口学家田雪原指出，当今世界和中国人口可持续发展战略的基本点是继续控制人口的数量增长，提高人口的质量，调整人口的结构，实行"控制"、"提高"、"调整"相结合，当前以数量控制为重点的方略。

田雪原研究员据此提出了他的"全方位适度人口论"的新理论，即"相对于一定历史条件下的资源、环境、经济和社会发展，人口的数量是适当的，质量是稳步提高的，结构是比较合理的，即能够促进人口与其他发展因素协调发展的人口。"

这个理论突破了适度人口理论单纯人口数量概念的限制。田雪原认为，中国要有效控制人口的数量增长需要解决三个方面的问题：一是合理确定人口控制目标。现在我们已经制定了 2010 年全国人口控制在 14 亿人以内，实现零增长控制在 16 亿人左右的目标。二是要有合理的政策。目前已经确定稳定低生育水平的目标，因而保持生育政策的相对稳定很重要，即鼓励晚婚晚育，提倡一对夫妇生育一个孩子，依照法律法规合理安排生育第二个孩子，少数民族也要实行计划生育等条款，成为人口可持续发展的一种自然过渡。三是要积极探寻人口控制机制的转变。随着市场经济改革的深入，人们生育观念的转变，加大利益调节的分量，谋求人口控制由以行政手段为主，向以行政手段与利益调节相结合，将来以利益调节为主的机制的转变势在必然。

田雪原说，在人口过剩的国度，控制人口数量增长有助于人口素质的提

---

＊　原载 2001 年 5 月 28 日《中国人口日报》。

高，而人口素质尤其是文化教育素质的提高，也有利于人口的数量控制，生育率与人们文化教育程度高低呈反向变动趋势。中国应结合自己的实际，作出人口身体素质、文化教育素质、思想道德素质的提高战略选择。国家计生委推出的"三大工程"是提高人口身体素质的一项基础工程。

田雪原指出，调整人口的结构，主要是指人口年龄结构、城乡结构和地区分布结构的调整，使之适应可持续发展的要求。目前中国人口年龄结构开始步入老年型。这是实现人口零增长和可持续发展的必经阶段。实现年龄结构老龄化进程的调整，关键在于生育率控制的水平，总和生育率2000～2010年控制在1.86左右，2010年以后保持在1.90左右即可。即大致稳定在目前水平或略高于目前水平。党中央和国务院已经适时地作出了稳定低生育水平的决定，同人口数量控制的进程吻合。

田雪原研究员最后指出，西部开发不需要增加人口的数量，需要的是提高人口的质量，重在人力资本的积聚。创造留住和吸引人力的相应机制，发展科学和教育事业，是西部开发的基础和重心所在，也是人口地区分布可持续发展的核心所在。

# 西部应当加速人力资本积聚

北京 6 月 19 日讯（记者李虎军） 西部开发需要长期不懈的奋斗，也需要持续不断的思考。近些日子，人们对西部的生态环境建设给予了前所未有的关注。中国社会科学院人口研究所研究员、中国人口学会常务副会长田雪原日前接受记者采访时则强调，人力资本短缺、资本结构失衡是制约西部发展的根本原因，西部应当加速人力资本的积聚，确立人口转变的战略。

田雪原认为，所谓开发，是指通过外界注入多种能量启动固有的资源而得到发展，其根本问题在于能否形成推动发展融资金、人才、物资、信息于一体的"能量流"。

他说，新中国成立以来的西部开发已有两次，即"一五"时期和后来的"三线"建设。这两次区域经济开发有成功的经验，也有失败的教训。开发期间虽然建设了不少项目，有些项目已起到良好作用；但是确有不少项目上马不久就成为"下马工程"、"胡子"工程和人走厂空的"留守工程"，造成严重浪费。其原因有很多，而在能量流中偏重物资、资金方面，未能坚持以人才、人力资本为主导，造成人力资本的积聚始终不能同自然资本、产出资本等相匹配则是根本。

他说，西部地区资本积聚过程中自然资本较强，产出资本、人力资本较弱。例如，以近似平均受教育年限的人口文化教育指数，西部地区 1998 年为 5.66，相当于全国水平 6.29 的 90%。面对资本结构失衡的状况，对西部发展支撑力度最大、最持久的是人力资本，是人力资本不断的积聚和增加。固定资产投资无疑是增强产业资本的主要手段，但即使是提高这类投资的效益，要害也在于人才。

田雪原指出，当前我国人口再生产总体上处在由高生育率—低人口素质—低劳动生产率—高生育率的初级循环向着低生育率—高人口素质—高劳动生产率—低生育率的高级循环过渡阶段。但东西部之间差距很大，东部开始跨入高级循环，西部尚滞留在初级阶段，仅有个别省市开始向高级循环过渡。因此，西部人口转变总的战略决策应当是，控制人口数量、提高人口质量和调整人口结构相结合，当前以数量控制为重点。

西部 1998 年人口密度为每平方公里 51 人，相当于全国 130 人的 39%，可以说人口密度较低。尽管如此，田雪原认为，西部开发中应该控制而不是加快人口数量的增长。他举例说，西部人均耕地面积高出全国水平许多，但较高质量的标准耕地并不多，其他自然资源中也有许多类似情况。此外，根据中国科学院国情小组的计算，人口增长率每降低 0.1 个百分点，人均 GDP 可增长 0.36 ~ 0.59 个百分点。实际上，1999 年全国总生育率在 1.8 左右，净再生率小于 1.0，已处于更替水平以下的低生育水平。但西部仅有重庆、四川、陕西和甘肃达到更替水平以下，其余 6 省区则较高，原因之一是计划生育投入不够。他建议，西部开发在大幅度追加经济建设投资时，不要忘记在人口和计划生育上投资的追加具有"经济上去、人口下来"的双重意义，要求同步追加实不为过。

提高西部人口质量要提高其健康素质，更要提高人口受教育的水平。据田雪原介绍，按人口文化教育指数自高至低排名，陕西由 1987 年的第 11 位降至 1998 年的第 15 位，四川由第 20 位降至第 25 位，西部其余各省区也均后移了 2 位。

田雪原还说，目前西部地区除新疆市镇人口比例稍高于全国水平外，其余均低于全国水平。联合国预测世界人口城市化比例可由 2000 年的 47.4% 上升至 2020 年的 56.7%，他则预测我国人口城市化比例可由 2000 年的 34.3% 上升至 2020 年的 57.6%，赶上世界总体水平。西部人口城市化的速度更应有所加快，而且要适当发展一些大中城市。他还说，由于历史原因，西部高山高寒或干旱等不适合人类生存的地带，仍滞留着大量居民，至今不能摆脱贫困状态。应当由政府组织有计划地并村移民，帮助居民建设新家园。

# 应对人口老龄化的挑战<sup>*</sup>

2000 年全国人口普查的结果显示，我国 60 岁以上的老年人有 1.3 亿，而 2050 年，这一数字将增长为 4.4 亿，人口老龄化浪潮已无法避免——我国养老要靠"三位一体"。

## 我国人口年龄结构已步入老年型

2000 年的全国人口普查结果显示，65 岁以上的老年人占全国总人口的 6.96%，60 岁以上的老年人占全国总人口的 10%。中国人口学会常务副会长、中国老年学学会副会长、中国社会科学院的田雪原研究员据此认为，我国的人口年龄结构已经步入了老年型。有人提出我国已进入老龄社会，田雪原认为这一判断多少有些欠妥，因为与未来几十年我们所要面临的人口老龄化问题相比，现在老年人的人口比重将远远不及。

对于我国的人口老龄化现象，田雪原先生认为其发展趋势将呈现出三大特点：一是人口老龄化的速度比较快。田雪原说："对于人口结构的变化，出生率就是定盘星，从 20 世纪 70 年代以来，我国的人口出生率持续 30 年处于下降，1992 年下降到人口更替水平以下，生育率进入低水平国家行列。"低出生率的结果是人口老龄化的速度大大加快，预计用不了 40 年，老年人口的比重就将从 7% 上升到 17%，而发达国家实现这一进程一般需要 80～100 年的时间。二是人口老龄化所达到的水平比较高。据预测，到 2050 年，65 岁以上的老年人将占全国总人口的 22%，60 岁以上的老年人将占全国总人口的 29.7%，这一水平仅次于发达国家，在发展中国家处于高水平。三是人口老龄化在地区间呈不平衡状态。在城乡之间，镇、县、市的人口老

* 原载 2001 年 9 月 22 日《中国经济导报》。

龄化呈逐步上升的趋势：在地区分布上，人口老龄化自西向东同样呈上升趋势。

## 全方位的挑战

面对即将到来的人口老龄化，田雪原研究员认为，除了人们最为关注的养老保障问题外，伴随着人口老龄化，在社会需求中，老年人的需要将越来越广泛和强烈，如至关重要的老年人的医疗保障，医疗改革如何确保老年人老有所医？新兴的社区服务应从哪些方面为老年人考虑？如何为老年人发挥余热创造条件？如何使老年人的晚年生活更加丰富多彩？

2000 年人口普查时，我国 60 岁以上的老年人有 1.3 亿，基本上可以肯定，到 2050 年这一数字将增长为 4.4 亿。伴随着迅猛的人口老龄化浪潮，整个社会都将发生巨大的变化。参加了 2001 年 8 月底在东京举行的以老龄化与世界经济为主题的第三届老龄化世界会议的中国社会科学院人口研究所所长蔡昉在采访时告诉记者，人口老龄化对社会的影响是全方位和复杂的，在老龄化世界会议上，人们所关注的除了人口老龄化的社会保障问题，也开始探讨诸如人口老龄化后，由于老年人购买金融资产的偏好、消费行为和储蓄行为都会发生显著变化，对资本市场将会产生怎样的影响等问题。

田雪原研究员认为，老年人口达到一定程度后，对社会的影响将主要表现在以下方面：一是由于老年人知识更新困难，在科技发展日新月异的今天，人口老龄化对全球的科技进步是不利的。二是由于老年人所占人口比例的上升，老年人的特殊需要将影响一个国家的经济产业结构，如老年人的住房在高度、采光等诸多方面都有许多特殊性，而目前房地产开发商似乎对老年人这一市场还未予以应有的重视。此外，老年食品、老年用品（如拐杖、老花镜、助听器）的市场需求量都将大大增加，银发产业将在国家的经济产业结构中占有重要地位。三是人口老龄化将促使现有的社会伦理、道德和婚姻家庭关系发生深刻变化，如老年人的赡养问题、"代沟"和"代差"问题、老年人再婚及黄"婚"晚情现象将日渐增多。

## 养老要靠"三位一体"

与西方发达国家不同的是，西方发达国家是先富后老，具有足够的经济力量支撑人口老龄化，而我国则是未富先老，人口老龄化的速度和水平较经济发展有点提前。田雪原据此认为，我国应建立"三位一体"的养老保障体系，即积极发展社会养老保障，扩大其覆盖面，提高其保障水平；继续提倡家庭子女赡养老人这一目前占主体的养老方式，这一传统的养老方式不能丢弃；适当组织老年人劳动自养，目前我国农村 60 岁以上的老年人有一半是靠自己维持生活的。

值得注意的是，社会养老保险资金不足一直是全社会关注的焦点问题之一，但事实上，我国的社会养老保险目前只覆盖了部分城市老年人，而广大农村的老年人的养老保障，在相当长的时间里，还主要依靠"三位一体"保障体系中的后两种保障方式。目前我国城市与农村的老年人口比例为 4:6，即使考虑到城市化这一因素，未来农村老年人所占老年人口的比重仍然会相当大，所以在建立完善的养老保障体系的进程中，"三位一体"缺一不可。

（记者　王晓涛）

# 适应我国户籍改革的潮流，
# 人口学家田雪原建议

## ——加速推进人口管理信息化逐渐以智能卡
## 取代身份证和户口本<sup>*</sup>

本报讯（记者黄根兰）当前，上海、广东、安徽、石家庄、昆明、宁波等省市纷纷实行户籍改革，市场经济的大潮猛烈冲击着传统的户籍管理制度。据透露，近期户籍改革的核心是打破城乡分割的户籍管制，允许人口和劳动力自由流动。那么户籍改革后如何对人口特别是流动人口进行管理？从长远看是强化还是弱化户籍管理？刚刚负责完成"人口信息化管理"课题研究的人口学家田雪原认为，我国户籍的功能正在弱化，逐步淡化户籍管理乃至最终取消户籍管理在所难免；在 21 世纪信息时代，以智能卡取代本（户口本等）、表、册、证（身份证等），以居民个人而不是以户为基础，实行人口信息化动态管理，是人口管理的大势所趋。

田雪原介绍说，我国现行的人口管理体制带有浓重的计划经济的痕迹和体制转轨的特征，具体来说，具有以下特点和问题：一是与传统农业和现代工业"二元经济"结构相适应，实行城乡分割的户籍管制。二是部门分割，多头管理。从出生、就学、婚育、就业、失业、社会保障到死亡，分别由公安、民政、教育、社保等 10 多个政府职能部门管理。部门之间相互制约，有些职能交叉。三是总体实行静态的劳动密集型管理，以本、表、册、证为载体，手工操作，面对面查对，管理效率低下。四是人口信息资源部门垄断，开发利用效率低。10 多个政府部门都建立了各自的人口信息库，但部门之间各为政，缺少信息交流和共享，也很少向社会开放。由此带来严重的重复建设，造成人口管理资源的极大浪费，人口信息这一重要的公共资源

---

* 原载 2010 年 10 月 10 日《经济参考报》。

得不到有效开发和利用。五是人口管理没有从整体上树立以人为本意识和服务意识，重管理、限制、监督，轻服务。六是个体特别是流动人口所持卡、证、本、档案繁多。多处办证，多方收费，管理繁杂，假证泛滥。

田雪原认为，这种人口管理体制和办法显然已经日益不适应市场经济的要求，不适应打破城乡二元经济结构、加快城市化的要求，不适应全球化、知识化、信息化发展的要求，已经在一定程度上成为人口和劳动力合理流动、优化配置人才资源、推进城市化、落实计划生育国策等的障碍。因而必须尽快进行人口管理体制和手段的创新。

近些年来，公安、计生、社保等部门相继出台了不少人口管理的改革办法，缓解了一些突出的矛盾。但田雪原认为，从战略上创新人口管理，需要在全国推行人口"一卡通"信息化管理，以居民个人为基础，建立个人电子信息档案。它具有三个突出的优点：一是防伪性能好。个人的照片、指纹、瞳孔、血型、DNA基因等个人信息都可存入IC智能卡中，从而可以杜绝各种假冒伪证。二是信息存储量大。将户口本、身份证以及生育、医疗、社保、工资、简历等各种信息资料存入卡中，可以满足就学、求职、工作、迁移、计划生育等多方面的需要，使居民特别是流动人口不必办理和随身携带多张证卡，从而大大减轻了持卡人的精神和物质负担，大大提高了人口管理的效率。三是便于信息化管理。通过读卡机能够随时获取个人资料，实现人口信息资源共享；可以随着情况的变化，随时修改相应的资料，实现人口的动态化管理；随着经济和社会的发展，条件成熟时可以实行全国联网，从而真正实现全国人口的网络化管理。实行人口"一卡通"管理不仅是人口管理技术和手段的创新，也是人口管理体制的创新，使人口管理摆脱户籍、档案等传统管理体制的束缚，能有效解决人户分离、假证泛滥、人口统计失真、个人信用等问题，真正实现人口管理的智能化、动态化、服务化和高效化。

据了解，当前北京、上海等地方已在医疗保险领域试用IC卡，海南、广东佛山等地尝试用IC卡管理流动人口。实施人口"一卡通"信息化管理已经没有技术上的障碍。田雪原说，当前的主要障碍来自人们习惯于传统的管理方式，对信息化管理不甚了解，最主要的障碍则是条块分割、多头管理体制的弊端。早在20世纪90年代中期，海南、深圳等地便试图用IC卡管理人口，但都没能全方位推开，主要原因就在于不能有效地协调10多个部门的关系和利益。现在在全国推广的困难也在于此。因而当务之急是要深刻认识实行人口信息化管理的意义和紧迫性，尽早成立国家人口信息化管理指导委员会，将其作为一项社会系统工程，统一领导，统一规划，统一协调。北京、上海、海南等地方的实践表明，既然人口信息化管理能在一些地方、一些领域推行，那么这一利国利民的工程在全国、在其他领域也是可以推行的，而且推广面越大、信息量越多，就会越经济、便捷、高效。

# 人口学专家田雪原提出

## ——全方位适度人口论[*]

本报讯（记者范又）在《中国人口报》报社和中国人口学会日前举办的学习《江泽民论有中国特色社会主义》座谈会上，人口学专家、中国人口学会常务副会长田雪原研究员，首次提出"全方位适度人口论"。

田雪原说：全方位适度人口论包括人口数量、质量、结构三个基本的方面和三个方面之间的关系，是一个完整的体系。对三者关系，田雪原作了论述：人口的数量控制不仅为解决人口过剩所必需，而且有利于身体体质和文化教育素质的提高，并且是正常状态下调整年龄性别结构唯一的手段，对城乡、地区分布结构也会产生重要影响；人口素质的提高对生育率产生积极作用，对人口年龄性别结构、城乡和地区分布结构也产生某种影响；人口结构的某种改变，也会作用到人口的数量控制和素质的提高，一定程度的老龄化是实现人口零增长和适度人口目标的必经之路。

田雪原认为，可持续发展的人口应当是：人口的数量是比较适当的，质量是不断提高的，结构是比较合理的，能够促进人口与其他发展要素协调发展的人口，即全方位的适度人口。人口可持续发展的基本点是：大力控制人口的数量，提高人口的质量，调整人口的结构（主要为年龄性别结构、城乡分布结构、地区分布结构），实行"控制"、"提高"、"调整"相结合，当前以"控制"为重点的方略。

田雪原还提出，实现全方位适变人口可持续发展目标，从根本上解决中国人口问题，可以分三步走：第一步，实现由高出生、低死亡、高增长向低出生、低死亡、低增长人口再生产类型的转变，人口素质显著提高，人口年龄结构步入老年型，人口城乡结构相当于发展中国家的一般水平，这一步在

---

[*] 原载 2002 年 12 月 3 日《光明日报》。

20世纪末已基本达到。第二步，经过较长时间的稳定低生育水平，实现人口的零增长，人口素质、年龄结构和城乡分布结构明显优于世界总体水平，这一步预计21世纪中叶可以基本达到。第三步，实现人口零增长以后，再经过相当长时间，人口数量下降到同资源、环境、经济发展和社会发展诸要素相协调，人口素质、年龄结构和城乡结构等与发达国家大致处于同等水平，达到最终适度人口目标。

# 牢记"两个务必"　推进计生社保<sup>\*</sup>

## ——访中国人口学会常务副会长田雪原研究员

人口问题是影响我国经济社会发展的首要问题，经过多年的艰苦奋斗，我国的人口与计生工作取得了举世瞩目的成就。当前，如何结合人口与计生工作新的实际，坚持做到"两个务必"，推进计生社保，中国人口学会常务副会长田雪原研究员谈了自己的认识和体会。

"如何认识取得的胜利，怎样夺取进一步的胜利，坚持'两个务必'十分重要。"田雪原说，党的三代中央领导集体都十分重视"两个务必"，这对于引导我们夺取一个又一个胜利起了至关重要的作用。改革开放以来，我国综合国力大幅度增强，人民生活显著改善。但目前达到的小康，总体水平还不高，还不全面、不平衡，发展仍然任重道远。因此，党的十六大后，胡锦涛总书记就进一步强调了"两个务必"。

谈到"两个务必"对人口与计生事业的重大意义，田雪原认为，我国人口与计生工作巨大成就的取得，某种意义上说，就是遵循"两个务必"的结果。他说，我国的基本国情同人口因素有直接的关系，就目前来说，人口过快增长的势头得到了控制，在经济还不发达的情况下，成功实现了人口再生产类型的转变，缓解了人口同经济发展、社会进步、可持续发展之间的矛盾，为经济社会发展创造了一个良好的人口条件。但这些成就只是万里长征迈出的坚实一步，今后要走的路还很长。

"人口问题的彻底解决，必须继续牢记和发扬'两个务必'"。田雪原说，近20年来，我国人口多、底子薄，生产力不发达的基本国情有了很大的改变，但还没有根本改变。对当前的人口形势要有一个正确认识。

首先，我国人口过快增长的势头得到有效控制，但问题还没有完全消

---

\*　原载 2003 年 3 月 24 日《中国人口报》。

除，人口还将继续增长。如果从可持续发展的角度来看，离与环境相协调的社会适度人口目标更远，也需要更长的时间。因此，真正解决人口问题尚需时日。

其次，我国实现了人口再生产类型的转变，总和生育率在更替水平以下，但低生育水平还不稳定，群众的生育愿望同生育政策之间还存在差距。

再次，在当前市场经济条件下，计划生育要寻求新路子，从以行政手段为主经过市场取向的改革，过渡到以利益调节为主。探寻利益调节的改革，力度很大，其中难度也很大。

田雪原进一步说，计生社会保障是计生利益导向机制的重要组成部分，计生社会保障的实施，将对调动广大群众实行计划生育的积极性和主动性，发挥重要的导向作用。稳步推进覆盖广大农村居民在内的社会保障事业，是巩固人口与计生工作的大后方，是切实解决群众后顾之忧的关键。他说，当前群众的生育愿望，根本在于养老保险效益和劳动经济效益，因此，社会养老同计划生育紧密相连。在实际工作中，只有认真落实"两个务必"要求，情为民系，利为民谋，才能不断开创工作新局面。

# 人口发展战略新思路<sup>*</sup>

主持人　本报记者　禹燕

嘉　宾　中国社会科学院学术委员会委员、研究员　田雪原

## 人口态势：五大人口高峰提前来临

**主持人**：您的著作《大国之难》系统地研究了中国的人口问题，并被全文译成日文出版，许多章节还被多种文字译介，这也表明中国的人口问题确实"举世瞩目"。虽然目前中国面临许多挑战，但是人口问题仍是最受关注的焦点之一。中国人口现状和发展趋势怎样？什么问题值得特别重视？

**田雪原**：进入 21 世纪以后，中国人口变动和发展呈现出新的态势。这一新态势的显著特点，可以概括为"五大人口高峰"不同程度地提前到来：其一，人口再生产类型发生根本性转变，人口总量高峰将提前到来；其二，劳动年龄人口增长趋缓，10 多年后即可达到峰值；其三，老年人口增长迅速，未来半个世纪内将迎来人口老龄化高峰；其四，流动人口居高不下，目前已临近最高峰值；其五，出生性别比经过持续攀升后，当前已达到新的高峰。可以说，人口"五峰"不同程度的提前到来备受重视，首要的是当前 120 左右的出生性别比问题。

**主持人**：人口现状的变化是否意味着我们的人口政策也应该作相应的调整？长期以来，普通民众对人口政策的理解就是"计划生育"，就是控制人口数量。您提出，我国的人口政策应该从以人口数量为重点，转向以数量控制与结构调整效应和人口与社会经济发展效益最大化为宗旨，为什么会有这样的转变呢？

---

\* 原载 2004 年 2 月 24 日《中国妇女报》。

田雪原：毋庸讳言，实施计划生育基本国策主要解决的是人口的数量控制问题。按照原来的设想，第一步是尽快将高生育率降下来，这一步到20世纪90年代中期已基本实现；第二步是稳定低生育水平，虽然这一步尚未完成，但是已经走过了10年的路程，可以说初见端倪；第三步是最终实现适度人口目标。不过这个适度人口目标应是全方位的，即人口的数量是适当的，人口质量是比较高的，人口结构是比较合理的。所以，未来人口发展战略的制定，必须立足于人口发展全局，谋求人口变动效应和人口与发展效益的最大化，遵循人口与发展综合效益最大化准则。"人口与发展综合效益最大化"，既是制定人口发展战略的出发点，也是实施人口发展战略的根本目的，最终的落脚点。

主持人：从"人口与发展综合效益最大化"这一准则出发，您提出了具体的发展战略目标，作出了"2000～2050年高、中、低三种人口预测方案"，并选择了中位预测方案，为什么？

田雪原：关于人口发展战略目标，国内外学术界作出多种方案的探讨。高位预测方案不能有效地控制人口的数量增长，自然不能成为人口战略选择的目标。最近我同王金营教授等讨论，以中位与低位两种预测方案比较，提出"以数量换结构"人口发展战略目标选择思路。具体就是以2020年中位比低位预测人口总量多出5802万人、2050年多出21069万人为代价，换取人口年龄和性别结构的相对合理化，使得老龄化能够控制在人口、经济、社会发展允许范围之内，能够始终保持在发达国家水平之下，2020年与发达国家相比保有7.0个百分点、2050年达到最高峰值时保有2.9个百分点的差距；劳动年龄人口绝对数量和所占比例的升降比较平稳，使得"人口红利"和劳动力廉价优势得以延长一段时间；缓解劳动年龄人口相对高龄化趋势，保持人力资本的一定活力。

中位预测以稳定低生育水平而不是像低位预测那样以不断降低生育率为主，也可减轻来自生育率下降方面对出生性别比的压力，从而有利于改变出生性别比的失衡状态。所以说，以牺牲一定人口数量控制效果为代价换取人口结构较佳效果和人口变动与发展的最大效益，不仅符合效益最大化原则，也是人口变动与发展规律本身所需要的。

## 生育政策：稳中有调

主持人：对于普通民众来说，最关心的还是人口政策和生育政策的变化。我国正式实施《人口与计划生育法》已经一年多了，在此期间全国各地都修订了本地区的计划生育条例，这些"微调"凸显了人文关怀。北京、上海、南京等大城市的新条例，对育龄夫妇"生二胎"有一些相应的灵活处理，于是有人猜测，"生二胎"的政策将会有所松动，是这样吗？

**田雪原：**我国的计划生育政策会如何变化，是中央和政府决策部门的事情，我们不便多言。但是作为学者可以作出研究，提出我们的建议。面对人口"五峰"的行将来临，可以提出稳定低生育水平加调整的改革思路。也就是说，一是要继续稳定目前的低生育水平，二是生育率要在稳定中有所调整。我认为，可以分别依城镇、农村和少数民族地区的不同情况有针对性地作一些调整。

**主持人：**出生人口性别比失调是我国人口结构中的严重问题。您认为放宽政策允许农村生育二胎，反而有利于调整新生儿性别比失调，这怎样解释？

**田雪原：**依据国家统计局 2002 年全国人口变动抽样调查提供的资料，全国 0～19 岁人口中男性多出女性 2377 万人。即在未来的 20 年内，平均每年新进入婚育年龄人口中男性要多出女性 120 万人左右，从而造成较为严重的婚姻性别挤压，以及相关的教育、就业等的性别挤压。历史上，中国曾是性别偏好较强的国家；新中国成立后，由于较好地解决了男女平等问题，出生性别比逐步下降，至 20 世纪 70 年代已接近国际公认正常值。后来转而升高的原因，主要是"对症下药"不够，未能针对造成出生性别比升高的主要直接原因有效施政。目前城镇总生育率为 1.36，农村为 2.06，农村二孩和二孩以上出生性别比"异峰突起"，是造成出生性别比升高的症结所在。那么，什么情况下农村可以生育二孩及二孩以上呢？按照有关的法律和法规，各地普遍规定了农村生男即止和独女户可以再生育一个子女的生育政策。这就形成了农村一部分男性独生子家庭，尽管这类家庭所占比例很低；独女户可以再生育一个子女，无论人们出于缺乏男性劳动力考虑，还是出于继承家业、传宗接代等着想，都要千方百计再生育一个男孩子。这实际上就为分性别生育提供了政策通道，客观上使偏好男性的性别选择得以在"合法"的外衣下暗地里进行。如果能够有效杜绝三孩及以上多孩生育，按照生育的自然规律一孩、二孩出生性别比差别不大，一般情况下生育越多性别比还略有下降，就可以克服由于人为性别选择造成的性别比失调。

**主持人：**人口学不同于其他人文科学，与整个社会的持续发展和普通民众的生活都息息相关。作为人口学家，在向政府部门提供决策依据时，是更多地考虑国家利益最大化，还是更多地关注民众的生育意愿呢？

田雪原：应该说两者都不可偏废。只有追求国家利益最大化，国家兴旺发达起来，满足民众的生育需求才会有更好的物质基础和社会保障；同时，也只有充分尊重民众的生育意愿，国家的生育政策才能得到有效地执行。如果说前二三十年为了尽快刹住人口过快增长的势头，人口政策制定上更多考虑的是国家的、民族的利益最大化的话；那么，在人口增长势能减弱和人口"五峰"将要陆续到来的情况下，从国情出发，适当考虑民众的意愿，也是合理的和必要的。

# 我们还能分享多少"人口红利"*

近日，在北京大学哲学系建系 90 周年举行的"2004 北大论坛·哲学论坛"上，国家人口和计划生育委员会主任张维庆表示，按总和生育率 2.0 计算，至 21 世纪中叶的 2043 年，我国人口将达到 15.57 亿人，全国总人口还要增加近 3 亿人，在接近 16 亿人之后方能实现零增长。

人口的数量、质量和结构状况，对一个国家的经济发展和社会进步，具有举足轻重的影响。因而，了解我国当前的人口总量、结构和未来人口状况的变化轨迹、研究在变化中的对策，是必须的，也是迫切的。

## 人口再生产已到转折点

张维庆指出，中国人口结构性矛盾正日益凸现。其一是出生人口性别比持续升高，第五次全国人口普查已达 117，0 ~ 9 岁人群中男性比女性多 1277 万人；其二是人口老龄化进程加快，65 岁以上老年人口到 2020 年将占全国总人口的 11.8%，21 世纪中叶将占全国总人口的 1/4。更为严重的是，中国农村人口老龄化水平高于城镇，老年健康和保障问题面临严峻挑战。张维庆表示，中国人口正在逼近目前科学发展状况下自然环境容量的极限，庞大的人口在未来几十年给资源和环境带来的压力和影响极为深远。

记者在采访过程中，专家学者们同样表达了他们的忧虑。中国社会科学院学术委员、中国人口学会常务副会长田雪原一见到记者就坦言，当前的人口再生产走到历史的转折点，呈现出新的态势，这一态势的突出特点是人口高峰不同程度地提前来临。

人口总量高峰将在 2030 年到来，届时全国总人口可达 14.68 亿人，比

---

* 原载 2004 年 5 月 25 日《中国改革报》。

原来的预测峰值人口数量减少近 1 亿人，时间提前 10 多年；15 ~ 64 岁劳动年龄人口绝对数量 2017 年达到峰值时可达 10 亿人，2009 年所占比例达到峰值为 72.3%，高于原来预测的水平；人口老龄化峰值将出现在 2050 年，届时 65 岁以上老年人口比例可达 23.0%；目前全国非本市区内的流动人口达到 1.17 亿人，已经临近峰值状态，流动人口增长快于原来的预计；依据"五普"和近年来调查提供的资料，目前的出生人口性别比在 120 左右，达到了新的高峰。人口"五峰"不同程度地提前到来，要求未来人口发展战略的制定必须充分考虑这"五峰"之间的内在联系和相互制约性，以及人口"五峰"与社会经济发展之间的联动效应，遵循人口与发展综合效益最大化原则。

## 冷静迎接"未富先老"

我国人口在未来几十年时间里在经历"人口红利"的同时，也将面临人口老龄化的挑战。专家预测，未来半个世纪内将迎来人口老龄化高峰。65 岁以上老年人口比例可由 2000 年的 7.00%，上升到 2005 年的 7.85%、2010 年的 8.50%、2020 年的 12.02%，2050 年达到最高峰值时的 22.97%。虽然这一水平与发达国家 25.9% 比较尚有 2.93 个百分点的差距，但是与世界 15.9%、发展中国家 14.3% 的水平比较，分别高出 7.07 个百分点和 8.67 个百分点，居于世界较高水平和发展中国家最高水平。

对此，田雪原指出，我国是在人均 GDP 不足 1000 美元情况下步入老年型年龄结构，2020 年全面建设小康社会完成达到人均 GDP 3000 美元左右，即使到 2050 年实现"三步走"第三个战略目标，也仅相当于一般中等发达国家水平，半个世纪内将始终面临"未富先老"的矛盾，老年社会保障将长期滞后于人口老龄化进程。

田雪原分析说，自 20 世纪 80 年代开始步入劳动年龄人口所占比例高、老少被抚养人口所占比例低，即从属年龄人口比较低的人口年龄结构变动的"黄金时代"。现在持续了 20 多年以后，这一"黄金时代"带来的"人口红利"即将宣告结束。虽然目前仍旧处于这一"黄金时代"之中，尚有"人口红利"可以分享；然而，这一态势已成强弩之末，"人口红利"的"利率"已经很低。预测表明，2010 年以后劳动年龄人口比例转而下降，2050 年将下降到 61% 左右，从属年龄比上升的速度和幅度都很大。尽管当前中国的就业问题主要表现为劳动力供过于求，并在今后相当长时间内也不至于发生劳动力不足的矛盾；但是随着经济的发展和劳动年龄人口"黄金时代"的结束，劳动力廉价优势的丧失，将给竞争和经济的快速增长带来以往不曾有过的负面影响，一定程度的劳动力结构性短缺将会发生。因而延缓劳动年龄人口比例的下降有利于人口与发展综合效益的提高。同时应当重视劳动年龄人口的相对高龄化问题，因为劳动年龄人口的相对高龄化会降低人力资本的活力，从而影响经济的发展和技术的进步。

北京大学中国经济研究中心主任林毅夫教授也在不同场合表示，中国社会正在进入人口老龄化阶段，人口老龄化一方面增加了对老龄护理方面的要求，另一方面则减少了劳动人口。因此，老龄化将对经济产生负面影响。

如何制定正确的老年保障以及其他相关的社会经济政策，充分利用"人口红利"黄金时期的社会经济发展机遇，及早为应对2020年以后老年人口比例上升到较高比例与劳动力资源衰减、"人口红利"机遇期中止而将造成的严峻挑战做好准备，成为人口专家们关注的主题。

美国保德信金融集团与美国战略与国际研究中心（CSIS）在北京联合公布的一份名为《银发中国——中国养老政策的人口和经济分析》的报告认为，为了更好地应对人口老龄化的挑战，中国应该启动一个老年人保障网络，并建立起真正的基金累积制养老金体系。

田雪原认为，未雨绸缪，在科学的估量后应采取相应的政策措施，应积极发展社会供养，完善社会保障制度，扩大保障面；继续提倡鼓励家庭供养；同时，对于有劳动能力的人适当组织老年劳动自养。他强调这三方面应有机地结合起来，互为弥补。

面对即将来临的老龄化大潮，我们无处躲藏，我们别无选择，我们只有坦然接受。CSIS总裁兼首席执行官哈姆雷（John Htamre）说，"老龄化大潮也许会带来巨大的挑战，但这并不会削减中国财富积累的势头——前提条件是中国今天能够选择正确的政策。"这就是我们最后的选择……

（记者　焦红霞）

# 养活 16 亿人[*]

《瞭望东方周刊》记者黄泓／上海报道
中国的出生人数仍呈现上升态势，劳动力过剩仍是当前社会的主要矛盾

田雪原，中国人口学会常务副会长，曾任中国社会科学院人口所所长，中国著名人口学家。在出席"人口与可持续发展国际研讨会"期间，田雪原接受了《瞭望东方周刊》的采访。

**《瞭望东方周刊》**：20 世纪 90 年代，你就提出中国的计划生育政策要作微调，当时是出于什么样的考虑？

**田雪原**：20 世纪 80 年代，中国大力执行计划生育国策。到了 90 年代中期，中国人口进入低生育水平阶段。虽然，中国的总人口仍在增长，但增长加速之后，一定会停止下来，出现零增长甚至负增长的趋势，届时，老龄化、高龄化、劳动力缺失的情况将会对经济造成不利影响。

因此，我提出，计划生育政策不是"权宜之计"，但也不是"永久之计"，它只是一个特定时期的特定政策。而什么时候调整计划生育政策？我当时提出，可能是一个人口的再生产周期——20 年。

**《瞭望东方周刊》**：现在，你当初的设想实现了吗？

**田雪原**：我的设想就是为了防止整个社会的过度老龄化。现在，这个设想很多都已经在全国有些省份开始实施了。在城市，夫妇双方都是独生子女的可以生两个，这项政策在全国已基本实施了。在农村，夫妇双方一方是独生子女的可以生两个，这在有些省份也已经开始实施。

但是，计划生育政策的调整并不意味着放开。当前，全国的出生人数仍

---

呈现上升态势，劳动力过剩仍是当前社会的主要矛盾，稳定低生育水平因此仍是中国现行的基本国策。那么现在，我还是负责任地提出，计划生育政策目前只适合在适当的时候作出一些微调。

**《瞭望东方周刊》：** 据你所知，计划生育政策作了微调之后，适龄妇女生育二胎的现象普遍吗？

**田雪原：** 我补充一点，国家总的计划生育政策没有变，控制人口还是现阶段的主要政策，微调的只是各省市的地方政策。目前，从生育二胎的人员结构来说，再婚夫妇生育二胎的比较普遍，也就是再婚双方原来已经有一个孩子，婚后再生一个孩子。另外就是农村生二胎的现象依然存在。

对城市来说，符合国家生育条件的是夫妇双方都是独生子女的家庭，由于 20 世纪 80 年代才提出计划生育，第一代独生子女现在多为 20 多岁，刚刚进入婚育年龄，结婚比例不大，所以城市生育二胎的现象即使存在，数量也十分有限，不会造成大幅度的人口数量反弹。

**《瞭望东方周刊》：** 据你所知，目前生育二胎家庭的社会层次是怎样的？

**田雪原：** 由于目前大多数生育二胎的家庭集中在农村，这些家庭大多数文化层次较低，收入较低，职业以第一产业为主。

**《瞭望东方周刊》：** 据预测，到 2040 年左右，中国将有 4 亿老龄人口，每 4 个中国人中就有 1 个老人，中国能克服这方面的不利影响吗？

**田雪原：** 我认为人口老龄化对经济发展会产生一定影响，但我们能够克服。因为现在中国的 GDP 每年增长 7% ~ 8%，以这个速度计算，到 2020年，中国的国内生产总值将比现在翻两番，到 2040 年将翻四番。经济的发展将使我们完全有能力养活那么多人，包括老人。

**《瞭望东方周刊》：** 你能对中国人口的发展趋势作一个预测吗？

**田雪原：** 我们预测，到 2030 年，中国的人口总量为 14.65 亿人，老龄化的高峰是在 2050 年左右，届时，65 岁以上的老人将达到 23%；劳动年龄人口的高峰将在 2017 年，届时，适龄劳动人口将达到 10 亿人，就业将成为一个严重问题。但总的来说，问题不大，依照中国的经济实力，这些困难我们都能克服。

到了 2030 年左右，中国的人口数量将会下降，有人说，中国的国土面积和加拿大的面积差不多，加拿大才几千万人口，照样发展，我们为什么不可以把人口控制在六七亿左右呢？我的观点是，到 2030 年以后，是继续执行计划生育政策，还是要鼓励生育，应该视那时的经济、社会发展情况而定。

《瞭望东方周刊》：你能否用一句话概括现行中国人口政策的总体目标？

田雪原：降低生育率，到 2030 年左右实现人口零增长，那时再视国家的具体情况提出最适合的人口发展政策。

# 利用"人口盈利"期加快发展<sup>*</sup>

## ——中国社会科学院 A 类重大课题"人口老龄化对经济、社会发展影响与对策研究"完成

　　记者在日前召开的"人口老龄化对经济、社会发展影响与对策研究"课题结题报告会上得知，中国社会科学院 2002 年 8 月立项的院 A 类重大课题《人口老龄化对经济、社会发展影响与对策研究》已经完成。该课题突破以往主要侧重解决老龄自身问题的局限，从老龄化对人口、经济、社会发展的制约和影响的角度，结合我国实际进行研究。课题由人口所研究员田雪原主持，将于近日结项。

　　课题组对 2000 年"第五次人口普查"生育率等数据资料进行了深入分析，预测出 2000~2050 年我国人口老龄状况。预测中考虑到城市化发展因素，使预测更接近实际。据课题主持人田雪原介绍，课题组对 21 世纪中国人口变动作出低、中、高三种预测，以中位预测方案为佳。课题组认为，2000~2050 年我国人口老龄化将具有三个主要特点：一是人口老龄化的速度比较快，达到的水平比较高。65 岁以上老年人口比例将从 7% 上升到 17%，西方发达国家一般要经历 80~100 年，我国仅需要 32 年时间。2000~2050 年世界 65 岁以上老年人口比例将由 6.9% 上升到 15.9%；同期我国将由 6.96% 上升到 23.07%。二是老龄化在时间上推进不平衡，呈抑—扬—抑走势。2000~2020 年 65 岁以上老年人口比例可从 6.96% 上升到 12.04%，年平均升高 0.25 个百分点；2020~2040 年可由 12.04% 上升到 21.96%，年平均升高 0.45 个百分点，增速提高近 1 倍。2040 年以后呈减速增长，2040~2050 年 65 岁以上老年人口比例仅由 21.96% 上升到 23.01%，年平均升高

---

　　* 　原载中国社会科学院 2005 年 12 月 27 日《院报》。

0.11 个百分点，老龄化呈三个阶段 S 曲线走势。三是老龄化在空间上推进不平衡，形成地理分布上的差异。2020 年以前城市化加速发展期间，农村老龄化程度呈现要比城镇为高的"反转"态势；经过三四十年城乡老龄化的这种"反转"态势才能从根本上纠正。西部和中部的老龄化程度趋于接近；东部与中西部之间的差距拉大；西部、中部、东部老年人口比例呈"三大平台"状依次升高的趋势有演变为东部和中西部"两大平台"之势。

基于这种预测，课题组提出了老龄化"警戒线"论断。由于我国"未富先老"的状况，老龄人口数总体上不应超过发达国家的老龄化水平，即依据联合国的中位预测 65 岁以上老年人口占 26% 的老龄化最高"警戒线"。同时，提出了从"人口盈利"到"人口亏损"新理念，并将从属年龄比 0.5 确定为"盈利"与"亏损"的临界点。据此，我国人口年龄结构变动的"人口盈利"期为 1990～2030 年；2030 年以后，则转入"人口亏损"期。适应老龄化发展总体年龄结构变动的这种走势，要充分利用"人口盈利"期加快发展的步伐，谋划以"盈"抵"亏"、以"利"补"损"的方略。尤其要注重包括养老保障在内的社会保障制度的建立和完善，不能只分享眼前的"盈利"而不顾及日后的"亏损"。

在老龄化对经济发展影响的研究中，通过构建人口与经济增长、经济结构变动的动态模型，阐发老龄化对储蓄、劳动参与率、经济增长、收入分配等的影响，提出具体的量化指标和实证量化分析。如通过储蓄率与老年人口比重的双对数模型检验，得出老年比重每增长 1 个百分点，储蓄率提高 0.37 个百分点；老龄化与收入分配模拟分析显示，2025～2030 年我国支付的老年退休金将超过国民收入的 10%、工资总额 29% 的国际"警戒线"，而此时距离老龄化峰值的到来尚有 20 多年的时间，足见"人口亏损"问题之严重。通过经济效益比较分析，确认中位预测方案兼顾了低方案人口数量控制较好、高方案社会负担较轻优点，是 21 世纪中国人口发展战略较为理想的方案。

在老龄化对社会发展的制约与影响研究中，课题组作出新的分析判断并提出盘活城乡老年资产，建立农村责任田养老基地和城镇房产养老保险新建议。田雪原介绍说，"农村责任田养老基地"，是指 60 岁以上老年人可将其责任田的一部分或全部，入股带到农村老年责任田基地；基地是社会化养老组织，组织低龄老年人和其他志愿者从事生产劳动和经营，取得经济收入，供给基地老年人生活和消费，创立一种不需要额外投入即可实现基本养老的组织形式。城镇房产养老保险，是城镇老年人口将属于自己的房屋财产投资到城镇专业养老保险公司，按照房屋的数量和质量作价入股，再按照股份多少按时领取养老金。房屋作价入股，可以采取：出让式——老年人口将属于自己产权的房屋作价卖给养老保险专业公司，以出卖房产作价投保养老保险，出让后老年人将不再拥有房屋的产权和继承权；期货式——城镇老年人口将属于自己产权的房产作价交付专业养老保险公司，但保留一定期间内的老年人的居住权，不保留房屋产权和继承权；典当式——既保留老年人口对原有房屋的产权，又保留将来的继承权，只是将若干面积的房屋出租给专业养老保险公司，保险公司以养老金形式支付给老年一定的费用。在国家财力有限、现有社会养老保障水平不高的情况下，这样的探索无疑提供了新的城乡养老保障改革的新思路。

课题组认为，一定程度的老龄化不仅是不可避免的，而且是必需的，是实现人口零增长必须经过的一个阶段；但是要把老龄化对经济和社会发展的负面影响减少到最低限度，保证人口再生产合乎规律地进行。

研究过程中，课题组成员广泛收集资料，深入到北京、河北、浙江、云南、甘肃等省市调查，并同课题主持人培养博士后计划相衔接，课题将完成专著《从"人口盈利"到"人口亏损"——中国人口老龄化对经济社会发展影响研究》以及报告《老龄化：中国 21 世纪面临的新挑战》。

（本报记者　张微）

# 中国人口发展战略的目标：人口零增长<sup>*</sup>

## ——访中国社会科学院学部委员、中国人口学会
## 常务副会长田雪原

　　《中共中央国务院关于全面加强人口和计划生育工作统筹解决人口问题的决定》指出，目前，我国已进入老龄社会，60 岁及以上老年人口达 1.44 亿人，占总人口的 11.03% 。而此前国家人口计划生育委员会发布的《国家人口发展战略研究报告》称，中国人口发展战略目标确定，到 2010 年，中国人口总量控制在 13.6 亿人；2033 年将达到峰值 15 亿人左右。那么，这对我国初见端倪的人口老龄化问题意味着什么？我们该如何应对人口老龄化对社会发展可能带来的影响？带着这些疑问，记者采访了我国著名人口学家、中国社会科学院学部委员、中国人口学会常务副会长田雪原教授。

　　**记者**：中国人口老龄化问题一直是您十分关注的一个问题，这个问题的现状怎样？

　　**田雪原**：谈到人口问题，不能不谈及老龄化问题。人口年龄结构老龄化，是包括中国在内的世界人口变动和发展的一大趋势。自 1950 年以来，中国的人口变动经历了 5 个阶段：第一阶段为 1949 ~ 1952 年的人口转变阶段，即由高出生、高死亡、低增长向高出生、低死亡、高增长的转变阶段；第二阶段为 1953 ~ 1957 年的第一次生育高潮阶段；第三阶段为 1958 ~ 1961 年的第一次生育低潮阶段；第四阶段为 1962 ~ 1973 年的第二次生育高潮阶段；第五阶段为 1974 年以来的第二次生育低潮阶段。中国人口年龄结构变动，由于受上述几个阶段作用的影响，直到 20 世纪后半叶五六十年代尚处于年轻型。1964 年人口普查 0 ~ 14 岁少年人口占 40.69% ，15 ~ 64 岁成年人

　　* 原载 2007 年 2 月 6 日《光明日报》。

口占 55.75%，65 岁以上老年人口占 3.56%，属典型年轻型人口。20 世纪 70 年代出生率长期、持续、大幅度下降，加剧了人口年龄结构向成年型、成年型向老年型的转变；1990 年第四次人口普查，年龄结构变动为：0～14 岁少年人口下降到占 27.69%，15～64 岁成年人口上升到占 66.74%，65 岁以上老年人口上升到占 5.57%，属典型成年型人口。10 年后第五次人口普查，人口年龄结构变动为：0～14 岁下降到占 22.89%，15～64 岁上升到占 70.15%，65 岁以上上升到占 6.92%，已基本上过渡到老年型。从年轻型到成年型，再到老年型，中国经历了不到 30 年的时间，比世界上其他国家相同人口年龄结构类型转变花费的时间要短得多。

**记者**：您曾经说过，一定程度的人口老龄化不仅不可避免，而且是必需的，为什么？

**田雪原**：老龄化是出生率下降和预期寿命延长的结果，因而老龄化对人口数量变动有着不可忽视的作用和影响。一定程度的老龄化是实现人口零增长必须经历的一个阶段。我国人口问题属于人口劳动力过剩性质，控制人口数量增长是首要的战略任务，为此就要使生育率和出生率经过相当长时间的下降；而生育率和出生率的下降，必然导致人口年龄结构老龄化。只要老龄化限定在合理范围之内，保证人口再生产合乎规律地进行，人口老龄化就是必需的。

**记者**：人口老龄化会给社会带来怎样的影响？

**田雪原**：虽然一定程度的人口老龄化是必需的，但这并不等于说老龄化程度越高越好，超高老龄化可能造成社会无力支撑过重的老年负担，这样的老龄化是应当避免的。老龄化对经济发展的制约和影响，表现在不同年龄组群人口的变动上。最值得关注的是自 20 世纪 80 年代开始，劳动年龄人口所占比例不断升高、老少被抚养人口之和所占比例不断降低的变动。进入 20 世纪 90 年代，15～64 岁劳动年龄人口比例更是升高到占人口 65% 以上，老年和少年被抚养人口之和所占比例则下降到 35% 以下，标志着人口年龄结构变动步入对经济和社会发展十分有利的"黄金时代"，或曰"人口盈利"、"人口红利"期。如以从属年龄比低于 0.5 作标准，这一"人口盈利"期可持续到 2030 年前后，每个劳动年龄人口负担的老少被抚养人口即从属年龄比，已从 1982 年普查时的 0.63 下降到 1990 年的 0.50，2000 年的 0.46；中位预测表明，2010 年可进一步下降到 0.37 的最低水平；虽然此后从属年龄比呈上升趋势，但是上升的速度较慢，2020 年可升至 0.45，相当于 2000 年的水平；2030 年可升至 0.48，接近 1990 年的水平。2030～2040 年间上升比较明显，2040 年可升至 0.59；2040 年以后则变动不大，2050 年略升高至 0.61，相当于 20 世纪 80 年代初期水平。机不可失，时不再来，未来二三十年特别是全面建设小康社会余下的 15 年，正值劳动年龄人口充裕、从属年龄人口比处于低谷的"人口盈利"期，我们应当充分利用"盈利"的有利时机加快经济、科技和社会发展的步伐；同时也要清醒地看到，"人口盈利"期过后就是从属年龄比上升较快的"人口亏损"期，在"盈利"期就要筹划如何以"盈"抵"亏"、以"利"补"损"的方略，不能只分享眼前的"红利"而不顾及日后的"亏损"。从经济学角度观察，老龄化过程中少年人口、劳动年龄人口、老年人口比例的变动所带来的特定历史时期的"人口盈利"和"人口亏损"，对储蓄、投资、生产、消费、就业、技术进步、经济增长等产生相应的影响，成为制约经济发展的一个重要方面。从社会学角度观察，老龄化和老年抚养比的攀升，对养老保障、医疗健康、社会服务、社区发展以及服务型社会的建设等，提出了新的问题和要求。而从生物学、遗传学、医学、心理学等自然科学角度观察，则提出了一系列老年生理、心理方面的问题。这些问题的研究和解决，因为老龄化的到来和加深而变得更为迫切。

**记者：**既然人口老龄化会带来一定的负面影响，那么我们该制定怎样的人口发展战略？

**田雪原：**在目前人口年龄结构老龄化的影响日益突出的现实下，人口发展战略的制定一定要兼顾数量控制与年龄结构变动合理化这一重要支撑点。具体来说，全面解决中国人口问题的人口发展战略，大致可以分三步走：第一步，把高生育率降下来，实现人口再生产由高出生、低死亡、高增长向低出生、低死亡、低增长类型的转变，这一步已在 20 世纪 90 年代中期完成；第二步，稳定低生育水平并实现人口的零增长，这一步也已走过了 10 年的路程，预计可在 2030 年前后完成；第三步，由于人口的惯性作用，零增长以后总体人口将呈现出一定程度的减少趋势，再依据届时的经济、社会和资源、环境状况，作出理想适度人口的抉择。基于这样的认识，中国人口发展战略的下一个目标，应锁定在以人口零增长为主要支撑点上，通过稳定低生育水平使之实现。

（记者　肖国忠）

# "软着陆"：中国人口发展战略的理性选择[*]

"我个人认为，中国的人口发展战略应当选择'软着陆'，而不是'硬着陆'或者'缓着陆'。只有这样，才能保证我国社会的稳定和健康发展。"近日，在接受《科学时报》采访时，中国社会科学院学部委员田雪原说。2004年，由田雪原负责的国家社科基金资助的重大项目"中国人口发展战略研究"开始实施，今年这项课题圆满结题，在以项目成果为基础出版的图书完稿之前，田雪原再次强调了他对中国人口发展战略的理解。

## 两个"人口世纪"和五个"高峰"

"过去100年和未来100年是两个'人口世纪'，这两个人口世纪的人口变动和发展，最为显眼的就是，20世纪人口数量的迅速膨胀和21世纪人口年龄结构加速走向老龄化的大趋势。"田雪原认为，这是人类发展史上最为引人注目的两大变动趋势。

2000年全世界60多亿人口中，有44亿多人即73%左右为20世纪新增加的人口，20世纪是名副其实的人口暴涨的世纪。不过对比20世纪前半叶和后半叶的人口暴涨可以发现，就后半个世纪而言，发达国家人口的增长只占全世界新增人口的10.73%，其人口比例也下降到全世界的19.68%；而发展中国家人口增长占全世界新增人口的89.27%，发展中国家人口占全世界的80.32%。"这一升一降刚好说明当今世界两种不同的人口变动和人口

* 原载2007年10月15日《科学时报》。

问题：发展中国家人口增长尚方兴未艾，发达国家则达到老龄化严重阶段，属于两种不同的人口再生产类型和两类不同的人口问题。”田雪原说。

尽管 20 世纪世界人口呈现出暴涨的趋势，但 20 世纪 80 年代以后生育率和出生率的不断下降，决定着 21 世纪以后包括发展中国家在内的人口老龄化已成为不可逆转的大的发展趋势。田雪原指出，在这样的世界人口发展背景下，中国的人口态势可从以下 5 个方面进行分析，亦可用“五大人口高峰”的即将到来概括。

其一，人口再生产类型发生根本性转变，人口总量高峰行将到来。中国生育率长期持续地下降，不仅减少出生人口 3 亿人左右，而且从根本上改变了人口的年龄结构，完成了由年轻型向成年型、成年型向老年型的转变，增长势能或增长惯性大为减弱。按照中位预测方案，2030 年全国人口达到 14.65 亿人即可实现零增长。这比国内外以往的预测峰值人口数量减少近 1 亿人，时间也提前 10 多年。

其二，劳动年龄人口增长趋缓，10 多年后即可达到最高峰值。预测劳动年龄人口绝对数量，可增加到 2017 年峰值时的 10.01 亿人，其后呈减少趋势；劳动年龄人口所占比例，可上升到 2009 年峰值时的 72.35%，其后转而下降。

其三，老年人口增长迅速，21 世纪中叶将迎来人口老龄化高峰。预测表明，我国 65 岁以上老年人口数量可由 2000 年的 0.87 亿人，增加到 2010 年的 1.17 亿人、2020 年的 1.74 亿人、2050 年的 3.23 亿人。与此相适应，65 岁以上老年人口比例可由 2000 年的 7.00%，上升到 2010 年的 8.59%、2020 年的 12.04%，2050 年达到最高峰值时的 23.07%，居于世界较高水平和发展中国家最高水平。

其四，流动人口居高不下，目前已临近最高峰值。改革开放初期，全国有流动人口二三百万。2000 年人口普查，现住地与户口登记地不一致的流动人口为 14439 万人，扣除 2707 万人本市区内人户分离的其他街道人口，其余 11732 万人可视为跨省和省内的流动人口。其中农村人口流入城镇扮演着流动人口主力军的角色。随着人口城市化的加速进行，21 世纪头 10 年将是流动人口增长的高峰期；待到 2010 年城镇人口比例上升到 50% 以上之后，以农业剩余劳动力转移为主旋律的流动人口高潮将出现跌落的走势。

其五，出生人口性别比经过持续攀升后，当前已达到新的高峰。依据“五普”和近年的抽样调查提供的数据资料回推，1990～2000 年出生性别比升高显著，目前 120 左右的出生性别比居高不下，在世界各国中属严重偏高国家，成为率先来临的一个人口高峰。

## "硬着陆"、"软着陆"还是"缓着陆"

田雪原认为，全面解决中国人口问题应采用"三步走"的发展战略：第一步是尽快将高生育率降下来，降到更替水平以下，这一步到 20 世纪 90 年代中期已基本实现；第二步是稳定低生育水平，虽然这一步尚未完成，但已经走过了初见成效的 10 年路程，预计 2030 年前后可完成；第三步是在人口零增长和人口总量呈下降趋势以后，根据届时经济、社会发展状况和资源、环境状况，确定理想适度的人口目标。

课题组设计了"硬着陆"、"软着陆"和"缓着陆"3 种方案。其中，"硬着陆"强调用较短的时间把人口数量降下来，在 2020 年就实现人口零增长，人口达到最高峰值 13.88 亿之后就开始快速递减，2030 年减至 13.67 亿人，2040 年减至 13.02 亿人，2050 年减至 11.96 亿人，2100 年全国人口将减至 5.56 亿人。

"缓着陆"方案则强调缓慢控制人口数量，在 2050 年才实现人口的零增长，而到 2100 年中国人口仍有 16.05 亿人。这种方式可使人口年龄结构变动比较合理，老龄化来得比较缓慢，劳动年龄人口所占比例较高的人口年龄结构变动的"黄金时代"或"人口盈利"可维持较长时间，有利于保持中国的劳动力廉价优势。

而"软着陆"方案将人口零增长的时间定在 2030 年，到 2030 年，人口数量达到 14.65 亿人，2040 年可降至 14.51 亿人，2050 年降至 14.02 亿人，2100 年全国人口可降至 10.24 亿人。

田雪原认为，"硬着陆"可以有效控制人口数量增长，但会使人口年龄结构变动过于急速、老龄化过于严重。而劳动年龄人口减少过快、相对高龄化，必将导致劳动力的结构性短缺和人力资本活力的减退，使国家面临"未富先老"压力。"缓着陆"对人口数量控制较差，这是饱受人口压力之苦的中国不能接受的。"最合理的是'软着陆'方案。"田雪原介绍，这种方案可以兼顾人口结构比较合理、人口数量控制比较有效的优点，是适应我国当前人口态势和未来数量变动与结构合理化，促进人口与经济、社会以及资源、环境协调发展的比较理想的方案。

田雪原强调，全面建设小康社会 20 年和更长远一些时间的人口发展战略，应建立在该"软着陆"方案基础上。这一方案的指导思想和基本点可表述为：以全面、协调、可持续科学发展观为指导，通过人口数量、素质、结构的合理变动，积极稳妥地实现人口的零增长，促进人口与经济、社会以及资源、环境的协调发展。

## "软着陆"方案生育选择

田雪原告诉记者，要实现人口发展"软着陆"，就要实现人口零增长的战略目标；而要实现这个目标，经济、社会的发展是基础，资源、环境的保障是前提。无论人口的数量控制、结构调整还是素质提高，都离不开整个社会的发展。所幸的是，中国改革开放 20 多年来，创造了发展的"奇迹"，而且这种良好的发展势头还将继续下去，从而为人口发展战略提供一个十分有利的外部环境。

田雪原说，就人口自身而言，选择上述"软着陆"方案，首先应当看到有一定的难度。我们调整后的当前的全国总生育率为 1.75，而诸多关于生育意愿的调查表明，希望生育两个孩子特别是生育一男一女的家庭占70% 以上，这说明人们的生育意愿与实际生育数量与生育政策之间，仍然存在着一定的距离，存在着一定的生育率"反弹"的势能；同时也要看到，实现"软着陆"，是完全有可能也是比较现实的。三种方案遭遇"反弹"的强度和"反弹"持续的时间有很大差别，以"硬着陆"遭遇的"反弹"力度最大、持续的时间最长；"缓着陆"遭遇"反弹"的力度最小、时间最短，甚至于趋同；而"软着陆"由于并不要求生育率的继续下降，相反在初期还稍有回升，然后才保持相对的稳定，即在现行生育政策相对稳定状态下便可达到，具备现实的可能性和可行性。为此，田雪原提出了以下建议。

首先，全国不分城乡，双方均为独生子女者结婚一律允许生育两个孩子。这样的生育政策并不是现在才提出来的，早在 20 世纪 80 年代确定前一个人口发展战略提出"提倡一对夫妇生育一个孩子"时，便明确生育一个孩子主要是控制一代人的生育率。现在"双独生二"是原来政策的继续。

其次，农村一方为独生子女者结婚，允许生育两个孩子，现在也可以开始实施；城镇可暂缓几年，2010 年以后组织实施为宜。对于农村说来，由于独生子女比例很低，对生育率的影响更是微乎其微；对于城镇说来，由于独生子女率普遍很高，一方为独生子女结婚者比例不会很高，对生育率影响也不会很大。但实行"一独生二"的生育政策，对于"一独"方的父母家庭养老和改变家庭人口年龄结构来说，有着现实的、不可替代的意义。

最后，在有效制止三孩及以上多孩生育条件下，农村可不分性别普遍生育两个孩子。目前全国农村实际的总生育率在 2.0 左右，如果除人数较少的少数民族外均不得生育三个及三个以上孩子能够做到，生育水平可大体上维持现在的水平。田雪原强调，"软着陆"方案还留了一点微升的余地，只要真正做到"限三保二"，是不会造成农村和整个生育率有多大反弹的。

（作者　李晨）